A PRIMEIRA CRUZADA

PETER FRANKOPAN

A PRIMEIRA CRUZADA

Um chamado para o Oriente

Tradução
Renato Marques

CRÍTICA

Copyright © Peter Frankopan, 2012
Copyright © Editora Planeta do Brasil, 2022
Copyright da tradução © Renato Marques
Todos os direitos reservados.
Título original: *The First Crusade*

Coordenação: *Sandra Espilotro*
Preparação: *Tiago Ferro*
Revisão: *Ana Cecilia Agua de Melo e Carmen Costa*
Diagramação: *A2*
Capa: *Penguin Random House UK*
Adaptação de capa: *Fabio Oliveira*
Imagem de capa: *AKG Images/De Agostini Picture Lib./A. de Gregorio*

Dados Internacionais de Catalogação na Publicação (CIP)
Angélica Ilacqua CRB-8/7057

Frankopan, Peter
  A primeira cruzada / Peter Frankopan; tradução de Renato Marques. - São Paulo: Planeta do Brasil, 2022.
  320 p.: il.

Bibliografia
ISBN 978-65-5535-848-3
Título original: The First Crusade

1. Cruzadas - Primeira, 1096-1099 2. História I. Título II. Marques, Renato

22-5138   CDD 940.18

Índice para catálogo sistemático:
1. Cruzadas - Primeira, 1096-1099

 Ao escolher este livro, você está apoiando o manejo responsável das florestas do mundo

2022
Todos os direitos desta edição reservados à
EDITORA PLANETA DO BRASIL LTDA.
Rua Bela Cintra 986, 4º andar – Consolação
São Paulo – SP – CEP 01415-002
www.planetadelivros.com.br
faleconosco@editoraplaneta.com.br

Para minha esposa, Jessica

Desde os confins de Jerusalém e da cidade de Constantinopla chegam repetidamente a nossos ouvidos, e agora afligem sem trégua nossa mente, notícias mortificantes: a saber, que a raça dos persas, povo estrangeiro e povo rejeitado por Deus [...], invadiu com violência as terras dos cristãos [e] as despovoou por meio de massacres, saques e incêndios criminosos.
Roberto de Reims

Embaixadores do imperador de Constantinopla vieram ao sínodo e imploraram à sua santidade o papa e a todos os fiéis de Cristo que fornecessem ajuda contra os pagãos para a defesa da Santa Igreja, a essa altura quase aniquilada naquela região pelos infiéis que a conquistaram em toda a sua extensão até as muralhas de Constantinopla. Nosso senhor o papa convocou a muitos para empreender tal tarefa, prometendo sob juramento peregrinar até lá [Jerusalém] pela vontade de Deus e, até o limite de sua capacidade, levar ao imperador a mais fervorosa assistência contra os pagãos.
Bernoldo de Constança

Vindos de todas as partes, celtas* reuniram-se, um após o outro, munidos de armas e cavalos e de todos os outros equipamentos para a guerra. Imbuídos de entusiasmo e ardor, apinharam todas as estradas, e com esses exércitos de guerreiros veio uma hoste de civis, superando em número os grãos de areia da praia ou as estrelas do céu, empunhando palmas e carregando cruzes sobre os ombros [...] como afluentes desaguando de todos os lados num único rio, eles jorraram em nossa direção com força total.
Ana Comnena

Em sua essência, o imperador era como um escorpião; embora seu rosto não inspirasse temor, era de bom alvitre evitar os ferimentos que sua cauda poderia causar.
Guilherme de Tiro

---

* Às vésperas da Primeira Cruzada, autores gregos designavam os europeus ocidentais pelo nome genérico de francos ou, às vezes, celtas — termo que abrangia tanto os franceses como os normandos. (N.T.)

SUMÁRIO

MAPAS 11
PREFÁCIO E AGRADECIMENTOS 17
NOTA DO AUTOR 21
INTRODUÇÃO 23

1. EUROPA EM CRISE 35
2. A RETOMADA DE CONSTANTINOPLA 49
3. ESTABILIDADE NO LESTE 67
4. O COLAPSO DA ÁSIA MENOR 85
5. À BEIRA DO DESASTRE 101
6. O CHAMADO DO ORIENTE 119
7. A RESPOSTA DO OCIDENTE 135
8. RUMO À CIDADE IMPERIAL 153
9. PRIMEIROS CONFRONTOS COM O INIMIGO 175
10. A BATALHA PELA ALMA DA CRUZADA 197
11. A CRUZADA EM FRANGALHOS 215
12. AS CONSEQUÊNCIAS DA PRIMEIRA CRUZADA 229

ABREVIAÇÕES...253
LEITURAS COMPLEMENTARES – PARA SABER MAIS............255
NOTAS...267
ÍNDICE REMISSIVO 309

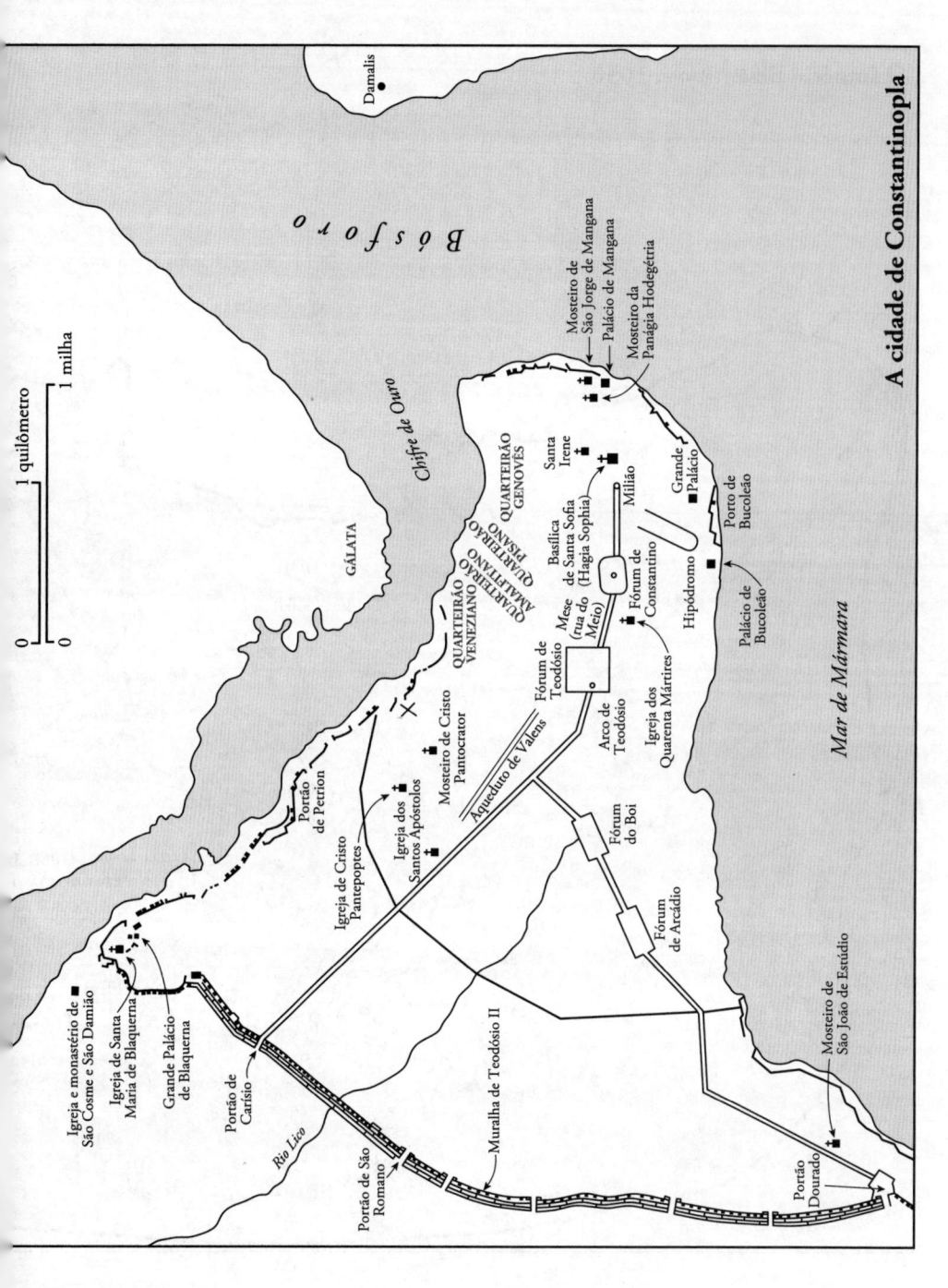

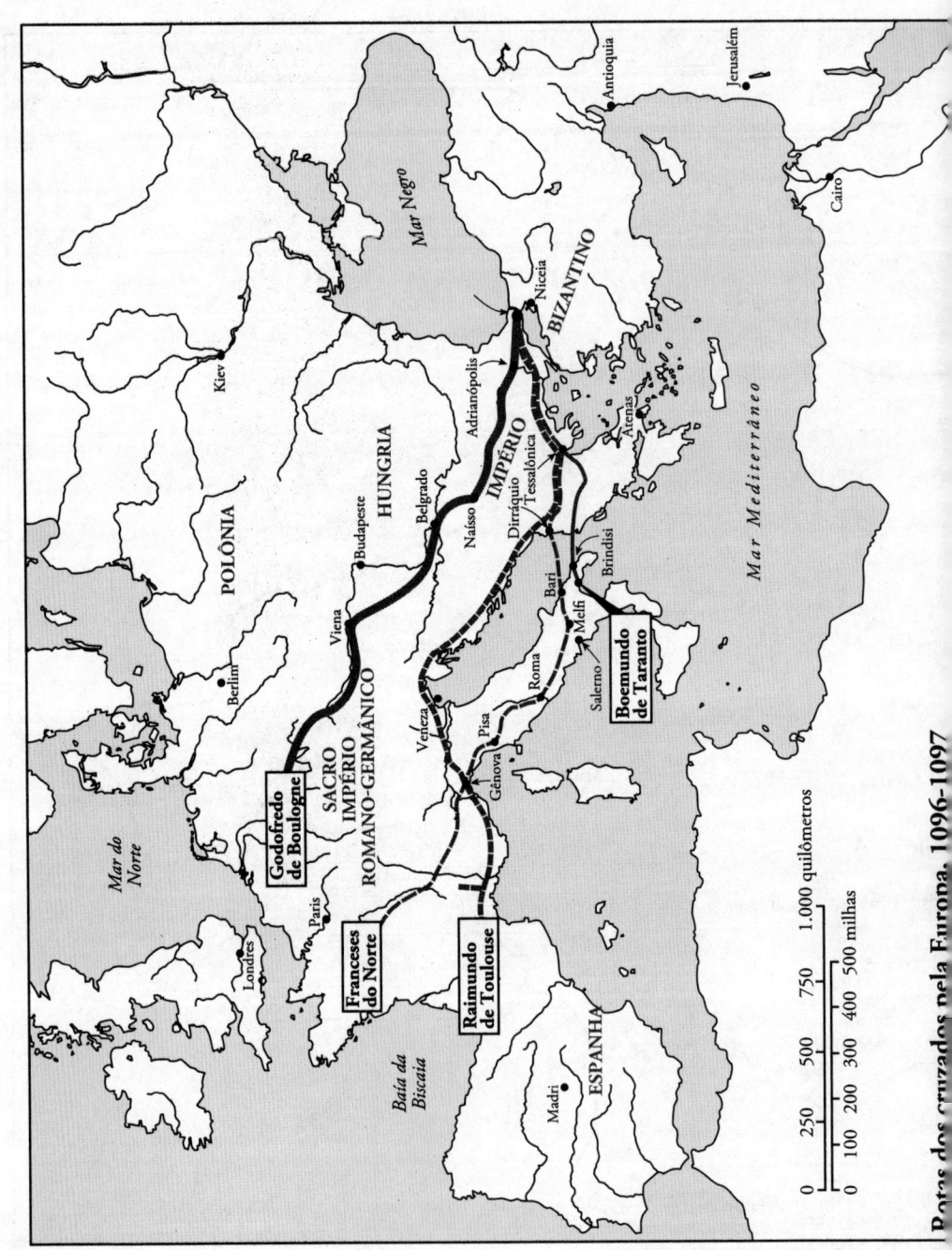

Rotas dos cruzados pela Europa, 1096-1097

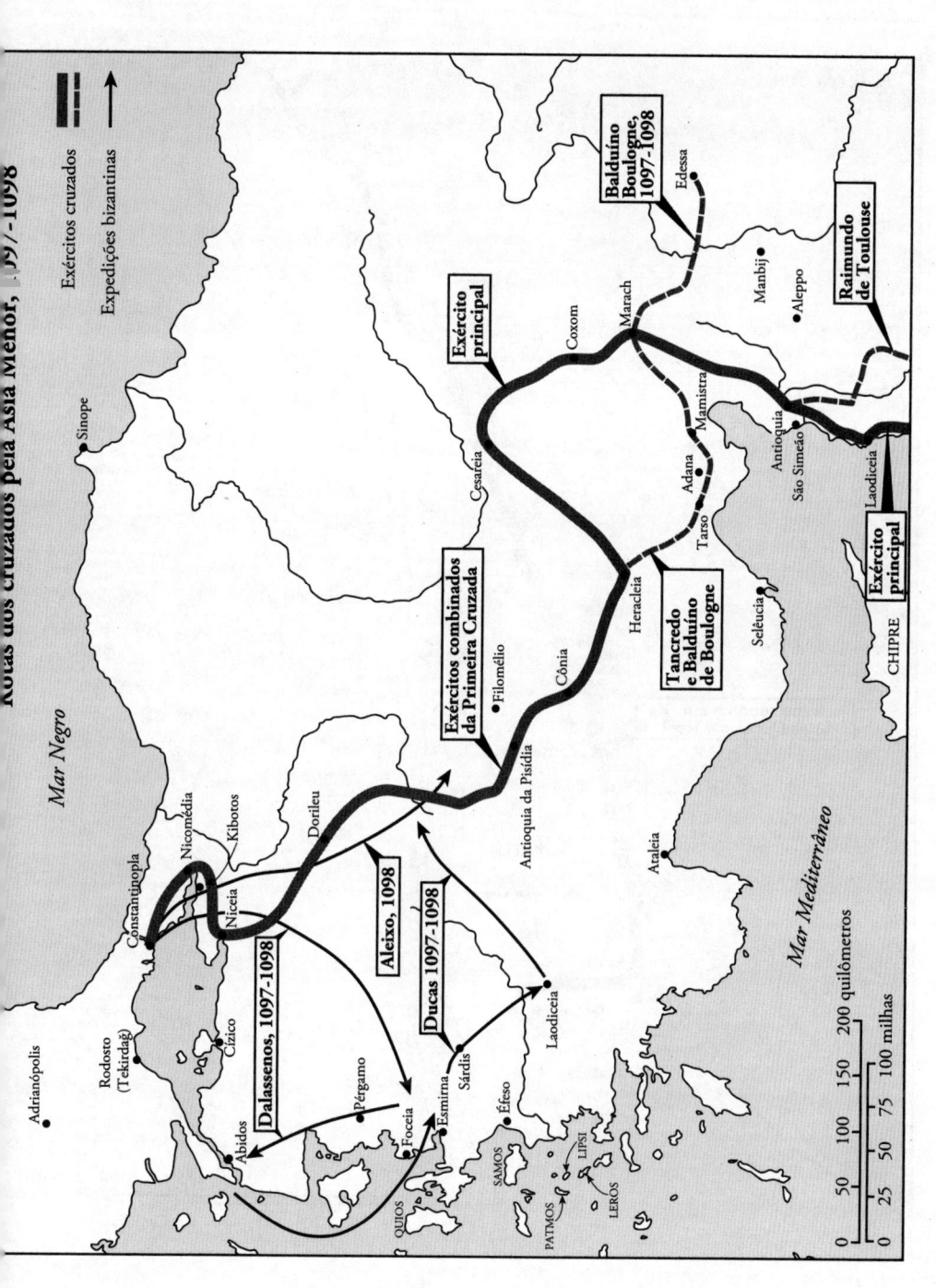

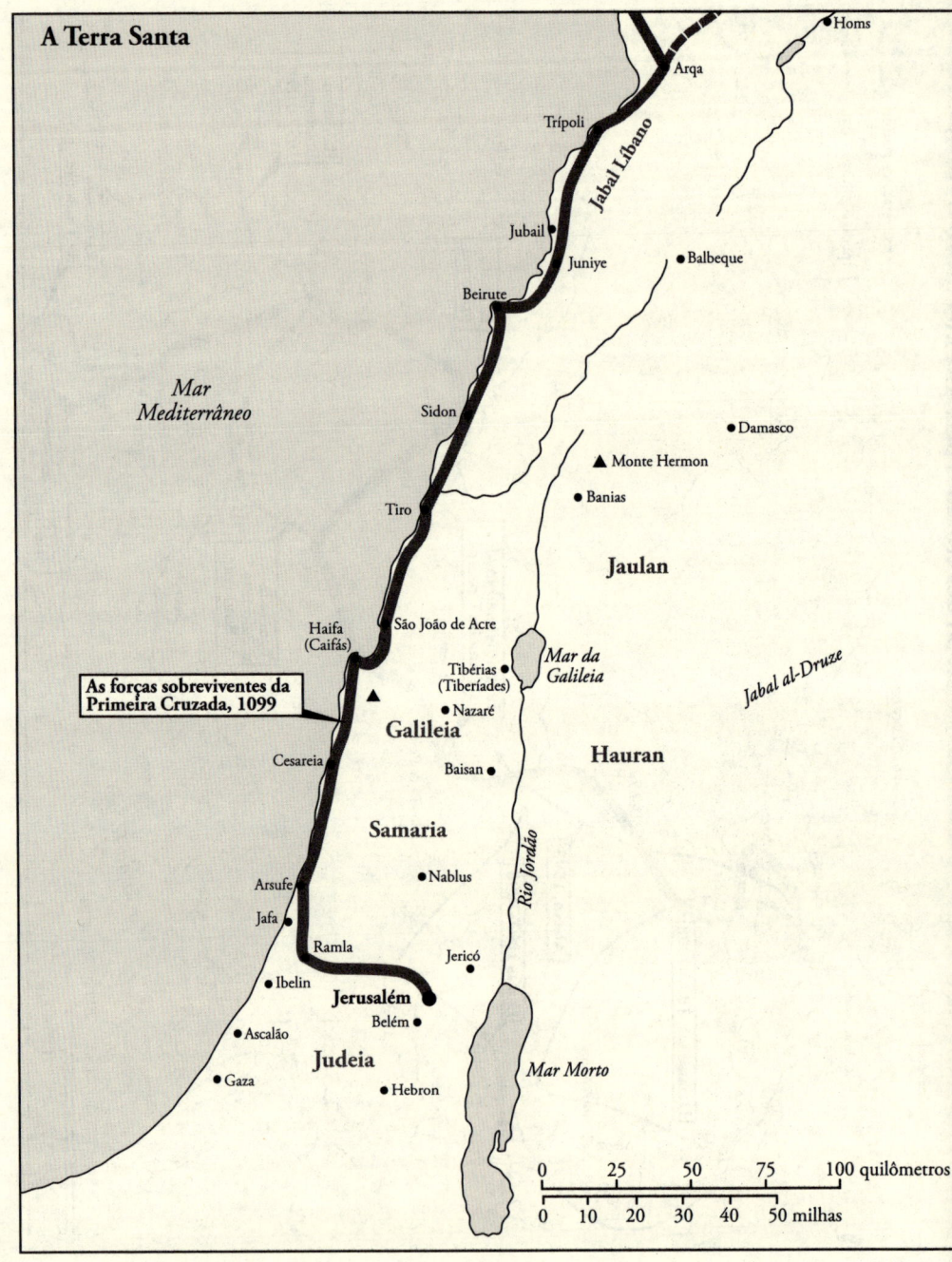

PREFÁCIO E AGRADECIMENTOS

Como a maioria dos alunos de graduação acaba por constatar em certo momento de seus estudos, a perspectiva de uma aula que se inicia às nove da manhã pode parecer injusta e quase cruel. Lembro-me de me arrastar para subir as escadas da Faculdade de História em Cambridge em 1992, tendo que me sacudir para conseguir manter os olhos abertos até por fim me sentar para assistir à primeira aula do semestre da disciplina que eu havia escolhido: "Bizâncio e seus vizinhos, 800-1200". Cinco minutos depois, eu já estava alerta e vidrado, como se tivesse acabado de tomar um café expresso triplo. Ouvi relatos sobre os impiedosos pechenegues, tribos nômades das estepes que fariam qualquer coisa em troca de pimenta, seda escarlate e tiras de couro do Oriente Médio; morri de curiosidade para saber por que os líderes búlgaros pagãos escolheram tornar-se cristãos no século IX; ouvia fatos e histórias sobre a Nova Roma — a cidade imperial de Constantinopla.

A empolgação dessa primeira aula desencadeou em mim um apetite voraz pelo Império Bizantino e seus vizinhos. O curso natural das coisas era dar continuidade aos estudos e fazer pesquisa de pós-graduação, e a única dificuldade era escolher um tema. O que mais me chamou a atenção foi o reinado do imperador Aleixo I Comneno, com suas fontes maravilhosamente abundantes e muitas perguntas ainda sem resposta. Logo ficou evidente, entretanto, que, para obter uma percepção clara e uma compreensão aprofundada do Império Bizantino no final do século XI e no início do XII, eu precisava entender a literatura desse período, sobretudo a *Alexíada*; depois, as fontes gregas e latinas do Sul da Itália; em seguida, o mundo dos nômades das estepes; depois, a arqueologia e a cultura material de Constantinopla, dos Bálcãs e da Ásia Menor; a história das Cruzadas, o papado medieval, o estabelecimento de colônias latinas na Terra Santa... O que havia começado, de maneira inocente, com uma aula matinal sobre a Primeira Cruzada tornou-se uma paixão; ocasionalmente avassaladora, vez por outra frustrante, sempre empolgante.

São muitas as pessoas que merecem agradecimentos por causa do apoio e ajuda que me proporcionaram ao longo dos anos. Extraordinários em sua generosidade e modestos nas exigências que me fazem, o reitor e os colegas do Worcester College me oferecem um lar maravilhoso e simpático desde 1997. Devo agradecimentos à Universidade de Princeton por me conceder uma bolsa de professor visitante Stanley J. Seeger, o que me permitiu abrir novos caminhos de pesquisa. Também tenho uma dívida de gratidão para com os colegas de Harvard, por me tornarem um pesquisador da biblioteca de pesquisa Dumbarton Oaks, onde, muitas luas atrás, algumas das ideias aqui presentes tomaram forma. Os funcionários da Biblioteca Bodleiana, sobretudo da Sala de Leitura Inferior, e da Biblioteca da Faculdade de História foram maravilhosamente pacientes e bem-humorados. O mesmo posso dizer dos meus muitos colegas em Oxford, onde tive o grande privilégio de trabalhar ao lado de alguns dos melhores acadêmicos nos campos da Antiguidade Tardia e dos Estudos Bizantinos.

Devo agradecimentos a muitos dos meus colegas docentes em Oxford, mas em especial a Mark Whittow, Catherine Holmes, Cyril e Marlia Mango, Elizabeth e Michael Jeffreys, Marc Lauxtermann e James Howard-Johnston, que generosamente compartilharam comigo suas ideias e opiniões sobre os séculos XI e XII. Minha gratidão especial a Jonathan Shepard, que ministrou aquela primeira aula em Cambridge, por me conduzir a Bizâncio e por se mostrar uma importante influência desde então. Também têm minha gratidão muitos outros, desde meus alunos de graduação e pós-graduação a colegas professores com quem dividi mesas em conferências para debater até tarde da noite sobre Constantinopla, Aleixo e as Cruzadas. Se não segui os bons conselhos dessas e de outras pessoas, posso apenas lhes pedir desculpas.

Catherine Clarke foi maravilhosa, encorajando-me a contar mais uma vez a história da Primeira Cruzada. Este livro não teria sido escrito sem sua orientação e a ajuda de sua fantástica equipe da agência literária

Felicity Bryan. Will Sulkin, da editora The Bodley Head, e Joyce Seltzer, da Harvard University Press, foram generosos e prestativos durante todo o processo. Devo agradecimentos a Jörg Hensgen por me fazer perguntas difíceis e por tornar este livro melhor do que seria em outras circunstâncias. Chloe Campbell tem sido um anjo da guarda, sua paciência e conselhos coerentes e inestimáveis. Muito obrigado a Anthony Hippisley e também a Martin Lubikowski por seus mapas. Eu não poderia ser mais grato a meus pais, que me inspiraram desde que eu era menino.

Minha maior dívida de gratidão é para com minha esposa Jessica, que tomou contato com nômades, Bizâncio e o Mediterrâneo oriental no mesmo dia que eu, quando lhe contei, entusiasmado, sobre o novo mundo que havia encontrado naquela aula. Com enorme paciência, ela me ouviu dizer que eu descobrira o tema dos meus sonhos, e me incentivou a ir atrás deles durante o primeiro de muitos cappuccinos no Clowns Café em Cambridge; este livro é dedicado a ela.

Peter Frankopan
Julho de 2011

NOTA DO AUTOR*

Não segui uma regra consistente na transliteração do grego, pois, no caso dos nomes conhecidos, pareceria indelicado não usar formas bem estabelecidas em língua inglesa. Naturalmente, isso leva a alguns juízos pessoais, que, espero, não sejam desconcertantes. Usei as formas Constantinople [Constantinopla], Nicaea [Niceia] e Cappadocia [Capadócia], por exemplo, mas Dyrrakhion [Dirráquio], Thessaloniki [Tessalônica] e Nikomedia [Nicomédia]. Para indivíduos, do mesmo modo, usei George [Jorge], Issac [Isaque] e Constantine [Constantino], mas Alexios [Aleixo], Nikephoros [Nicéforo], Palaiologos [Paleólogo] e Komnenos [Comneno]. Os nomes ocidentais aparecem em sua forma moderna, portanto William [Guilherme] em vez de Guillermus e Robert [Roberto] em vez de Robertus. Os nomes turcos seguem a *Encyclopedia of Islam* [Enciclopédia do Islã].

Sempre que possível, usei traduções para o inglês das principais fontes, em vez de direcionar os leitores aos originais. Isso nem sempre é o ideal, visto que, em alguns casos, existem extraordinárias edições críticas modernas que, no devido tempo, levarão a traduções melhores e mais refinadas do que algumas das aqui citadas. No entanto, parece preferível almejar consistência de enfoque a citar traduções modernas, mas fornecer

---

* O texto em língua portuguesa segue a tradição de traduzir os topônimos e nomes de figuras de relevo histórico, sobretudo da realeza. Dois exemplos: o cronista e historiador Albert de Aachen (Albert de Aix-la-Chapelle, em francês; Albert von Aachen, em alemão; Albericus ou Albertus Aquensis, em latim) aparece aqui na consagrada forma aportuguesada Alberto de Aquisgrão; já o duque franco Godfrey of Bouillon (em francês, Godefroy de Bouillon) é Godofredo de Bulhões. (N.T.)

minhas próprias versões de outras. Tal como acontece no caso dos nomes, espero sinceramente que isso não prejudique a apreciação mais ampla do tema do livro.

INTRODUÇÃO

Em 27 de novembro de 1095, na cidade de Clermont, na região central da França, o papa Urbano II se levantou para proferir um dos discursos mais eletrizantes da história. Ele havia passado a semana anterior presidindo um concílio da Igreja com a presença de doze arcebispos, oitenta bispos e outros clérigos do alto escalão, antes de anunciar que desejava fazer uma exposição oral de especial importância aos fiéis. Em vez de fazer um sermão do púlpito da igreja em Clermont, Urbano proferiu suas palavras em um campo nos arredores da cidade, de modo que toda a multidão de eclesiásticos e leigos que lá se reuniram e aguardavam, ansiosos, pudesse ouvi-lo.

O cenário era espetacular. Aninhado no coração de uma cadeia de vulcões adormecidos, com o mais poderoso dos domos de lava, o Puy-de--Dôme, claramente visível a apenas oito quilômetros de distância, o papa escolheu um palco de fato deslumbrante. Naquele frio dia de inverno, a multidão se esforçou para ouvi-lo: "Queridos irmãos, eu, Urbano, supremo pontífice e, com a permissão de Deus, o prelado de todo o mundo, venho aqui em hora de urgente necessidade falar a vós, os servos de Deus nestas regiões, como mensageiro da admoestação divina".[1]

O papa estava prestes a fazer um dramático apelo às armas, a ponto de incitar homens e mulheres com experiência militar a marcharem por milhares de quilômetros até a Cidade Santa — Jerusalém. O discurso pretendia informar e provocar, exortar e enfurecer; gerar uma reação em escala sem precedentes. E conseguiu exatamente isso. Menos de quatro anos depois, os cavaleiros ocidentais estavam acampados junto às muralhas da cidade onde Jesus Cristo fora crucificado, prestes a tomar Jerusalém em nome de Deus.

Instigados pelas palavras de Urbano em Clermont, dezenas de milhares de homens e mulheres deixaram suas casas e cruzaram a Europa, determinados a libertar os lugares santos.

Em sua fala, o santo padre explicou: "Vós que sois justos e bons, escutai. Sabei da justa e grave causa que nos reúne hoje aqui em vossas terras, todos os fiéis sob o mesmo teto, na piedade de Nosso Senhor". Ele alegou ter tomado conhecimento de notícias perturbadoras e fatos horríveis, que chegavam tanto de Jerusalém quanto de Constantinopla: os muçulmanos, "povo estrangeiro e povo rejeitado por Deus, invadiram terras pertencentes a cristãos, destruindo-as e saqueando a população local". Muitos cristãos foram brutalmente assassinados; outros foram feitos prisioneiros e levados para o cativeiro.[2]

O papa descreveu com profusão de detalhes as atrocidades que estavam sendo cometidas no Oriente pelos "persas" — termo com que se referia aos turcos.

> Eles derrubam altares depois de profaná-los e conspurcá-los com a imundície produzida por seus corpos; circuncidam os cristãos e vertem nos altares e nas pias batismais o sangue resultante. Quando sentem a ânsia de infligir uma morte verdadeiramente dolorosa a alguns, perfuram os umbigos dos fiéis, arrancam as pontas dos intestinos, amarram as tripas a um poste e chicoteiam-nas até que, vendo suas próprias entranhas espalhadas e retalhadas, os irmãos na fé despencam sem vida no chão. Os turcos disparam flechas contra cristãos amarrados a estacas; a outros forçam a se ajoelhar com a cabeça curvada e o pescoço esticado, desembainhando as espadas para ver se conseguem cortar a cabeça com um só golpe. E o que posso dizer acerca do atroz tratamento dispensado às mulheres, tão monstruoso que é melhor passar em silêncio do que explicar em pormenores?[3]

A intenção de Urbano não era informar a multidão reunida, mas incitá-la:

> Eu, ou melhor, o Senhor Deus, exorta a vós, como arautos de Cristo, para que reiteradamente persuadais todas as pessoas de todas as condições e extratos, soldados de infantaria e nobres cavaleiros, pobres e

ricos, de modo que prontamente exterminem de nossas terras essa raça amaldiçoada que avilta os lugares santos, esmerando-se o quanto antes para prestar assistência aos cristãos que vivem no Oriente.⁴

Era urgente que a fidalguia cavaleiresca da Europa se erguesse, formasse uma expedição organizada e, no papel de guerreiros de Cristo, avançasse corajosamente e o mais rápido possível em defesa da Igreja do Oriente. Uma frente de batalha de cavaleiros cristãos deveria marchar rumo a Jerusalém, expulsando os turcos pelo caminho. "Considerai que é belo morrer por Cristo na cidade onde ele morreu por nós."⁵ Deus abençoara os cavaleiros da Europa com uma extraordinária habilidade bélica, grande coragem e força. Havia chegado a hora, disse Urbano, de eles fazerem uso de seu poderio militar e vingarem os sofrimentos dos cristãos no Oriente com o intuito de devolver o Santo Sepulcro às mãos dos verdadeiros crentes.⁶

As várias versões e os diversos relatos do que Urbano disse em Clermont deixam pouca dúvida de que o discurso do papa foi uma obra-prima da oratória, com exortações nascidas de meticulosa ponderação e horríveis exemplos das atrocidades turcas escolhidos à perfeição.⁷ Ele seguiu adiante e passou a descrever as recompensas que aguardavam aqueles que pegassem em armas: quem fizesse a viagem para o Oriente ganharia a bênção eterna. Todos foram encorajados a aceitar essa oferta. Criminosos e ladrões foram estimulados a se tornarem "soldados de Cristo", ao passo que aqueles que até então lutavam contra seus próprios irmãos e parentes foram instruídos a deixar de lado essas contendas e unir forças para travar a luta justa contra os bárbaros. Os que fizessem a viagem inspirados pela devoção e não pelo amor mercenário ao dinheiro ou à glória receberiam a plena remissão de todos os pecados. Era, nas palavras de um observador, "uma nova forma de alcançar a salvação".⁸

A reação ao discurso de Urbano foi arrebatadora. Ergueu-se o grito: "*Deus vult! Deus vult! Deus vult!*" — "É a vontade de Deus! É a vontade de Deus! É a vontade de Deus!". A multidão ouviu atentamente o que o papa disse em seguida: "Que este seja um chamamento às armas para vós na batalha, porque é um grito de guerra que emana de Deus. Quando vos reunirdes para atacar o inimigo, este brado enviado por Deus será o clamor de todos — 'É a vontade de Deus! É a vontade de Deus!'".⁹

Tomados de entusiasmo, muitos entre os que ouviram o discurso do papa correram para casa a fim de começar os preparativos. Clérigos se dispersaram para divulgar a palavra, enquanto Urbano cumpria uma programação exaustiva, ao atravessar a França de uma ponta à outra para promover a expedição, despachando cartas comoventes para regiões que ele não tinha tempo de visitar. Em pouco tempo, toda a França fervilhava com a febre das Cruzadas. Os mais importantes nobres e cavaleiros se apressaram para se juntar à expedição. Homens como Raimundo de Toulouse, uma das figuras mais ricas e poderosas da Europa, concordaram em participar, assim como Godofredo de Boulogne, duque de Lorena, que de tão ansioso para partir cunhou moedas com a legenda "GODEFRIDUS IEROSOLIMITANUS" — "Godofredo, o peregrino de Jerusalém".[10] As notícias da expedição à Terra Santa se espalharam de maneira veloz e febril.[11] A Primeira Cruzada estava em andamento.

Quatro anos depois, no início de julho de 1099, um exército de cavaleiros esfalfados, enlameados, mas extremamente determinados, tomou posição junto às muralhas de Jerusalém. O local mais sagrado da cristandade estava prestes a ser atacado e capturado pelos muçulmanos. Máquinas de cerco foram construídas e poderiam entrar em ação a qualquer momento. Orações solenes foram oferecidas. Os cavaleiros encontravam-se a ponto de realizar um dos feitos mais surpreendentes da história.

A ambição da Primeira Cruzada derivava em parte da escala do empreendimento. No passado, exércitos haviam marchado por longas distâncias, enfrentando grandes adversidades e lutando contra tudo e contra todos para alcançar conquistas de grande efeito. As campanhas de renomados generais da Antiguidade, a exemplo de Alexandre, o Grande, Júlio César e Belisário, mostraram como vastas extensões de território podiam ser engolidas por soldados disciplinados e bem comandados. O que deu à Cruzada um aspecto diferente foi o fato de que as forças ocidentais não eram um exército de conquista, mas de libertação. Em Clermont, Urbano não instigou os cavaleiros europeus a ocupar os lugares ao longo do caminho em sua jornada para o Oriente, beneficiando-se dos recursos de cidades e regiões recém-ocupadas; em vez disso, o objetivo era libertar Jerusalém — e as igrejas orientais — da opressão dos chamados pagãos.[12]

No entanto, as coisas não se mostraram tão simples. A peregrinação por milhares de quilômetros acarretou sofrimentos e privações terríveis, inúmeras baixas e enormes sacrifícios. Dos cerca de 80 mil soldados de Cristo que atenderam à convocação do papa, não mais que um terço chegou a Jerusalém. O emissário de Urbano, que viajou com os principais líderes cruzados e escreveu a Roma no outono de 1099, colocou bem abaixo disso a proporção de sobreviventes em relação aos que perderam a vida em decorrência de batalhas e doenças, sugerindo que, de todos os que partiram, menos de 10% chegaram a ver as muralhas da Cidade Santa.[13]

Pôncio Rainaud e seu irmão Pedro, "nobilíssimos príncipes", por exemplo, foram assassinados por ladrões após viajarem desde a Provença através do Norte da Itália e ao longo da costa da Dalmácia; nem sequer chegaram à metade do caminho de Jerusalém. Gualtério de Verva foi consideravelmente mais longe: certo dia, acompanhado por um grupo de cavaleiros, saiu em busca de comida nos arredores de Sidon. Nunca mais voltou. Talvez tenha sido morto numa emboscada; ou feito prisioneiro e enviado como cativo para as entranhas do mundo muçulmano, e nunca mais se ouviu falar dele; ou talvez seu fim tenha sido bem mais mundano: um passo mal dado por um cavalo que carregava um fardo pesado demais em terreno montanhoso poderia facilmente ter consequências fatais.[14]

Havia Godevere, uma nobre que escolheu acompanhar o marido, o conde Balduíno de Boulogne, em sua jornada ao Oriente. Ela adoeceu nas proximidades de Marach e rapidamente definhou; seu estado de saúde foi piorando dia após dia até que por fim faleceu. Aristocrata nascida na Inglaterra, foi sepultada em um canto obscuro e exótico da Ásia Menor, em um lugar do qual seus parentes nunca teriam ouvido falar.[15]

E houve inúmeros outros, como Raimboldo Cretons, jovem cavaleiro de Chârtres, que chegou a Jerusalém e participou do cerco e do ataque à cidade. Foi o primeiro cavaleiro a subir as escadas que haviam sido colocadas contra as muralhas, sem dúvida lutando pela gloriosa aclamação por ser o primeiro homem a invadir a cidade. Mas a escalada de Raimboldo foi observada por um defensor das fortificações, não menos ansioso, que desferiu um golpe que arrancou um dos braços do cruzado e parte do outro; Raimboldo pelo menos sobreviveu para testemunhar a queda de Jerusalém.[16]

E havia também os homens cuja missão terminou em esplendor. Os grandes líderes da Primeira Cruzada — Boemundo, Raimundo de Toulouse, Godofredo e Balduíno de Boulogne, Tancredo e outros — tornaram-se nomes famosos em toda a Europa como resultado da captura da Cidade Santa. Suas realizações foram celebradas em canções e inúmeras histórias contadas em prosa e verso, e proporcionaram o surgimento de uma nova forma literária: o romance medieval de cavalaria. O sucesso desses homens forneceria o padrão para todas as Cruzadas posteriores. Era uma façanha difícil de equiparar.

A Primeira Cruzada é um dos eventos mais conhecidos da história, e um dos que mais renderam textos. A saga dos cavaleiros que pegaram em armas e atravessaram a Europa para libertar Jerusalém fascinou escritores da época, e desde então tem emocionado historiadores e leitores. Relatos de heroísmo surpreendente dos primeiros combates contra os turcos muçulmanos, das agruras, provações e percalços sofridos pelos peregrinos armados em sua jornada ao Oriente — terminando com o sangrento massacre da população de Jerusalém em 1099 — ecoaram pela cultura ocidental por quase mil anos. Imagens e temas da Cruzada proliferaram na música, literatura e arte europeias. Até mesmo a palavra "Cruzada" — literalmente, "o caminho da cruz" — acabou por assumir um significado mais amplo: uma perigosa mas finalmente bem-sucedida expedição, levada a cabo pelas forças do bem contra o mal.

A Primeira Cruzada arrebatou a imaginação popular por causa de seu aspecto dramático e violento. Mas não se tratou apenas do teatro de guerra, a expedição cativou o Ocidente porque moldou muito do que estava por vir: a ascensão do poder papal, o confronto entre cristianismo e islamismo, a evolução dos conceitos de guerra santa, piedade cavaleiresca e devoção religiosa, o surgimento dos Estados marítimos italianos e o estabelecimento de colônias no Oriente Médio. Todos esses elementos tiveram suas raízes na Primeira Cruzada.[17]

Não surpreende que a literatura a respeito do tema continue a florescer. Embora gerações de historiadores tenham escrito sobre a expedição, nas últimas décadas uma notável escola de estudiosos produziu obras de originalidade excepcional. Assuntos como a velocidade de marcha do exército cruzado, suas provisões e a cunhagem de moedas que utilizava foram examinados em detalhes.[18] As inter-relações entre as principais fontes narrativas ocidentais ganharam análises detidas, e, em tempos recentes, provocativas.[19] Nos últimos anos, as atenções se voltaram para o entendimento do pano de fundo apocalíptico da expedição a Jerusalém e dos primórdios do mundo medieval em geral.[20]

Vieram a lume enfoques inovadores da Cruzada: psicanalistas sugeriram que aqueles cavaleiros estavam à procura de um meio para dar vazão e alívio a suas tensões sexuais, ao passo que economistas examinaram cuidadosamente os desequilíbrios entre oferta e demanda no final do século XI e investigaram a expedição em termos da distribuição de recursos na Europa do início da Idade Média e no Mediterrâneo.[21] Geneticistas avaliaram evidências mitocondriais do sul da Anatólia, em um esforço para entender os movimentos populacionais no final do século XI.[22] Outros sugeriram que o período em torno da Cruzada foi a única ocasião, antes do final do século XX, em que o Produto Interno Bruto superou o crescimento populacional, o que implica a possibilidade de serem encontrados paralelos entre as demografias medieval e moderna e o boom econômico.[23]

E, no entanto, apesar de nosso perene fascínio pela Primeira Cruzada, pouca atenção foi dada às suas origens concretas. Por quase dez séculos, o foco primordial dos escritores e estudiosos esteve no papa Urbano II, em seu discurso inflamado em Clermont e na deslumbrada mobilização dos cavaleiros da Europa. Porém, o catalisador para a expedição a Jerusalém não foi o papa, mas outra figura. A convocação às armas proferida por Urbano foi resultado de um apelo direto do imperador de Constantinopla, Aleixo I Comneno, que, na intenção de conter os turcos, solicitou desde o Oriente a ajuda do papa.

Fundada no século IV como uma segunda capital para que o Império Romano governasse suas províncias espalhadas pelo Mediterrâneo oriental, a "Nova Roma" logo ficou conhecida como a cidade de seu fundador, o imperador Constantino. Constantinopla, aninhada na margem ocidental do Bósforo, cresceu para se tornar a maior cidade da Europa, adornada com arcos triunfais, palácios, estátuas de imperadores e incontáveis igrejas e mosteiros construídos no decorrer dos séculos após a adoção do cristianismo por Constantino.

O Império Romano do Oriente continuou a florescer depois que as províncias ocidentais se desestabilizaram e entraram em declínio e a "Velha Roma" caiu de vez no século V. Em 1025, o Império Bizantino controlava a maior parte dos Bálcãs, o Sul da Itália, a Ásia Menor, além de vastas porções do Cáucaso e do Norte da Síria, e tinha ambições expansionistas na Sicília.

Setenta anos depois, a situação era bastante diferente. Bandos de invasores turcos fervilhavam por toda a Anatólia, saqueando cidades importantes e causando severos transtornos na estrutura da sociedade provincial. Os Bálcãs foram submetidos a décadas de ataques quase incessantes, com as mesmas consequências. Nesse meio-tempo, os territórios imperiais na Apúlia e na Calábria haviam sido perdidos, tomados por aventureiros normandos que em menos de duas décadas conquistaram o Sul da Itália.

O homem que estava entre o colapso do Império Bizantino e sua salvação era Aleixo I Comneno. Jovem e formidável general, Aleixo não herdara o trono, mas apoderara-se dele com um golpe militar em 1081, com cerca de 25 anos de idade. Seus primeiros anos no poder foram desconfortáveis: lutava para lidar com as ameaças externas enfrentadas por Bizâncio ao mesmo tempo que precisava se impor internamente. Como usurpador, sem a legitimidade do poder conferida via sucessão, Aleixo adotou uma postura pragmática para assegurar sua posição, centralizando a autoridade e promovendo aliados próximos e parentes aos cargos e funções mais importantes em Bizâncio. Porém, em meados de 1090, estava perdendo sua autoridade política, e o Império Bizantino se mostrava desnorteado, alvo de incursões violentas por todos os lados.

Em 1095, Aleixo enviou emissários com uma mensagem urgente a Urbano II. Reunidos com o papa em Placência, os embaixadores "imploraram à sua santidade o papa e a todos os fiéis de Cristo que fornecessem ajuda contra os pagãos para a defesa da Santa Igreja, a essa altura quase aniquilada naquela região pelos infiéis que a conquistaram em toda a sua extensão até as muralhas de Constantinopla".[24] Urbano reagiu imediatamente, declarando que rumaria para o norte, até a França, com o intuito de arregimentar forças para auxiliar o imperador. Foi esse apelo de Aleixo que desencadeou a Primeira Cruzada.

Embora a chegada de embaixadores bizantinos apareça com regularidade nas histórias modernas da Primeira Cruzada, o apelo do imperador e suas motivações para ele são subestimados. Como resultado, a Cruzada costuma ser vista como um chamamento às armas feito pelo papa; como uma proeza de soldados cristãos lutando na Terra Santa em nome de Deus. Sem dúvida é a história que se cristalizou, quase desde o momento em que os cavaleiros chegaram às muralhas da cidade em 1099, e passou a ser a versão adotada de maneira praticamente uniforme por escritores, artistas, cineastas e outros desde então. Mas as verdadeiras origens da Primeira Cruzada estão em Constantinopla e no entorno da cidade no final do século XI. Este livro mostrará que as raízes da expedição não se encontravam no Ocidente, mas no Oriente.

Por que Aleixo solicitou ajuda em 1095? Por que ele apelou ao papa, um líder religioso, que não dispunha de recursos militares significativos? Após uma espetacular desavença entre as Igrejas Católica Apostólica Romana e Católica Apostólica Ortodoxa em 1054, por que afinal de contas Urbano estava disposto a fornecer assistência ao imperador? Por que Aleixo esperou até 1095 para pedir ajuda, com os turcos já senhores da Ásia Menor desde 1071, após a desastrosa derrota do exército bizantino na Batalha de Manziquerta? Em suma, por que houve afinal uma Primeira Cruzada?

Há duas razões pelas quais a história da Cruzada foi tão distorcida. Primeiro, após a captura de Jerusalém, uma poderosa escola historiográfica, produzindo na Europa Ocidental e dominada quase exclusivamente por monges e clérigos, empreendeu grandes esforços para enfatizar de toda forma possível a centralidade do papa em conceber a expedição. Isso, por sua vez, foi reforçado pela criação de uma série de Estados cruzados no Levante com base em Jerusalém, Edessa, Trípoli e, sobretudo, Antioquia. Esses novos Estados precisavam de histórias que explicassem de que maneira acabaram sob o controle de cavaleiros ocidentais. Tanto no caso das origens da Cruzada quanto de seus efeitos e consequências, o papel de Bizâncio e de Aleixo I Comneno era extremamente inconveniente — em especial porque muitos dos êxitos dos cruzados se deram à custa do Império Romano Oriental. Era cômodo e vantajoso para os historiadores ocidentais explicar a expedição da perspectiva do papado e dos nobres cavaleiros cristãos, deixando de lado o imperador oriental.

A segunda razão para o pesado e ostensivo foco no Ocidente decorre dos problemas das fontes históricas. Fontes latinas da Primeira Cruzada são abundantes e bem conhecidas — e maravilhosamente saborosas. Narrativas como a crônica anônima *Gesta Francorum* proporcionam relatos unilaterais da bravura pessoal de indivíduos, a exemplo do heroico Boemundo, e das falcatruas e trapaças do "perverso" imperador Aleixo, tramando maquinações para, por meio de astúcia e fraudes, sobrepujar os cruzados. Autores como Raimundo de Aguilers, Alberto de Aquisgrão e Fulquério de Chârtres não fornecem guias menos animados e parciais de uma expedição que repetidas vezes viu disputas de ego entre seus líderes rivais, e em que a dissimulação e a traição eram características onipresentes. Esses cronistas registraram conflitos em que o sucesso flertava com o desastre; relataram como o moral das tropas despencava quando as cabeças dos cavaleiros capturados eram catapultadas para dentro de seus acampamentos durante os cercos às cidades; descreveram seu horror diante das cenas de clérigos sendo pendurados de cabeça para baixo sobre as muralhas das cidades e espancados para hostilizar os ocidentais; contaram histórias de fidalgos cortejando damas em pomares, ou emboscados e cruelmente executados por espiões turcos.

As principais fontes primárias do Oriente, em contraposição, são mais complexas. O problema não é a quantidade de material, pois existe um volume substancial de cartas, discursos, relatórios e outros documentos escritos em grego, armênio, siríaco, hebraico e árabe, oferecendo preciosos vislumbres do prelúdio da Cruzada. A questão é que esses registros têm sido examinados de maneira muito menos detida do que seus homólogos latinos.

O mais importante e difícil desses textos orientais é a *Alexíada*. Escrita em meados do século XII pela filha mais velha de Aleixo, Ana Comnena, esse relato sobre o reinado e a carreira política e militar de seu pai e imperador tem sido mal utilizado e mal interpretado em igual medida. Escrito num grego rebuscado, é repleto de nuances, alusões e significados ocultos que passam facilmente despercebidos. Além disso, a sequência cronológica dos eventos fornecidos pela autora não é confiável: são deslocados, divididos em dois ou duplicados.

Escrevendo quase cinco décadas após a realização dos episódios descritos, Ana Comnena pode ser perdoada por cometer ocasionais erros sobre a ordem em que os eventos aconteceram — aspecto que a própria autora reconhece no texto:

> Enquanto escrevo estas palavras, é quase chegada a hora de acender as velas; minha pena desliza devagar sobre o papel, sinto-me quase sonolenta para escrever, e as palavras me escapam. Tenho que usar nomes bárbaros e sou compelida a descrever em pormenores uma mixórdia de eventos ocorridos em rápida sucessão. O resultado é que o corpo principal da história e a narrativa contínua estão fadados a

ficar desconjuntados em decorrência de interrupções. Que os leitores que apreciarem o texto não se ressintam comigo por causa disso.[25]

A imagem do historiador que se debruça sobre seu manuscrito, trabalhando até tarde da noite, é emotiva e encantadora; todavia, aqui, trata-se de um dispositivo literário, tal qual o hábil pedido de desculpas da autora por seus erros, expediente-padrão usado pelos escritores da Antiguidade cujas obras fornecem um modelo para a *Alexíada*. Com efeito, o trabalho de Ana Comnena é resultado de pesquisa historiográfica extremamente bem-feita, fiando-se em um impressionante arquivo de cartas, documentos oficiais, notas de campanha, histórias familiares e outros materiais escritos.[26]

Estudiosos identificaram alguns problemas de cronologia na *Alexíada*, mas outros tantos passaram despercebidos. Isso, por sua vez, levou a erros expressivos quanto à sequência de eventos ocorridos no reinado de Aleixo I Comneno. O mais significativo diz respeito à situação da Ásia Menor às vésperas da Cruzada. A imagem apresentada por Ana Comnena é enganosa; de fato, a reavaliação cuidadosa da *Alexíada* — com o cotejo de outras fontes — revela conclusões surpreendentes, em acentuado desacordo com pontos de vista estabelecidos e normalmente aceitos como verdades irrefutáveis. No passado, deu-se como favas contadas que o imperador bizantino havia procurado assistência militar do Ocidente para levar a cabo uma ambiciosa e oportunista reconquista da Ásia Menor a partir de uma posição reforçada. A realidade era muito diferente. O pedido de ajuda foi um último e arriscado lance de dados por parte de um governante cujo regime e império estavam à beira do colapso.

O fato de a situação na Ásia Menor às vésperas da Primeira Cruzada ainda não ter sido compreendida de maneira adequada é bastante significativo. Os cavaleiros partiram rumo ao Oriente para lutar contra os turcos, um inimigo poderoso, que colocara o Império Bizantino de joelhos. Originalmente parte da confederação tribal oguz, que os historiadores árabes localizaram a leste do mar Cáspio, os turcos seljúcidas eram um povo da estepe, cuja perícia militar granjeou crescente influência sobre o califado em Bagdá, que se fragmentara no século anterior. A partir dos anos 1030, não muito tempo após adotarem o islá, os turcos eram a força dominante na região, e menos de uma geração mais tarde tornaram-se senhores de Bagdá depois que o califa nomeou seu líder, Tughril Beg, sultão, com plenos poderes executivos.

O avanço dos turcos em direção ao Ocidente foi implacável. Em pouco tempo as incursões começaram no Cáucaso e na Ásia Menor, causando alvoroço e provocando pânico em meio à população local. Os turcos se deslocavam com rapidez, e aparentemente sem deixar rastros, montados em cavalos atarracados da Ásia Central, cuja força e resistência os tornavam adequados para o terreno montanhoso e as íngremes ravinas da região; eram "velozes como águias, com cascos sólidos feito rochas", de acordo com uma fonte. Dizia-se que os turcos atacavam aqueles com quem se deparavam como lobos devorando sua comida.[27]

Enquanto Urbano discursava em Clermont, os turcos demoliam a administração provincial e militar da Anatólia, que durante séculos resistira intacta, e capturaram algumas das cidades mais importantes dos primórdios do cristianismo: lugares como Éfeso, lar de São João Evangelista, Niceia, onde foi realizado o primeiro concílio ecumênico da Igreja Católica, e Antioquia, a sé original do próprio São Pedro, foram perdidos nos anos anteriores à Cruzada. Não é surpresa, então, que em seus discursos e cartas em meados da década de 1090 o papa tenha implorado pela salvação da Igreja no Oriente.

O contexto da instauração da Primeira Cruzada deve ser encontrado não nos contrafortes de Clermont ou no Vaticano, mas na Ásia Menor e em Constantinopla. Por muito tempo, a narrativa da Cruzada foi dominada por vozes ocidentais, mas os cavaleiros que partiram com grandes expectativas em 1096 estavam reagindo a uma crise que se desenrolava do outro lado do Mediterrâneo. Colapso militar, guerra civil e tentativas de golpes de Estado levaram o Império Bizantino à beira do abismo. Aleixo I Comneno foi obrigado a recorrer ao Ocidente, e seu apelo a Urbano II, o sumo pontífice da Sé Romana, tornou-se o catalisador para tudo o que aconteceria a seguir.

1
EUROPA EM CRISE

A Primeira Cruzada definiu a Idade Média. Estabeleceu uma identidade comum para os cavaleiros de todas as camadas da nobreza da Europa, firmemente atrelados à fé cristã. Influenciou o comportamento: a devoção e o serviço ao ideal cristão passaram a ser vistos como qualidades extremamente valorizadas, exaltadas em verso, prosa, canção e arte. Idealizou o conceito do cavaleiro devoto, que luta em nome de Deus. Estabeleceu o papa como líder não apenas espiritual, mas de importância política. Forneceu um propósito comum aos princípios ocidentais, ao criar um quadro em que a defesa da Igreja não era apenas desejável, mas uma obrigação. A partir da Primeira Cruzada ganharam corpo as ideias e estruturas que moldaram a Europa até a Reforma.

Ironicamente, a Cruzada foi ela mesma produto de discórdia e desunião, pois na segunda metade do século XI a Europa encontrava-se dilacerada por turbulências e crises. Foi um período de conquistas e tumultos em todo o continente. Sob ocupação normanda, a Inglaterra mal conseguia resistir aos persistentes ataques da Escandinávia. Apúlia, Calábria e Sicília também estavam no processo de transformação por meio da presença de imigrantes da Normandia — primeiro mercenários, depois oportunistas —, atraídos para o sul em busca de polpudas recompensas financeiras. A Espanha vivia uma fase de transição, seus ocupantes muçulmanos sendo expulsos de vilarejo em vilarejo após mais de três séculos de dominação da península. A Alemanha também convulsionava, com a constante eclosão de revoltas de grande envergadura contra a Coroa. O Império Bizantino, entretanto, vivia sob pressão crônica, suas fronteiras norte, leste e oeste eram ameaçadas, atacadas e invadidas por vizinhos cada vez mais agressivos.

O século XI foi também um tempo de violenta disputa entre o papado e os principais barões da Europa. Monarcas eram excomungados, e depois, vez por outra, reabilitados apenas para em seguida serem novamente condenados com o anátema. Quase todas as figuras monárquicas decisivas do período — o imperador Henrique IV do Sacro Império Romano-Germânico, o rei Filipe I da França, o rei Haroldo I da Inglaterra, o imperador bizantino Aleixo I Comneno e o duque normando Roberto de Altavilla, o Guiscardo — foram excomungadas ao menos uma vez pelo papado, por tentarem afirmar sua autoridade sobre o mundo secular.

As divisões eram tão grandes, mesmo no seio da Igreja, que no final do século XI havia dois papas rivais, cada um afirmando ser o legítimo herdeiro do trono de São Pedro, cada um contando com o apoio de cleros rivais que por sua vez declaravam ser o corpo eleitoral legítimo. E havia ainda a Igreja Bizantina, em acentuado desacordo com as práticas e ensinamentos padrão no Ocidente e em estado de cisma com o papado. No entanto, envolveu toda a Europa nesse período uma controvérsia mais venenosa e persistente, que ameaçou a viabilidade da Igreja como um todo: um desentendimento de grandes proporções devastou as relações entre o papa Gregório VII e o homem mais poderoso da Europa: Henrique IV. Os antecessores de Henrique haviam controlado o Norte da Itália e se proclamado imperadores de Roma nos anos 960; como resultado, mantinham o papado sob estrito escrutínio, preservando o direito de se envolver nas eleições papais. As relações entre Gregório VII e Henrique IV tiveram um início bastante promissor após a nomeação de Gregório como papa em abril de 1073; ele era um "homem religioso, bem versado em ambos os ramos [sagrado e secular] do conhecimento, eminente amante da equidade e da justiça, forte nas adversidades... honrado, modesto, sóbrio, casto, hospitaleiro".[1] Após sua aclamação, o papa se animou com as mensagens enviadas pelo imperador. Henrique, ele escreveu a um apoiador, "nos enviou palavras repletas de contentamento e obediência, como nenhuma outra que nem ele e tampouco seus predecessores jamais dedicaram a pontífices romanos".[2]

Não demorou muito, porém, para que as relações se degenerassem. Mesmo antes de se tornar papa, Gregório fora um homem pragmático, com opiniões fortes sobre a reforma da Igreja e a centralização mais eficaz do poder de Roma. Uma de suas preocupações específicas era a questão das nomeações aos cargos mais elevados na Igreja, as investiduras, muitas das quais eram vendidas, o que equivalia a algo pouco melhor que corrupção organizada. Algumas posições de alto escalão na Igreja rendiam alianças lucrativas, bem como influência e autoridade seculares, o que fazia delas uma sinecura bastante desejável — recompensas úteis a serem distribuídas por governantes poderosos.[3]

As tentativas de Gregório de instituir reformas, proibindo a venda de posições religiosas e afirmando que apenas ele detinha o direito de fazer nomeações de bispos e abades, colocaram o pontífice em rota de colisão com Henrique, que se ressentia profundamente da interferência do papa nos assuntos da Igreja germânica. Em 1076, as relações chegaram a tal ponto de ruptura que o papa excomungou Henrique, declarando que "em nome de Deus Todo-Poderoso, Pai, Filho e Espírito Santo, e por seu poder e autoridade, nego ao rei Henrique, filho do imperador Henrique, que com vaidade inaudita se levantou contra sua Igreja, o governo de todo o reino dos alemães e da Itália, e absolvo todos os cristãos do vínculo de qualquer juramento que tenham feito ou devam fazer a ele, e proíbo que alguém o sirva como rei".[4]

Como era de se esperar, as tensões se elevaram; partidários de Henrique declararam que o papa era um criminoso, e bispos leais ao soberano alemão aprovaram uma sentença de excomunhão do próprio pontífice.[5] Embora ambos os homens tenham se reconciliado por um breve período na década de 1070, o relacionamento ruiu de uma vez por todas depois que o papa foi persuadido a apoiar os poderosos inimigos de Henrique na Alemanha, que buscavam derrubar o imperador. Depois que Gregório endossou as afirmações de um desses rivais ao trono, enaltecendo sua humildade, obediência e amor à verdade, em contraste com o orgulho, a desobediência e a falsidade de Henrique, o imperador tomou medidas drásticas.[6]

Bispos da Alemanha e do Norte da Itália foram convocados a um concílio da Igreja em Brixen, em junho de 1080. Lá se propôs que Gregório deveria ser expulso de Roma à força e substituído por um papa "ortodoxo". Gilberto, arcebispo de Ravena, foi nomeado papa, e sua coroação ocorreria em Roma na primavera seguinte.[7] Depois de adiamentos por causa de levantes na Alemanha, Henrique IV finalmente marchou rumo à Itália, tomando Roma em 1084. Gilberto foi imediatamente coroado como papa

Clemente III na Basílica de São Pedro. Uma semana depois, o próprio Henrique foi entronizado como imperador de Roma. "Fomos ordenados pelo papa Clemente", ele escreveu, "e consagrados imperador pelo consentimento de todos os romanos no dia sagrado da Páscoa, com a exultação de todo o povo romano."[8]

O estabelecimento de Clemente como um papa rival, alegando ser o verdadeiro herdeiro do trono de São Pedro e apoiado por parte da alta cúpula do clero, ameaçou dividir a Igreja Romana em duas. Embora o próprio Gregório tenha se refugiado no Latrão e, por fim, fugido de Roma para Salerno, onde morreu no exílio em 1085, a incerteza e a confusão continuaram a ensombrar o papado. Levou quase um ano para que um sucessor fosse nomeado para ocupar o lugar de Gregório VII, e mesmo assim o candidato escolhido como papa, Vítor III, teve que ser instalado mais ou menos pela força. Sua morte, depois de apenas dezoito meses no cargo, levou a uma nova eleição e criou ainda mais agitação. Em março de 1088, Odo de Châtillon, cardeal-bispo de Óstia, foi nomeado papa, usando o nome Urbano II, mas não foi reconhecido nas terras sujeitas a Henrique IV no Sacro Império Romano-Germânico e no Norte da Itália. A Igreja estava em desordem.

O cisma na Igreja Ocidental mostrou poucos sinais de cura nos anos que se seguiram. Na década anterior ao Concílio de Clermont em 1095, era Clemente III — e não Urbano II — quem estava na posição mais forte. Este último, afinal de contas, teve raras oportunidades de entrar em Roma nos primeiros anos de seu pontificado: até mesmo sua eleição havia ocorrido em Terracina, bem longe da "Cidade Eterna", que ainda era controlada com mão de ferro por forças leais ao imperador. Embora tenha conseguido entrar em Roma em 1089, celebrando com uma procissão e uma missa de coroação e proclamando uma encíclica, rapidamente retirou-se, sem se atrever a permanecer na cidade por um longo período de tempo.[9] Quando voltou no Natal, em 1091 e 1092, foi obrigado a acampar do lado de fora das muralhas da cidade, incapaz de exercer a maioria das tarefas básicas do sumo pontífice, incluindo rezar missa na Catedral de São Pedro.[10]

A ideia de que Urbano poderia ser capaz de comover e inspirar cavaleiros cristãos da Europa a pegar em armas e marchar para Jerusalém teria sido risível no momento de sua eleição como papa. Embora o sumo pontífice acompanhasse de perto os eventos na Espanha, onde conquistas vinham sendo obtidas à custa da expulsão dos muçulmanos, ele pouco tinha a fazer além de enviar entusiasmadas cartas de apoio e incentivo.[11] Mas, dada a complicada situação de Urbano em âmbito doméstico, a sua preocupação com o destino dos fiéis no Oriente, ainda que sincera, representava pouco peso e influência zero em um mundo no qual ele precisava fazer das tripas coração para mobilizar apoiadores mesmo em Roma, quanto mais no restante da Europa.

Em contrapartida, Clemente III consolidava de maneira implacável sua posição como o verdadeiro chefe da Igreja Católica. No final da década de 1080, ele despachou uma série de cartas para Lanfranco, arcebispo da Cantuária, convidando-o a visitar Roma, solicitando que lhe fosse enviado o dízimo e se oferecendo a intervir em disputas na Inglaterra. Também pediu ao rei e aos bispos daquele país que fornecessem ajuda à Igreja matriz.[12] Clemente se correspondeu com os sérvios, reiterando compromissos clericais e enviando uma vestimenta eclesiástica especial, um pálio, ao arcebispo de Antivari.[13] Fez contato com o chefe da igreja em Kiev, a capital do Estado russo medieval, enviando-lhe mensagens de boa vontade.[14] Estava se comportando exatamente como cabia ao papa: de maneira solícita e benevolente, procurando, aconselhando e apoiando figuras importantes do mundo cristão. Era Clemente III, e não Urbano, quem parecia talhado para proferir o tipo de discurso a produzir reação capaz de unir a Igreja em meados da década de 1090.

A vantagem de Urbano II em comparação com seu rival estava nas relações que mantinha com a Igreja Oriental — embora estas não fossem isentas de complicações. Originalmente, Roma e Constantinopla haviam sido duas das cinco sés fundamentais da cristandade, juntamente com Antioquia, Alexandria e Jerusalém. A queda das três últimas em meio às conquistas islâmicas do século VII elevou o status das duas cidades restantes ao ponto da rivalidade endêmica. Disputas sobre sua importância relativa, bem como sobre questões de doutrina e prática, se inflamaram, e devido às furiosas trocas de farpas entre o papa Nicolau I e o líder da Igreja em Constantinopla, o patriarca Fócio, as relações descambaram para seu pior patamar no século IX.

Normalmente, no entanto, o tempo aplacava as tensões, e essas discussões eram interrompidas por longos períodos de cooperação. Um manual bizantino do século X demonstra como o imperador deveria se dirigir ao papa nas cartas enviadas desde Constantinopla. Fornecia-se uma fórmula pronta: "Em nome do Pai e do Filho e do Espírito Santo, o nosso único Deus. De [nome deixado em branco] e [nome deixado em branco], imperadores dos romanos, fiéis a Deus, a [nome deixado em branco], santíssimo papa de Roma e nosso pai espiritual". Da mesma forma, embaixadores romanos eram instruídos a usar termos respeitosos para se dirigir ao imperador.[15] Esse tipo de fórmula sugere que a cooperação entre Oriente e Ocidente era a norma, não a exceção.

Em meados do século XI, no entanto, as relações entre Roma e Constantinopla chegaram ao fundo do poço. Em 1054, a missão enviada pelo papa Leão IX para explorar interesses comuns na Itália, onde Bizâncio controlava as regiões da Apúlia e da Calábria, foi um espetacular fiasco. As negociações começaram com o pé esquerdo, e a discussão de uma possível aliança descambou para um debate teológico que salientou as diferenças entre os rituais latinos e gregos na celebração da sagrada eucaristia. Como demonstram as voláteis fontes de pesquisa, era questão importantíssima decidir se o pão mais adequado para ser usado como corpo de Cristo deveria ser ázimo (sem fermento ou levedura) ou fermentado. Mais relevante, porém, foi a adição no credo da chamada cláusula *filioque* ("e do filho") por meio da qual se alegava que o Espírito Santo emanava não apenas do Pai, mas também do Filho. Inicialmente proposta em um concílio da Igreja na Espanha no século VI, reunião que, de maneira significativa, não contou com a presença de muitos clérigos de proa, seu uso foi de início condenado até mesmo pelo papado. No entanto, a polêmica cláusula *filioque* tornou-se cada vez mais vigente em um mundo onde nem sempre era fácil regular as práticas. Até o início do século XI, a doutrina foi usada de forma tão ampla que passou a ser formalmente aceita como parte-padrão da profissão de fé. A adição da cláusula por parte de Roma foi alvo de furiosas críticas e condenações no Mediterrâneo oriental, sobretudo em Constantinopla.

Assim que a delegação da cúria romana chegou à capital bizantina, as coisas rapidamente atingiram o ponto crítico. Em 16 de julho de 1054, o núncio apostólico, cardeal Humberto de Silva Cândida, juntamente com outros enviados de Roma, entrou a passos largos na grande Basílica de Santa Sofia (Hagia Sophia) em Constantinopla no momento em que se celebrava a missa. Em uma cena de grande impacto dramático, os delegados papais se encaminharam ao santuário, sem parar para rezar. Diante do clero e da congregação, sacaram um documento, que descaradamente depositaram sobre o altar-mor. O patriarca de Constantinopla, dizia a bula de excomunhão, abusara de suas funções eclesiásticas e era culpado de muitos erros em suas crenças e ensino. Foi imediatamente excomungado, condenado a sofrer no inferno na companhia dos piores hereges, que foram enumerados um a um. O patriarca e seus partidários foram sentenciados à danação eterna, a sofrer com "o próprio Diabo e seus anjos, a menos que demonstrem arrependimento. Amém, amém, amém". Ato contínuo, Humberto deu meia-volta e saiu da igreja, parando na porta para sacudir a poeira de suas sandálias. Virou-se mais uma vez para a congregação e declarou em tom solene: "Que Deus veja e julgue!".[16]

Esse divisor de águas representou o ponto mais baixo nas relações entre Roma e Constantinopla, até hoje conhecido como o "Grande Cisma do Oriente". A animosidade entre Oriente e Ocidente tornou-se então praticamente institucionalizada. Em 1078, por exemplo, Gregório VII emitiu um aviso excomungando Nicéforo III Botaniates, mesmo sem que o novo imperador bizantino tivesse tido qualquer contato com Roma; três anos depois, o papa fez o mesmo com Aleixo I Comneno, depois que este depôs Nicéforo.[17] Ao mesmo tempo, o papa não apenas sancionou um ataque contra Bizâncio, como despachou seu líder com um estandarte a ser levado para a batalha contra o exército imperial. Chegou a endossar Roberto Guiscardo, arquiteto do ataque, como o candidato legítimo ao trono de Constantinopla, embora o normando não tivesse direito legítimo de reivindicar o trono e tampouco uma chance realista de se instalar como imperador.[18]

Isso coloca em nítido relevo o apelo às armas que Urbano fez em Clermont. Como as fontes contemporâneas de final de 1095 e início de 1096 deixam claro, o papa foi meticuloso ao chamar a atenção para o sofrimento dos cristãos na Ásia Menor e a perseguição das igrejas no Oriente — isto é, as igrejas que seguiam o rito grego em vez do latino.[19] O que levou a essa extraordinária reviravolta nas relações entre Roma e Constantinopla? As razões estavam na luta pelo controle da Igreja como um todo no final do século XI e, em especial, na posição fragilizada de Urbano no Ocidente.

Ao ser nomeado papa, Urbano tinha plena consciência de que estava sendo superado pelas manobras estratégicas mais hábeis de Clemente III e seu protetor Henrique IV; Urbano foi forçado a estabelecer laços e construir pontes onde quer que fosse capaz. Uma de suas primeiras medidas foi se reconciliar com Constantinopla. Logo após sua eleição em 1088, o papa enviou uma pequena delegação à capital imperial para discutir os tópicos sensíveis que três décadas antes haviam causado desavença e celeuma. Depois de serem recebidos pelo imperador, os delegados expuseram os problemas "de maneira gentil e paternal", de acordo com a descrição de um comentarista contemporâneo, tratando de temas como o uso grego de pão fermentado e a remoção do nome do papa dos dípticos sagrados de Constantinopla, que continham as listas dos bispos, vivos e mortos, que, julgava-se, estavam em comunhão com a Igreja.[20]

O imperador Aleixo I Comneno era um ex-general com gostos espartanos e privilegiava um enfoque direto e pragmático de sua fé — um homem que ficava acordado até tarde da noite, na companhia da esposa, imerso no estudo das Sagradas Escrituras, de acordo com sua filha mais velha.[21] Aleixo ouviu os embaixadores papais e ordenou a convocação de um sínodo para discutir suas queixas, entre as quais a de que as igrejas adeptas do rito latino na capital haviam sido fechadas, solicitando portanto que os ocidentais que viviam na cidade participassem da adoração. O imperador presidiu pessoalmente uma reunião com os patriarcas de Constantinopla e Antioquia, dois arcebispos e dezoito bispos, e pediu para ver os documentos relacionados à decisão de remover dos dípticos o nome do papa. Quando foi informado de que não existiam, e, ademais, de que não parecia haver base canônica para a ausência do nome do papa, ordenou que fosse reinserido, de acordo com o costume.[22]

Aleixo foi além. Por intermédio dos enviados, pediu ao papa que fosse a Constantinopla para pôr fim às disputas que no passado haviam sido tão nocivas para a Igreja. Em um documento chancelado com o selo de ouro imperial, sugeriu a convocação de um concílio especial, composto de clérigos gregos e latinos de alto escalão, para discutir as principais diferenças. Por sua vez, o imperador prometeu respeitar as decisões tomadas nesse sínodo, a fim de se alcançar uma definição unificada da Igreja de Deus.[23]

O patriarca de Constantinopla, Nicolau III Gramático, também escreveu ao papa, em 10 de outubro, expressando seu deleite ao saber que Urbano estaria ávido para tentar pôr um fim nas disputas eclesiásticas. O papa estava equivocado, Nicolau escreveu com toda polidez, por pensar que o patriarca nutria animosidades pessoais em relação aos cristãos latinos. Estava enganado também por acreditar que as igrejas da capital que usavam o rito ocidental houvessem sido fechadas; de fato, os ocidentais que residiam em Constantinopla tinham autorização para adorar usando o rito latino. "Desejamos com todo o nosso coração, mais do que qualquer coisa, a unidade da Igreja", Nicolau escreveu.[24]

Essas iniciativas reabriram o diálogo com Roma e pavimentaram o caminho para um considerável realinhamento do Império Bizantino às vésperas da Primeira Cruzada. Um clérigo de Bizâncio, Teofilato de Ocrida, foi incumbido de elaborar um documento em que deliberadamente minimizava a relevância das diferenças entre os costumes litúrgicos gregos e latinos, de modo a abrandar as apreensões e receios no seio da Igreja Oriental. Muitas delas eram banais e insignificantes, ele escreveu. Os sacerdotes latinos observavam o jejum aos sábados, e não aos domingos; jejuavam, incorretamente, durante a Quaresma; diferentemente dos sacerdotes ortodoxos, não davam importância a adornar os dedos com anéis, e cortavam os cabelos e raspavam a barba; não se vestiam de preto para celebrar a liturgia, mas usavam vestimentas de seda coloridas; não sabiam genuflectir, ou seja, dobrar os joelhos, da maneira correta; e, ao contrário dos monges gregos, que eram vegetarianos rigorosos, os monges latinos se esbaldavam com vários tipos de carne. Todas essas questões poderiam ser facilmente resolvidas, o comentarista argumentou, bem como a questão do pão fermentado para uso na eucaristia.[25] A adição do *filioque* ao credo era um problema bem mais sério, ele reconhecia, e aqueles que aceitaram a cláusula arderiam nas chamas do inferno.[26] No entanto, ainda nutria esperanças de que a cláusula seria removida.[27]

Esse cuidadoso reposicionamento pretendia fechar a lacuna entre Constantinopla e Roma, não apenas em questões religiosas, mas também com vistas a abrir o caminho para uma aliança política e até mesmo militar. Representou uma preparação crucial na gênese da Primeira Cruzada, e um pré-requisito para o apelo que, apenas alguns anos depois, o papa fez aos cavaleiros da Europa para que marchassem em defesa de Bizâncio.

Urbano reagiu rapidamente aos sinais positivos de Constantinopla. Viajou ao sul para se encontrar com um de seus poucos apoiadores, o conde Rogério da Sicília, com o intuito de buscar aprovação para estreitar os vínculos com Bizâncio. Havia muito, Rogério se mostrava preocupado com a agressiva intervenção de Henrique IV na Itália. Em meados da década de 1080, alguns dos partidários do imperador alemão convocaram Henrique para que avançasse até Constantinopla e depois a Jerusalém, onde coroações gloriosas o aguardavam; ao longo do caminho, ele se imporia também sobre os normandos, assumindo o controle da Apúlia e da Calábria, esta última à custa de Rogério.[28] O conde deu uma resposta inequívoca quando ouviu falar sobre o convite de Aleixo para realizar uma reunião de dignitários eclesiásticos, a fim de consertar as relações: o papa deveria participar e livrar a Igreja do Grande Cisma.[29]

Era exatamente o que Urbano queria ouvir: isso lhe daria a oportunidade de assumir o papel de unificador da Igreja. No contexto de sua luta com Clemente III, o avanço de Urbano era de grande valor — e Clemente sabia disso. Este soube das relações de seu rival com Constantinopla por meio de Basílio da Calábria, clérigo bizantino linha-dura que se tornara desafeto de Urbano por ter sido impedido de assumir sua sede episcopal no Sul da Itália. Basílio estava presente no Concílio de Melfi no outono de 1089, quando ficou claro que seria instalado na província de Régio da Calábria aquele que reconhecesse a autoridade do papa. Horrorizado ao ver dois de seus colegas fazendo exatamente isso, Basílio explodiu de fúria.[30] Para ele, Urbano era indigno da função de papa, assim como seu predecessor Gregório VIII, "três vezes amaldiçoado". Basílio escreveu então ao patriarca de Constantinopla descrevendo o papa como um lobo covarde que fugia quando se deparava com as questões mais básicas sobre a doutrina cristã. Era um herege que também vendia títulos e cargos eclesiásticos a quem fizesse a oferta mais alta.[31]

As dúvidas pessoais de Basílio mascaravam o fato de que o Concílio de Melfi fora um momento significativo para a reconstrução das relações entre Roma e Constantinopla. Na verdade, o que Basílio via como a imperdoável submissão de seus colegas para assumir suas sés em Rossano e Santa Severina era provavelmente um importante exemplo da nova cooperação entre o papa e Bizâncio no Sul da Itália.[32]

Basílio, no entanto, chamou para si a responsabilidade de resolver o problema. Assim que soube dos movimentos conciliatórios em Constantinopla, procurou Clemente III. O antipapa respondeu imediatamente. "Por obséquio, enviai-nos sem demora a carta de nosso irmão sagrado, o patriarca de Constantinopla, por vós mencionada", referindo-se às instruções que Basílio recebera sobre como se reconciliar com Roma. "Cabe também a nós responder a ele acerca da questão em pauta, objeto de tanta preocupação; ele precisa saber que tudo foi devidamente preparado por nós — pois também desejamos, e acolhemos de bom grado, a paz e a unidade."[33] Clemente tranquilizou Basílio sobre suas próprias queixas, prometendo-lhe que logo seriam revolvidas em seu favor.[34] Todavia, ainda que Clemente tenha tentado tomar a iniciativa do diálogo com Constantinopla, seus esforços foram de pouco efeito. Embora mostrasse interesse em construir vínculos com a Igreja grega — escreveu a João, o metropolita (arcebispo) de Kiev, bizantino de nascimento, para ampliar a perspectiva de laços mais próximos com a Igreja grega —, suas tentativas de aproximação não deram em nada. Para Aleixo, Urbano era um aliado mais atraente do que seu homólogo apoiado pelos germânicos.[35]

Em primeiro lugar, Urbano ainda tinha influência no Sul da Itália, região que durante séculos esteve sob controle bizantino, até que se deu um desastroso conjunto de reviravoltas nas décadas de 1050 e 1060 nas mãos dos conquistadores normandos, cujo poder se espalhava, de acordo com Ana Comnena, como gangrena — "pois a gangrena, uma vez instalada em um corpo, jamais descansa enquanto não o invadir e corrompê-lo por inteiro".[36] Embora a queda de Bari para os normandos em 1071 tenha decretado o ignominioso fim do jugo imperial da Apúlia e da Calábria, as províncias ainda abrigavam uma população cujo idioma predominante era o grego e que parecia naturalmente inclinada a preferir as ordens de Constantinopla. Esse laço havia sido então reativado na esteira da reaproximação entre Roma e Constantinopla. Desde a conquista normanda, os testamentos, escrituras de vendas e outros documentos formais eram datados constando o nome do duque normando no cabeçalho. Porém, a partir do início da década de 1090, o nome de Aleixo e o ano de seu reinado começaram a aparecer com frequência crescente, claro sinal de que a população local ansiava novamente pela liderança do imperador.[37] A reabilitação de Bizâncio deu um passo adiante quando Urbano revogou a excomunhão de Aleixo, que havia sido decretada em 1081.[38]

Houve ainda outros sinais de um realinhamento de interesses entre Oriente e Ocidente. No início da década de 1090, o mosteiro grego de San

Filippo di Fragalà se beneficiou de uma onda de favores. Diversas igrejas foram colocadas sob sua autoridade, e terras adicionais passaram a pertencer à sua comunidade de monges pelo conde Rogério da Sicília, que emitiu decreto asseverando que o mosteiro estava livre da interferência do clero latino, e "dos barões, os *stratēgoi* [líderes militares e políticos], os viscondes, bem como todos os demais".[39] E houve exemplos de significativa cooperação em outras plagas, especificamente em assuntos militares. Enfrentando maciças invasões nos Bálcãs no início da década de 1090, Aleixo enviou apelos a toda parte para reforçar suas tropas. Emissários imperiais foram despachados para pedir ajuda a Urbano em Campânia, e, na primavera de 1091, o papa prontamente despachou homens para ajudar Aleixo a combater os pechenegues nômades da estepe da Ásia Central, que lançaram uma invasão maciça da Trácia desde o Danúbio. Seguiu-se a Batalha de Levúnio, uma das mais importantes da história do império, ocasião em que essa temível tribo nômade foi por fim aniquilada.[40]

Em 1095, portanto, havia muita coisa a ser feita para curar a fratura de longa data entre Roma e Constantinopla. Embora o sínodo proposto por Aleixo alguns anos antes ainda não houvesse ocorrido, o imperador e o papa firmaram uma boa relação de trabalho. De fato, se acreditarmos em uma adição tardia a uma fonte do século XII, Urbano e Aleixo já haviam desenvolvido um plano a quatro mãos. Supostamente, no início de 1090, despacharam em conjunto emissários à corte do rei Zvonimiro da Croácia, para pedir que seus cavaleiros prestassem assistência à Igreja sitiada em Bizâncio e aliviassem a opressão muçulmana em Jerusalém. Se isso for verdade, tratou-se de um teste para o apelo feito pelo papa em Clermont: um pedido de ajuda da Velha e da Nova Roma; a atração exercida por Jerusalém e o serviço militar como ato de devoção. No caso de Zvonimiro, no entanto, não surtiu o efeito desejado: de acordo com a interpolação, os cavaleiros do rei croata ficaram tão chocados com o fato de Zvonimiro estar disposto a lutar a guerra de terceiros, que o assassinaram (embora outras fontes afirmem que o rei teve uma morte pacífica, na velhice).[41]

Ao buscar a reconciliação com Constantinopla, Urbano se posicionou de caso pensado como líder do mundo cristão, que havia sido devastado por anos de intensa competição, lutas acirradas, discórdia e conflitos. Nas palavras de um cronista da época, no final do século XI, a Igreja estava em estado de caos. "Em todas as partes da Europa", Fulquério de Chârtres escreveu, "a paz, a virtude e a fé foram brutalmente esmagadas por homens fortes e homens inferiores, dentro e fora da Igreja. Era necessário pôr fim a todos esses males."[42] No entanto, Urbano precisava de uma estratégia mais ampla para se estabelecer no coração da cristandade. O avanço obtido em suas relações com a Igreja grega não era suficiente para gerar qualquer significado mais amplo no que dizia respeito à rivalidade com Clemente III em Roma, muito menos para fortalecer sua posição em outras partes da Europa.

Em meados da década de 1090, no entanto, a situação começou a mudar. Primeiro, eventos súbitos e inesperados na Alemanha ofereceram uma extraordinária oportunidade para atacar o antipapa e seu principal apoiador, o imperador Henrique IV. Urbano ganhou fôlego por causa da deserção de figuras importantes do lado de Henrique, frustradas pela crueldade do imperador. Uma delas, a bela e jovem esposa de Henrique, que procurou o papa para reclamar que havia sido forçada a cometer tantos "atos bizarros e imundos de fornicação, com tantos homens, que até mesmo seus inimigos perdoariam sua debandada [do imperador]. O tratamento a ela dispensado há de compadecer todos os católicos".[43] Em um clima pesado, no qual os apoiadores do papa estavam desesperados para tirar proveito de qualquer coisa que pudesse ser usada para difamar o imperador, os polemistas alegremente faziam circular sórdidas fofocas.[44] Fato ainda mais importante se deu com Conrado, filho e herdeiro de Henrique IV, um jovem sério que decidiu abandonar o pai; exausto das brigas sem fim dentro da Igreja e inquieto quanto a suas perspectivas por causa de contratempos militares sofridos pelo pai no Norte da Itália, Conrado juntou forças com seus vassalos e ofereceu apoio a Urbano.

Esses acontecimentos deram ao papa um impulso imediato e enfático. Urbano anunciou que realizaria em março de 1095 um concílio em Placência, no coração do território outrora leal a Henrique IV e do arcebispado original de Clemente, Ravena. A esposa de Henrique compareceu para condenar o marido, e o antipapa foi ferozmente denunciado, antes que uma anistia fosse oferecida a todo o clero que antes havia cerrado fileiras com o imperador. Imediatamente após o concílio, Conrado se reuniu com Urbano em Cremona, onde, para saudar o papa, representou o papel de um cavalariço, segurando as rédeas do cavalo do pontífice, em uma marca ritual de deferência e humildade públicas.⁴⁵ Em uma segunda reunião, alguns dias depois, Conrado jurou proteger o papa, seu cargo e sua propriedade. Em troca, Urbano prometeu reconhecer a reivindicação de Conrado ao trono imperial.⁴⁶ E também propôs casar seu novo aliado com a filha do conde Rogério da Sicília, o principal apoiador de Urbano na Itália. O papa escreveu ao conde argumentando que esse casamento incrementaria a honra de Rogério e seus futuros lucros. O casamento foi devidamente celebrado em uma faustosa cerimônia em Pisa, e Conrado recebeu uma enxurrada de luxuosos presentes de seu abastado sogro.⁴⁷ Isso resultou em uma forte melhora na posição de Urbano, alçando-o de uma figura outrora isolada, que se via forçada a acampar fora das muralhas de Roma, a peça de importância central no xadrez da política europeia.

Entretanto, em Placência algo mais aconteceu, que mudaria para sempre a posição do papado. Enquanto os prelados se reuniam no concílio para discutir assuntos eclesiásticos — definições de heresia, a excomunhão do rei da França com base em acusações de adultério, questões relativas ao sacerdócio —, emissários chegaram de Constantinopla.⁴⁸ A delegação trazia consigo notícias terríveis: o Império Bizantino estava à beira do colapso e precisava de ajuda urgente. Urbano entendeu imediatamente as implicações. Lá estava a chance de unir a Igreja de uma vez por todas. Anunciou que partiria para o norte — para Clermont.

Historiadores da Cruzada — medievais e modernos — acompanharam Urbano até lá. Mas quais desastres haviam ocorrido no Oriente? Por que a necessidade tão desesperada de ajuda? O que tinha dado errado em Bizâncio? Para entender as origens da Cruzada, não é para o sopé da região central da França que devemos nos voltar, mas para a cidade imperial de Constantinopla.

2

A RETOMADA DE CONSTANTINOPLA

Constantinopla foi concebida para inspirar admiração. Assim como a Roma Antiga, era uma capital vasta e imponente. Um visitante que se aproximasse por terra veria primeiro as gigantescas muralhas e os enormes aquedutos que conduziam água para o interior da cidade. Fortificadas a uma altura de doze metros, as muralhas terrestres se estendiam do Chifre de Ouro [o estuário que divide a cidade em um lado europeu e outro asiático] ao mar de Mármara. Reconstruídas pelo imperador Teodósio no século V, as muralhas foram projetadas para rechaçar até mesmo o mais ambicioso inimigo. Com cinco metros de espessura, a linha dupla de paredões era flanqueada por 96 torres distribuídas a espaços regulares, que permitiam observar a aproximação de viajantes por todo o perímetro do oeste e do norte. O sistema de entrada era controlado por nove portões vigiados por guardas fortemente armados, que forneciam acesso apenas às muralhas externas. Em seguida o viajante teria que atravessar um fosso profundo e percorrer outro anel de muralhas antes que a passagem se abrisse ao longo de uma das principais estradas que levavam ao coração da cidade.

Verdade seja dita, a chegada por mar era ainda mais espetacular. Constantinopla se situava na margem norte do mar de Mármara, no ponto mais estreito a separar a Europa da Ásia Menor. Vislumbrados desde o convés de um barco, monumentos, igrejas e palácios da cidade causavam uma incrível primeira impressão. A capital se estendia até onde os olhos alcançassem, cobrindo 30 mil hectares (trezentos quilômetros quadrados).

Sua população, na casa das centenas de milhares, era aproximadamente dez vezes superior à das maiores cidades europeias.

Os principais edifícios de Constantinopla também eram surpreendentes. O mais espantoso de todos era a magnífica Basílica de Santa Sofia, construída pelo imperador Justiniano no século VI. Sua enorme cúpula suspensa, com mais de trinta metros de diâmetro e que se erguia a 55 metros de altura, parecia flutuar como "uma tenda dos céus". Se o domo era um prodígio da engenharia, a beleza da igreja era magnífica. Mosaicos dourados cintilavam com o reflexo do jorro de luz que penetrava pelas janelas.[1] Ademais, Constantinopla estava coalhada de marcos extraordinários: centenas de igrejas e mosteiros, um vasto hipódromo onde se realizavam corridas de bigas e cavalos, banhos públicos, o Grande Palácio e até mesmo um zoológico. Um poema de louvor a Constantinopla sugeria que, se outrora havia as "Sete Maravilhas do Mundo", agora existiam as "Sete Maravilhas de Constantinopla".[2]

Uma cidade tão movimentada precisava ser abastecida de provisões. Os mercados eram monitorados e regulados pelo *eparca*, o governador de Constantinopla, cujos agentes garantiam a padronização dos pesos e o controle dos produtos comercializados. A qualidade também era assegurada por um sistema de guildas: merceeiros e peixeiros, açougueiros e seleiros, fabricantes de velas e de corda, todos seguiam regras claras e obedeciam a códigos de conduta quanto aos artigos que estavam autorizados a vender e onde poderiam vendê-los. Havia até mesmo diretrizes específicas quanto aos preços, pelo menos dos gêneros de primeira necessidade, de modo a controlar a inflação. O resultado era um suprimento constante de frutas, hortaliças e legumes, laticínios, carnes e peixes, juntamente com produtos mais exóticos, como especiarias, cera, talheres e seda — a mercadoria pela qual Bizâncio era mais famosa.[3]

Um turista do século XI se maravilhou com a população cosmopolita da cidade e a magnificência de seus edifícios, e também registrou com admiração as procissões religiosas que ocorriam em torno da capital. Teve a sorte de testemunhar o milagre do ícone da Santíssima na igreja de Teótoco de Blaquerna, quando o véu da virgem se ergueu lentamente para revelar o rosto da mãe de Deus.[4] Outro visitante do final do século XI mal conseguiu conter sua admiração:

Oh, que bela e nobre cidade é Constantinopla! Quantos mosteiros e palácios contém, edificados com maravilhosa perícia! Quantas coisas extraordinárias podem ser vistas nas principais avenidas e até nas ruelas secundárias! Seria por demais enfadonho enumerar suas riquezas de todo tipo, de ouro, de prata, as variadas vestes, as relíquias sagradas. Graças a suas frequentes viagens, os comerciantes constantemente trazem à cidade tudo aquilo de que os homens necessitam. Cerca de 20 mil eunucos, creio eu, vivem lá.[5]

A cidade era famosa por ser um ímã para mercadores e aventureiros em busca de fama e fortuna. Foram muitos os que, a exemplo de Bolli Bollason, viajaram muitos milhares de quilômetros de distância da Islândia para Constantinopla na década de 1020, a fim de ver com os próprios olhos a capital e vivenciá-la. "Eu sempre quis viajar para as terras do sul um dia, pois um homem que não viaja além da terra onde nasceu é tido como um ignorante", disse ele a seus pares.[6] Quando chegou a Bizâncio, Bolli se juntou à Guarda Varangiana, corpo de mercenários originários da Escandinávia, da Rússia e, a partir do século XI, das Ilhas Britânicas, encarregado da proteção pessoal do imperador. Um autor do século XI escreveu: "Eles lutam feito loucos, como que inflamados de fúria; não poupam a si mesmos, e não se importam com seus ferimentos".[7] Quando por fim regressou à Islândia, Bolli causou espanto por causa de sua aparência: "Ele vestia roupas de peles que o rei da *Gård* [o imperador bizantino] lhe dera, e por cima delas uma capa escarlate; trazia consigo [uma extraordinária espada], cujo cabo de ouro brilhava, a empunhadura entretecida de ouro; na cabeça, um elmo dourado, e um escudo vermelho no flanco, com a imagem de um cavaleiro pintada em dourado. Na mão segurava uma adaga, como é o costume em terras estrangeiras. Aonde quer que Bolli fosse, as mulheres fitavam-no atentamente por causa de seu esplendor".[8]

Bolli era apenas um dos muitos homens atraídos a Constantinopla. Harald Sigurdsson, mais tarde rei da Noruega, cujas façanhas são narradas na *Heimskringla*, o ciclo de sagas sobre os monarcas da Noruega, viajou para Bizâncio, onde serviu nas galés, espionado por piratas do mar Egeu, e participou de um ataque à Sicília no início da década de 1040. Enquanto atuou a serviço do imperador, inventou uma engenhosa bomba voadora, feita de filhotes de pássaros revestidos com resina de pinheiro misturada a cera e enxofre, em seguida incendiada e disparada de volta a seus ninhos do lado de dentro das muralhas de uma cidade sitiada. Servir ao grande imperador de Constantinopla, ou *Miklegarth* — o nome da cidade em nórdico antigo — era algo exótico, emocionante e sensacional. Para muitos escandinavos, tratava-se de uma honra e um rito de passagem.[9]

E havia homens como Odo de Estigando, jovem normando que recebeu formação como médico e veterinário em Constantinopla na década de 1050, e adquiriu rudimentos de diversos idiomas. Seu irmão, Roberto, também viveu na capital, levando consigo ouro, pedras preciosas e relíquias de Santa Bárbara quando voltou para casa na Normandia.[10] Cavaleiros com experiência militar eram recebidos de braços abertos em Bizâncio, onde vários deles galgavam a hierarquia e chegavam a postos do alto escalão do exército imperial. Alguns dos líderes anglo-saxões que fugiram da Inglaterra após a Batalha de Hastings em 1066 também foram parar em Bizâncio, à procura de um recomeço, após a vitória de Guilherme.[11]

No final do século XI, portanto, era possível encontrar em Constantinopla e em outras regiões do Império grupos de pessoas de diferentes nacionalidades: armênios, sírios, lombardos, ingleses, húngaros, francos, judeus, árabes e turcos viviam na capital, ou a visitavam como turistas e para fazer negócios.[12] Os comerciantes amalfitanos chegaram a construir seu próprio quarteirão em Constantinopla;[13] um deles caiu nas graças do imperador, e recebeu o insólito privilégio de mandar fazer portas de bronze nas fundições imperiais e enviá-las de volta a Amalfi, na costa sudoeste da Itália, onde até hoje estão na entrada da Catedral de Santo André Apóstolo.[14] Bizâncio era um centro mercantil diversificado, cosmopolita e bem conectado: rotas e redes comerciais, vínculos diplomáticos, assim como os elos da população imigrante com sua terra natal, significavam que o império era famoso nos rincões mais remotos da Europa.

Em parte, o acentuado aumento do número de estrangeiros que visitavam Constantinopla e fixavam residência na cidade fora fruto de um rápido crescimento econômico do império após uma série de consideráveis êxitos militares dos formidáveis imperadores-generais do século X. O problema dos piratas árabes que durante séculos obstruíram o tráfego marítimo no Egeu e no leste do Mediterrâneo foi por fim resolvido, e suas bases de ataque sistematicamente eliminadas. Pela primeira vez as fronteiras tanto nos Bálcãs como no Oriente haviam sido estabilizadas, e depois ampliadas por uma sucessão de competentes e ambiciosos comandantes militares, que prenunciaram uma era de ouro para o império.

Constantinopla estava salpicada de monumentais projetos de construção, incluindo o magnífico complexo do mosteiro de São Jorge em Mangana, que incluíam um hospital, casas para idosos e pobres, um suntuoso palácio e uma igreja monástica, onde Constantino IX, o imperador que encomendara as obras, seria enterrado. Escolas de direito e filosofia foram inauguradas para atender a uma população cuja mobilidade social era cada vez maior. Negociantes e comerciantes enriqueceram, e, como resultado, as portas do Senado se abriram para eles. Indivíduos privados começaram a usar sua renda para investir em terras e objetos preciosos. Animados com a estabilidade e a prosperidade do império, homens como Eustácio Boilas, proprietário de terras na Capadócia, passaram a cultivar terras estéreis, que eram "fétidas, abomináveis e inviáveis [...] habitadas por cobras, escorpiões e bestas-feras selvagens", e amorosamente as converteram em vinhedos e jardins, irrigadas por aquedutos e moinhos de água.[15]

Por volta de meados do século XI, no entanto, o progresso de Constantinopla começou a esmorecer. Mercenários normandos, que originalmente tinham sido recrutados pelas cidades-Estados da região central da Itália, perceberam que era possível tirar proveito da incontrolável competição entre Amalfi, Salerno, Cápua, Benevento e Nápoles. Em questão de décadas, usaram de forma eficaz essa rivalidade para construir sua própria base de poder, e, em meados da década de 1050, os normandos estavam começando a desafiar as províncias bizantinas da Apúlia e da Calábria. O império se viu sob pressão também em outra parte. Havia muito tempo que Constantinopla tentava manter-se vigilante quanto à proteção das terras da estepe ao norte do mar Negro. Durante séculos, essas extensões de terra foram povoadas por grupos nômades, que eram voláteis e perigosos se não fossem tratados com o devido cuidado. Uma das tribos mais agressivas era a dos pechenegues. Baseados nas margens do norte do Danúbio, os pechenegues voltaram então as atenções para Bizâncio, intensificando suas investidas a partir da década de 1040 e causando estragos nos Bálcãs.

No Oriente, o Império Bizantino sofria a ameaça da espetacular ascensão dos turcos ao poder. Embora, no início do século XI, os turcos ocupassem a periferia do califado de Bagdá, suas façanhas militares passaram a ser extremamente valorizadas por facções rivais no mundo muçulmano, e logo eles se envolveram na intrincada política de Bagdá. Em 1055, um dos líderes tribais, Tughril Beg, tornou-se sultão — o líder secular do islamismo sunita no Oriente Médio. E a ambição turca não parou por aí. Mesmo antes de se tornarem senhores de Bagdá, grupos de turcos abriram caminho em direção ao oeste nas bordas da Ásia Menor e começaram a lançar ataques de pequena escala no interior do subcontinente bizantino.

O império lutou para responder a essas ameaças, mas fracassou de maneira retumbante. O Sul da Itália foi abandonado à própria sorte e rapidamente caiu sob o poder dos normandos, que voltaram então suas atenções para a Sicília muçulmana após capturar a cidade de Bari, em 1071. Os bizantinos pouco fizeram para combater os pechenegues; de tempos em tempos o império recorria a ineficazes subornos, pagando pela paz. Ao menos havia alguma defesa coordenada no Leste, mas apenas depois de grandes cidades como Trebizonda, Koloneia e Melitene terem sido invadidas. Em 1067, depois que um bando de turcos saqueou Cesareia, na Capadócia, profanando o túmulo de São Basílio e levando embora as portas da igreja — que eram revestidas de ouro, pérolas e pedras preciosas —, o clamor por uma ação decisiva tornou-se esmagador. Todos os olhos se voltaram para Romano IV Diógenes, general elevado ao trono depois de se casar com a viúva do imperador anterior.

Romano conduziu diversas campanhas militares dispendiosas que resultaram apenas em conquistas de pequena monta. Porém, no verão de 1071, o imperador foi atraído para uma batalha — nos arredores do importante forte de Manziquerta — por forças turcas que ele acreditava serem pouco numerosas e fáceis de derrotar. Na verdade, faziam parte do principal exército turco, sob o comando pessoal do sultão, Alparslano. Informações de espionagem erradas, equívocos na tomada de decisões e liderança deficiente contribuíram para uma derrota que foi pouco significativa do ponto de vista militar, mas humilhante em termos de prestígio. O próprio Romano IV Diógenes foi capturado e, desgrenhado e coberto da poeira da batalha, foi levado diante do sultão, que de início se recusou a acreditar que o homem que lhe era apresentado pudesse realmente ser o imperador. O encontro, durante o qual Alparslano se comportou com bondade e dignidade antes de libertar Diógenes, foi celebrado por poetas, e rapidamente se tornou um evento definidor na história e identidade turcas.[16]

A campanha que terminou em Manziquerta em 1071 pretendia reforçar a fronteira oriental de Bizâncio e proteger o interior da Ásia Menor contra os ataques que a assolavam. O fracasso da campanha — e a falta de ação corretiva logo em seguida — levou a uma crescente sensação de pânico. Receando novas investidas dos turcos, muitos bizantinos fugiram para Constantinopla. Entre eles, o futuro patriarca, Nicolau III Gramático, que deixou Antioquia da Pisídia para abrir um novo mosteiro na capital; um arquidiácono da Cesareia tomou a mesma decisão: reuniu os tesouros de sua igreja na Capadócia e rumou para a segurança da capital.[17]

O influxo de refugiados desestabilizou os recursos de Constantinopla. A pressão sobre as províncias bagunçou as finanças do império, reduzindo drasticamente a arrecadação de impostos. Além disso, operações militares como a campanha de Manziquerta, ou esforços mais limitados contra os pechenegues, eram custosos. Aumentar as investidas militares significava também uma redução da produção agrícola, pois a mão de obra era desviada dos campos para o recrutamento, aumentando o despovoamento das zonas rurais, cuja população fugia para a segurança das cidades.

Tentativas de lidar com a crise financeira cada vez mais aguda não tiveram sucesso. O governo tentou corrigir o desequilíbrio fraudando a cunhagem de moedas — diminuiu o conteúdo de ouro, mas manteve o mesmo valor nominal. Isso poderia ter ajudado se tivesse sido gerenciado de maneira cuidadosa, mas, na década de 1070, essa adulteração estava fora de controle, e a cada nova tiragem o conteúdo de metal precioso diminuía ainda mais.[18] A coleta de impostos tornou-se predatória e a inflação crônica entrou em cena — em meados da década de 1070, o preço do trigo ficou dezoito vezes mais alto.[19]

O colapso econômico foi acompanhado pelo caos político, à medida que os aristocratas se insurgiam contra o governo por causa das crescentes demandas impostas a eles e da deterioração da situação interna do império. No final da década de 1070, os grandes magnatas se rebelaram, e, em consequência, Bizâncio foi lançada numa guerra civil. Embora muitas das revoltas mais graves tenham sido por fim debeladas, a ruptura que causaram fora profunda. E os vizinhos do império agiram rapidamente para tirar proveito da situação. Depois de se tornarem senhores do Sul da Itália, os normandos prepararam um ataque ao Épiro, a porta de entrada para as províncias ocidentais do império. Na Croácia e na Dóclea, as dinastias reinantes buscaram realinhar-se com a Velha Roma, preterindo Constantinopla, ao entrar em contato com o papa para pedir que seus líderes fossem reconhecidos como governantes soberanos — inequívoca afronta às pretensões bizantinas sobre a região.[20]

Na Ásia Menor, a crise do império ofereceu oportunidades boas demais para serem deixadas de lado. Bandos de saqueadores turcos continuaram a fazer investidas na região, encontrando pouca resistência. Em 1080, por exemplo, alguns deles alcançaram Cízico, e destruíram a cidade, saqueando-a de maneira avassaladora, o que deixou o imperador em profundo desespero.[21] A sedução da pilhagem era apenas um dos atrativos que impeliam os turcos para o território bizantino. Outro era o insaciável apetite dos aristocratas rebeldes por apoio militar. Nesse período, quase todos os rebeldes empregavam auxiliares turcos, muitas vezes após competitivos leilões entre facções rivais na disputa pelo mesmo bando de mercenários.[22] Enredados em suas próprias desavenças, os bizantinos pareciam mais que dispostos a agir em conjunto com os turcos.[23]

Em 1081, a situação não poderia estar pior. Os Bálcãs ardiam em chamas, em meio a ataques de pechenegues e a insurreições de líderes locais que rejeitavam o controle imperial sobre algumas das cidades mais importantes da região. Também estava em andamento um maciço ataque normando a partir do Sul da Itália, sob a batuta de Roberto Guiscardo, um dos comandantes militares mais implacáveis e vitoriosos da Idade Média. Nesse ínterim, os turcos chegaram à costa do Bósforo, deixando as regiões vizinhas completamente expostas a suas incursões hostis. "Os bizantinos viram que eles levavam uma vida absolutamente sossegada e sem medo nas poucas aldeias na costa e nos edifícios sagrados", segundo o relato de Ana Comnena. "A visão os encheu de horror. Eles não tinham ideia do que fazer."[24] Outrora o Império Romano havia governado desde o estreito de Gibraltar, no Oeste, até a Índia, no Leste; da Grã-Bretanha, no Norte da Europa, ao interior profundo da África. Agora, pouco restava além da própria capital imperial.[25] Os turcos haviam devastado a Ásia Menor, Ana Comnena escreveu, destruindo cidades e manchando a terra com sangue cristão. Aqueles que não eram brutalmente assassinados ou aprisionados "corriam para buscar refúgio do desastre iminente, escondendo-se em cavernas, florestas, montanhas e colinas".[26]

Depois de aparentemente ter perdido as províncias orientais para os turcos, o império estava de joelhos; portanto, a crise de Bizâncio vinha de muito tempo antes do dia em que seus emissários recorreram ao papa Urbano em Placência para pedir ajuda contra a ameaça turca. Por que, então, Constantinopla fez um apelo tão súbito e dramático em 1095 se a Ásia Menor tinha sucumbido quase quinze anos antes? Tanto o momento desse veemente pedido de ajuda como a espetacular resposta do papa tiveram motivações políticas. O apelo bizantino fora estratégico; a resposta de Urbano, impulsionada por interesses pessoais e pelo desejo do pontífice de sobrepujar seus rivais na Igreja ocidental. No âmago da Primeira Cruzada há, portanto, uma intrincada história de crise e *realpolitik* que emana da Ásia Menor. E por trás da faísca que deflagrou a expedição estava o jovem que ascendeu como governante do Império Bizantino exatamente dez anos após o desastre em Manziquerta: Aleixo I Comneno.

No início da década de 1080, Constantinopla precisava desesperadamente de um homem de ação, alguém capaz de reverter o declínio do império. Havia vários candidatos autoproclamados para salvar a Nova Roma: Nicéforo Briênio, Nicéforo Basilácio, Nicéforo III Botaniates e Nicéforo Melisseno — homens que deviam seu prenome, "aquele que traz a vitória", a uma era diferente, quando o império podia dar como favas contadas novas conquistas e prosperidade. Nenhum desses imperadores, generais e estadistas, no entanto, se mostrou capaz de fornecer respostas aos problemas de Bizâncio. Mas Aleixo I Comneno inspirou esperança.

Aleixo I Comneno vinha de uma família respeitada e bem relacionada em Bizâncio. Havia uma pitada de "sangue azul" e do púrpura imperial em sua linhagem familiar, pois Isaque Comneno, tio de Aleixo, ocupou o trono por dois anos (1057-59) antes de ser deposto por um grupo de oficiais de alta patente, descontentes por não terem tido suas ambições pessoais atendidas. Embora esse antecedente histórico tenha fornecido à família Comneno algum pedigree imperial, poucos poderiam pensar que o jovem que, segundo revela um relato, implorou para participar da campanha contra os turcos quando ainda mal tinha idade para se barbear acabaria dominando o império por trinta anos e assentando a pedra angular de uma dinastia que mandaria por mais de um século.[27]

Quem tinha essa antevisão, no entanto, era a mãe de Aleixo. Mulher dura e determinada, Ana Dalassena descendia de uma das famílias mais poderosas e prestigiosas do império, e muitos de seus parentes haviam servido Bizâncio em posições importantes nas administrações civil e militar. Ana nutria grandes ambições para seus cinco filhos. O mais velho, Manuel, galgou rapidamente as fileiras do exército para se tornar comandante durante o malfadado reinado de Romano IV Diógenes, morrendo no campo de batalha. A ascensão de dois dos outros filhos de Ana, Isaque e Aleixo, foi meteórica e quase irrefreável.

Quando Bizâncio começou a se desintegrar, abriu-se um vácuo a ser ocupado por homens jovens e ambiciosos, que fossem capazes e leais. Os irmãos Comneno se tornaram os principais beneficiários: Isaque, o mais velho dos dois, foi nomeado primeiro comandante do exército das províncias orientais e depois governador da cidade de Antioquia, enquanto Aleixo recebeu sucessivas promoções, graças às derrotas militares que impôs aos rebeldes na porção central da Ásia Menor e no oeste dos Bálcãs na década de 1070.

No final da década, intensificavam-se em Constantinopla as especulações acerca das ambições dos irmãos, estimuladas pela amizade de ambos com o imperador Nicéforo III e sua esposa, a imperatriz Maria de Alânia. Na capital surgiam fofocas sobre o relacionamento de Aleixo com Maria, descrita como uma mulher impressionante, "alta como um cipreste; sua pele era alva como a neve, seu rosto oval, a pele lembrava uma flor primaveril ou uma rosa".[28] O imperador, enquanto isso, um velho já decrépito com olhar aguçado para a moda, estava encantado com as roupas feitas de finos tecidos que Isaque Comneno lhe trouxera da Síria.[29]

As especulações sobre as ambições dos irmãos mostraram-se corretas. No final de 1080, eles decidiram que era chegada a hora de tomar o trono para si, sobretudo porque figuras rivais na corte já começavam a conspirar abertamente contra eles. Os irmãos também foram estimulados pelas manobras de outros aristocratas importantes, como o general Nicéforo Melisseno, que já havia mandado cunhar moedas com sua efígie como soberano e produziu um selo com a intransigente legenda: "NICÉFORO MELISSENO, IMPERADOR DOS ROMANOS".[30] A ascensão de Melisseno era tão inequívoca que, numa tentativa de apaziguá-lo, o imperador cogitou nomeá-lo formalmente como seu herdeiro.[31]

Isaque e Aleixo perceberam que chegara o momento da ação. Embora fosse o mais novo dos dois, decidiu-se que Aleixo assumiria o trono se o golpe fosse bem-sucedido, e seu casamento com uma mulher da linhagem dos Ducas foi fundamental para angariar o apoio de uma das famílias mais poderosas de Bizâncio. O momento decisivo se deu quando chegou a Constantinopla a notícia de que um grande ataque normando se iniciara no flanco ocidental do império, no Épiro. Pelo menos dessa vez, o imperador reagiu com pulso firme, confiando uma grande tropa a seu principal comandante — Aleixo Comneno. No entanto, ao chegar à Trácia com seu exército, o jovem general fez o que todos os governantes romanos mais temiam: deu meia-volta para marchar pela capital.[32]

As defesas da cidade eram formidáveis; não havia perspectiva concreta de que o exército de Aleixo Comneno fosse capaz de tomá-la de assalto. Assim, ele fez contato com o contingente mercenário alemão incumbido de proteger a Porta de Carísio, um dos principais pontos de entrada do lado ocidental da cidade. Depois de chegar a um acordo com o comandante mercenário, as enormes portas de madeira foram abertas para que Aleixo e seu exército invadissem a cidade.[33] Eles avançaram rapidamente e se dispersaram pelas ruas, à medida que o apoio ao imperador se esfacelava. Ao encontrar pouca e frágil resistência, os soldados de Aleixo saquearam de maneira desenfreada. Nem mesmo Ana Comnena conseguiu esconder seu horror diante das cenas que acompanharam a entrada dos asseclas de seu pai: "No entanto, nem o mais meticuloso historiador seria capaz de descrever com exatidão os terrores em que a cidade fora mergulhada naqueles dias. Igrejas, santuários, propriedades públicas e privadas foram vítimas de pilhagem generalizada, seus cidadãos ensurdecidos em meio aos gritos e urros vindos de todos os lados. Um observador talvez pensasse tratar-se de um terremoto".[34]

Os alvos preferenciais da violência foram as elites da capital. Senadores eram arrancados de seus cavalos, despidos e abandonados nas ruas para a humilhação pública.[35] O próprio imperador se rendeu sem resistir e fugiu sorrateiramente do palácio; seus trajes imperiais foram roubados por cortesãos, que os vestiram para zombar do monarca.[36] Capturado e entregue aos homens de Comneno, Nicéforo foi preso em um mosteiro, onde, segundo os relatos, passou o resto da vida em oração e contemplação — embora não tenha se impressionado com o rígido regime vegetariano que lhe era oferecido.[37]

Logo depois de tomar o controle da cidade, Aleixo I Comneno foi coroado imperador dos romanos na Basílica de Santa Sofia, em Constantinopla. A suntuosa cerimônia de coroação seguiu os rituais estabelecidos em um texto do século X: Aleixo vestiu os trajes imperiais e em seguida entrou na basílica acompanhado do patriarca. Depois de receber preces de louvor e ser aclamado pelo cântico "Ó, magnífico imperador e autocrata! Que reineis por muitos anos!", Aleixo foi cingido com a coroa, antes que os dignitários se enfileirassem para, um a um, beijar os joelhos do novo soberano.[38]

Com o intuito de consolidar sua posição, o novo imperador rapidamente nomeou aliados para postos-chave do império. Escolheu um novo comandante-chefe dos exércitos ocidentais e designou um novo governador para a cidade de Dirráquio, epicentro do ataque normando então em andamento.[39] Numa manobra diplomática, assegurou o apoio de Nicéforo Melisseno, dando-lhe uma função de destaque, bem como o presenteou com as receitas oriundas da arrecadação de impostos de Tessalônica, uma das maiores cidades do império. Isaque Comneno, por sua vez, foi nomeado para um cargo recém-criado, que lhe dava a posição de segundo em comando na hierarquia do governo, abaixo apenas do imperador. Muitos membros da família do novo imperador também receberam posições, promoções, status e recompensas para distingui-los como parte do novo *establishment*.[40] Essa criação de um novo nível de apoiadores leais propiciou a Aleixo a base de poder segura que ele precisava para lidar com ameaças externas, e também com a crise econômica do império.

Desde o início, Aleixo assumiu pessoalmente o controle das questões militares, em vez de deixá-las nas mãos de subordinados, como a maioria de seus antecessores havia feito. Poucos meses depois de tomar o trono, liderou um exército ao Épiro para enfrentar os normandos, que de imediato infligiram uma acachapante derrota a Aleixo e suas forças na Batalha de Dirráquio, em outubro de 1081. Ao longo dos dois anos seguintes, enquanto os normandos avançavam no território da Macedônia e da Tessália, o próprio imperador comandou o exército em uma série de operações exaustivas, que por fim resultaram na retirada de parte do exército invasor, que recuou de volta à Itália. Em 1084, quando os normandos desferiram uma segunda invasão ao flanco ocidental do império, Aleixo mais uma vez partiu de Constantinopla para repelir o ataque — dessa vez com um pouco mais de sucesso. Depois que a linha de suprimentos e comunicações foi cortada, os normandos sofreram pesadíssimas baixas em decorrência de fome e doenças, e, sem escapatória, aos poucos foram subjugados. "A Grécia, desvencilhando-se de seus inimigos, ganhou a liberdade e regozijou-se plenamente", admitiu um contemporâneo normando.[41]

O sucesso de Aleixo foi uma poderosa validação para o jovem usurpador. Ele se apoderou do trono prometendo um novo futuro para o império, e, apesar de sua cota de reveses na luta contra os normandos, havia feito algo que os muçulmanos da Sicília e o rei Haroldo da Inglaterra não conseguiram: resistir com sucesso a uma invasão normanda em larga escala.

O novo imperador voltou então suas atenções aos pechenegues, cujos ataques continuavam de forma ininterrupta, apesar das expressivas vitórias bizantinas obtidas por um dos novos nomeados de Aleixo em 1083. Após um desses êxitos, o comandante em questão escreveu: "Estou convencido de que, mesmo muitos anos depois da minha morte, o milagroso ato de Deus Todo-Poderoso que aconteceu não será esquecido".[42] Ele estava errado: os pechenegues continuaram sendo um enorme problema na década de 1080, devastando periodicamente o território bizantino. Um contemporâneo escreveu: "O ataque deles é como um relâmpago. A retirada, lenta e veloz — lenta por causa do peso do espólio que voltam carregando, veloz por causa da rapidez de sua fuga [...] não deixa vestígio algum para quem os persegue. Mesmo que se construísse uma ponte sobre o Danúbio, ainda assim não os alcançariam".[43]

Aleixo conduziu seu exército um sem-número de vezes para enfrentar as ondas de invasores, com pouca eficácia. No inverno de 1090, a ameaça tornou-se ainda mais grave, já que um vasto contingente de nômades pechenegues ocupou porções do império e alcançou o sul da Trácia com a intenção de se estabelecer de modo permanente nas férteis pastagens em torno da foz do rio Ainos — perigosamente perto de Constantinopla. O imperador reuniu todas as tropas de que foi capaz, instalou seu acampamento no sopé de uma colina chamada Lebounione e se preparou para a batalha.

O confronto ocorrido no final de abril de 1091 resultou em uma das mais surpreendentes vitórias militares da história bizantina: "Foi um espetáculo extraordinário", Ana Comnena escreveu. "Nesse dia, um povo inteiro — não apenas dezenas de milhares de pessoas, mas incontáveis multidões —, com suas mulheres e crianças, foi totalmente exterminado. Era 29 de abril, uma terça-feira. Daí a canção entoada pelos bizantinos: 'Por causa de um dia, para os pechenegues o mês de maio jamais chegaria'."[44] Para todos os efeitos, os pechenegues haviam sido aniquilados. Muitos sobreviventes da batalha foram executados pouco depois; o restante se dispersou pelos Bálcãs. Esse povo nômade nunca mais ameaçou o império.[45]

Assim, a primeira década de Aleixo no poder parece ter sido um extraordinário sucesso. A ameaça de dois vizinhos agressivos e perigosos fora eliminada — no caso dos pechenegues, de forma definitiva. O imperador se instalou com firmeza no trono, cercando-se de familiares confiáveis, cujos interesses estavam estreitamente relacionados aos seus. Ademais, havia poucos indícios de oposição interna a seu governo — nenhuma resistência por parte dos que tinham sido alijados do poder em 1081, ou de quaisquer outros rivais aspirantes ao trono. Isso era, sem dúvida, o resultado das medidas que Aleixo havia implementado para controlar a aristocracia. Nas campanhas militares, o imperador levava consigo seus principais rivais, a fim de mantê-los por perto, longe de Constantinopla.[46] Durante a ausência de Aleixo, Isaque fora incumbido de permanecer na capital com a inflexível instrução de asfixiar qualquer crítica à nova família governante.[47] No entanto, apesar desse aparente nervosismo com relação à oposição, a impressão geral era de que Aleixo havia sido acolhido de bom grado como imperador, sua liderança representando um sopro de ar fresco para um império que estagnara.

O estilo de governo do imperador certamente não era autoindulgente, ao contrário de alguns de seus predecessores, cheios de caprichos e apenas preocupados com o que vestiam ou comiam. Constantino VIII (1025-28), por exemplo, dedicava pouco tempo a assuntos de Estado, concentrando-se, em vez disso, nas cozinhas imperiais, onde fazia incessantes experimentos com sabores e cores.[48] Aleixo, em contraposição, tinha um temperamento diferente, cultivava hábitos de soldado e gostos simples, e renegava os luxos da vida. Sério e severo, era reservado, sem tempo para conversa fiada.[49] Era um homem que rejeitava espelhos, segundo o relato de seu genro, Nicéforo Briênio, porque acreditava que "para um homem e um guerreiro, as armas, a simplicidade e a pureza do modo de vida são seus adornos".[50] Ele tinha uma opinião igualmente puritana a respeito da história escrita. Aleixo não se mostrou nem um pouco impressionado com o fato de a filha mais velha desejar escrever um relato de seu reinado, encorajando-a a compor, em vez disso, elegias e canções fúnebres. A resposta que deu à esposa, quando soube que ela queria encomendar um registro biográfico do imperador para as gerações futuras, foi ainda mais contundente: "Seria melhor lamentar por ele e deplorar seus infortúnios".[51]

Aleixo era um homem devoto, cuja principal forma de relaxamento era estudar a Bíblia. Costumava ficar até tarde da noite lendo as Escrituras em silêncio ao lado da esposa, que tinha inclinações espirituais semelhantes.[52] Compartilhava essa devoção com outros membros da família; seu irmão Isaque era muito admirado pelo clero por seu fervor religioso.[53] E sua mãe também era igualmente devota. Fundadora de uma igreja e um mosteiro na capital lindamente decorado com vista para o Chifre de Ouro, ela foi um sólido bastião da defesa de monges e clérigos de todo o império, muitas vezes intervindo em nome deles e lhes assegurando isenções fiscais. Seu selo a identificava não apenas como a mãe do imperador, mas também como freira. A filha do imperador relatou que foi Ana Dalassena quem "incutiu um profundo temor ao Senhor" na alma do filho, quando ele ainda era menino.[54]

No reinado de Aleixo, Bizâncio entrou em um período de sombrio ascetismo. Logo depois de tomar o poder em 1081, o imperador se penitenciou vestindo uma camisa feita de crina e dormindo em um piso de pedra, para expiar o comportamento de suas tropas durante o golpe que o levou ao poder. No ano seguinte, pediu desculpas ao clero por se apropriar de tesouros da Igreja para ajudar no financiamento dos esforços de guerra contra os normandos, e jurou nunca mais repetir tal ato. No interior do palácio imperial, a "depravação total" das gerações anteriores fora substituída pela cantoria solene de hinos sagrados e por um rigoroso horário das refeições.[55]

Além disso, Aleixo se esforçou sobremaneira para impor suas visões religiosas ortodoxas. Desde o início de seu reinado, pôs em prática ações severas contra aqueles que expressavam opiniões e crenças tidas como heréticas, e o próprio soberano presidia julgamentos e aplicava punições aos súditos considerados culpados. Defender os interesses da Igreja era, obviamente, uma política sensata, sobretudo para um usurpador que havia tomado o trono pela força. Mas, no caso de Aleixo, era também uma postura sincera.

O imperador não tinha problemas em enfrentar membros da cúpula do clero: em seus primeiros três anos no poder, arquitetou a substituição não de um, mas de dois patriarcas de Constantinopla, até que a nomeação de Nicolau III Gramático lhe assegurou um homem disposto a cooperar com ele. Outros sacerdotes importantes também foram tratados com firmeza, a exemplo do bispo da Calcedônia, que, depois de criticar o imperador e suas políticas, foi julgado e sentenciado ao exílio. Além disso, como visto, Aleixo foi a força motriz por trás da reaproximação com Roma no final da década de 1080, ao supervisionar uma reunião do sínodo na capital, e praticamente insistir na reconciliação com o papado.

A solidez moral de Aleixo moldou o império. Sob sua liderança houve um retorno aos valores militares que haviam caracterizado o século X, uma fase em que os imperadores eram generais e o exército era a pedra angular de Bizâncio. O próprio Aleixo se sentia mais confortável trajando uniforme de soldado do que as vestimentas luxuosas de imperador, e preferia a companhia de um pequeno grupo de pessoas próximas aos elaborados cerimoniais que caracterizaram a corte em Constantinopla.[56]

Aleixo abandonou a intrincada hierarquia que determinava lugares marcados em jantares no palácio, optando por um regime bem mais simples e básico. Com frequência, o imperador convidava pessoas menos afortunadas para compartilhar a mesa com ele, jantava com epilépticos e, de acordo com relatos, ficava tão ansioso para ajudá-los que ele próprio se esquecia de comer.[57] Até mesmo um contemporâneo que em outras circunstâncias fora completamente hostil a Aleixo comentou que a atitude do imperador em relação aos pobres era incomum e louvável em igual medida. Além disso, Aleixo "jamais bebia, e não poderia ser acusado de ser um glutão".[58] Em vez de delegar tarefas para burocratas, mostrava-se disponível para discutir assuntos importantes com seus súditos, incluindo os estrangeiros; aceitava encontrar-se com qualquer um que quisesse vê-lo pessoalmente, mesmo tarde da noite.[59]

A mão de ferro implacável com que Aleixo controlava Bizâncio era impressionante, mas também sufocante. Às vésperas da Primeira Cruzada, enfrentou violenta oposição ao seu estilo de governo, fato que, como veremos, desempenhou um papel decisivo nos apelos que o imperador fez ao papado. A pesada ênfase dada aos assuntos militares era opressiva e exauria os recursos do império; as artes, a arquitetura e a literatura estagnaram durante o reinado de Aleixo. O pouco que se produziu em termos de cultura visual era austero e sombrio: um mural pintado no Palácio de Blaquerna retratava o imperador no momento do Juízo Final atuando como representante de Cristo.[60] Tratava-se de uma representação imensamente reveladora de como Aleixo via a si mesmo: um servo fiel de Deus vivendo em um tempo de trevas.

Além da cunhagem em moedas, temos apenas duas imagens do imperador, mas é possível obter alguma noção da impressão que Aleixo causava a partir da descrição idealizada que Ana Comnena faz dele na *Alexíada*. Aleixo era uma figura imponente, ainda que tivesse a língua presa:

> Quem via o clarão sombrio de seus olhos quando ele se sentava no trono imperial pensava em um escaldante turbilhão de fogo, tão avassalador era o resplendor que emanava de seu porte e de sua própria presença. Suas sobrancelhas escuras eram curvadas, e sob elas a expressão dos olhos era ao mesmo tempo terrível e benévola. Um mero olhar de relance… [inspirava] no interlocutor medo e confiança. Seus ombros largos, os braços musculosos e peito robusto, tudo em uma escala heroica, invariavelmente impunha às pessoas admiração e deleite. Ele irradiava a beleza, a graça e a dignidade de uma majestade inalcançável.[61]

Esse foi o homem que desencadeou a Primeira Cruzada, um momento seminal na história e no desenvolvimento do mundo medieval. Todavia, depois que os normandos foram rechaçados e os pechenegues definitivamente derrotados, a sorte do Império Bizantino parecia melhorar. Por que, então, em 1095, Bizâncio pediu ajuda externa para enfrentar os turcos?

3

ESTABILIDADE NO LESTE

Quando Aleixo assumiu o trono, o Império Bizantino estava sob grande pressão — ameaçado pelas incursões de vizinhos agressivos, enfraquecido por uma economia em colapso e dividido por disputas políticas internas. Olhando em retrospecto através do prisma distorcido da Primeira Cruzada, pareceria natural supor que o maior desses perigos viesse da hostil expansão turca no Leste. Certamente foi essa a impressão criada por Ana Comnena; seu testemunho na *Alexíada* sugere que, em essência, a Ásia Menor tinha sido perdida para os turcos antes de Aleixo tomar o poder. Na verdade, a região estava relativamente estável na década de 1080; de fato, a relação entre Bizâncio e os turcos na primeira parte do reinado de Aleixo havia sido em termos pragmáticos positiva. Foi apenas no início da década de 1090, nos anos imediatamente anteriores ao início da Primeira Cruzada, que ocorreu uma drástica deterioração da posição de Bizâncio no Leste. Em outras palavras, os conflitos com o mundo muçulmano não eram de forma alguma inevitáveis; parece que a ruptura das relações entre cristãos e muçulmanos no final do século XI foi o resultado de um processo político e militar, e não o inexorável conflito entre duas culturas adversárias. No entanto, era do interesse de Ana Comnena criar a impressão oposta; e é uma impressão que perdura ao longo dos séculos.

Quando Aleixo assumiu o trono, o Império Bizantino estava sob grande pressão — ameaçado pelas incursões de vizinhos agressivos, enfraquecido por uma economia em colapso e dividido por disputas políticas internas. Olhando em retrospecto através do prisma distorcido da Primeira Cruzada, pareceria natural supor que o maior desses perigos viesse da hostil expansão turca no Leste. Certamente foi essa a impressão criada por Ana Comnena; seu testemunho na *Alexíada* sugere que, em essência, a Ásia Menor tinha sido perdida para os turcos antes de Aleixo tomar o poder. Na verdade, a região estava relativamente estável na década de 1080; de fato, a relação entre Bizâncio e os turcos na primeira parte do reinado de Aleixo havia sido em termos pragmáticos positiva. Foi apenas no início da década de 1090, nos anos imediatamente anteriores ao início da Primeira Cruzada, que ocorreu uma drástica deterioração da posição de Bizâncio no Leste. Em outras palavras, os conflitos com o mundo muçulmano não eram de forma alguma inevitáveis; parece que a ruptura das relações entre cristãos e muçulmanos no final do século XI foi o resultado de um processo político e militar, e não o inexorável conflito entre duas culturas adversárias. No entanto, era do interesse de Ana Comnena criar a impressão oposta; e é uma impressão que perdura ao longo dos séculos.

No início de seu reinado, o novo imperador concentrou as atenções nos normandos e nos pechenegues. A posição bizantina na Ásia Menor, por outro lado, era de firme resiliência: muitas localidades organizaram uma rígida resistência aos turcos na década após a Batalha de Manziquerta, e mantiveram com eficácia essa postura defensiva após Aleixo assumir o trono. Em muitos casos, essa reação às forças invasoras era o resultado de uma liderança local eficaz, e não de ações de Constantinopla. A proteção da área em torno de Trebizonda, na costa norte da Ásia Menor, por exemplo, ficou a cargo de Teodoro Gabras, descendente de uma das famílias mais importantes da cidade. Tamanha era a ferocidade com que Gabras defendia a região que suas façanhas e bravura foram relembradas com admiração pelos turcos mais de cem anos depois em um poema lírico sobre a conquista da Ásia Menor.[1] Entrementes, uma área substancial nos arredores da Amásia foi assegurada com extrema eficácia na década de 1070 por Roussel de Bailleul, normando que de início atuava no serviço imperial antes de se declarar independente de Bizâncio, frustrado pela falta de respaldo governamental e inspirado pelo forte apoio da população local, que o idolatrava pela proteção que ele fornecia.[2]

Havia comandantes bizantinos mantendo suas posições nas extremidades orientais da Anatólia, inclusive pelo Cáucaso. Três filhos de Mandales, "magnatas romanos", de acordo com um cronista caucasiano, ocuparam baluartes na região de Cesareia em 1080-81, provavelmente em nome do império, em vez de agirem de maneira oportunista e reivindicarem para si a posse das fortalezas.³ O general Basílio Apocapa assegurou a importante cidade de Edessa antes e depois da usurpação de Aleixo, a julgar pelos selos de chumbo forjados em seu nome.⁴ A nomeação de um novo governador da Mesopotâmia pelo antecessor de Aleixo em 1078 também fornece uma indicação de que havia significativos interesses bizantinos que valia a pena proteger centenas de quilômetros a leste de Constantinopla.⁵

Alguns comandantes bizantinos estavam realmente vicejando nas províncias orientais — o mais notável deles, Filareto Bracâmio, talentoso general cuja carreira havia sofrido um sério revés depois que ele se recusou a apoiar o sucessor de Romano IV Diógenes, Miguel VII Ducas, quando este se tornou imperador em 1071. Quando o império implodiu na década de 1070, em decorrência de uma série de revoltas e insurreições, a unidade de infantaria de Filareto assumiu o controle de muitas cidades, fortes e territórios, e assim ele construiu uma substancial base de poder. Continuou a prosperar depois que Aleixo se tornou imperador, e, no início dos anos 1080, assegurou a posse das importantes cidades de Marach e Melitene, bem como a região da Cilícia, antes de se tornar senhor de Edessa em 1083.⁶

O relato arrebatador — e condenatório — que a *Alexíada* faz da situação no Leste moldou as opiniões modernas acerca da Ásia Menor por ocasião da tomada do poder por Aleixo. Firmou-se o consenso de que as províncias orientais haviam sido assoladas pelos turcos no início da década de 1080. Também há ampla uniformidade de opiniões, igualmente baseada no texto de Ana Comnena, de que às vésperas da Primeira Cruzada ocorria uma significativa recuperação bizantina, o que, em conjunto com a morte do sultão de Bagdá em 1092, propiciou uma abertura convidativa e invejável para que o império se aventurasse na Ásia Menor.⁷ Mas o comentário fornecido pela *Alexíada* precisa ser lido com cautela, pois o objetivo da autora, ao enfatizar o estado periclitante do império em 1081, era sublinhar as realizações de Aleixo, enfatizar que ele salvara Bizâncio do desastre. Havia também uma motivação mais perversa: eximir o imperador da culpa por uma série de grandes desastres que não ocorreram *antes* de ele tomar o trono, mas *depois* — e que Ana, de maneira astuta, omite em sua obra historiográfica.

No entanto, mesmo a *Alexíada* revela inadvertidamente o poderio da posição de Bizâncio em 1081. Enquanto se preparava para lidar com a invasão normanda do Épiro, o novo imperador arregimentou o maior exército de que foi capaz, convocando homens de todo o império para se reunirem em Constantinopla. Isso incluiu a retirada dos que estavam aquartelados na Ásia Menor: Aleixo concluiu que devia chamar todos os *toparcas* (comandantes que faziam as vezes de governantes locais) do Leste; os homens que, no papel de governadores de fortes e distritos, enfrentavam até então os turcos. O imperador imediatamente deu ordens para que esses comandantes, em províncias como Paflagônia e Capadócia, garantissem a proteção de suas respectivas regiões, "reservando para esse propósito soldados em número suficiente, mas os demais guerreiros deverão acompanhar os *toparcas* a Constantinopla, trazendo consigo todos os recrutas robustos e fisicamente aptos que puderem encontrar".[8] Comandantes militares de outras regiões da Ásia Menor que também estivessem lutando para resistir aos turcos receberam as mesmas ordens para enviar homens ao novo imperador, cuja preocupação era organizar um colossal exército para rechaçar os normandos.[9] Essa liberação de efetivos na Ásia Menor sugere que o domínio bizantino sobre a região era bastante consistente.

Com efeito, há poucos indícios de que os turcos representassem um problema de grandes proporções nesse período. Havia bandos de invasores que eram de fato uma ameaça, atacando cidades como Cízico, alvos fáceis defendidos de forma precária e que ofereciam pouca resistência.[10] Mas nem mesmo a presença desses grupos era necessariamente indesejável: quando um aristocrata a caminho da capital para se juntar à rebelião de Aleixo e Isaque Comneno deparou com um grupo de turcos, em vez de os combater, os persuadiu a se unir a ele como mercenários.[11]

Outras evidências também apresentam uma imagem em gritante desacordo com a ideia de que o leste bizantino havia desmoronado por ocasião da usurpação de Aleixo. Por exemplo, Antália, importante entreposto comercial e base naval na costa sul da Ásia Menor, foi elevada ao status de arcebispado no início da década de 1080, sinal de que a cidade não apenas estava em mãos bizantinas, mas de que sua importância aumentava.[12] Achados arqueológicos revelam a existência de um extenso elenco de bispos, juízes e funcionários exercendo suas funções em muitas cidades e vilarejos na Ásia Menor, imediatamente antes de Aleixo subir ao trono, bem como depois, o que demonstra que os estragos causados pelos turcos na administração provincial nessa época estavam longe de ser significativos.[13]

Com efeito, a situação no Leste melhorou a olhos vistos depois que Aleixo assumiu o poder, e a estabilidade retornou a grande parte da Ásia Menor durante a primeira metade da década de 1080. Foi uma grande realização, sobretudo tendo em vista que o regime de Aleixo tinha sido tão frágil em seu início: havia preocupações acerca da lealdade de suas próprias tropas durante a entrada em Constantinopla em 1081, e alguns de seus partidários mais insignes cogitaram abandoná-lo em seguida. Aleixo não fez questão de coroar sua esposa, Irene Ducena, como imperatriz ao lado dele, o que provocou uma violenta reação da família dela, os Ducas, que se enfureceram com a tentativa de Aleixo de se mostrar independente. As ameaças da família Ducas surtiram o efeito desejado: Irene foi coroada uma semana depois.[14] Além disso, o alto escalão do clero de Constantinopla exigia um pedido de desculpas público de Aleixo — bem como sua penitência — por causa do comportamento de seus homens, que devastaram a cidade durante o golpe de Estado que o levou ao poder.[15] E, como vimos, no início da década de 1080, o flanco ocidental do Império Bizantino estava caótico, alvo de uma maciça invasão normanda no Épiro e ataques de pechenegues aos Bálcãs no norte.

No que dizia respeito à Ásia Menor, o imperador se mostrava menos preocupado com os turcos do que com o problema, mais significativo, que a região enfrentava desde a década anterior: revoltas de aristocratas bizantinos. As províncias orientais eram o lar da maioria dos principais proprietários de terras em Bizâncio, e desde a Batalha de Manziquerta haviam dado mostras de ser um terreno fértil para a insurreição. O novo imperador receava que outra oposição forte e veemente viesse à tona enquanto ele estivesse ausente, longe de Constantinopla, combatendo normandos e pechenegues. Durante as primeiras semanas de seu reinado, portanto, Aleixo dedicou suas atenções ao Leste. De acordo com a *Alexíada*, enviou uma expedição à região da Bitínia para expulsar os turcos, ao emitir pessoalmente instruções detalhadas que incluíam conselhos sobre como manejar os remos em silêncio na água a fim de manter o elemento surpresa e de que maneira identificar em quais enseadas rochosas o inimigo poderia estar escondido planejando uma emboscada.[16]

Para garantir a estabilidade dessa região, Aleixo recorreu a um homem com quem já havia lidado antes. Temeroso de confiar poder militar em excesso a um aristocrata bizantino — consciente do fato de que ele próprio havia se apoderado do exército imperial na capital quando incumbido de responsabilidades semelhantes —, Aleixo buscou um aliado de perfil bastante diferente. Sulaiman era um chefe tribal turco que havia chegado à Ásia Menor na década de 1070 em busca de oportunidades e fortuna. Rapidamente as encontrou, sendo contratado por Constantinopla para lutar contra os aristocratas rebeldes em várias ocasiões e, no processo, recebendo em troca polpudas recompensas.[17] A primeira colaboração entre Aleixo e Sulaiman se deu quando o turco enviou homens para ajudar o bizantino a sufocar uma tentativa de golpe no oeste dos Bálcãs, pouco antes de sua própria insurreição bem-sucedida. Os auxiliares turcos provaram ser leais, corajosos e extremamente eficazes, tiveram um papel decisivo em debelar rebeliões contra o imperador e foram responsáveis até mesmo por capturar os líderes rebeldes.[18]

O fato de Aleixo confiar em um turco era, no mínimo, um fator de vantagem para o novo monarca, cuja posição não estava bem assegurada. Escolher Sulaiman, alguém que não fazia parte da elite bizantina, para se tornar a principal figura militar na Ásia Menor não era uma decisão desprovida de lógica — embora insólita. Mas Aleixo era muito mais tolerante e receptivo do que seus colegas no que dizia respeito a forasteiros. Geralmente os bizantinos não viam com bons olhos os estrangeiros, que para eles não passavam de mercenários úteis e eram sobretudo indivíduos esquisitos, movidos por paixões desprezíveis e motivados pelo dinheiro. Aleixo Comneno pensava diferente. Como mostrou em incontáveis ocasiões durante o seu reinado, ficava mais do que feliz em confiar tarefas sigilosas e importantes aos estrangeiros residentes em Bizâncio. De fato, um escritor comentou que o imperador adorava se ver rodeado por "bárbaros cativos".[19] Essa reputação se espalhou pela Europa e foi registrada em lugares distantes, como a Normandia.[20] Aleixo se sentia confortável na presença dessas pessoas, homens como ele, que tinham origens militares e foram para Constantinopla a fim de encontrar ocupação. A etnia e a religião eram de pouca importância para Aleixo, talvez o resultado de ter sido criado com Tatício, o filho de um turco capturado por seu pai, e que mais tarde se tornou o mais confiável confidente do imperador.[21]

Após operações limitadas na Bitínia, portanto, Aleixo procurou Sulaiman no verão de 1081 e chegou a um acordo com ele. O imperador ofereceu presentes luxuosos em troca de estabelecer um limite no rio Drakon, além do qual os turcos não poderiam avançar. Sulaiman foi efetivamente nomeado representante do imperador no oeste da Ásia Menor, incumbido não apenas de impedir incursões de seus próprios homens, mas de todos os turcos na região.[22] Além disso, Sulaiman se comprometeu a fornecer ao imperador assistência militar como, onde e quando fosse necessária. Quando Aleixo se viu sobrecarregado nas imediações da Lárissa em 1083, lutando para rechaçar um cerco normando à cidade, "pediu a [Sulaiman] que despachasse forças com líderes de longa experiência. O pedido foi atendido sem demora: Sulaiman enviou 7 mil homens, juntamente com oficiais superiores qualificados".[23] Tropas auxiliares turcas que lutaram ao lado de Aleixo contra os normandos no início da década de 1080 talvez tenham sido disponibilizadas por Sulaiman.[24]

Aleixo ganhou muito com o acordo firmado com Sulaiman, que lhe deu liberdade para lidar com distúrbios causados por normandos e pechenegues nas províncias ocidentais. E lhe propiciou a segurança de saber que não havia fornecido de forma inadvertida uma plataforma a partir da qual algum aristocrata bizantino ambicioso poderia derrubar seu governo. O melhor de tudo, no entanto, foi o fato de que Sulaiman se mostrou um excelente aliado.

Em primeiro lugar, a trégua firmada em 1081 foi extremamente eficaz. Sulaiman fez com que o acordo de paz fosse cumprido de maneira criteriosa, e com isso os ataques turcos ao território bizantino cessaram de imediato. Como revela uma mensagem do sultão de Bagdá ao imperador, o tratado concluído entre Aleixo e Sulaiman permaneceu intacto até pelo menos meados de 1085 e, possivelmente, por mais tempo ainda.[25] Forneceu a base para a estabilidade na Ásia Menor em um momento em que o império estava à beira do colapso em outras regiões. De fato parece que o acordo rendeu ao imperador benefícios adicionais que não se limitaram ao oeste da Ásia Menor. Um cronista do Cáucaso observou que, logo após o acordo, "todo o território da Cilícia" ficou sob o controle de "um certo emir, Sulaiman, filho de Kutlumuch".[26] A julgar pelos comentários de outro autor, que escrevera em siríaco, a expansão do poder de Sulaiman era vantajosa para Bizâncio: "No ano 475 [1082 d.C.],

Sulaiman partiu do território do Rhomaye [Bizâncio] e capturou as cidades na costa, a saber Antarados e Tarso".[27] Aqui a nuance pode facilmente passar despercebida: Sulaiman não estava atacando alvos mantidos por bizantinos, mas recuperando cidades que haviam caído em mãos turcas. Em outras palavras, por meio do tratado concluído em 1081, Sulaiman se tornou efetivamente agente de Aleixo, e, na condição de representante do imperador, buscava assegurar o controle de locais de importância estratégica na Ásia Menor.

Embora a tática do imperador de confiar nos turcos fosse criativa, não se tratava de algo completamente desconhecido da perspectiva mais ampla da política externa bizantina. Um manual do século X com diretrizes acerca do ofício da diplomacia deixa claro que jogar vizinhos uns contra os outros e contratar comandantes militares para atacar inimigos insubordinados era uma maneira aceita de estabelecer e manter um equilíbrio favorável com os povos de fora do império.[28] O uso que Aleixo fez de Sulaiman foi ousado, mas não revolucionário.

Havia, no entanto, um preço a pagar: Niceia. Uma das cidades mais importantes da Ásia Menor, situava-se em posição invejável, resguardada por vastas muralhas e fortificações, com um lago a oeste que proporcionava proteção adicional, bem como seu próprio abastecimento de água independente. Por causa de sua localização, a cidade era a porta de entrada para os férteis vales dos rios da Lícia e da Frígia e os exuberantes litorais oeste e sul, bem como o planalto da Anatólia. Tratava-se de um entroncamento vital, através do qual fluía toda a comunicação entre Constantinopla e o leste bizantino.

As circunstâncias da ocupação de Niceia pelos turcos são obscuras. Costuma supor-se que a cidade foi perdida durante a fracassada revolta de Nicéforo Melisseno, contemporânea à revolta do próprio Aleixo contra o seu antecessor em 1081. Membro de uma das famílias mais importantes da Ásia Menor, Melisseno angariou amplo apoio enquanto se deslocava em direção a Constantinopla: "Moradores dos vilarejos o reconheciam como imperador dos romanos e se rendiam a ele", escreveu um cronista décadas depois. "Melisseno colocou essas cidadezinhas aos cuidados de guarnições turcas encarregadas de defendê-las, dessa forma todas as cidades e aldeias da Ásia, da Frígia e da Galácia rapidamente se viram sob o domínio dos turcos; em seguida, com um exército considerável, [Melisseno] tomou Niceia, e a partir de lá buscou se apossar do império dos romanos."²⁹ No entanto, Melisseno fez as vezes de um conveniente bode expiatório, sobretudo porque mais tarde causaria significativos problemas ao reinado de Aleixo e passaria o resto da vida exilado em um mosteiro.³⁰ A culpa atribuída a ele é pouco convincente, e foi imputada pelo genro de Aleixo, Nicéforo Briênio, cuja obra historiográfica foi encomendada por sugestão de sua sogra Irene, esposa do imperador e mãe de Ana Comnena.³¹

De fato, a explicação mais natural e lógica para a entrega de Niceia reside no acordo firmado entre Sulaiman e Aleixo em 1081. Assim como Aleixo enviou um novo governador a Dirráquio após tomar o poder, a nomeação de alguém de confiança como seu representante em Niceia — e que portanto não ameaçaria o trono do imperador — foi um passo importante. O fato de que, após usurpar o poder, Aleixo não despachou imediatamente um bizantino para Niceia sugere que outros arranjos haviam sido feitos para assegurar o controle da cidade — isto é, colocá-la nas mãos de Sulaiman. Não é de surpreender que alguns relatos se refiram ao turco como o governador de Niceia.³²

A decisão de confiar Niceia a Sulaiman tornou-se uma questão melindrosa, mas não porque a manobra política tenha dado errado no curto prazo. O problema foi que, no início da década de 1090, Sulaiman morreu, e seu sucessor Abu Alcacim provou ser o seu oposto. Como resultado, obscurecer como e quando Niceia veio a ser ocupada pelos turcos tornou-se uma parte importante da reputação do imperador. No entanto, o fato de que a perda de Niceia remonte a ninguém menos que Aleixo I Comneno solapa completamente as cuidadosas e reiteradas afirmações da *Alexíada* de que toda a Ásia Menor havia sido perdida *antes* de Aleixo chegar ao poder.

A tentativa de suprimir a verdade foi facilitada pelo fato de que, embora muitas obras de história tenham sido escritas em Bizâncio entre os séculos X e XII, com apenas duas exceções elas ou terminam no momento em que Aleixo toma o poder ou começam com o reinado de seu filho e herdeiro, João II Comneno.³³ Mesmo após a sua morte, era difícil escrever sobre Aleixo, e a maior parte dos historiadores nem sequer tentou. Em grande medida isso resultou de esforços deliberados da família Comneno para controlar a imagem e a reputação do imperador como o fundador da dinastia.³⁴

No entanto, não era possível disfarçar completamente o papel de Aleixo, pelo menos aos olhos de ocidentais bem informados. O cronista e historiador Alberto de Aquisgrão sabia que Niceia havia sido perdida por Aleixo, embora não conhecesse os detalhes; ele foi levado a acreditar que acontecera após o imperador ter sido enganado pelos turcos.[35] Quando Eceardo de Aura foi informado de que o imperador rendera a cidade aos turcos, ficou chocado, acusando Aleixo de cometer um crime repugnante ao entregar essa joia do cristianismo. Contudo, Eceardo entendeu mal a situação: julgou que Aleixo abriu mão de Niceia algum tempo depois de 1097, quando na realidade o imperador havia colocado a cidade nas mãos dos turcos já em 1081.[36]

Todavia, não foi em Niceia nem no oeste da Ásia Menor que as coisas começaram a dar errado, mas muito mais a leste — em Antioquia. As consequências foram devastadoras. Assim como Niceia, Antioquia era um local de importância crucial na porção leste de Bizâncio: uma cidade de grande relevância econômica, valor estratégico e prestígio, cuja Igreja era supervisionada por um patriarca e cujo governador ocupava um dos cargos mais cobiçados e influentes do império.[37] Tal como acontecia no caso de Niceia, era essencial que Antioquia fosse controlada por um tenente leal, alguém que não tirasse proveito das preocupações de Aleixo alhures para tramar contra ele. Comandante que em repetidas ocasiões provou seu valor na fronteira oriental, Filareto Bracâmio parecia se encaixar à perfeição nesse papel. Mas Filareto era uma figura errática e difícil. Um historiador bizantino que o conhecia escreveu que se tratava de um excelente general, mas também um homem impossível, que não aceitava receber ordens de ninguém.[38]

No início de seu reinado, Aleixo trabalhou duro para cortejar Filareto, concedendo-lhe inúmeros títulos e responsabilidades.[39] Mas o imperador não era o único pretendente: no início da década de 1080, Filareto começou a receber propostas também do mundo muçulmano. O imenso território a ele pertencente no leste da Ásia atraiu a atenção dos turcos, e Filareto foi por fim persuadido a abandonar Bizâncio e o cristianismo por volta de 1084, quando "decidiu se juntar a eles e se ofereceu para a circuncisão, de acordo com o costume turco. Seu filho se opôs violentamente a esse ridículo impulso, mas Filareto ignorou seu bom conselho".[40] Um autor expressou indignação de forma mais enfática: "O ímpio e perverso Filareto, que era descendente do próprio Satanás [...] um precursor do abominável anticristo, e possuído por um caráter demoníaco e extremamente monstruoso [...] começou a guerrear contra os fiéis cristãos, pois era um cristão superficial".⁴¹

Para Aleixo, tratou-se de uma notícia catastrófica. A perspectiva de Filareto reconhecer a autoridade do califa e do sultão era bastante preocupante; a ameaça de que, tendo o controle de Melitene, Edessa e Antioquia, Filareto pudesse entregar aos turcos também outras importantes cidades e províncias gerou uma grave crise. Aleixo reagiu imediatamente, tomando contramedidas para garantir a posse das cidades e regiões que o general rebelado controlava e transferi-las para as mãos de defensores leais. Um certo T'oros, ou Teodoro, cujo título de *curopalata* indica que era um cortesão próximo do imperador, assumiu o controle de Edessa.⁴² Seu sogro, Gabriel, fez o mesmo em Melitene, sendo nomeado governador da cidade.⁴³ Castelos, fortalezas e outros baluartes na região também foram ocupados por comandantes próximos ao imperador.⁴⁴

No entanto, foi a Sulaiman que Aleixo recorreu para assegurar o controle de Antioquia. De acordo com uma fonte, em 1085 o turco se deslocou velozmente em direção à cidade, e, para não ser notado, percorreu uma "rota secreta", provavelmente mostrada a ele por guias bizantinos. Chegou com pouco alvoroço e assumiu o controle da cidade, sem ferir ninguém e tratando bem os moradores. "A paz foi restabelecida, todos retornaram ilesos para casa."⁴⁵ Fontes árabes comentam também sobre a bondade de Sulaiman em relação aos habitantes de Antioquia.⁴⁶

A ocupação pacífica de Antioquia contrasta de maneira acentuada com as experiências dos cavaleiros ocidentais que tentaram tomar a cidade alguns anos depois. Protegida por temíveis defesas naturais e construídas pelo homem, Antioquia era quase inexpugnável. Mas Sulaiman não teve que usar a força para assumir o controle: agia em nome do imperador e, por isso, os moradores da cidade — em sua maioria bizantinos falantes de grego — mostraram-se dispostos a deixá-lo entrar. É revelador o fato de que Aleixo parece não ter feito nenhuma tentativa nem para impedir a ameaça da deserção de Filareto nem para barrar o avanço de Sulaiman Antioquia adentro. Foi outro exemplo de colaboração frutífera entre o turco e o bizantino.

Escritores árabes posteriores descreveram a ocupação de Sulaiman em termos gloriosos. Nas palavras de um poeta: "Tu conquistaste a Antioquia bizantina onde Alexandre foi enredado em armadilha. / O tropel de teus corcéis pisoteou os flancos, e, humilhadas, / as filhas de rosto pálido abortaram os filhos por nascer".[47] No entanto, isso era pouco mais que licença poética, concebida para mostrar que Antioquia tinha um senhor muçulmano. A bem da verdade, depois de tomar a cidade, Sulaiman mostrou suas intenções e suas lealdades ao suspender imediatamente o tributo que Filareto vinha pagando a um comandante militar turco local. Quando alertado de que era perigoso agir contra a autoridade do sultão, Sulaiman respondeu, furioso, que permanecia obediente ao governante de Bagdá. Nos territórios subordinados ao sultão, Sulaiman respondeu, não havia dúvida de que ele era leal; assim, o que ele fazia em Niceia e Antioquia — cidades pertencentes a Bizâncio — não influenciava suas obrigações para com o sultão.[48] Usando a mesma lógica, no verão de 1085, Sulaiman partiu de Antioquia rumo a Aleppo, que tinha sido devastada pelos bizantinos um século antes, e exigiu que seu governador turco lhe entregasse a cidade. Era outra localidade que Aleixo ansiava recuperar.[49]

Contudo, o imperador depositou esperanças em demasia em seu aliado. Chefes guerreiros turcos locais logo reconheceram que Sulaiman estava sobrecarregado: era preciso um território excessivamente extenso e ele dispunha de recursos limitados para assegurar a posse de suas novas aquisições; novas conquistas estavam fora de cogitação. Em meados de 1085, pouco depois de Sulaiman tomar Antioquia, Tutuch, o beligerante meio-irmão do sultão, marchou pela cidade e o atraiu para a batalha. Há alguma controvérsia entre os contemporâneos se Sulaiman cometeu suicídio quando se tornou óbvio que seu exército havia sido derrotado ou se foi morto por uma flechada que o atingira no rosto. Quaisquer que tenham sido os fatos, Antioquia estava então nas mãos de Tutuch.[50]

Foi um revés de grandes proporções para Bizâncio e para Aleixo. Concentrando suas atenções nas ameaças às províncias ocidentais no início da década de 1080, o imperador não comandou nem sequer uma única campanha na Ásia Menor, ao confiar em duas figuras dominantes locais: Sulaiman e Filareto. Em questão de semanas, essa decisão teve desdobramentos catastróficos.

As coisas foram de mal a pior quando chegaram a Constantinopla os relatórios informando que Abu Alcacim, o homem que Sulaiman encarregara de administrar Niceia, havia lançado uma onda de ataques e invasões a cidades e aldeias na Bitínia. Outros grupos de turcos se aproveitaram da situação para se estabelecer na Ásia Menor, ocupando cidades e fortalezas antes até então controladas por Sulaiman.⁵¹ A autoridade bizantina no Leste encontrava-se à beira do colapso.

O imperador não estava sozinho em sua preocupação com as súbitas mudanças em Antioquia e Niceia. O sultão de Bagdá, Malique Xá, também se alarmou com a situação: o aumento da força dos potentados locais, a exemplo de Abu Alcacim e Tutuch, ameaçava desestabilizar tanto o mundo turco quanto o bizantino.⁵² Como fizera seu pai Alparslano, Malique Xá teve o cuidado de manter o controle sobre sua fronteira ocidental, muitas vezes liderando expedições para afirmar seu domínio em regiões rebeldes, que, embora não fossem de importância estratégica imediata para Bagdá, ainda assim eram essenciais para o poder pessoal do sultão. Os turcos sabiam por experiência própria o quanto era importante acompanhar de perto o que ocorria nessas regiões fronteiriças; apenas algumas décadas antes, elas estavam na periferia oriental do califado, antes de serem tomadas por completo.

Em meados de 1086, Malique Xá enviou emissários que entregaram a Aleixo relatos sobre os problemas no oeste da Ásia Menor. Abu Alcacim havia desrespeitado o acordo que o sultão firmara com Sulaiman e que durante vários anos permanecera intacto:

> Tomei conhecimento, imperador, de vossas agruras. Sei que, desde o início de vosso reinado, vossa majestade imperial enfrentastes um sem-número de dificuldades e que, recentemente, depois de resolvidas as questões latinas [os ataques normandos de 1081-85], os [pechenegues] preparavam um ataque contra vossa majestade imperial. O emir Abu Alcacim também violou o tratado que Sulaiman firmou convosco e está devastando a Ásia, até Damalis [...] Se é vosso desejo que Abu Alcacim seja expulso desses distritos [que ele atacou] e que a Ásia, juntamente com Antioquia, se submeta à autoridade de vossa majestade imperial, enviai-me vossa filha para desposar meu primogênito. Depois disso, nada mais estorvará vossos planos; vossa majestade imperial tereis facilidade para realizar tudo com a minha ajuda, não somente no Leste, mas também em locais distantes como a Ilíria e todo o Oeste. Por causa das forças que vos enviarei, a partir de agora ninguém resistirá a vossa majestade imperial.⁵³

Malique Xá prometeu também que forçaria os turcos a se retirar das regiões costeiras e daria ao imperador seu total apoio para recuperar todos os locais que haviam sido perdidos pelo império.⁵⁴ O relato de Ana Comnena registra que o imperador ficou perplexo com a proposta de casamento: irrompeu em gargalhadas, depois murmurou que o próprio diabo devia ter colocado aquela ideia na cabeça de Malique Xá. No entanto, Aleixo não a rejeitou de forma peremptória: enviou uma delegação a Bagdá para oferecer "vãs esperanças" sobre uma união por casamento.⁵⁵

A *Alexíada* transmite a impressão de que as negociações tiveram resultado nulo. No entanto, as discussões levaram a um acordo concreto em meados da década de 1080, conforme a própria Ana Comnena revela mais tarde no texto. Ao descrever os preparativos do imperador para uma grande batalha contra os pechenegues, Ana afirma que entre os homens enviados em auxílio a Aleixo havia turcos do Leste, despachados pelo sultão de acordo com um pacto firmado de antemão.⁵⁶

É possível deslindar os termos básicos desse acordo a partir de outras passagens da *Alexíada*. Ana Comnena relata que seu pai teve a boa sorte de persuadir um enviado turco, que desertou para Bizâncio e recuperou para o imperador diversas cidades na Ásia Menor em meados da década de 1080. No entanto, a história é boa demais para ser verdade. Parece que o que realmente aconteceu foi que Malique Xá concordou em expulsar os turcos do controle de cidadezinhas e aldeias na costa da Ásia Menor e ordenou que essas localidades fossem devolvidas a Bizâncio; por exemplo, os turcos bateram em retirada de Sinope, na costa do mar Negro, deixando para trás, intocados, os tesouros da cidade.⁵⁷ Como resultado, cidades e vilarejos de toda a região capitularam para Bizâncio; isso foi o resultado de diplomacia de alto nível, e não, como Ana Comnena sugere, subterfúgios e astúcia do imperador.

Malique Xá foi bem recompensado por sua ajuda crucial: emissários gregos levaram magníficos presentes para o sultão em meados da década de 1080.⁵⁸ "Os governantes de Bizâncio lhe levavam tributos", um escritor árabe registrou após a morte do sultão, observando que o nome de Malique Xá era famoso "desde as fronteiras da China aos confins da Síria, e das terras mais remotas do islã, no Norte, aos limites do Iêmen."⁵⁹ Isso sugere uma clara demarcação de interesse: enquanto a Ásia Menor pertencia à esfera de influência bizantina, as áreas mais a leste estavam sujeitas ao sultão turco.

Os alertas do sultão aos emires locais na Anatólia foram acompanhados por agressivas medidas para impor sua autoridade direta sobre os comandantes militares na periferia do mundo turco. Uma expedição de grande envergadura foi enviada para as entranhas da Ásia Menor contra Niceia e seu governador Abu Alcacim, cujas incursões em território bizantino incomodaram Aleixo profundamente.[60] Malique Xá também participou pessoalmente de campanhas bélicas, ao marchar para o Cáucaso antes de se voltar ao sul da Síria, onde tomou Aleppo. Depois da queda de Antioquia, o sultão desceu ao litoral do Mediterrâneo, onde mergulhou sua espada três vezes na água e proferiu as seguintes palavras: "Que Deus me permita governar as terras do mar da Pérsia a este mar".[61]

A captura de Antioquia pelo sultão era provavelmente o preço a ser pago por sua cooperação contra Abu Alcacim e pela retomada de cidades na Ásia Menor. É impressionante que, em muitos dos lugares pelos quais ele então passou, Malique Xá tenha sido recebido de braços abertos pelas populações cristãs, que viam seu envolvimento na região como um pré-requisito para a estabilidade, ao atuar como barreira de contenção aos líderes turcos locais. O sultão não enfrentou resistência no Cáucaso, por exemplo, onde a cortesia e a "afeição paternal" com as quais tratou os cristãos fizeram muito para aplacar os temores acerca do que o jugo direto de Bagdá poderia implicar.[62] Também contribuiu a reputação de que era um soberano tolerante em relação ao cristianismo: no início de 1074, logo após se tornar sultão ao suceder seu pai, ele enviou uma delegação a Constantinopla com detalhadas averiguações sobre a doutrina, a crença e a prática cristãs.[63] Além disso, durante sua campanha de 1086-87, Malique Xá pareceu, aos olhos de um observador, ter chegado para impor autoridade a seus próprios súditos, e não aos cristãos;[64] embora tenha entrado em Edessa e Melitene, não empossou seus próprios governadores tampouco depôs os que mantinham o controle de cidades em nome do imperador.[65]

O imperador também tomou medidas militares em 1086-87, restabelecendo sua autoridade nas regiões que, desobedecendo às instruções do sultão, não se renderam. Os ataques que partiram de Niceia cessaram após as operações contra Abu Alcacim. "Os ataques foram interrompidos e [Abu Alcacim] foi coagido a buscar os termos de paz", escreveu Ana Comnena.[66] Tropas imperiais foram despachadas para recuperar Cízico, Apolônia e outros locais no oeste da Ásia Menor, que haviam sido alvos de líderes turcos locais.[67] Por volta de 1086, Cízico, que sucumbira na véspera do golpe de Aleixo, foi devolvida ao controle imperial e colocada sob o comando do mercenário Constantino Humbertopoulos, um dos apoiadores mais próximos do imperador, até ter sido reconvocado para lidar com mais uma onda de ataques pechenegues.[68]

Outros locais foram recuperados depois que a promessa de recompensas substanciais persuadiu alguns comandantes turcos a trabalhar pelo imperador e se converter ao cristianismo.[69] As conversões foram aceitas de bom grado pelos clérigos em Constantinopla, que elogiaram Aleixo por seu evangelismo e sua atuação na promoção da verdadeira fé.[70] O imperador ficou feliz em receber o crédito, mas estava na verdade atuando em consonância com a diplomacia clássica e não em nome da fé: oferecer títulos imperiais e recompensas financeiras aos potentados turcos era uma forma eficaz de mostrar as vantagens da cooperação com Bizâncio. Era um pequeno preço a pagar pela retomada de cidades e regiões.

Consequentemente, em um discurso proferido por um clérigo do alto escalão na presença do imperador e seus conselheiros mais próximos, em 6 de janeiro de 1088, a festa da Epifania, poucas menções foram feitas à situação no Leste. Em contraste com as províncias ocidentais, que continuavam a sofrer com os devastadores ataques pechenegues, aquela já não era mais uma região de grande interesse. Depois de discorrer longamente sobre a ameaça representada pelos nômades das estepes e enaltecer Aleixo por causa de um tratado de paz que havia sido concluído com os nômades pouco antes, o arcebispo Teofilato de Ocrida não tinha nada digno de nota a ser dito sobre a Ásia Menor. Aleixo, declarou o clérigo, era afortunado por desfrutar de excelentes relações com os turcos e, acima de tudo, com o sultão. Tamanha era a admiração de Malique Xá pelo imperador que ele erguia um brinde em sua honra toda vez que ouvia o nome de Aleixo ser mencionado. Os relatos sobre a coragem e a glória do imperador, observou Teofilato, repercutiam no mundo inteiro.[71]

Essa avaliação otimista de 1088 contrasta de maneira acentuada com o enfoque sombrio da situação do império em 1081, que aparece no texto de Ana Comnena, versão que por muito tempo foi aceita por comentaristas modernos. A estabilidade, e não o colapso, caracterizava as províncias do

Leste, ainda que distúrbios ocasionais exigissem ação enérgica. Os bizantinos asseguraram o controle da situação — e não havia necessidade de apelar ao papa por ajuda externa. No final da década de 1080, uma Cruzada estava fora de cogitação.

4
O COLAPSO DA ÁSIA MENOR

Além da própria cidade de Niceia, onde Abu Alcacim ainda detinha o poder, Bizâncio manteve o controle de muitas partes importantes das províncias orientais no final da década de 1080, sobretudo as cruciais regiões costeiras, os férteis vales dos rios e as ilhas do Egeu — ou seja, locais estrategicamente decisivos para o comércio e as redes de comunicação do império. As evidências de que muitas dessas áreas prosperaram sob o controle bizantino podem ser encontradas no intenso *lobby* que monges de ilhas como Leros e Patmos fizeram junto à mãe do imperador em 1088 e 1089. Esses monges planejavam um monumental programa de construção e tinham a esperança de assegurar valiosas isenções fiscais.[1]

Em pouco tempo a situação mudou drasticamente. Como visto, a ameaça representada pelos ataques dos pechenegues às províncias ocidentais se exacerbou em 1090, quando as investidas aleatórias dos anos anteriores foram substituídas pela migração de toda a tribo Trácia adentro. A pressão resultante forneceu a oportunidade perfeita para que os líderes militares turcos no Leste agissem contra Bizâncio. Abu Alcacim foi um deles. Em meados de 1090, iniciou os preparativos para atacar Nicomédia, importante cidade ao norte de Niceia, a apenas oitenta quilômetros de Constantinopla.[2]

Aleixo tomou medidas desesperadas para manter a posse da cidade. Quinhentos cavaleiros flamengos, enviados por Roberto, conde de Flandres, que conhecera Aleixo durante sua peregrinação a Jerusalém no final de 1089, seriam em tese mobilizados contra os pechenegues.[3] Quando chegaram a Bizâncio no meio do ano seguinte, foram imediatamente transferidos através do Bósforo para reforçar Nicomédia. Sua presença se provou vital a curto prazo, mas quando, na primavera de 1091,[4] os cavaleiros flamengos foram reconvocados para enfrentar os pechenegues em Lebounion, uma das mais antigas e famosas cidades da Ásia Menor, que servira como capital oriental do Império Romano durante um breve período do século III, sucumbiu a Abu Alcacim.[5] A perda de Nicomédia foi um desastre para Bizâncio e colocou em questão a capacidade do império de manter a longo prazo suas províncias orientais.

Os temores sobre as perspectivas bizantinas na Ásia Menor se agravaram quando outros líderes se mostraram dispostos a tirar proveito dos problemas enfrentados pelo império. Danismende, carismático chefe guerreiro turco, lançou ousados ataques desde o leste da Ásia Menor, invadindo a Capadócia e cidades importantes como Sebasteia e Cesareia.[6] Em seguida, o ambicioso turco Tzacas se estabeleceu como emir de Esmirna, na costa oeste da Ásia Menor, e pagou a construtores de navios locais para que produzissem uma frota para atacar uma série de alvos nos arredores de sua nova base, incluindo ilhas no Egeu.[7] Isso foi no mínimo tão grave quanto a perda de Nicomédia, pois a frota deu a Tzacas o poderio para que atacasse mais longe, e também lhe permitiu interromper as remessas de suprimentos com destino a Constantinopla. Em um momento em que o abastecimento de provisões da capital já estava sob pressão por causa das ameaças pechenegues, isso acarretava a perspectiva de escassez, inflação e agitação social. Tudo piorou com a chegada de um inverno especialmente rigoroso em 1090-91, o mais severo de que se tinha memória, quando a neve prendeu muitos moradores em casa.[8]

Um poema do período descrevia uma mulher de uma das províncias da Ásia Menor que, para suportar a brutal privação, foi forçada a comer carne de cobra: "Tu comeste cobras inteiras ou apenas nacos? Arrancaste as caudas e cabeças das criaturas ou devorastes as partes todas? Como é possível teres devorado carne venenosa e não sucumbires de imediato?". Essas foram as consequências de um inverno terrível, da penúria e do flagelo bárbaro.[9]

As tentativas de enfrentar Tzacas foram malsucedidas. Um governador local fugiu sem oferecer resistência alguma, enquanto um exército reunido às pressas e enviado pelo imperador para proteger a costa ocidental da Ásia Menor se mostrou um fiasco. Nessa refrega, não apenas a frota bizantina foi esmagada, como Tzacas conseguiu capturar vários navios imperiais, o que serviu para acelerar os ganhos obtidos em outros lugares.[10]

A construção da frota de Tzacas foi uma novidade preocupante por outro motivo. Constantinopla era protegida por formidáveis muralhas terrestres, valas e torres fortemente armadas, mas os bizantinos sentiam uma notável ansiedade em relação à possibilidade de um ataque à capital por via marítima. Uma gigantesca corrente colocada na entrada do Chifre de Ouro dava algum alento, embora na prática isso muitas vezes não se mostrasse eficaz. Ataques marítimos à cidade, mesmo que desferidos por um pequeno número de invasores, geravam histeria entre os habitantes, como acontecera nos séculos IX e X, quando vikings e russos lançaram ofensivas de surpresa nos subúrbios, causando pânico generalizado. No caso específico de Tzacas, o temor era o de que o turco chegasse a um acordo com os pechenegues para desferir uma investida conjunta contra a cidade. Na primavera de 1091, começaram a circular rumores de negociações entre os nômades e Tzacas, em que o turco oferecera seu apoio contra Bizâncio.[11]

O clima na capital tornou-se sombrio. Na primavera de 1091, na presença do imperador e sua comitiva, o patriarca de Antioquia, João, o Oxita, fez uma avaliação contundente e condenatória da situação do império. O contraste com a visão otimista de Teofilato apenas três anos antes não poderia ter sido mais gritante. A ilha de Quios estava perdida, disse o patriarca, assim como Mitilene. Todas as ilhas do Egeu se renderam, enquanto a Ásia Menor entrava em completo alvoroço; não restava nem sequer um fragmento do Leste.[12] Os pechenegues, nesse meio-tempo, haviam alcançado as muralhas de Constantinopla, e os esforços de Aleixo para combatê-los se mostraram ineficazes.[13] Refletindo sobre os motivos pelos quais as ameaças se tornaram tão agudas, João chegou a uma conclusão tão desoladora quanto dura: Deus parara de proteger Bizâncio. Os insucessos militares e as terríveis adversidades eram culpa do imperador, declarou o patriarca. Aleixo havia sido um general extraordinário antes de se tornar imperador, mas desde então fora responsável por uma fieira de derrotas ininterruptas. Ao tomar o trono em 1081, ele irritara Deus, que estava então usando pagãos como instrumentos para punir Bizâncio. Para que tudo melhorasse, era urgente e necessário arrepender-se.[14] Esse veredicto apocalíptico é uma inequívoca indicação da dimensão dos problemas que afetavam Bizâncio no início da década de 1090.

A rápida decadência na Ásia Menor foi vista com horror pelos ocidentais que viviam em Bizâncio. "Os turcos se aliaram a muitas nações e invadiram as possessões legítimas do império de Constantinopla", uma testemunha ocular da região central da França escreveu.

> Por toda parte devastaram cidades e castelos, juntamente com seus povoados; igrejas foram arrasadas. Alguns clérigos e monges capturados foram massacrados, outros foram entregues com maldade indescritível, padres e todos os demais, à horrenda dominação dos turcos, e as freiras — ai, Deus! quanto sofrimento! — foram submetidas à sua lascívia. Feito lobos vorazes, atormentaram impiedosamente o povo cristão, que o justo julgamento de Deus lhes entregou para fazerem o que bem lhes aprouvesse.[15]

As notícias do colapso devastador na Ásia Menor se espalharam rapidamente por toda a Europa. Histórias de pilhagens e incêndios criminosos, sequestros e violência sexual corriam aos borbotões em toda a França, por exemplo; em suas crônicas, monges registraram casos sangrentos de brutalidade, estripação e decapitação.[16] Informações desse tipo foram repassadas por ocidentais que viviam em Constantinopla ou estavam visitando a cidade no início da década de 1090, a exemplo de um monge da Cantuária que construiu uma casa na capital, ou de um viajante que descreveu os pontos turísticos de Constantinopla e registrou as conversas que teve com os moradores locais.[17]

O próprio Aleixo foi a fonte de alguns dos relatos que descreviam os horrores sofridos pelos bizantinos nas mãos dos turcos. Em carta enviada a Roberto, conde de Flandres, pinta um retrato devastador da situação na Ásia Menor em 1090-91.[18] Essa correspondência foi vista tradicionalmente como uma falsificação, e seu conteúdo descartado por gerações de estudiosos sob o argumento de que as províncias do leste de Bizâncio foram perdidas em 1081 e, portanto, não houve mudança substancial nas condições nos anos imediatamente anteriores à Primeira Cruzada. Assim, as afirmações sobre as chocantes reviravoltas contra os turcos foram consideradas desvairadas, implausíveis e calcadas em uma base factual das mais tênues. Esses acadêmicos argumentaram com veemência que a carta era uma invencionice forjada para angariar apoio contra Bizâncio no início do século XII, depois que as relações entre Aleixo e alguns dos figurões da Cruzada desmoronaram.[19]

Em sentido oposto, há amplo consenso de que uma carta provavelmente foi enviada por Aleixo ao conde de Flandres no início da década de 1090, uma vez que os dois homens mantinham boas relações. Assim, já se sugeriu a existência de um documento original enviado de Constantinopla que fornecera a base da carta sobrevivente — embora tenha sido traduzida, aprimorada e acrescida de novos trechos.[20] Não resta dúvida de que a prosa e a linguagem da carta são latinas, ao passo que o pensamento diplomático e político é de estilo claramente ocidental, e não bizantino.

No entanto, isso não significa que o texto seja uma falsificação. Como visto, havia muitos ocidentais vivendo em Constantinopla no final do século XI, incluindo alguns que eram próximos do imperador. Assim, tanto o tom quanto as ideias expressas na carta poderiam facilmente representar um estrangeiro escrevendo na capital imperial, bem como um autor escrevendo após a Primeira Cruzada. E, a esse respeito, o que talvez seja mais impressionante na carta é que quase tudo que ela afirma está de acordo com a nova imagem da Ásia Menor que pode ser estabelecida a partir de outras fontes contemporâneas. A carta para Roberto de Flandres também relata a profanação de igrejas no início da década de 1090, sacrilégio que conhecemos de outros textos: "Os lugares santos são profanados e destruídos de inúmeras maneiras, e a ameaça de coisas piores paira sobre eles. Quem não lamenta essas coisas? Quem não se compadece quando ouve a respeito disso? Quem não se horroriza? E quem não recorre à oração?".[21] A carta contém relatos da ferocidade dos ataques turcos que também encontram paralelos com outras fontes do período, embora mais detalhadas:

> Nobres matronas e suas filhas, despojadas de todos os bens, são violadas, uma após a outra, como animais. Alguns [de seus agressores] desavergonhadamente colocam as virgens na frente de suas próprias mães e as obrigam a entoar canções perversas e obscenas até que terminem de saciar sua luxúria com elas [...] homens de todas as idades e descrições, meninos, jovens, velhos, nobres, camponeses e, o que é pior ainda e ainda mais angustiante, clérigos e monges e — desgraça das desgraças inauditas! — até mesmo

bispos estão contaminados com o pecado da sodomia, e agora alardeia-se no estrangeiro que um bispo sucumbiu a esse abominável pecado.[22]

Sem dúvida fazia sentido que Aleixo apelasse para Flandres, já tendo recebido apoio militar na forma de quinhentos cavaleiros pouco antes. Aleixo esperava obter mais ajuda do conde Roberto, homem de temperamento semelhante ao dele — ascético, devoto e pragmático. E embora muitos rejeitassem as descrições de uma situação desesperada no Leste por as considerarem implausíveis, muitos elementos sugerem que a carta refletia genuinamente o calamitoso estado de coisas em Bizâncio. Nem mesmo a pessimista declaração "Embora eu seja imperador, não consigo encontrar nenhum remédio ou conselho adequado, mas estou sempre fugindo em face dos pechenegues e turcos" parece intempestiva num momento em que um dos mais egrégios clérigos do império declarava publicamente que Deus abandonara Aleixo.[23] A mentalidade de cerco que havia começado a surgir na Primeira Cruzada em Constantinopla tem mais pontos em comum com a carta do que muitas vezes se presume.

A reconvocação da guarnição flamenga de Nicomédia pode não ter sido o único fator responsável pela perda da cidade para os turcos, mas certamente não ajudou. Logo após a derrota dos pechenegues em 1091, empreendeu-se um grande esforço para recuperar a cidade e expulsar os turcos das áreas mais próximas da capital. Reunindo um contingente substancial, Aleixo enviou um exército que recuperou territórios até o "Braço de São Jorge", isto é, até o golfo de Nicomédia. Por fim, a própria cidade foi retomada, e seus conquistadores começaram imediatamente a restaurar suas defesas a fim de evitar que no futuro voltassem a cair com tanta facilidade. Construiu-se uma fortaleza em frente a Nicomédia, projetada inicialmente para fornecer proteção adicional à cidade, mas também para funcionar como uma base a partir da qual atacar caso voltasse a cair nas mãos dos turcos. Além disso, teve início uma grandiosa obra de engenharia para a criação de uma vala gigante que funcionaria como uma barreira a mais para a defesa de Nicomédia. Foi um sinal de desespero e uma indicação das limitações das ambições bizantinas na Ásia Menor no início da década de 1070: em vez da reconquista, as atenções se voltaram para manter as poucas posses ainda em mãos imperiais.[24]

As obras para reforçar as defesas da cidade duraram seis meses. Nesse ínterim, houve tentativas de persuadir seus moradores a saírem das "cavernas e buracos da terra" para onde haviam escapado durante o ataque de Abu Alcacim e retornarem a Nicomédia. A relutância da população sugere que muitos consideravam a recuperação bizantina efêmera.[25]

Ao mesmo tempo que Nicomédia era recuperada, a situação piorava na costa oeste e nas ilhas do Egeu. Mais uma vez, a cronologia fornecida pela *Alexíada* não é confiável. Um conjunto de documentos referentes a um monge chamado São Cristodoulos revela a verdadeira dimensão da ameaça turca. Cristodoulos era um personagem magnético, com amigos em posições importantes. A mãe de Aleixo, Ana Dalassena, ajudou o monge a assegurar concessões de terras e isenções de impostos para propriedades nas ilhas de Cós, Leros e Lipsi no mar Egeu, onde Cristodoulos planejava construir uma série de monastérios. O apoio de Ana fora fundamental para obter a aprovação do imperador ao estabelecimento do mosteiro de São João, na ilha de Patmos, em 1088.[26]

No início da década de 1090, no entanto, a sobrevivência física — antes de concessões de terras ou isenções de impostos — tornou-se a principal preocupação de Cristodoulos e dos monges dessas ilhas. Ataques de piratas e invasores turcos forçaram os religiosos a tomar medidas urgentes para reforçar a defesa de seus povoados. Em Patmos, Leros e Lipsi, construíram-se pequenos castelos na tentativa de proteger as comunidades, mas logo ficou claro que Cristodoulos travava uma batalha árdua.[27] Temendo ser capturados pelos turcos, os monges fugiram, e na primavera de 1092 o próprio Cristodoulos fugiu para a ilha de Eubeia, onde morreu um ano depois. Como revela um codicilo de seu testamento, escrito pouco antes de sua morte, ele foi o último a deixar Patmos; ataques implacáveis de "agarenos, piratas e turcos" tornaram a vida impossível.[28]

A situação no Egeu e na costa ocidental da Ásia não melhorou quase nada nos anos seguintes. Embora Ana Comnena menosprezasse Tzacas e zombasse dele como um impostor afetado que se pavoneava pelas ruas de Esmirna ostentando sandálias pomposas que imitavam as do imperador, e insinuasse que seria fácil e rápido dar cabo dele, a verdade era outra.[29] Em 1094, Teodoro Castrísio, que após a morte de Cristodoulos fora nomeado responsável pelo mosteiro de São João, em Patmos, julgou que não tinha outra opção a não ser renunciar ao cargo. Alegou não conseguir cumprir nenhuma de suas funções devido aos constantes ataques turcos no leste do Egeu. Castrísio não conseguia nem sequer chegar à ilha, muito menos cuidar do mosteiro.[30]

O colapso quase total da Ásia Menor foi rápido e espetacular. Embora a ameaça dos pechenegues tenha desempenhado um papel importante na criação de oportunidades para líderes turcos independentes, como Abu Alcacim e Tzacas, era o fracasso da política anterior de Aleixo de forjar alianças locais que estava no cerne dos problemas que Bizâncio enfrentava. No passado, Aleixo havia conseguido persuadir os chefes guerreiros turcos, e consolidou essa estratégia com um acordo efetivo com o sultão de Bagdá, que tinha seus próprios interesses em manter o controle sobre emires na periferia do mundo seljúcida.

A aliança com Malique Xá ainda estava em vigor na primavera de 1091, quando Aleixo se queixou de que os reforços enviados a ele pelo sultão estavam sendo desviados e recrutados por Tzacas.[31] Malique Xá também ficou perturbado com a drástica mudança de poder e, no verão de 1092, despachou uma expedição de grande porte — sob o comando de um de seus oficiais mais leais, Buzan — às profundezas da Ásia Menor, com o intuito de ensinar uma lição a Abu Alcacim. Embora Buzan tenha avançado de maneira decisiva por Niceia, se mostrou incapaz de abalar as descomunais defesas da cidade, e por fim bateu em retirada.[32] No entanto, as negociações diplomáticas entre Constantinopla e Bagdá ainda estavam em andamento no outono daquele ano, e um dos temas das discussões era qual a melhor forma de unirem forças para combater Abu Alcacim e outros renegados na região.[33]

Portanto, a morte de Malique Xá em novembro de 1092 foi um golpe fatal para a política de Aleixo no Leste. Meses antes de morrer, o sultão percebeu que seu controle enfraquecia à medida que os rivais em Bagdá executavam manobras na disputa por posições favoráveis. Em uma tentativa de consolidar sua autoridade, Malique Xá rebaixou muitos de seus principais oficiais, o que serviu apenas para fomentar a dissidência.[34] O antagonismo se concentrou no vizir do sultão, o polímata Nizã Almulque, figura poderosa e decisiva na formação do mundo seljúcida no final do século XI. Em fins de 1092, Almulque foi assassinado por uma seita secreta de fanáticos conhecida como os "Assassinos", se não por instruções diretas do sultão, ao menos com o conhecimento dele, de acordo com uma fonte bem informada.³⁵ A morte de Malique Xá, poucas semanas depois — após comer carne contaminada —, lançou o mundo turco em turbulência, em meio à incerteza sobre quem, entre os membros da família imediata e estendida do sultão, o sucederia no trono. O resultado foram dois anos de guerra civil quase ininterrupta.³⁶

Muitos estudiosos argumentaram que essa convulsão no âmbito do Império turco ofereceu a Aleixo a oportunidade ideal para fortalecer a posição de Bizâncio na Ásia Menor. Na verdade, o que ocorreu foi justamente o contrário. A morte de Malique Xá privou o imperador de um aliado inestimável no pior momento possível. Ademais, os problemas relativos à sucessão significavam que havia um vácuo de poder na Anatólia, do qual os comandantes militares turcos locais rapidamente se beneficiaram. Isso tornou as coisas muito mais difíceis para Aleixo, que lutou para passar uma imagem de força aos líderes turcos que se aproveitavam ao máximo da recém-descoberta fragilidade da reação bizantina.

Em 1094 a situação atingiu um ponto crítico. Em um sínodo da Igreja realizado em Constantinopla, com a presença de bispos de todo o império, a discussão se voltou para aqueles que tinham responsabilidades pastorais no Leste. Muitos eclesiásticos estavam na capital não por vontade própria, mas porque, devido aos turcos, não puderam voltar às suas respectivas sedes. Reconhecendo os problemas, o imperador observou de forma mordaz que os bispos das regiões ocidentais não tinham essa desculpa e lhes ordenou que deixassem Constantinopla e retornassem às suas funções.³⁷ Admitiu-se que dos bispos da Anatólia não se poderia esperar que fizessem o mesmo e, além disso, eles precisavam de apoio financeiro enquanto permanecessem na capital, longe de suas sedes episcopais. Para essa finalidade, aprovou-se uma resolução.³⁸

A derrocada da Ásia Menor bizantina foi universal: devido ao colapso do interior, juntamente com a perda do litoral, era impossível chegar por terra ou mar a locais importantes como Antioquia; João, o Oxita, patriarca de Antioquia, ficou vários anos sem poder viajar para a sua sé.³⁹ Uma após a outra, as cidades caíram nas mãos dos turcos no início da década de 1090. De acordo com Miguel, o Sírio, cuja crônica do século XII é uma das poucas fontes sobre o período, Tarso, Mopsuéstia, Anazarbo e todas as outras cidades da Cilícia foram tomadas por volta de 1094-95.⁴⁰ Isso corresponde ao que os cavaleiros ocidentais encontraram quando cruzaram a Ásia Menor pouco tempo depois. Ao chegarem a Plastencia, "cidade de grande esplendor e riqueza", constataram que se encontrava sitiada pelos turcos, e sua população ainda resistia;[41] assim como Coxom, cidadezinha próxima, ainda em mãos cristãs.[42]

A perda da costa ocidental da Ásia Menor e dos ricos vales fluviais de seu interior representou uma catástrofe para Bizâncio. Algo precisava ser feito com urgência para reverter a série de contratempos e estabelecer uma plataforma sobre a qual construir uma recuperação posterior; caso contrário, era provável que as províncias orientais fossem perdidas para sempre. As atenções se voltaram para Niceia, fortificada de forma imponente e controlando o acesso ao interior, bem como as rotas terrestres para o litoral. Capturar a cidade seria a chave para qualquer restauração mais ampla do domínio imperial no Leste; a retomada de Niceia se tornara o principal foco da estratégia do imperador.

Não era fácil abalar a cidade: uma obra-prima da fortificação defensiva, era quase inexpugnável. Como observou um cronista latino: "Niceia está em um local muito favorável. Situa-se na planície, mas não está longe das montanhas, pelas quais é rodeada por quase todos os lados [...] Junto à cidade, e estendendo-se a oeste, há um lago muito largo e de grande extensão [...] é a melhor defesa que a cidade poderia ter. Um fosso circunda as muralhas dos outros flancos, e está sempre cheio a ponto de transbordar por causa do influxo de nascentes e riachos".[43]

Aleixo sabia que era pequena a possibilidade de tomar a cidade à força.[44] Além de todas as dificuldades, os militares bizantinos já estavam sobrecarregados. Como João, o Oxita, notou, uma década de campanhas quase constantes contra os normandos e os pechenegues desgastou as forças imperiais e infligiu muitas baixas.[45] Ademais, a situação ainda era tensa ao norte de Constantinopla. Havia o perigo de um iminente ataque ao território imperial da região do Danúbio por cumanos, nômades das estepes, enquanto as incursões dos sérvios na fronteira noroeste se tornavam cada vez mais preocupantes.[46]

Arregimentar um exército suficientemente grande para se deslocar rumo à cidade de Niceia era um problema. O outro era penetrar suas defesas. A guerra de cerco bizantina estava muito defasada em comparação com o Ocidente, onde as técnicas se desenvolveram rapidamente durante o século XI. E havia ainda a questão de quem deveria se encarregar das operações contra a cidade. Dado o fracasso da política de Aleixo na Ásia Menor e a pressão sobre o império como um todo, havia um risco real de que um general no comando de recursos substanciais pudesse tentar tomar o trono para si mesmo.

Aleixo recorreu a um amigo de infância, Tatício, confiante em sua lealdade. Em meados de 1094, Tatício chegou em Niceia municiado de instruções para rechaçar qualquer defensor sitiado que ousasse fazer uma investida. Pouco depois, atacou um grupo de duzentos homens que tinham sido mobilizados para dispersar a força imperial. Entretanto, foi esta a extensão de sua conquista: um aumento no moral, mas de pouco valor tangível. Ele não conseguiu nada mais antes de se retirar às pressas para Constantinopla, depois de saber que uma grande expedição turca se aproximava de Niceia,[47] a mando de Barquiaruque, um dos filhos de Malique Xá, que finalmente triunfara sobre seus rivais em Bagdá depois de o *hutba* proclamá-lo governante, em fevereiro de 1094.[48]

A intervenção de Barquiaruque foi profundamente perturbadora para Aleixo, pois ficou claro que seu objetivo não era apenas impor a autoridade do novo sultão aos emires na Ásia Menor, mas tomar posse de Niceia. O imperador não estava sozinho, um comandante especialmente sanguinário afirmou: "Os habitantes de [Niceia] e, de fato, o próprio Abu Alcacim, viram que sua condição era realmente desesperadora — era impossível resistir por mais tempo a Bursuque". Eles tomaram então uma decisão ousada; de acordo com a *Alexíada*, "enviaram uma mensagem ao imperador pedindo ajuda, alegando que era melhor serem chamados de seus escravos do que se renderem a Bursuque. Sem demora, as melhores tropas disponíveis foram enviadas [pelo imperador] em seu auxílio, com estandartes e cetros cravejados de prata".[49]

Havia uma lógica fria por trás da decisão de Aleixo de ajudar o governador de Niceia, embora ao longo de muitos anos ele tivesse sido a causa de problemas para Bizâncio: "Ele calculou que fornecer ajuda acarretaria a ruína de Abu Alcacim", de acordo com Ana Comnena. "Pois enquanto dois inimigos do Império Romano lutavam entre si, seria vantajoso apoiar o mais fraco — não a fim de torná-lo mais poderoso, mas para rechaçar um deles enquanto tomava do outro a cidade, que naquele momento não estava sob jurisdição romana, mas por meio desse expediente seria incorporada à esfera romana."[50] Embora Bursuque tenha batido em retirada frustrado com as defesas de Niceia, a trégua foi breve: logo chegaram à cidade informes de que estava a caminho outra expedição maciça, "saída do interior profundo do Império turco".[51] Abu Alcacim se deu conta de que era apenas uma questão de tempo para que fosse forçado a se render; estava disposto a ouvir as propostas do imperador sobre renunciar ao controle de Niceia.

Constantinopla recebia regularmente missões diplomáticas e visitantes estrangeiros de alto escalão. No século X, compilou-se um texto conhecido como *O livro das cerimônias*, uma coletânea de instruções sobre como lidar com essas pessoas, e sobre como a importância relativa do país em questão definia a generosidade da recepção.[52] O objetivo era mostrar os esplendores da capital e sublinhar a superioridade cultural, política e espiritual do império. Aleixo usou então essa técnica testada e comprovada com Abu Alcacim. Quando o turco foi convidado a visitar Constantinopla em 1094, o imperador estabeleceu um cronograma especialmente adaptado para impressionar o emir e lhe mostrar os benefícios da cooperação.

Aleixo supervisionou pessoalmente a agenda de eventos. Tomou providências para assegurar que Abu Alcacim conhecesse os principais locais da capital, ao destacar monumentos de alto teor simbólico, como as estátuas erguidas em homenagem aos imperadores romanos celebrando grandes vitórias militares. O turco foi levado a participar de uma corrida de cavalos e viu em primeira mão a destreza dos melhores cocheiros de Bizâncio, demonstração cujo intuito era impressionar um homem que vinha de um povo cujo uso de cavalos era fundamental para seu sucesso militar. Abu Alcacim caçou na companhia do imperador e apreciou a mais romana das instituições, os banhos. Em suma, o emir foi recebido com fartura de entretenimentos e cortejado de forma suntuosa.[53]

Aleixo queria firmar um acordo concreto acerca de Niceia, e adotou uma estratégia da qual lançava mão com frequência para lidar com vizinhos difíceis: a concessão de um título e um generoso estipêndio. O objetivo era fazer com que o inimigo reconhecesse, mesmo que apenas de forma implícita, a soberania do imperador — ao mesmo tempo que o subornava. Antes de Abu Alcacim retornar a Niceia, portanto, "Aleixo presenteou o turco com mais presentes, honrou-o com o título honorífico de *sebasto*, confirmou seu acordo com mais detalhes e, com todos os sinais de cortesia, despachou-o de volta pelo mar".[54] O título de *sebasto*, um dos mais elevados do império, normalmente era concedido apenas a membros da família do regente e a seus seguidores mais próximos. Ter conferido a honraria a Abu Alcacim revela que Aleixo esperava obter ganhos substanciais. Se a aposta do imperador fosse bem-sucedida, o pacto devolveria para as mãos imperiais uma localidade crucial no oeste da Ásia Menor, abrindo a possibilidade de uma retomada mais ampla da região. Se falhasse, Aleixo corria o risco de ver sua reputação arranhada por depositar suas esperanças em um homem que durante muitos anos havia sido uma pedra no sapato do império.

O desastre se deu tão logo Abu Alcacim voltou para Niceia. As discussões do emir com o imperador não foram recebidas com entusiasmo por outros líderes da cidade. Quando começaram a circular notícias de que Bursuque se aproximava novamente com um exército ainda maior, o governador de Niceia foi cercado por um grupo de duzentos figurões turcos, ávidos por impressionar o novo sultão. Eles capturaram Abu Alcacim, colocaram um laço feito de corda de arco em volta de seu pescoço e o estrangularam.[55]

O assassinato foi um golpe duro para o imperador. Desesperado, Aleixo fez contato com o irmão de Abu Alcacim, Buldagi, que havia assumido o controle da cidade, com uma oferta direta. Dessa vez, não houve visita a Constantinopla, nenhuma ida às corridas de cavalos, nenhuma atribuição de títulos, mas o cerne da oferta foi o mesmo. Ou seja, uma proposta curta e ousada: o imperador se mostrou disposto a comprar Niceia.[56]

Mais uma vez, porém, as coisas deram errado para Aleixo. Com os turcos em Niceia então em desordem, uma nova figura entrou em cena. Quilije Arslá rumou diretamente para a cidade após ser libertado do cativeiro em Bagdá, no final de 1094 ou início de 1095. Assim que chegou a Niceia, os turcos "fizeram uma arruaça de tanta alegria" e lhe entregaram o controle da cidade. Não foi algo surpreendente: ele era, afinal, filho do falecido Sulaiman.[57] Seu retorno à base de poder da família parece ter sido arquitetado pelo novo regime de Barquiaruque, que claramente depositava grande fé nele; no verão de 1097, Quilije Arslá comandaria o enorme exército reunido para confrontar os cruzados quando atravessassem a Ásia Menor.[58] Sua nomeação para governar Niceia em nome de Barquiaruque fora uma escolha astuta, mas acabou com as chances de o imperador retomar a cidade e, portanto, de estancar o colapso das províncias orientais.

O domínio de Bizâncio sobre suas províncias orientais estava rapidamente desaparecendo. Aqueles que chegavam à Ásia Menor em 1097 mal podiam acreditar em seus olhos, tampouco esconder o horror ao entrar em Nicomédia: "Oh, quantas cabeças e ossos decepados de mortos jazendo nas planícies encontramos então além de Nicomédia à beira-mar! No ano anterior, os turcos destruíram os que não sabiam flechar ou eram novatos no uso da flecha. Compadecidos, derramamos muitas lágrimas lá".[59] Um sinal de como as condições estavam ruins e de como as ambições bizantinas se tornaram limitadas: nessa época, a estrada além de Nicomédia era quase intransitável; 3 mil homens munidos de machados e espadas tinham que seguir na frente para desbastar o caminho abrindo uma nova rota para Niceia.[60]

A falta de progressos em Niceia se espelhava na série de contratempos na costa, onde Tzacas ainda causava estragos. Embora o relato de Ana Comnena tenha persuadido a maioria dos historiadores de que a ameaça representada pelo turco houvesse sido contida em 1092, na verdade se dera o oposto.[61] Em meados da década de 1090, exasperado pelos esforços ineficazes e incompetentes para lidar com Tzacas, Aleixo reconvocou seu cunhado, João Ducas, desde Dirráquio, onde por mais de uma década defendera os territórios do império contra ataques sérvios. Ao que tudo indica, João Ducas fora nomeado comandante do exército bizantino e encarregado de lutar contra Tzacas em 1094.[62] Isso corresponde de maneira precisa às observações de outras fontes de que na época os constantes ataques turcos à região impossibilitavam até mesmo simples viagens.[63]

A *Alexíada* fornece um relato completo da prodigiosa expedição enviada para expulsar Tzacas e retomar a costa, embora seja disperso em vários livros, dando a impressão de múltiplas campanhas e êxitos contínuos.[64] Na realidade, houve um esforço concentrado para enfrentar Tzacas, sob a liderança de João Ducas, que comandou as forças terrestres bizantinas, e de outro parente próximo do imperador, Constantino Dalasseno, que assumiu o comando da frota naval. As operações tiveram início no verão de 1097.

Não havia qualquer dúvida a respeito do objetivo da expedição: assegurar o domínio da costa e restaurar a autoridade imperial na região. As ordens dadas a Ducas eram inflexíveis: devia retomar as ilhas que uma após a outra haviam caído em mãos turcas e reaver as cidades e fortificações perdidas. Como veremos, o alvo principal era Esmirna, juntamente com seu problemático governante Tzacas.⁶⁵ Em flagrante contradição com o relato de Ana Comnena, Tzacas ainda era uma força importante em 1097, e, como observou corretamente uma fonte latina, toda a região marítima da Ásia Menor estava sob o controle turco quando os cruzados por lá chegaram alguns anos depois.⁶⁶ Niceia permaneceu esquiva; e os esforços contra a região costeira não deram em nada. A situação enfrentada por Bizâncio em meados da década de 1090 era desesperadora e catastrófica em igual medida.

5
À BEIRA DO DESASTRE

A deterioração da situação na Ásia Menor não era o único problema com o qual Aleixo I Comneno precisava lidar. Às vésperas da Primeira Cruzada, a própria Constantinopla implodiu. A incapacidade de obter qualquer avanço na luta contra os turcos levou a sérias preocupações quanto ao discernimento do imperador, bem como sobre suas habilidades de liderança. Com o surgimento de novas ameaças, na forma de reiterados ataques de nômades nas profundezas dos Bálcãs e investidas de sérvios na fronteira noroeste, o governo de Aleixo corria perigo. A situação se agravou pouco antes do envio dos emissários ao papa em 1095, quando o imperador enfrentou um golpe de Estado que contou com o apoio de praticamente toda a elite bizantina, incluindo muitos entre aqueles que o ajudaram a tomar o poder: oficiais de alta patente, senadores, aristocratas e alguns amigos íntimos de Aleixo. A espiral de desintegração que o levaria a buscar ajuda no Ocidente continuava.

A pressão sobre o imperador em Constantinopla se intensificou assim que a situação na Ásia Menor piorou. Depois da primeira onda de êxitos turcos em 1090-91, Aleixo já era duramente criticado na capital. Para João, o Oxita, patriarca de Antioquia, o imperador se tornara um fardo; as intermináveis guerras na década de 1080 não resultaram em ganhos, e os reveses militares acarretaram imenso sofrimento.[1] E a admoestação do patriarca caiu em terreno fértil. A insatisfação era generalizada entre os que não pertenciam ao círculo que Aleixo estabelecera ao redor de si no início de seu reinado. Um comentarista bizantino observou que ele era zeloso na promoção de seus parentes, esbanjando dinheiro com a família: "Quando se tratava de seus familiares ou de alguns entre aqueles que o serviam, [Aleixo] distribuía fundos públicos aos borbotões. Eles recebiam vultosas doações anuais e desfrutavam de tamanha riqueza que poderiam ter a seu serviço uma comitiva que não condizia com indivíduos privados, mas imperadores; poderiam viver em casas do tamanho de cidades, que de tão esplendorosas eram indistinguíveis de palácios". O restante da aristocracia, observou o autor com tristeza, não desfrutava dessa mesma generosidade.[2]

O favoritismo que o imperador demonstrava por seus familiares era desmedido. Nicéforo Melisseno, um dos cunhados de Aleixo, recebeu as receitas da arrecadação de impostos da importante cidade de Tessalônica, enquanto o irmão do imperador, Adriano Comneno, ganhou a renda da península de Cassandra em 1084.[3] A miríade de estabelecimentos monásticos fundados ou financiados por membros da família imperial nesse período — a exemplo da igreja e mosteiro do Salvador Pantepoptes criados por Ana Dalassena, ou o mosteiro Kosmoteira da Mãe de Deus fundado pelo filho de Aleixo, Isaque Comneno — atesta uma substancial riqueza disponível nas mãos de pessoas próximas ao imperador, em um momento de severa crise econômica.[4]

Muitas das posições estratégicas em Bizâncio foram entregues a parentes do imperador. O governo de Dirráquio, uma das cidades mais importantes da metade ocidental do império, fora confiado a dois cunhados do imperador, Jorge Paleólogo e, em seguida, João Ducas, antes de ser colocado nas mãos do sobrinho mais velho de Aleixo.[5] Adriano e Nicéforo Comneno, os dois irmãos mais novos do imperador, foram nomeados oficiais da mais alta patente no Exército e na Marinha, respectivamente. Enquanto isso, o irmão mais velho de Aleixo, Isaque Comneno, tornou-se o principal executor da política em Bizâncio, com a tarefa especial de esmagar a dissidência em Constantinopla. Constantino Dalasseno, um primo pelo lado materno do imperador, fora encarregado de retomar dos turcos a cidade de Sinope, em meados da década de 1080, antes de ser colocado no comando das operações marítimas contra Tzacas e a costa da Ásia Menor.[6] Na Bizâncio de Aleixo, outros também receberam títulos e status elevados semelhantes.[7]

A dependência do imperador em relação a sua família moldou a visão da posteridade a seu respeito. Essa concentração de poder é vista como o prenúncio de um novo sistema de governo em Bizâncio, que substituiria uma ampla administração civil pelos interesses de um pequeno grupo próximo do imperador.⁸ No entanto, embora seja tentador considerar que Aleixo baseou sua autoridade unicamente em seus familiares e amigos íntimos, na verdade ele obteve o apoio de um grupo seleto de maneira mais estratégica e consideravelmente mais abrangente do que em geral se supõe.

Por exemplo, havia muitos primos, sobrinhos, sobrinhas e parentes que não caíram nas graças do imperador, tampouco receberam títulos ou cargos elevados durante os primeiros quinze anos do reinado de Aleixo.⁹ Houve também muitos beneficiários do novo regime que não tinham laços de parentesco com o imperador — Gregório Pacuriano veio de uma família ilustre da Geórgia e foi nomeado comandante do Exército imperial em 1081.¹⁰ Constantino Opos, que recebeu importantes responsabilidades militares em meados da década de 1080, não tinha nenhum vínculo familiar com os Comneno.¹¹ O exemplo mais notável foi o de Leão Quéfalas, governador de Lárissa quando a cidade foi submetida a um terrível cerco normando em 1083, durante o qual os habitantes supostamente recorreram ao canibalismo.¹² Mais tarde, foi nomeado comandante da cidade de Abidos, no oeste da Ásia Menor, numa época em que a ameaça dos turcos aumentava drasticamente. Graças a sua competência e lealdade, se sobressaiu de forma magnífica sob o regime de Comneno. Ao longo da década de 1080, Quéfalas receberia uma série de aldeias e outras terras, juntamente com isenções de impostos e, por fim, o direito de transmitir essas propriedades a seus herdeiros.¹³

Os *mixobarbaroi*, nômades "mestiços" que serviram ao imperador e prosperaram, caso de Monastras e Ouzas, também gozavam da confiança de Aleixo. O mesmo se deu com ocidentais como Constantino Humbertopoulos, sobrinho da nêmesis do imperador — Roberto Guiscardo —, e Pedro Alifa, que se tornou tenente de confiança apesar de seu papel no ataque normando de 1081-83, durante o qual Aleixo quase foi morto em combate.¹⁴ Além disso, o imperador supervisionava pessoalmente o batismo dos aliados turcos e sua admissão ao Senado.¹⁵

Assim, a família imperial não foi a única beneficiária do governo de Comneno. Havia uma interminável procissão de suplicantes e requerentes em busca de tratamento preferencial, isenções, recompensas ou favores de Aleixo — homens como Manuel Straboromanos, que faziam floreados elogios e louvores ao imperador, exaltando em detalhes suas virtudes, na tentativa de reaver terras que haviam sido confiscadas.¹⁶ Nem todos os peticionários eram bem recebidos, e de tempos em tempos o piedoso imperador perdia a paciência até mesmo com os monges que apareciam em Constantinopla pleiteando algo: "Quero arrancar as narinas deles e depois mandá-las para casa para que os demais monges entendam qual é a visão imperial das coisas",[17] Aleixo escreveu ao patriarca Nicolau III.

O que moldou a Bizâncio de Aleixo não foi a concentração de poder nas mãos do círculo íntimo de Comneno e seus partidários, mas sim a mão de ferro que o próprio imperador estabeleceu sobre o aparato estatal desde o início de seu reinado. Era Aleixo quem tomava pessoalmente as decisões, nomeava indivíduos para cargos de confiança, distribuía promoções e recompensas — ou mandava inimigos para o limbo. Esse controle estrito sobre todos os aspectos militares, civis e até mesmo eclesiásticos contrastava fortemente com o governo de muitos de seus predecessores. Foi uma estratégia que permitiu a Aleixo moldar Bizâncio à sua própria imagem.

A promoção daqueles com quem o imperador se sentia confortável — fossem parentes ou forasteiros — se dava à custa dos aristocratas bizantinos, que se viram excluídos de posições de influência. Os problemas que isso causava eram mais agudos do que a perda de status. O alicerce da sociedade imperial era a distribuição de salários anuais para os indivíduos que tinham cargos em Constantinopla e nas províncias. Os fundos eram distribuídos a partir do centro para um amplo grupo de funcionários das administrações civil e militar, e as alterações nesse sistema ocasionaram não apenas ressentimento, mas prejuízo financeiro. Na verdade, foi o antecessor de Aleixo, Nicéforo III Botaniates, quem primeiro reduziu os salários pagos pelo governo central, em uma tentativa de redução de custos. No entanto, Aleixo foi ainda mais longe, limitando e, em muitos casos, suspendendo totalmente os pagamentos para cortar despesas e estimular a precária economia. Essas medidas acabariam se revelando impopulares, assim como os confiscos de propriedades pertencentes a altos funcionários acusados de conspirar contra Aleixo, tática usada para abastecer os escassos cofres imperiais. A política do imperador de usar moedas depreciadas para pagar despesas do governo, ao mesmo tempo que insistia em moedas de valor mais alto quando se tratava de coletar impostos, agravou ainda mais a situação.[18]

Essas medidas foram adotadas por causa dos substanciais custos de operações militares contra os vizinhos de Bizâncio. Manter o exército no campo de batalha de maneira quase ininterrupta por mais de uma década após 1081 era caro em termos de salários, equipamento e abastecimento. Era custoso também em termos indiretos: o desvio de mão de obra da produção agrícola para a guerra resultava em rendimentos mais baixos, queda da arrecadação de impostos e aumento dos preços. O pagamento de tributos aos pechenegues e ao sultão na década de 1080 também exigia financiamento, assim como outros esforços para melhorar a situação do império. Uma aliança com o imperador Henrique IV do Sacro Império Romano-Germânico contra os normandos custou caro: os bizantinos concordaram em pagar a enorme soma de 360 mil moedas de ouro — estipulando que o montante não deveria ser pago em moeda recém-cunhada (e bastante depreciada), mas em moedas de qualidade substancialmente mais alta.[19]

Árduas e desesperadas tentativas foram feitas para turbinar as receitas do Estado. Em 1082, Aleixo jurou que nunca mais pegaria tesouros da Igreja, após ter expropriado objetos de alto valor para financiar a campanha contra os normandos depois que estes atacaram Dirráquio. Porém, três anos depois, voltou a recorrer à apreensão de preciosos objetos eclesiásticos. Acabou sofrendo duras críticas por quebra de promessa, e os ataques a seu caráter foram encabeçados pelo bispo de Calcedônia, um agitador muito eloquente e eficaz, ainda que Ana Comnena o descrevesse como um homem "incapaz de expressar suas ideias com precisão e sem ambiguidade, pois era totalmente desprovido de qualquer instrução formal em lógica".[20] Embora Aleixo tenha conseguido sobreviver à controvérsia, seus esforços para extrair fundos da Igreja pela terceira vez no início da década de 1090 renderam-lhe uma dura repreensão do patriarca de Antioquia.[21]

Para cobrir o descompasso entre receitas e despesas, o imperador instituiu pesados aumentos na tributação. De acordo com um comentarista bizantino, os funcionários nomeados para coletar impostos inventaram dívidas que precisavam ser pagas. O não cumprimento dessas obrigações-fantasma foi usado como pretexto para confiscar propriedades e dar mais uma sobrevida ao tesouro imperial.[22] A elevação dos impostos teve consequências devastadoras: mortes, fome generalizada, despovoamento e falta de moradia. Em alguns casos, de acordo com o patriarca de Antioquia, isso fez com que as pessoas se juntassem "aos bárbaros que assassinam cristãos, por julgarem que a servidão e a vida com eles eram mais palatáveis do que conosco".[23]

Até mesmo os monges do monte Atos atraíram a atenção de um imperador desesperado por recursos financeiros. Atos era o lar de diversas comunidades monásticas, onde os religiosos acumularam uma impressionante quantidade de terras e propriedades e se mostraram hábeis em obter isenções de impostos. As terras sob sua possessão concentravam-se em uma das poucas regiões do império que não sofrera pressão dos normandos, pechenegues ou turcos. Esses territórios também estavam entre os poucos lugares onde a produtividade não havia diminuído no final do século XI; assim, em 1089 Aleixo recorreu a eles a fim de arrecadar dinheiro. Três decretos registram a introdução de um novo encargo, o *epibole*, que impunha novas exigências aos proprietários de terras. Os que não pudessem pagar ou se recusavam a fazê-lo eram imediatamente penalizados, entre eles o mosteiro de Iviron, no monte Atos, que teve quase 8 mil hectares de terras confiscados pelo imperador.[24]

Quando a situação na Ásia Menor começou a se deteriorar no início da década de 1090, Aleixo ficou sem opções. A desvalorização da moeda havia atingido o ponto mais baixo, enquanto o governo central, cortando na própria carne, reduzira as despesas ao mínimo necessário. Para piorar a situação, por volta do início de 1091, Creta e Chipre, as duas maiores e mais importantes ilhas do Mediterrâneo oriental, se revoltaram contra o imperador e declararam independência de Constantinopla. Tal rebelião foi motivada pela pesada sobrecarga de impostos.[25] Incursões na fronteira noroeste pressionaram ainda mais o imperador, que já estava em situação calamitosa — bem como exauriram até a última gota os recursos de Bizâncio.[26]

No início de 1092, Aleixo tomou uma decisão que teria grande impacto na história do Mediterrâneo oriental. Durante os ataques normandos da década de 1080, o imperador havia trabalhado em estreita colaboração com Veneza: em troca de um pagamento adiantado, navios venezianos patrulhavam o Adriático para impedir a passagem de embarcações normandas vindas do Sul da Itália com suprimentos para abastecer as forças invasoras.[27] Para garantir maior cooperação durante os ataques normandos de 1081-85, Aleixo emitiu uma série de privilégios e outorgas, entre eles a concessão de títulos ao doge, bem como uma extensão da autoridade veneziana no Adriático para incluir a Dalmácia.[28]

Desesperado para estimular o sistema financeiro do império, Aleixo concluiu que isso só seria possível com uma grande injeção de capital estrangeiro. Assim, na primavera de 1092, o imperador emitiu concessão dando a Veneza um amplo conjunto de privilégios e subvenções.[29] Na década de 1080, o governante veneziano ostentara o título de doge de Veneza e Dalmácia e *protosebasto* imperial; depois de 1092, contudo, recebeu também jurisdição sobre a Croácia, em uma considerável ampliação da autoridade veneziana — importante concessão por parte de Constantinopla, reforçada ainda mais pelo fato de que o doge conquistara o direito de transmitir esses títulos honoríficos a seus sucessores.[30] Ademais, as igrejas de Veneza receberiam verbas; a basílica de São Marcos foi selecionada para um tratamento especialmente generoso que ajudaria a pagar pelas monumentais obras de restauração realizadas no início da década de 1090, antes de sua iminente reconsagração. Determinou-se que parte do cais em Constantinopla, estendendo-se do Portão dos Hebreus à Torre Vigla, seria reservada para uso exclusivo dos mercadores venezianos, com disposições para arranjos semelhantes em vários outros portos do império, incluindo Antioquia, Laodiceia, Tarso, Mamistra, Ataleia, Atenas, Corinto, Tebas, Tessalônica e Dirráquio.[31] Isso proporcionou a Veneza uma significativa vantagem competitiva em relação a outras cidades-Estados italianas no Mediterrâneo oriental.

No entanto, as concessões de Aleixo foram além, pois ele ofereceu incentivos sem precedentes para encorajar comerciantes venezianos a investir em Bizâncio. Por exemplo, eles receberam proteção legal contra reivindicações de posse sobre as propriedades que lhes foram outorgadas.[32] Aboliram-se todos os impostos sobre a marinha mercante veneziana e as mercadorias que transportava, tanto importações quanto exportações.[33] Uma vez que não deu concessões semelhantes a Amalfi, Pisa e Gênova — outra cidades-Estados italianas com importantes ligações comerciais com Bizâncio —, Aleixo garantiu a Veneza uma grande vantagem competitiva e estímulo para que fossem ampliados os investimentos no império. Essa medida foi tão significativa que o próprio patriarca de Grado, o chefe da Igreja em Veneza, viajou para Constantinopla na primavera de 1092, provavelmente para testemunhar de perto a assinatura dos privilégios comerciais.[34]

A manobra de Aleixo foi arriscada. Havia o risco de que outras cidades-Estados italianas exigissem as mesmas condições. Havia também a questão, à qual o imperador parece ter dado pouca atenção em 1092, de como cancelar ou modificar os termos dessas generosas concessões no futuro. Mais relevante no curto prazo era o fato de que a vantagem concedida a Veneza colocava pressão adicional sobre os comerciantes bizantinos, na medida em que o alargamento das margens para os italianos os tornava perigosamente competitivos em relação aos comerciantes locais.

É difícil quantificar o impacto das concessões, mas não é coincidência que, pouco depois de outorgar os privilégios comerciais, Aleixo tenha empreendido uma revisão completa do sistema monetário bizantino. No verão de 1092, o *hyperpyron* (literalmente "ouro refinado"), uma nova moeda de alto valor, foi introduzido ao lado de várias denominações inferiores, com valores fixos em relação umas às outras. Embora de início as novas moedas tenham aparecido apenas em número limitado, a recunhagem era um pré-requisito para o câmbio internacional, já que para o comércio exterior era essencial a existência de uma moeda estável. Reformar a moeda depreciada também era crucial para a recuperação da economia, gravemente depauperada e castigada por sucessivas desvalorizações, cujo saldo deixava pouca clareza sobre o valor efetivo da moeda. Se isso ressuscitaria ou não a aristocracia enferma do império era outra questão.

* * *

De maneira extraordinária, Aleixo I Comneno enfrentou pouca oposição na primeira década de seu reinado. Apesar das dificuldades impostas pelos vizinhos de Bizâncio e da piora da situação econômica, o imperador não foi submetido a muita pressão em Constantinopla. As críticas a Aleixo após a queda de Dirráquio em 1082 não se transformaram em ação direta contra ele, e os rumores de conspirações contra o imperador que circularam na capital no inverno de 1083 se mostraram infundados.[35] E nem sequer uma desastrosa expedição à região do Danúbio poucos anos depois provocou qualquer tipo de rebelião, embora o imperador tenha sido ferido em batalha e obrigado a se esconder em um canteiro de flores, envolto numa das relíquias mais veneradas do império, o manto da Virgem Maria, para evitar sua captura pelos pechenegues.[36]

A passividade da elite dominante na década de 1080 é ainda mais impressionante quando comparada aos distúrbios da década anterior, período em que o império foi assolado pela guerra civil e vários figurões se revezavam na luta por tomar o trono. Essa aparente calmaria foi parcialmente causada pelo acentuado declínio da aristocracia durante esse período. A extinção de salários, o colapso das rendas independentes provenientes de terras que haviam sofrido ameaça de ataques dos vizinhos de Bizâncio e a instabilidade do sistema financeiro enfraqueceram de maneira significativa as elites do império. Mas a incapacidade da aristocracia de questionar Aleixo também foi o resultado do controle que o novo imperador impôs ao reino. Confiscos de propriedade meticulosamente planejados no início de seu reinado deixaram claro que a dissidência cobraria um preço altíssimo. Os que fossem vistos como ameaça seriam tratados com crueldade; como bem ilustrou a deposição de dois patriarcas nos primeiros três anos do reinado de Aleixo, o novo imperador não toleraria sinais de motim ou deslealdade.

No início da década de 1090, porém, Aleixo praticamente não podia evitar que sua posição fosse questionada. Ficava cada vez mais claro que, sob o seu comando, o império havia regredido. Os escassos recursos se exauriram, a elevada carga tributária resultara em rebelião em lugares como Creta e Chipre, que conseguiram escapar das decadentes garras de Constantinopla. As concessões a Veneza deixaram muita gente contrariada, uma vez que as propriedades entregues aos comerciantes italianos foram tomadas de indivíduos particulares e da Igreja, que se viram desprovidos de indenização e do direito de apelar à Justiça.[37]

No entanto, em nenhum outro lugar as limitações de Aleixo ficaram mais claras do que na Ásia Menor, onde os esforços do imperador para reverter os avanços turcos foram pífios. As tentativas de recuperar a costa fracassaram, e as ações contra Niceia se revelaram de uma ineficácia embaraçosa. Quando o reinado de Aleixo começou a parecer um desastre, foi inevitável que alternativas começassem a ser imaginadas.

De forma surpreendente, os esforços para substituir o imperador não partiram dos atores mais óbvios — aqueles que perderam status e posição na esteira do golpe de Comneno em 1081, ou os donos de terras na Ásia Menor, cujas propriedades foram perdidas para os turcos ou estavam sob ameaça. As tentativas de deposição do imperador tampouco vieram de indivíduos ou grupos cujas perspectivas houvessem sido prejudicadas pela predileção de Aleixo por promover forasteiros a cargos importantes em Bizâncio, conforme articulou em termos sombrios um autor que ofereceu conselhos ao imperador nesse período: "Toda vez que homenageais um forasteiro vindo da ralé [de estrangeiros] outorgando-lhe o título de *primicério* ou general, que cargo possível podereis dar a um romano que seja digno? Deveis torná-lo vosso inimigo em todos os sentidos".[38] Na verdade, os mais ferrenhos opositores e detratores do imperador eram os que haviam sido seus maiores apoiadores: sua própria família.

A situação atingiu o ápice na primavera de 1094, quando Aleixo preparou uma gigantesca expedição para reforçar a fronteira noroeste, após repetidas incursões sérvias em território bizantino. Foi a gota d'água. Com a Ásia Menor em frangalhos, a decisão de priorizar uma área periférica de importância estratégica limitada parecia demonstrar profunda falta de bom senso. Era a confirmação, se é que havia a necessidade, de que o imperador precisava ser substituído.

Relatos de suspeitas acerca de Aleixo chegaram aos ouvidos de seu sobrinho João Comneno, recém-nomeado governador de Dirráquio, após a reconvocação de João Ducas. No entanto, em vez de alertar seu tio sobre os rumores, João se apresentou como um possível sucessor. Era uma função a que ele se acostumara na década de 1080, quando fora oferecido como pretendente adequado para a filha do imperador Henrique IV, durante as discussões para selar a aliança contra os normandos.[39] Mas a coroação do filho mais velho de Aleixo, João II Comneno, como coimperador ao lado de seu pai no outono de 1092, pôs fim às esperanças de João.[40] Quando o arcebispo da Bulgária, Teofilato, informou ao imperador sobre o complô de seu sobrinho contra ele, Aleixo chamou João e o colocou em seu devido lugar. Embora a questão tenha sido rapidamente resolvida, o caso revelou que até mesmo alguns de seus familiares passaram a acreditar que Aleixo estava com os dias contados.[41]

As ambições de João eram parte de um movimento mais amplo em Bizâncio, e havia muitos outros candidatos para contestar o imperador. Um deles era Constantino Ducas, filho de Miguel VII Ducas, um jovem de linhagem impecável, mas de caráter flácido e sujeito a crises de saúde. Aleixo o estudou com cautela após assumir o poder, ciente de que era um rival em potencial ao trono, e, para assegurar sua lealdade, arranjou o noivado dele com sua filha mais velha, Ana Comnena, logo após o nascimento dela, em dezembro de 1083.[42] Se as histórias que circulavam pelo império e além de suas fronteiras eram verdadeiras, devemos acreditar que essa união não produziu herdeiros: ao que parece, Constantino foi castrado por Nicéforo III Botaniates em 1078.[43]

Após Constantino demonstrar pouco apetite por insurreições, as atenções recaíram sobre outro homem, cujo caráter correspondia à maneira como ele fora criado. Nicéforo Diógenes era filho de Romano IV Diógenes, general humilhado em Manziquerta em 1071. Juntamente com seu irmão mais novo, desde a infância Nicéforo também fora observado de perto por Aleixo. Os dois meninos eram como filhotes de leão, Ana Comnena afirma, e o imperador cuidava deles como se fossem seus próprios filhos. Ele nunca tinha uma palavra negativa sobre os dois, e sempre agia em prol de seus melhores interesses. Outros poderiam suspeitar dos meninos de Diógenes, Ana escreveu, mas Aleixo escolheu tratá-los com honra e afeto. Ao menos é o que diz a filha do imperador.[44]

Nicéforo surgia então como o mais forte candidato ao trono. Ao contrário de Aleixo, Nicéforo era "porfirogeneta" — literalmente, "nascido na púrpura", designação dada a todos os filhos de imperadores em pleno reinado e que nasciam na câmara de pórfiro do palácio imperial. Ele também tinha fortes qualidades pessoais: charme natural, caráter magnético e bela aparência. Até mesmo Ana Comnena se mostrou impressionada: "Ele era fisicamente forte e se gabava de rivalizar com os gigantes; homem louro de peito largo, uma cabeça mais alto que os outros de sua geração. As pessoas que o viam jogando polo a cavalo, disparando uma flecha ou brandindo uma lança em pleno galope ficavam boquiabertas, e pensavam estar assistindo a um gênio jamais visto".[45]

Quando o imperador iniciou sua campanha nos Bálcãs no verão de 1094, Nicéforo decidiu tomar a iniciativa. Determinado a assassinar Aleixo pessoalmente em vez de delegar a tarefa, certa noite Nicéforo se aproximou da tenda imperial com uma espada escondida sob o braço. Mas não conseguiu aproveitar o momento, desconcertado, diz-se, por uma menina que enxotava mosquitos da cama do imperador adormecido — a seu lado estava a imperatriz, que acompanhava Aleixo na operação militar. Nicéforo foi frustrado ainda mais uma vez, questionado por um guarda que o viu carregando uma arma, apesar de estar aparentemente a caminho do banho.[46]

Informado acerca do comportamento suspeito, Aleixo pediu a seu irmão Adriano, comandante militar encarregado dos exércitos ocidentais, que interviesse discretamente, temendo que um confronto público enfraquecesse ainda mais sua posição. No entanto, Adriano sabia mais sobre os planos de Diógenes do que o imperador imaginava e voltou alegando não ter descoberto nada sobre a suposta conspiração.[47] O imperador recorreu então a medidas mais contundentes: depois de preso e torturado, Nicéforo confessou tudo.

Quando soube exatamente o nome dos envolvidos na conspiração, Aleixo ficou perplexo.[48] Maquinavam contra ele tanto a ex-imperatriz Maria de Alânia, ex-mulher de Miguel VII Ducas, como Nicéforo III Botaniates, que um dia fora tão próximo de Aleixo, e Miguel Taronita, marido de sua irmã Maria Comnena.[49] Nicéforo também ganhou o apoio de senadores importantes, oficiais do exército e aristocratas influentes.[50] Eles não são identificados pelo nome na *Alexíada*, texto que fornece o principal relato do período, restringindo a lista de conspiradores a uma lacuna diplomática, em vez de registrar a embaraçosa extensão do complô. No entanto, é possível localizar alguns dos principais apoiadores da conspiração, sendo o principal deles o irmão de Aleixo, Adriano.

O comandante dos exércitos ocidentais do império era um valioso ativo para Nicéforo. Eles haviam se tornado cunhados graças ao casamento de Adriano com a meia-irmã de Nicéforo, e o fato de que Adriano parecia conhecer os detalhes de um atentado anterior contra o imperador sugere que ele poderia estar envolvido.[51] Mas há outro aspecto a revelar sua participação no complô: depois que a trama foi descoberta, ele simplesmente desapareceu.

Adriano não desempenhou nenhum papel durante a Primeira Cruzada, não supervisionou contingentes de ocidentais atravessando o território bizantino rumo a Constantinopla, tampouco os recebeu na capital. Quando as disputas e mal-entendidos se transformaram em violência e deixaram como única opção ao imperador o uso da força contra os cavaleiros, Adriano se fez invisível, e outros foram incumbidos de liderar os contra-ataques das forças imperiais. Ele não esteve presente em Niceia nem antes, nem durante e nem depois do cerco à cidade em 1097. Apesar de ser o oficial de mais alta patente no exército imperial, não foi enviado com as tropas do imperador através da Ásia Menor para acompanhar e guiar os cruzados a Antioquia. Nenhuma das muitas fontes primárias da Cruzada menciona seu nome ou alude à sua existência. Na verdade, ele havia caído em desgraça; por isso viveu seus últimos anos em um mosteiro, seu nome foi extirpado da propaganda imperial e seus filhos excluídos do poder no século XII.[52]

Outras figuras centrais também desapareceram, o que fornece uma pista reveladora de seu envolvimento no conluio. Uma delas foi Nicéforo Melisseno: outrora rival de Aleixo na disputa pelo poder, se transformou em uma personalidade amarga, sempre lançando críticas pesadas ao imperador e expressando uma voz abertamente dissidente.[53] Ele também fora retirado de cena, de maneira discreta.[54] O mesmo se aplica a Nicéforo Comneno, a respeito de quem se sabe muito pouco, além do fato de que comandou a marinha imperial em algum momento antes de 1094.[55] Por ocasião da Cruzada, já não ocupava mais o cargo, então exercido por Eustácio Quimineiano.[56] Não foi apenas a elite bizantina que se voltou contra Aleixo; sua própria família o estava abandonando.

O regime de Aleixo estava seriamente ameaçado. O imperador apressou-se em agir para ocultar a verdadeira extensão da trama. Circularam notícias de que a conspiração havia sido revelada ao imperador por Constantino Ducas, o que estava longe de ser a verdade.[57] Em uma impressionante admissão de como o prestígio do imperador estava em baixa, Aleixo foi forçado a se apoiar em mentiras para afirmar que ainda gozava da confiança de figuras importantes em Bizâncio. O conhecimento público sobre o nocivo envolvimento da ex-imperatriz Maria também foi suprimido.[58] A *Alexíada* indica que muitos oficiais de alta patente do Exército, bem como soldados subalternos, estavam envolvidos no conluio.[59] Os apoiadores do imperador, entretanto, "agora se limitavam a um punhado de homens, cuja vida estava em perigo".[60]

O imperador convocou uma reunião emergencial com seus parentes por sangue e casamento que lhe eram leais — "isto é, aqueles que eram realmente devotados a ele", de acordo com Ana Comnena. Para controlar a situação, Aleixo tomou uma decisão corajosa: anunciou que realizaria uma assembleia geral no dia seguinte para que pudesse se dirigir pessoalmente a todos os envolvidos numa campanha com ele. Ao amanhecer, uma procissão acompanhou Aleixo à tenda imperial, onde ele se posicionou diante das tropas reunidas. Resplandecente em seu trono dourado, com as bochechas vermelhas de ansiedade, encarou a multidão. A tensão era quase insuportável.[61]

Armados com lanças e espadas, homens leais a Aleixo tomaram posição ao lado do trono, enquanto os membros da Guarda Varangiana formaram um semicírculo atrás do imperador, ostentando pesados machados de ferro pendurados nos ombros. Aleixo não vestia as túnicas imperiais, mas modestas roupas de soldado, uma declaração rica em simbolismo e intenção. Se estava prestes a ser golpeado até a morte, cairia como um soldado. O reinado do imperador e o destino do Império Bizantino pareceram mudar nesse exato momento.

"Vocês sabem que Diógenes nunca sofreu maus-tratos em minhas mãos", disse Aleixo. "Não fui eu quem privou seu pai deste império, mas foi alguém completamente diferente. Tampouco fui causador de qualquer padecimento ou dor no que diz respeito a ele." Aleixo alegou que, embora sempre tivesse cuidado bem de Nicéforo, o comportamento do antigo imperador era rude e sobretudo egoísta. Diógenes retribuiu com traição a bondade de Aleixo, que por várias vezes o perdoou por minar sua capacidade de governar e até mesmo depois de tê-lo flagrado conspirando para tomar o poder. "No entanto, nenhum de meus favores conseguiu alterar a perfídia de Diógenes. Na verdade, como forma de gratidão, ele me sentenciou à morte."[62]

Para alívio do imperador, seu discurso teve impacto imediato na plateia, pois os homens começaram a exclamar que não queriam que ninguém tomasse o lugar de Aleixo. Essa reação não foi simplesmente o resultado de palavras bem escolhidas, mas também fruto da crescente sensação de pânico, pois a multidão temia que a guarda do imperador iniciasse uma matança em massa de todos ali. Quando, em seguida, Aleixo falou em perdão e ofereceu anistia aos presentes, alegando que os principais conspiradores já haviam sido identificados e seriam punidos em separado, estourou o pandemônio: "Eclodiu um imenso alvoroço, como nenhum dos presentes jamais ouvira e nunca mais ouviu desde então, pelo menos a julgar por quem estava lá; alguns enalteceram o imperador e ficaram maravilhados com sua bondade e tolerância, ao passo que outros ofenderam [os líderes da conspiração], insistindo que deveriam ser punidos com a morte".[63]

Apesar da gravidade do crime, os principais conspiradores escaparam da pena de morte, mas caíram em desgraça e foram condenados ao exílio; Nicéforo Diógenes e seu colega conspirador, o general Catacalo Cecaumeno, tiveram os olhos vazados.[64] De qualquer forma, Aleixo ficou genuinamente chocado com o fato de uma oposição tão forte ter sido fomentada contra ele e, de acordo com Ana Comnena, o complô teve grande impacto em sua saúde física e mental.⁶⁵ Ana relata que, anos mais tarde, a ansiedade atormentaria o imperador, que em algumas ocasiões chegou a ter dificuldade para respirar.⁶⁶

Os contratempos na Ásia Menor no início da década de 1090 estiveram no centro dos esforços para depor Aleixo, mas a decisão do imperador de levar um grande efetivo militar para inspecionar a fronteira noroeste e enfrentar os ataques sérvios foi o que gerou a fúria entre a decepcionada elite de Bizâncio, que julgava que seus interesses nas áreas centrais do império estavam sendo deliberadamente ignorados. O ponto fundamental para o sucesso de Aleixo após assumir o trono em 1081 foi a consolidação do poder e a criação de um sistema político no qual ele mesmo ocupava a posição central e determinava pessoalmente cada nomeação, expedição militar e diretriz política. Isso, por sua vez, baseava-se no enfraquecimento da autoridade e influência da aristocracia, o que foi alcançado de forma indireta por meio da centralidade do papel do próprio imperador e de forma direta por meio da redução e extinção de salários. A tributação pesada, a eficaz arrecadação oficial de receitas e os confiscos por motivos políticos também serviram para reduzir a prosperidade das classes dominantes de Bizâncio.

Esse tratamento dispensado aos nobres do império levou o reinado de Aleixo à beira do desastre. Quando o imperador retornou a Constantinopla após a descoberta da conspiração de Diógenes em 1094, sua primeira ação foi expurgar a classe dominante. Figuras que na primeira parte de seu reinado haviam recebido responsabilidades importantes foram substituídas por uma nova geração, promovida em bloco. Os novos dirigentes foram escolhidos com base não em sua riqueza familiar, suas ligações influentes ou importância política, mas por um critério mais direto: lealdade total a Aleixo. Entre os principais beneficiários estavam homens das províncias ocidentais; em uma considerável recalibragem do próprio império, isso marcou uma mudança decisiva na distribuição de poder, que passou das antigas dinastias da aristocracia bizantina da Anatólia para um novo conjunto de famílias emergentes da Trácia.

Outras figuras também ganharam grande destaque. Manuel Butumita aparece pela primeira vez nos registros no rescaldo da revolta de Diógenes, quando sai da obscuridade para assumir algumas responsabilidades estratégicas decisivas em Bizâncio; desempenharia um papel importante durante a Primeira Cruzada. O líder militar Eumácio Filocala, valentão tão empedernido que um homem santo considerou que nem mesmo por meio de orações ele poderia ser salvo, foi arrancado dos confins do Peloponeso e nomeado governador de Chipre, assim que a autoridade de Aleixo na ilha foi por fim restaurada.[67] Outros, como Niceta Carique e Eustácio Quimineiano, foram promovidos a posições de liderança após o golpe frustrado.[68] Mais tarde, Nicéforo Briênio foi escolhido a dedo pelo imperador para substituir Constantino Ducas como noivo de Ana Comnena.[69]

Com as drásticas mudanças de 1094, estrangeiros foram alçados a posições ainda mais elevadas do que antes. Pedro Alifa, normando que passara a trabalhar para o imperador uma década antes, ganhou cada vez mais a confiança de Aleixo.[70] A marinha imperial foi colocada sob o comando de Landolfo, cujo nome sugere que era de origem lombarda, e o primeiro não bizantino a assumir o comando da frota imperial.[71] O sempre confiável Tatício, entretanto, foi empurrado para o topo do exército; durante a Primeira Cruzada, ele seria incumbido de uma das tarefas mais delicadas e importantes.[72]

Pouquíssimas autoridades do primeiro escalão sobreviveram à remodelação. Jorge Paleólogo e João Ducas ainda tinham algum papel a ser desempenhado: o primeiro promovendo com diligência os melhores interesses do imperador durante suas tratativas com os cruzados; o outro encabeçando, ao lado de Constantino Dalasseno,[73] a retomada do oeste da Ásia Menor.[74] Mas a eliminação da velha guarda acarretava riscos. Era perigosíssimo remover de uma tacada só todos aqueles que haviam mostrado sinais de descontentamento. Como resultado, parece que, pelo menos em alguns casos, as remoções foram feitas em etapas. Nicéforo Melisseno, por exemplo, alguns meses após a conspiração, na primavera de 1095, ainda estava servindo em campanha contra os nômades das estepes da Cumânia, onde foi observado de perto por comandantes graduados recém-promovidos antes de sumir de vista em surdina.[75]

Apesar de todos os seus esforços, o poder de Aleixo permanecia precário. Isso se tornou ainda mais evidente no início de 1095, quando ele recebeu a notícia de que Togortaque, um feroz chefe guerreiro cumano, havia cruzado o Danúbio e atacava o território imperial. Os cumanos estavam acompanhados por um homem que dizia ser Leão Diógenes, um dos filhos do imperador Romano IV Diógenes, procurando tirar proveito do descontentamento em Bizâncio e do avanço feito por Nicéforo Diógenes, seu "irmão". Conduzindo os cumanos a Adrianópolis, na Trácia, submeteu a importante cidade a um longo cerco enquanto os nômades devastavam outras partes dos Bálcãs.[76] Embora os cumanos já estivessem novamente no Danúbio, a crise de Bizâncio continuava inabalável.

O problema mais urgente, entretanto, ainda era a reconquista da Ásia Menor e, sobretudo, a retomada de Niceia. Os esforços anteriores de Aleixo de tomar a cidade pela astúcia, comprá-la ou tentar assediar suas defesas não deram em nada.[77] Restava apenas uma saída: um cerco contínuo. No entanto, isso exigia um contingente substancial de homens, idealmente composto por soldados com experiência no ataque a alvos fortificados de grande porte. Havia uma fonte óbvia para a mão de obra e a tecnologia que Aleixo precisava.

6
O CHAMADO DO ORIENTE

As décadas que antecederam a Primeira Cruzada foram testemunhas do surgimento de um elevado senso de solidariedade cristã, de uma história e destino cristãos compartilhados a unir o Oriente e o Ocidente. Em grande medida, tratou-se do resultado do aumento da movimentação de pessoas e ideias por toda a Europa, mas também de algo deliberadamente cultivado pela propaganda bizantina.

É claro que sempre houve interação entre o Leste e o Oeste, mas, como o Império Bizantino estava ávido por atrair cavaleiros ocidentais para Constantinopla, essa troca se tornou cada vez mais institucionalizada no século XI. Existia até mesmo uma agência de recrutamento em Londres, criada para aguçar os apetites daqueles que buscavam fama e fortuna, e onde funcionários bizantinos garantiam a aspirantes a aventureiros que seriam bem tratados em Constantinopla.[1] Diversos intérpretes eram mantidos à disposição na capital imperial para saudar os que para lá rumavam a fim de servir ao imperador.[2]

Parece que, em alguns casos, o que ocorria no Ocidente era uma luta árdua para impedir que jovens aventureiros fossem embora de casa. Uma carta escrita no final do século XI por Anselmo — abade da influente abadia de Bec, na Normandia, e mais tarde arcebispo da Cantuária — a um jovem cavaleiro normando chamado Guilherme indica que era do conhecimento de todos que em Bizâncio havia recompensas tentadoras à disposição. Não se deixe enganar por promessas lucrativas, aconselhou Anselmo; siga, em vez disso, o verdadeiro destino e desígnio que Deus tinha em mente para você e torne-se um monge. Talvez Guilherme tenha seguido o conselho;

mas é provável que não: como a mesma carta revela, o irmão dele já havia ido para Constantinopla, e Guilherme seguiria seus passos.³

Esse fluxo constante de cavaleiros era amplamente bem-vindo em Bizâncio, antes mesmo de Aleixo assumir o trono. Diferentemente dos exércitos imperiais bizantinos, que basicamente constituíam apenas uma força de infantaria, a guerra ocidental evoluiu dando forte ênfase à cavalaria. Os avanços tecnológicos na armadura ocidental significaram que o cavaleiro, montado em um pesado cavalo treinado para a guerra, era formidável no campo de guerra. Inovações táticas reforçaram essa vantagem: a cavalaria ocidental alcançava a excelência na eficácia com que se mantinha firme na linha de batalha, tanto no avanço quanto na defesa.⁴ A disciplina dos cavaleiros os tornava respeitáveis e temíveis diante de inimigos velozes como os pechenegues e os turcos, cujo objetivo no campo de batalha era dividir o inimigo e, em seguida, eliminar os elementos que haviam sido separados da força principal.

Mas nem todos em Constantinopla se mostravam felizes com a chegada de ambiciosos forasteiros ocidentais. O ressentimento em relação a Hervé Frangopoulos (literalmente, "filho de um franco"), que se mostrou extremamente bem-sucedido em frustrar os ataques turcos na Ásia Menor na década de 1050 e foi recompensado pelo imperador com generosas concessões de terras e um título de alto escalão, era tão extremo que ele acabou no fundo do Mediterrâneo com uma pedra amarrada no pescoço.⁵ Roberto Crispim foi outro ocidental cujas realizações despertaram inveja entre a aristocracia bizantina: encontrou seu fim não no campo de batalha lutando contra os turcos, mas envenenado por rivais em Constantinopla — ao menos era esse o boato que circulava na Europa à época.⁶

À medida que a situação na Ásia Menor se deteriorava, mais para o fim do século XI, Aleixo começou a intensificar sua busca por auxílio fora do império. Contemporâneos de toda a Europa passaram a notar pedidos de ajuda cada vez mais aflitos vindos de Constantinopla na década de 1090. Ecardo de Aura registrou que embaixadas e cartas "que vimos com nossos próprios olhos" foram enviadas por Aleixo para recrutar ajuda em face de graves problemas na "Capadócia e em toda a Romênia* e Síria".⁷ De

---

* O termo Romênia (do latim *Romaniami*) ora é aplicado à totalidade do Império Romano, ora aos territórios sob domínio do Estado bizantino e seu mundo, ora à Ásia Menor. (N.T.)

acordo com outro cronista bem informado: "Por fim, um imperador em Constantinopla, chamado Aleixo, tremia por causa das constantes incursões dos pagãos e devido à diminuição de boa parte de seu reino, e enviou emissários à França com cartas para instigar os príncipes para que saíssem em auxílio da [...] Grécia em perigo".[8]

Cartas desse tipo também foram recebidas por Roberto, conde de Flandres. Todos os dias, e sem interrupção, chegavam relatórios do imperador, dando conta de que incontáveis cristãos estavam sendo mortos; meninos e velhos, nobres e camponeses, clérigos e monges eram vítimas do terrível pecado da sodomia nas mãos dos turcos; outros eram circuncidados à força, enquanto senhoras aristocráticas e suas filhas eram estupradas impunemente. Por todos os lados, o mais sagrado império dos cristãos gregos, afirmou Aleixo, era oprimido pelos pagãos.[9]

Esses chocantes relatos de violência turca e sofrimento cristão provocaram indignação no Ocidente. No início da década de 1090, quando Nicomédia foi atacada, os apelos de Aleixo tornaram-se mais urgentes. O imperador "despachou emissários, que levaram consigo para todos os lugares pesadas cartas de lamentação e pranto, implorando com profusão de lágrimas pela ajuda de todo o povo cristão", em um apelo contra os bárbaros que profanavam pias batismais e arrasavam igrejas. Como visto, o resultado foi a iniciativa de Roberto I de Flandres de criar um efetivo ocidental, que ao fim e ao cabo permitiria a retomada da cidade e das terras até o "Braço de São Jorge", estendendo-se pelo golfo de Nicomédia.[10]

A notícia do colapso do império se espalhou por toda a Europa, levada por delegações compostas de "homens santos".[11] De acordo com um cronista, tornou-se fato público e notório que os cristãos no Leste — "isto é, os gregos e os armênios" — estavam enfrentando "extensa e terrível perseguição nas mãos dos turcos de uma ponta à outra da Capadócia, Romênia [Bizâncio] e Síria".[12] Outros relatórios eram mais específicos: os turcos "invadiram a Palestina, Jerusalém e o Santo Sepulcro e capturaram a Armênia, a Síria e a parte da Grécia que se estende quase até o mar, que é chamada de 'Braço de São Jorge'", escreveu um contemporâneo.[13] No Ocidente também se sabia que a pequena nobreza dona de terras havia sofrido muito com a perda de suas propriedades.[14]

Informações atualizadas e extremamente precisas sobre a situação de Bizâncio eram tão amplamente conhecidas, que, quando Urbano II falou diante da multidão em Clermont no inverno de 1095, praticamente não precisou contextualizar o tema. "Vossos irmãos do Oriente necessitam da vossa ajuda com urgência, e deveis apressar-vos a dar-lhes o auxílio que lhes foi prometido. Porque, como muitos de vós já sabeis, os turcos, um povo persa, atacaram e conquistaram os territórios da Romênia, avançando a oeste até a costa do Mediterrâneo e o Hesponto, também chamado de 'Braço de São Jorge'. Vão eles ocupando terras e mais terras desses cristãos, já os derrotaram em sete batalhas, mataram e aprisionaram aos montes, destruindo igrejas e devastando o reino de Deus."[15] O conhecimento generalizado acerca da crise no Leste deve muito às cartas que Aleixo enviou e aos esforços empreendidos a fim de solicitar apoio ao seu império na década de 1090.

As informações não chegavam ao Ocidente apenas por meio de canais oficiais. Algumas das notícias da Ásia Menor eram trazidas de volta por viajantes e peregrinos que haviam estado em Constantinopla ou Jerusalém no final do século XI. Roberto I de Flandres, entre outros, pôde ver pessoalmente a situação de Bizâncio em seu caminho de volta para casa depois de visitar a Terra Santa em 1089. Guilherme da Apúlia, escrevendo no Sul da Itália no final do século XI, também ouvira falar dos ataques a igrejas e da perseguição aos cristãos, mas acreditava que a crise era o resultado do fato de o imperador bizantino ter se tornado próximo demais dos turcos, na esperança de usá-los para reforçar sua própria posição.[16] Levando-se em conta as alianças de Aleixo com Sulaiman e em especial com Malique Xá, esse ponto de vista não era descabido. No entanto, a avaliação de que o imperador era o culpado pelo terrível estado de coisas mostra que o fluxo de notícias do Oriente não podia ser controlado exclusivamente pela corte imperial.

De qualquer forma, embora os visitantes de Constantinopla e da Terra Santa voltassem para casa com suas próprias histórias, a consistência de seus relatos mostra como as informações, de modo geral, eram gerenciadas e manipuladas de maneira eficiente a partir do centro. Seu conteúdo, tom e mensagem eram quase idênticos: igrejas no Oriente estavam sendo destruídas; cristãos, sobretudo o clero, eram alvos de terrível perseguição; a Ásia Menor entrara em colapso, e os turcos chegaram até o "Braço de São Jorge"; havia a urgente necessidade de assistência militar em Bizâncio. A narrativa era tão universal porque grande parte das informações provinha do imperador.

Em meio aos muitos relatos, um elemento em comum era o agravamento da situação em Jerusalém. As condições parecem ter se tornado cada vez mais precárias na Palestina e na Cidade Santa no final do século XI. Embora de início os turcos tenham mostrado uma considerável tolerância com as comunidades não muçulmanas na região, a tomada de Jerusalém da dinastia dos fatímidas do Cairo na década de 1070 aumentou as tensões entre turcos sunitas e fatímidas xiitas. Uma imensa expedição fatímida contra a região costeira obteve ganhos importantes em 1089, ao passo que a morte durante uma batalha de um importante comandante turco em 1091 inflamou ainda mais os ânimos. Quem sofreu as consequências foi a população local.[17] Registros enfatizam que houve conversões forçadas de cristãos gregos e armênios em Antioquia, e os bruscos aumentos dos impostos e das obrigações dos cristãos que residiam em Jerusalém foram acompanhados de perseguição.[18] Os judeus também se tornaram alvos. Uma grande sinagoga de Jerusalém foi incendiada em 1077, apenas um exemplo do assédio registrado nesse período.[19]

Embora pesquisas recentes questionem o quanto as condições se tornaram difíceis para não muçulmanos na década de 1070, fontes árabes relatam tensões em Jerusalém, Antioquia e na Terra Santa imediatamente antes da Cruzada.[20] Em Aleppo, um comentarista árabe do século XII afirmou que "o pessoal dos portos sírios impediu que peregrinos francos e bizantinos fizessem a travessia até Jerusalém. Os sobreviventes espalharam a notícia em seu país. Por conseguinte, eles se prepararam para a invasão militar".[21] Outro escritor especulou que os flagrantes maus-tratos infligidos aos cristãos em Antioquia pelo governador recém-nomeado, Iagui Siá, estavam fadados a suscitar reação.[22]

Como resultado, a visita à Cidade Santa por peregrinos ocidentais se tornou mais difícil. Ao longo dos séculos X e XI, Jerusalém conheceu uma maciça ampliação na peregrinação, estimulada pelo aumento da riqueza material, curiosidade intelectual e maior abertura para viagens, o que ensejou uma contração geral do mundo medieval dos primeiros tempos.[23] Mas então o fluxo de peregrinos diminuiu drasticamente em decorrência do aumento da violência na Ásia Menor e no Levante. Histórias assombrosas sobre os lugares santos foram amplamente divulgadas, bem como relatos de que peregrinos eram submetidos a tortura e violência e coagidos a pagar resgates aos opressores turcos.[24] Pedro, o Eremita, um pregador carismático, falou a uma numerosa e horrorizada plateia sobre os maus-tratos que supostamente sofrera em uma angustiante viagem a Jerusalém.²⁵ Mas nem todos se abatiam. Na primavera de 1095, Rogério de Foix insistiu em seus preparativos para ir à Cidade Santa, retornando um ano depois para reivindicar terras no Sul da França.²⁶ Não muito tempo depois, outro cavaleiro da Normandia completou a peregrinação, celebrando seu retorno são e salvo com uma doação para a abadia de Jumièges.²⁷ Mas eles eram a minoria; como afirmou um cronista, as circunstâncias na década de 1090 eram tais que poucos ousavam enfrentar a jornada.²⁸

Aleixo tirou vantagem dessa crescente preocupação da Europa Ocidental com Jerusalém. Como muitos ocidentais viviam em Constantinopla no final do século XI, incluindo vários dos mais altos escalões do serviço imperial, o imperador compreendia bem o significado e o apelo emocional da Cidade Santa. Foi por isso que, em 1083, Aleixo convocou Eutímio, patriarca de Jerusalém, para testemunhar seu acordo de paz com Boemundo, "aquele terrível franco", depois que o primeiro ataque normando a Bizâncio fora finalmente interrompido pelo imperador. A presença do patriarca tinha a intenção de demonstrar que a invasão do império era motivo de preocupação para uma das figuras mais importantes da cristandade.²⁹

Outro exemplo veio da interpolação de um texto eslavo contemporâneo. No início de 1091, chegaram à corte do rei Zvonimiro da Croácia emissários do imperador Aleixo e do papa Urbano II na esteira da incipiente aliança entre as Igrejas latina e grega, forjada em Constantinopla dezoito meses antes. Os embaixadores descreveram para a corte de Zvonimiro o modo como Jerusalém e os lugares santos caíram nas mãos dos pagãos, que destruíam e profanavam tudo. "Pedimos e suplicamos a vossa alteza, nosso irmão Zvonimiro, piedoso rei dos cristãos, que nos ajudeis pelo amor de Cristo e da Santa Igreja", imploraram.³⁰

A controversa carta de Aleixo a Roberto I de Flandres, no início da década de 1090, também parece ter feito uso deliberado de Jerusalém para obter uma resposta do Ocidente. Se o reino dos cristãos caísse nas mãos dos turcos, advertia o imperador, o Sepulcro do Senhor estaria perdido para sempre.³¹ Esse entrelaçamento do destino da capital bizantina com a Cidade Santa foi parar nas crônicas europeias do início do século XII. "Desde os confins de Jerusalém e da cidade de Constantinopla chegam repetidamente aos ouvidos e agora afligem sem trégua nossa mente notícias mortificantes:

a saber, que a raça dos persas, povo estrangeiro e povo rejeitado por Deus [...] invadiu com violência as terras dos cristãos [e] as despovoou por meio de massacres, saques e incêndios criminosos, sequestrou alguns dos cristãos e os carregou para suas próprias terras."[32] Trata-se de uma mensagem cuja origem poderia muito bem ter sido o imperador em Constantinopla.

A defesa de Jerusalém foi uma jogada astuta de Aleixo, fadada a mexer com os cavaleiros cristãos da Europa, que se tornavam cada vez mais alinhados aos ideais de devoção e serviço. A introdução de sanções da Igreja a combates aos domingos, festas e dias santos ajudou a incutir nos cavaleiros ocidentais um *éthos* cristão que transcendia a mera luta e conquista militar.[33] Embora houvesse uma acentuada diferença entre retórica e prática — exigências como as do bispo Ivo de Chârtres de que qualquer pessoa que se envolvesse em violência entre o pôr do sol da quarta-feira e o amanhecer da segunda-feira deveria ser excomungada eram, sem dúvida, ambiciosas —, as tentativas da Igreja de intervir na vida secular foram impressionantes, e tiveram claro impacto na sociedade.[34]

Nesse contexto, a notícia da angústia no Oriente teve especial ressonância. No final do século XI, o interesse por Jerusalém já era uma obsessão, e os relatos sobre a ameaça aos cristãos e à Terra Santa acompanhavam de perto os temores cada vez maiores de um iminente apocalipse. Inundações, fome, chuvas de meteoros e todos os eclipses pareciam sinalizar que o fim do mundo se aproximava.[35] Os apelos do papa pela defesa da Igreja, portanto, deram ao cavaleiro ocidental uma nova razão de existir. A promessa de recompensa espiritual para os que se dispusessem a ir em auxílio dos fiéis no Oriente era sedutora. O pedido de ajuda de Aleixo inflamou a Europa.

A elisão de Constantinopla com Jerusalém levada a cabo por Aleixo e sua autoproclamação como defensor dos interesses da Cidade Santa, bem como de seu próprio império, certamente tiveram impacto no Sul da Itália. Uma crônica, atribuída a Lupo Protoespatário, afirma que a razão pela qual os cavaleiros da Europa Ocidental partiram em direção ao Oriente em meados da década de 1090 foi que, "com a ajuda do imperador Aleixo na luta contra os pagãos, poderiam chegar ao Santo Sepulcro em Jerusalém".[36] Da mesma forma, Gilberto de Mons observou que enviados de Constantinopla chamaram a atenção para a calamitosa situação da Cidade Santa.[37] Um autor do século XIII não teve dúvidas de que Aleixo utilizou os problemas em Jerusalém em benefício próprio. "Ele percebeu que teria de convocar os italianos como aliados, e fazer isso com considerável astúcia", escreveu Teodoro Escutariota. O imperador concluiu que poderia tirar proveito da popularidade de Jerusalém com a Europa Ocidental: "Esta é a razão pela qual muitos deles, aos milhares e dezenas de milhares, tendo cruzado o mar Jônico, chegaram rapidamente a Constantinopla".[38]

Em suma, Aleixo sabia como acionar os gatilhos emocionais dos cristãos ocidentais. Também jogou com a crescente obsessão por relíquias, em que qualquer objeto relacionado à vida de Cristo, por mais banal e improvável que fosse — incluindo seus dentes de leite e o pão que ele mastigara quando bebê —, tinha significado espiritual.[39] O imperador estimulou ativamente essa demanda nos anos anteriores à Primeira Cruzada. Um relato da vida do bispo Pibo de Toul revela que ele, retornando de sua peregrinação para a Alemanha em 1086, trouxe consigo uma lasca da Santa Cruz. O bispo não encontrou essa relíquia sagrada por acaso: fora dada a ele pessoalmente pelo imperador. Não é de admirar que Aleixo tenha sido descrito por Pibo como "o mais glorioso imperador dos gregos, que o amavam profundamente".[40]

Entre outros beneficiários da diplomacia das relíquias de Aleixo estava o imperador Henrique IV, a quem Aleixo enviou tesouros religiosos a fim de angariar seu apoio contra os normandos no início da década de 1080. Henrique foi presenteado com "uma cruz peitoral de ouro incrustada com pérolas e um relicário incrustado com ouro contendo fragmentos de vários santos, identificados por uma pequena legenda".[41] Segundo dois autores alemães, entre outros itens incluíam-se vasos e jarros que muito provavelmente vinham das coleções expropriadas por Aleixo das igrejas de Bizâncio não muito tempo antes.[42]

Quando Pedro, o Venerável, escreve que o imperador enriqueceu muitas capelas e igrejas ao norte dos Alpes, só pode estar se referindo às relíquias e objetos sagrados que Aleixo despachara para regiões distantes. Embora Pedro, abade do grande mosteiro de Cluny, não especifique quais presentes ele próprio recebeu de Aleixo, ou quando os recebeu, sua enfática aprovação sugere que Aleixo lhe enviou itens de significado genuíno: era verdadeiramente "grande no nome e nas ações".[43]

Não surpreende que a carta de Aleixo a Roberto de Flandres chamasse a atenção para a coleção de relíquias de Constantinopla, que incluía os objetos mais sagrados e emblemáticos relacionados à vida de Cristo, por exemplo o pilar ao qual Jesus foi amarrado antes de ser submetido ao flagelo, bem como o próprio chicote; o manto escarlate que Cristo estava vestindo; a coroa de espinhos; vestimentas da crucificação, além da maior parte da Santa Cruz e os pregos que o prendiam a ela; panos de linho do túmulo; os doze cestos com os restos dos cinco pães e dois peixes que, multiplicados, alimentaram os 5 mil; e relíquias e ossos pertencentes a apóstolos, mártires e profetas.[44] Gilberto de Nogent, que leu a carta e forneceu um resumo de seu conteúdo, reparou na afirmação de que a cabeça de João Batista, incluindo cabelo e barba, estava em Constantinopla — algo que o surpreendeu, pois tivera a impressão de que a cabeça de João fora preservada no tesouro da igreja em Angers. "Agora temos certeza de que não existiram dois João Batista, tampouco um homem de duas cabeças, pois isso seria ímpio",[45] escreveu ironicamente. E prometeu que investigaria mais a fundo a questão.

À medida que seus apelos por ajuda se intensificaram em meados da década de 1090, Aleixo foi especialmente criativo no uso que fez de vários pedaços da Santa Cruz. Era a relíquia mais intimamente associada a Constantinopla, depois de ter sido levada para a capital durante o reinado do imperador Constantino, no século IV. A enxurrada de altares e igrejas abençoados pelo Papa Urbano II na porção central da França em 1095-96 sugere que Aleixo talvez tenha dado ao pontífice partes da cruz no intuito de eletrizar o apoio para a expedição militar.[46]

As relíquias mantidas em Constantinopla eram criteriosamente apresentadas a visitantes ocidentais influentes. Um monge de Kent, que visitou a capital no início da década de 1090, encontrou por acaso um amigo que atuava como guarda-costas de Aleixo e foi autorizado a entrar na capela privada do imperador. Em circunstâncias normais, o acesso era controlado com extremo rigor. O fato de o monge ter recebido permissão para entrar e, em seguida, ter sido presenteado com relíquias pertencentes a Santo André sugere que o imperador monitorava os canais diplomáticos para conquistar a boa vontade dos ocidentais.[47]

A astúcia de Aleixo para decifrar o que era valorizado pelos ocidentais se estende à linguagem usada ao se comunicar com importantes figuras europeias. O contato com Henrique IV no início da década de 1080, por exemplo, foi urdido com base em expressões como solidariedade cristã e obrigação religiosa. Henrique e Aleixo precisavam cooperar contra o líder normando, Roberto Guiscardo, "de modo que seja punida a maldade deste inimigo de Deus e dos cristãos — assassino e criminoso [...] Vossa majestade imperial e eu podemos ser amigos como cristãos, unidos como parentes; assim, extraindo força um do outro, seremos temíveis para nossos inimigos e, com a ajuda de Deus, invencíveis", escreveu o imperador bizantino.[48]

Sua comunicação com o grande mosteiro beneditino de Montecassino, na Itália, foi sopesada com igual esmero. Agradecendo ao abade por uma carta em que este expressava calorosas saudações e lhe desejava grandes graças do Deus Todo-Poderoso, Aleixo respondeu que, "por meio de Sua compaixão e Sua graça, Ele honrou e louvou meu império. Porém, não apenas porque nada tenho de bom em mim, mas porque peco acima de todos os homens, oro diariamente para que Ele me envie Sua compaixão e paciência, de modo a dar esteio à minha fraqueza. Mas tu, cheio de bondade e virtude, julgas que eu, um pecador, sou um bom homem".[49] Aleixo fazia questão de mostrar humildade e sublinhar piedade e devoção pessoais: gestos calculados para impressionar um monge que chefiava uma ordem baseada em regras estritas de obediência e autocontenção.

Parece claro, portanto, que Aleixo sabia como atrair os ocidentais. Nesse aspecto, ele sem dúvida se baseava em suas experiências com homens como Pedro Alifa, o normando que trabalhou a serviço do imperador bizantino na década de 1080, e Goiberto, monge de Marmoutier, que pouco antes da Primeira Cruzada se tornou um confidente próximo do imperador e de seu círculo íntimo. Aleixo manipulou Jerusalém para atrair apoio militar a Bizâncio e divulgar os problemas do império e seus interesses políticos em termos de obrigações cristãs.

Em seu apelo, pode ser que Aleixo tenha sido encorajado pelo sucesso de seus pedidos de ajuda anteriores. As cartas enviadas depois que Nicomédia caiu sob o poder de Abu Alcacim no início da década de 1090, por exemplo, produziram resultados imediatos, e, "com a ajuda de Deus", cavaleiros ocidentais se juntaram a ele para expulsar os turcos.[50] No entanto, à medida que a situação em Bizâncio se deteriorava, o imperador precisava de assistência mais significativa. Assim, de maneira meticulosa, Aleixo direcionou seus apelos àqueles que haviam respondido com entusiasmo no passado. O mais promissor era Roberto de Flandres. Aleixo e o conde se conheceram pessoalmente no final de 1089, e o imperador se beneficiou dos quinhentos cavaleiros que Roberto despachou para Constantinopla logo em seguida. Não foi nenhuma surpresa, então, que Flandres tenha sido acionada com insistência pelo imperador na década de 1090, mesmo após a morte do conde Roberto, em 1093. Quando, em 1095, o papa Urbano II escreveu a "todos os fiéis" dessa área, notou que eles não precisavam ser apresentados aos problemas que grassavam no Oriente: "Vossa irmandade, acreditamos, há muito soubestes por fontes várias que uma fúria bárbara atacou e destruiu de maneira devastadora as igrejas de Deus e as regiões do Oriente".[51] O papa estava certo — a população de Flandres estava particularmente bem informada sobre a situação no Leste, incluindo o herdeiro do conde Roberto, Roberto II de Flandres, e sua esposa, Clementina da Borgonha, que em um decreto emitido em 1097 observou com tristeza que os persas ocuparam a igreja de Jerusalém e destruíram a religião cristã.[52]

O imperador procurou tirar proveito de suas relações com o conde Roberto I para recrutar outros nobres.[53] Deliberadamente ampliando seus apelos por ajuda, sua carta a Flandres foi endereçada não apenas ao conde, mas "a todos os príncipes do reino e todos os amantes da fé cristã, leigos e clérigos".[54] Como Gilberto de Nogent astutamente observou, o imperador "não entrou em contato com Roberto por julgar que ele fosse riquíssimo e capaz de reunir um grande exército [...] mas porque percebeu que se um homem com tamanho poder embarcasse na jornada, atrairia muitos de nosso povo, que o apoiariam no mínimo para ter uma nova experiência".[55]

Mas a pessoa em quem Aleixo mais concentrou suas atenções foi o papa Urbano II. Aqui também o imperador deve ter tirado partido de um relacionamento de ordem pessoal — e aqui também teria sido encorajado pela ajuda que outrora recebera do pontífice. Por volta do final de 1090, Aleixo enviou uma delegação para falar com Urbano e pedir ajuda contra pechenegues e turcos: "Sua santidade, o papa, estava na Campânia, e foi tratado com a devida reverência por todos os católicos, isto é, pelo imperador de Constantinopla", um historiador da época escreveu.[56] Embora Urbano estivesse então em uma posição extremamente fraca — razão pela qual se encontrava na Campânia, em vez de Roma —, concordou em enviar um destacamento ao Oriente.[57] Sabendo que sua mensagem ao papa circularia e seria divulgada de forma mais ampla, Aleixo garantiu a Urbano que faria pessoalmente tudo o que pudesse para fornecer toda a ajuda necessária àqueles que viessem a apoiá-lo, por terra ou por mar.[58] A precariedade da posição do papa significava que havia pouco a ser feito por ele para ajudar Aleixo na ocasião, mas, quando a situação na Itália e na Alemanha começou a mudar em meados da década de 1090, Urbano capitalizou tanto com os desdobramentos no Ocidente quanto com as ameaças no Oriente — a respeito das quais, Aleixo o informava regularmente —, em um *tour de force* retórico e político.[59]

E havia um precedente ainda mais importante: no apelo feito a Urbano, Aleixo estava deliberadamente emulando a tentativa anterior de um de seus antecessores de chegar quase exatamente ao mesmo acordo com um papa anterior. No verão de 1073, o imperador Miguel VII enviou uma pequena delegação a Roma com uma proposta para forjar uma aliança com o papa Gregório VII, após o colapso de Bizâncio no Sul da Itália e a crescente ameaça representada pelos turcos na Ásia Menor. Também preocupado com a ascensão do poder normando, o papa respondeu com entusiasmo, agradecendo ao imperador por sua carta "recheada com a gentileza de vosso amor e com a não pequena devoção que vossa alteza imperial demonstra pela Igreja romana".[60] Reconhecendo que isso oferecia a oportunidade de consertar o racha com a Igreja Ortodoxa, ao mesmo tempo que fortalecia sua própria posição na Itália, o papa entrou em ação.

Gregório ficou muito interessado pela ideia de recrutar uma força militar para defender Constantinopla: ele poderia se apresentar como defensor de todos os cristãos e, com isso, angariar apoio que seria direcionado também contra Roberto Guiscardo e os normandos. Ao longo dos meses seguintes, o papa enviou cartas a líderes de toda a Europa, apresentando sua mensagem. Em fevereiro de 1074, por exemplo, escreveu ao conde Guilherme da Borgonha, pedindo-lhe que enviasse homens a Constantinopla para "levar auxílio aos cristãos, que ora sofrem as mais atrozes aflições por causa dos frequentes e devastadores ataques dos sarracenos, e avidamente imploram que lhes estendamos nossa mão em socorro" — ainda que primeiro devessem ajudar a defender os territórios papais dos ataques normandos.[61]

No mês seguinte, o papa enviou a "todos os que estão dispostos a defender a fé cristã" uma carta contendo severa advertência. "Uma raça de pagãos prevaleceu vigorosamente contra o império cristão e com lamentável crueldade e violência tirânica já devastou e se apoderou de tudo até quase as muralhas da cidade de Constantinopla; abateu como gado muitos milhares de cristãos", Gregório escreveu. Não era suficiente lamentar por aqueles que estavam sofrendo, declarou o papa: "Nós vos imploramos, e, pela autoridade do beato Pedro, o príncipe dos apóstolos, nós vos exortamos a trazer reforços para vossos irmãos".[62]

Ao longo do ano, Gregório continuou a obter apoio para uma expedição militar a fim de reforçar a defesa de Bizâncio contra os turcos. Outras cartas enviadas em 1074 apontaram que "tenho procurado incitar os cristãos em todos os lugares, e instigá-los ao propósito seguinte: que busquem […] dar a vida por seus irmãos", defendendo os cristãos que estavam sendo "massacrados diariamente como cabeças de gado".[63] O próprio Diabo estava por trás desse sofrimento, asseverou ele; aqueles que desejam "defender a fé cristã e servir ao Rei celestial" deveriam dar mostras de que eram filhos de Deus e se preparar para fazer a jornada até Constantinopla.[64]

Acontece que os planos de Gregório não deram em nada — mas não por falta de interesse; as poderosas mensagens do papa sensibilizaram algumas das principais figuras do Ocidente. Guilherme, duque da Aquitânia e conde de Poitou, por exemplo, afirmou estar preparado para marchar a serviço de São Pedro contra os inimigos de Cristo.[65] Outros, como Beatriz, a condessa da Toscana, e Godofredo de Boulogne também estavam preparados para se unir à causa.[66] O problema era que, ao mesmo tempo que negociavam com Gregório, os bizantinos também haviam sondado Roberto Guiscardo, chegando a um acordo com o líder normando em meados de 1074.[67] Isso não apenas deixou o papa vulnerável na Itália, mas também colocou em risco a perspectiva de uma união entre as Igrejas do Oriente e do Ocidente, que havia sido a base dos apelos papais à cavalaria da Europa. Gregório se viu forçado a dar um constrangedor passo atrás. Não havia mais a necessidade de Guilherme de Poitou se preocupar com a proposta de expedição ao Oriente, ele escreveu, "pois há rumores de que, em partes de além-mar, pela misericórdia de Deus, os cristãos rechaçaram a selvageria dos pagãos, e ainda estamos aguardando a orientação da Providência divina sobre o que devemos fazer a seguir".[68] A bem da verdade, não houve grandes êxitos militares na Ásia Menor em 1074, ou qualquer fato que corroborasse a sugestão do papa de que a situação havia melhorado de modo considerável. Gregório estava simplesmente tentando recuar da maneira mais diplomática possível.

Em 1095, quando Aleixo despachou emissários para visitar o papa ativando o mesmo canal de seu antecessor, duas coisas cruciais haviam mudado. Primeiro, a própria situação em Constantinopla estava tão degenerada que a cidade chegava a ser irreconhecível. Enquanto os apelos a Gregório VII eram uma sondagem e em parte uma tentativa de Bizâncio manter uma posição segura na política da Itália, o pedido de ajuda de Aleixo ao papa Urbano II era fruto de puro desespero. A delegação que se encontrou com Urbano em março de 1095 na cidade de Piacenza, onde ele presidia um concílio da Igreja, lhe entregou uma mensagem contundente: "Uma embaixada do imperador de Constantinopla veio ao sínodo e implorou à sua santidade o papa e a todos os fiéis de Cristo que fornecessem ajuda contra os pagãos para a defesa da Santa Igreja, que agora havia sido quase aniquilada naquela região pelos infiéis que a conquistaram em toda a sua extensão até as muralhas de Constantinopla".[69] Diferentemente de duas décadas antes, dessa vez o quadro que se pintou dos avanços turcos na Ásia Menor e da impotente resposta do Império Bizantino tinha substância concreta. Na verdade, as coisas eram ainda mais perigosas do que os embaixadores de Aleixo deixavam transparecer; ao que tudo indica, eles não fizeram menção alguma à vulnerabilidade do imperador como resultado da conspiração de Diógenes de 1094. Bizâncio estava então realmente à beira do desastre.

A segunda diferença era que, embora o papa Gregório VII tivesse muito a ganhar promovendo a si mesmo como o paladino de todos os cristãos, as apostas para Urbano II em meados da década de 1090 eram muito maiores. Enfrentando inimigos poderosos e um papa rival, Urbano tinha muito mais incentivos do que seu antecessor para promover a unidade das Igrejas e se posicionar como o homem que colocaria um ponto-final na discórdia. E o momento era perfeito. No exato momento em que Bizâncio se desintegrava e Aleixo pedia ajuda, a situação política na Itália passava por uma drástica mudança, após as deserções da esposa e do filho de Henrique IV, que debandaram para o lado do papa, com grandes repercussões. Isso energizou Urbano e, no processo, foi uma extraordinária tábua de salvação para o imperador.

O papa reconheceu imediatamente a oportunidade. Ele já tinha a intenção de visitar a França para aproveitar a acentuada melhora em sua posição. E respondeu de maneira rápida e decisiva aos apelos dos emissários do imperador em Piacenza: "Nosso senhor papa convocou muitos para empreender essa tarefa, prometendo sob juramento peregrinar [até Jerusalém] pela vontade de Deus e, até o limite de sua capacidade, levar ao imperador a mais fervorosa assistência contra os pagãos".[70] Em vez de enviar cartas que falassem de forma genérica sobre os princípios de uma expedição, Urbano decidiu conceber e colocar em prática pessoalmente cada detalhe do contingente que partiria para transformar o Mediterrâneo oriental. E ele era obstinado. Segundo o relato de um cronista: "Quando soube que o interior da Romênia fora ocupado pelos turcos e que os cristãos haviam sido subjugados por uma invasão feroz e destrutiva, Urbano, muito comovido pela piedade e compaixão e pela inspiração do amor de Deus, cruzou as montanhas, desceu à Gália e fez com que um concílio se reunisse em Auvergne em Clermont".[71]

Era chegada a hora de anunciar o grandioso plano do papa. Muita coisa então dependia do vigor do pontífice e de sua capacidade de cativar líderes e comunidades em toda a França, a fim de mobilizar um contingente que partisse para socorrer Bizâncio.

7
A RESPOSTA DO OCIDENTE

A Cruzada foi inspirada na paixão, no fervor religioso e no desejo de aventura. Muitos de seus participantes certamente ficaram inebriados pela convincente e irresistível insistência de Urbano acerca do dever cristão e da promessa de salvação, e a velocidade e o entusiasmo com que a Cruzada teve início podem ser facilmente interpretados como o irromper de uma grande e espontânea revolta. Mas a Cruzada também foi meticulosamente orquestrada: a retórica usada para instigar o Ocidente foi cuidadosamente ponderada para atrair o tipo certo de expedicionário — fosse em termos de influência ou prestígio militar ou social —, e tomaram-se providências, na medida do possível, para regular e abastecer o fluxo de combatentes que partiram rumo à Terra Santa. Para entender o espetacular engajamento das forças cristãs é então necessário avaliar os arriscados cálculos por trás da criação desse estado de guerra. As palavras de Urbano foram escolhidas a dedo para alcançar o âmago de seu público ocidental, mas seu apelo foi moldado por uma pauta de prioridades que em grande medida fora definida por Aleixo em Constantinopla. Urbano estava trilhando um caminho difícil: insuflar o entusiasmo em massa para criar uma força militar eficiente e controlável que pudesse atender a objetivos militares bizantinos bastante específicos. A mobilização do Ocidente é uma história de extraordinária complexidade política e logística — uma manobra de fatores tão intrincados que, por fim, se revelou impossível de controlar.

Urbano chegou ao Sul da França em julho de 1095 e passou os meses seguintes preparando os alicerces para a expedição. Enquanto atravessava o país para se encontrar com figuras influentes, articulou seus objetivos com vigor e reiterada veemência: expulsar os turcos e, ao fazer isso, libertar tanto a população cristã no Oriente quanto a cidade de Jerusalém. Mas foi bastante limitada a discussão acerca da estrutura da expedição, seus objetivos ou sua organização — sem falar no que a expressão "libertação do Oriente" significava em termos práticos.[1]

De certa forma, o fato de os apelos que Urbano fez antes, durante e depois do Concílio de Clermont terem sido tão vagos explica a força da resposta. O chamamento para a peregrinação armada a Jerusalém foi apresentado como uma questão de fé e não como um plano de campanha militar. Os cavaleiros que se congregaram para participar foram movidos pelo entusiasmo em fazer a obra de Deus ou, em muitos casos, expiar seus pecados. Mas havia também uma forte razão política pela qual a logística fora deixada de lado: ela ficaria a cargo do imperador em Constantinopla. Aleixo solicitara uma força militar para lutar contra os turcos, e, certamente, ele seria o responsável pelo planejamento da expedição e por seus aspectos práticos.

Entusiasmado pela drástica mudança de sua sorte na Itália, Urbano começou a identificar e recrutar figuras de renome, cuja participação encorajaria outros. Ao longo do verão de 1095, viajou para conhecê-los pessoalmente. Foi ver Ademar de Monteil, o influente e bem relacionado bispo de Le Puy, que embarcou de imediato na oportunidade de fazer a viagem a Jerusalém. Urbano conheceu também Eudo I da Borgonha e o poderoso Hugo, arcebispo de Lyon, durante um árduo itinerário pelo Sul da França, onde em rápida sucessão visitou Valence, Le Puy, Saint-Gilles e Nîmes, antes de seguir para o norte.[2]

Em seguida, Urbano fez contato com o conde Raimundo IV de Toulouse, que controlava uma vasta extensão de terras entre o Sul da França e a Provença. Ele vinha de uma família próxima ao papado, e também fortemente ligada com Jerusalém. O irmão mais velho de Raimundo, Guilherme, peregrinou à Terra Santa e lá morreu no início da década de 1090, ou porque não conseguiu voltar para casa ou por ter decidido viver seus últimos dias em Jerusalém.[3] Não menos devoto, Raimundo financiou um grupo de padres para celebrar uma missa e fazer orações por ele todos os dias, e fez questão de assegurar que uma vela fosse mantida acesa junto à estátua da Virgem Maria na igreja de Le Puy, enquanto ele estivesse vivo.[4] Raimundo foi uma das primeiras figuras a quem Gregório VII pediu ajuda após o Concílio de Brixen, em 1080, quando a eleição de um antipapa ameaçou dividir a Igreja.⁵

Urbano sabia que o envolvimento de Raimundo era essencial. Sua participação mostraria que a campanha tinha o apoio de um grande patrocinador, o que por sua vez poderia ser usado para estimular outros magnatas a participar da expedição. Essa tática tinha muito em comum com o raciocínio de Aleixo para se comunicar com Roberto de Flandres, na esperança de que o exemplo deste inspirasse outros a oferecerem ajuda. A resposta positiva do conde de Toulouse a Urbano foi, portanto, um significativo impulso. E era animadora também por outro motivo: quanto mais alianças Urbano construísse para reforçar sua imagem de protetor dos fiéis, mais sólida se tornaria sua posição como líder da Igreja unificada.

Em outubro de 1095, o papa chegou à poderosa abadia de Cluny, onde outrora ele havia sido prior, parando por uma semana e consagrando o altar-mor da nova e enorme igreja abacial que estava em construção.⁶ Naquele momento, a notícia já havia se espalhado, e o entusiasmo em relação à expedição a Jerusalém aumentava a olhos vistos.⁷ Foi lá que o papa anunciou que tinha uma importante mensagem para transmitir aos fiéis no Concílio de Clermont. Encorajou participantes como o bispo de Cambrai e o arcebispo de Reims a trazerem consigo "todos os homens mais eminentes, os príncipes mais poderosos" de suas dioceses.⁸

O Concílio de Clermont ocorreu em novembro de 1095, e terminou com o discurso de Urbano pintando um quadro aterrorizante da situação na Ásia Menor. Por mais horripilante que fosse o relato do papa, era também de uma exatidão dolorosa, visto que seus ouvintes já tinham conhecimento da situação por causa das notícias que recebiam do Oriente. O Império grego fora desmembrado, relatou corretamente o papa; os turcos conquistaram uma faixa de território tão vasta que levava dois meses para percorrê-la de ponta a ponta. Urbano implorou à multidão de ouvintes para que agisse: "Dai um passo à frente! Deixai para trás todas as controvérsias, que as querelas entre vós silenciem, que cessem as batalhas entre vós, que as guerras entre vós sejam aplacadas e toda dissidência e inimizade sejam apaziguadas! Tomai o caminho do Santo Sepulcro, arrebatai da raça amaldiçoada de ímpios a terra sagrada de Jerusalém, fértil acima de todas as outras".⁹ Os que estavam dispostos a fazê-lo foram instruídos a tecer nas roupas uma imagem da cruz em seda, ouro ou material mais simples, para mostrar que eram soldados de Deus, cumprindo a Sua vontade.[10]

Assim que o papa terminou seu discurso, o bispo de Le Puy, "um homem da mais alta nobreza, aproximou-se [de Urbano] com um rosto sorridente e, de joelhos dobrados, implorou e pediu sua permissão e bênção para fazer a viagem".[11] A importância de Le Puy foi sublinhada quando o papa escreveu aos fiéis de Flandres, pouco depois de ter nomeado "nosso caríssimo filho Ademar, bispo de Le Puy, como líder, em nosso lugar, desta expedição e de seus trabalhos".[12] Um dia depois do discurso de Urbano, emissários do conde de Toulouse chegaram para declarar a disposição de Raimundo de participar da expedição.[13] Todo esse apoio de alto calibre havia sido cuidadosamente arquitetado de antemão para que a empreitada tivesse início da melhor forma possível.

O discurso de Urbano em Clermont criou ondas de choque em toda a Europa, e rapidamente circularam as notícias de uma iminente peregrinação armada com destino a Jerusalém. O interesse foi fomentado por clérigos enérgicos como o pregador Roberto d'Arbrissel, instruído a propagar a palavra no vale do rio Loire, onde não faltavam aristocratas abastados;[14] Jarento, abade de Sainte-Bénigne de Dijon, foi destacado para recrutar figuras adequadas, primeiro na Normandia e depois na Inglaterra.[15] Áreas como Limousin, na França, tornaram-se colmeias de atividade, nas quais a mensagem da Cruzada foi difundida com grande entusiasmo e eficiência.[16]

Por toda parte o clero disseminou a mensagem do papa, sob instruções estritas de relatar apenas suas exatas palavras, sem adornos e exageros. Mas quem arcou com a responsabilidade de carregar o fardo mais pesado foi o próprio Urbano.[17] Nos meses que se seguiram ao seu apelo inicial às armas, o papa permaneceu na França, deslocando-se de comunidade em comunidade. Continuou em movimento em 1095 e 1096, persuadindo, bajulando e exortando os fiéis. Fez discursos em Limoges por volta do Natal, e em Angers e em Le Mans na primavera de 1096, antes de seguir para Bordeaux, Toulouse e Montpellier, no Sul do país, e, em julho, foi discursar em outro concílio da igreja, dessa vez em Nîmes. À medida que o papa passava de cidade em cidade, abençoando uma pedra fundamental de igreja após a outra, aos cronistas locais restavam poucas dúvidas quanto ao propósito da visita do pontífice. Como afirmou um escritor da época, Urbano chegou a Le Mans para "pregar a viagem a Jerusalém, e veio a estas plagas por causa dessa pregação".[18] Um decreto de concessão de terras para a construção de uma igreja em Marcigny foi datado do ano "em que o papa Urbano veio a Aquitânia e deslocou o exército de cristãos para conter a ferocidade dos pagãos no Oriente".[19] O mundo inteiro se agitava para marchar rumo a Jerusalém.[20]

Urbano despachou cartas para os lugares que não podia visitar pessoalmente. Não viajou para Flandres, por exemplo, sem dúvida porque era uma região que já havia sido cultivada com sucesso por Aleixo na década de 1090. No entanto, enviou aos príncipes, clérigos e povo de Flandres uma missiva explicando seu empenho a fim de obter ajuda para os cristãos que estavam sendo perseguidos. Como eles já sabiam, os bárbaros do Oriente estavam causando imensa destruição. "Aflitos e enlutados diante da escala desse desastre, e movidos por piedosa preocupação, estamos visitando as regiões da Gália e nos dedicando a exortar os príncipes desta terra, bem como seus súditos, a libertar as igrejas do Oriente. Solenemente, no Concílio de Auvergne inculcamos neles a importância deste empreendimento, em preparação para a remissão de seus pecados", Urbano escreveu.[21]

A ideia de que a participação na expedição seria recompensada com o perdão dos pecados foi concebida para ampliar ainda mais o apelo da Cruzada. Enquanto os chamamentos às armas feitos anteriormente por Gregório VII e, aliás, pelo próprio Aleixo I haviam falado das obrigações que os cristãos tinham uns para com os outros e da solidariedade que deveriam demonstrar em tempos de necessidade, o que o papa então oferecia era muito mais poderoso. Os indivíduos que participassem não estariam apenas cumprindo com seu dever, mas ganhariam a salvação.

Urbano insistia nas recompensas espirituais. Ao escrever a seus partidários em Bolonha, observou que ficou encantado ao saber que muitos queriam se juntar à expedição a Jerusalém. "Vós também deveis saber que, se algum de vós fizerdes a viagem, não pelo desejo de bens mundanos, mas pela salvação de vossa alma e a libertação da Igreja, sereis aliviados da penitência por todos os vossos pecados, pelos quais sereis julgados por terdes feito uma confissão completa e perfeita."[22] Integrar a expedição a Jerusalém também beneficiaria aqueles que tinham pecados específicos a expiar. De acordo com uma crônica, Urbano sugeriu a "certos príncipes franceses que não puderam cumprir uma penitência adequada por inúmeras ofensas cometidas contra seu próprio povo" que prestar juramento e empreender a viagem era um ato de contrição adequado, que acarretaria profundas benesses espirituais.[23]

"Caso alguém venha a morrer na expedição por amor a Deus e a seus irmãos, que não duvide de que certamente encontrará a indulgência de seus pecados e participará da vida eterna, por meio da compaixão misericordiosa de nosso Deus", Urbano escreveu em carta aos condes de Besalú, Empurias, Roussillon e Cerdana.[24] No entanto, levou tempo para que o conceito de martírio e salvação fosse totalmente aceito pelos cruzados. Parece que somente em um momento posterior da campanha é que a ideia se consolidou, provavelmente como resultado do profundo sofrimento que o exército cruzado vivenciou, sobretudo em Antioquia em 1098, o que serviu para intensificar a crença em recompensas espirituais para aqueles que pagassem o preço máximo por defender sua fé.[25] No entanto, por mais importantes que fossem esses incentivos, eles raramente são mencionados nas fontes que descrevem em linhas gerais por que determinados indivíduos decidiram participar da expedição. Guido e Godofredo de Signes, dois irmãos da Provença, simplesmente declararam que estavam fazendo preparativos a fim de viajar ao Oriente para "apagar a perversidade e a loucura excessiva dos pagãos, em função das quais inúmeros cristãos já foram oprimidos, feitos prisioneiros ou assassinados com fúria bárbara".[26]

A mistura retórica de Urbano, que combinava sofrimento cristão, recompensa espiritual e o destino de Jerusalém, era inebriante. E ele dispunha de outra ferramenta poderosa. À medida que se deslocava pela França, o papa consagrou os altares de muitas igrejas, a exemplo da igreja da Trindade em Vendôme e as igrejas abaciais em Marmoutier e Moissac, muitas das quais receberam pedaços da Santa Cruz.[27] De todas as relíquias associadas à libertação de Jerusalém, nenhuma outra era tão emotiva quanto essa; não é à toa que os participantes da expedição militar e religiosa tomavam o "caminho da cruz" (daí o nome "Cruzada"), e de fato marcavam suas roupas com esse símbolo ao partirem da Europa até o Oriente.[28]

Aspecto mais pertinente: era fato notório que em Constantinopla havia pedaços da cruz guardados, e que esses artefatos eram usados como importante instrumento da política diplomática imperial a partir do século IV, quando Constantino, o Grande, ofereceu preciosos fragmentos ao palácio Sessoriano em Roma. A Santa Cruz era o grande prêmio da diplomacia internacional de Bizâncio.[29] Assim, embora não seja impossível que Urbano estivesse distribuindo fragmentos já guardados nos tesouros papais, é mais plausível que as relíquias, tão intimamente associadas a Constantinopla, tivessem sido fornecidas por Aleixo.

Essa distribuição ostensiva de relíquias contribuiu para a empolgação que varreu a França, enquanto o papa incansavelmente "exortava nosso povo a ir a Jerusalém para caçar os pagãos que ocuparam essa cidade e todas as terras dos cristãos até Constantinopla".[30] Outros recursos provavelmente também estavam sendo usados para fomentar o apoio, como no caso de um documento que registrava a destruição da igreja do Santo Sepulcro no início do século XI, e cuja intenção não era somente inflamar a raiva a respeito de Jerusalém, mas vincular os muçulmanos ao sofrimento cristão.[31] Que a expedição deveria fornecer apoio militar a Bizâncio nem sempre foi um ponto articulado com clareza; para o público do papa, o chamariz e o nome de Jerusalém eram muito mais fascinantes que os detalhes da missão.

Às pressas, os cavaleiros se desdobraram para cuidar prontamente dos preparativos necessários. Aicardo de Montmerle foi um dos primeiros, e chegou a um acordo com a abadia de Cluny ao empenhar suas terras em troca de "um montante de 2 mil [moedas de ouro] e quatro mulas". Ao reconhecer que precisava de meios adicionais para empreender a longa viagem a Jerusalém, Aicardo declarou que, caso morresse ou decidisse não retornar, "a posse legítima e hereditária em perpetuidade" passaria para Cluny e "seus egrégios homens". Segundo os termos do acordo, ele estava levantando fundos "porque desejo estar equipado com armamento completo e participar da magnífica expedição do povo cristão que busca abrir caminho para Jerusalém em nome de Deus".[32]

Muitos indivíduos tomaram medidas semelhantes em 1095 e 1096, ao contrair empréstimos em troca de hipotecas de suas terras e propriedades. As fontes não deixam dúvidas de que Jerusalém era a principal atração, e quase todos aqueles que assinaram uma escritura nesse período expressaram seu desejo de viajar para o lugar onde Cristo caminhou neste mundo.[33] A perspectiva de encontrar arrependimento no processo era também poderosa, como no caso de dois irmãos da região central da Borgonha que, "na companhia de outros, iam na expedição a Jerusalém para remir seus pecados".[34]

Alguns procuraram arrepender-se antes da partida. Hugo Brochardo, um cavaleiro de Tournus, na Borgonha, buscava a absolvição pelos muitos erros que havia cometido, inclusive tendo confiscado terras da igreja de São Filiberto, ato que então reconhecia como injustificado e pecaminoso.[35] Sua contrição foi instigada pela percepção de que era errado um pecador que transgrediu contra a Igreja marchar em sua defesa, fosse com uma cruz costurada na túnica ou desenhada na testa.[36]

Entretanto, em alguns casos, empreenderam-se esforços para impedir ativamente que os cavaleiros se juntassem à marcha para o Oriente. Pons, Pedro e Bernardo, três cavaleiros de Mézenc com antecedentes bastante problemáticos, que costumavam aterrorizar de modo implacável os paroquianos do mosteiro de Le Chaffre em Auvergne, a princípio viram frustrados seu desejo de participar das expedições. A renúncia pública à vida pregressa de violência não convenceu os monges locais, que encaminharam os irmãos aos bispos de Le Mende e Le Puy para uma decisão definitiva sobre a participação deles na viagem. Enquanto os bispos ouviam as acusações contra os três homens, ficaram "assombrados por sua crueldade; mas os absolveram pelo fato de estarem indo para a expedição a Jerusalém e por sua aparente contrição".[37] Poucos teriam ficado tristes ao vê-los partir. No entanto, o fato de a Igreja estar tentando controlar quem participaria e quem não participaria da expedição era uma indicação de sua crescente assertividade e ambição.

Outra razão para a consolidação do poder da Igreja foi o fornecimento dos fundos necessários para os que viajavam para o Oriente. Armada ou não, a peregrinação era custosa. Viajar por longas distâncias envolvia elevados custos em comida, transporte, equipamentos e armas, gastos que aumentavam ainda mais quando era necessário alimentar e sustentar todo um séquito. Como vimos no caso de Aicardo de Montmerle, a Igreja era o lugar óbvio a que recorrer, pois mosteiros, bispados e paróquias eram muitas vezes abastados e capazes de fornecer a liquidez necessária. Como grande proprietária de terras, a Igreja era um credor natural e um comprador óbvio. Assim, quando Godofredo de Boulogne, que se tornaria o primeiro rei de Jerusalém após a tomada da cidade em 1099, começou a arrecadar fundos para a viagem, procurou a Igreja. Vendeu a Richier, bispo de Verdun, seu direito de propriedade do condado de Verdun e os castelos de Mosay, Stenay e Montfaucon-en-Argonne. Outras terras e posses, entretanto, foram vendidas ao convento de Nivelles. Godofredo obteve 1500 marcos adicionais junto ao bispo de Liège, na forma de empréstimo.

Convertendo terras em dinheiro, Godofredo levantou uma substancial soma em dinheiro.[38] Roberto, duque da Normandia e filho de Guilherme, o Conquistador, tomou emprestada a enorme soma de 10 mil marcos de seu irmão mais novo, o rei inglês Guilherme, o Ruivo. Isso significava que Roberto não precisou vender terras ducais ou pedir emprestado a terceiros para levantar o dinheiro necessário para custear sua participação na Cruzada.[39]

Apesar das despesas, perigos e complicados arranjos envolvidos, a resposta popular ao chamado do papa foi esmagadora. Homens de toda a França se prepararam para a expedição, e numerosos contingentes se formaram sob o comando de Roberto da Normandia, seu cunhado Estêvão de Blois e Raimundo de Toulouse. Efetivos substanciais também foram reunidos por Godofredo de Boulogne e seu irmão Balduíno, bem como por Roberto II de Flandres, que sucedera seu pai em 1093.

Outras figuras importantes se comprometeram a se juntar à expedição. Uma delas, Hugo I de Vermandois, irmão de Filipe I, rei dos francos, aparentemente foi persuadido por um dramático eclipse lunar no início de 1096, durante o qual a lua ficou vermelha como sangue, o que foi interpretado por ele como um sinal de que deveria tomar parte da campanha.[40] O próprio Filipe não era bem-vindo. Sua excomunhão em 1095, por ter cometido adultério, fora confirmada em Clermont, depois que ele abandonara a esposa por ser muito gorda e se envolvera com a graciosa Bertranda de Montforte — mulher sobre a qual, aparentemente, nenhum homem poderia proferir uma única boa palavra, exceto sobre sua aparência.[41] À medida que crescia o entusiasmo com a expedição, os súditos de Filipe clamavam para que ele marcasse sua posição. O rei convocou uma reunião especial de seus nobres para discutir suas opções e, no verão de 1096, se dispôs a desistir de Bertranda a fim de recuperar a simpatia de Urbano. Era um claro sinal de que a tentativa do papa de se tornar a principal autoridade na Europa Ocidental estava se mostrando bem-sucedida.[42] Embora Filipe não tenha tomado parte da Cruzada, seu irmão Hugo participou de bom grado e, também de bom grado, forneceu um representante da casa da França à expedição — outro reforço para os planos do papa.

Boemundo, filho de Roberto Guiscardo, foi outro recruta estelar. Segundo autor anônimo da *Gesta Francorum*, Boemundo ouvira falar pela primeira vez da expedição quando sitiava Amalfi em 1096 e notara a passagem de inúmeros homens a caminho dos portos do Sul da Itália, bradando em uníssono: "*Deus vult! Deus vult!*" — "É a vontade de Deus! É a vontade de Deus!". O autor relata que, em seguida, "Boemundo, inspirado pelo Espírito Santo, ordenou que um preciosíssimo manto que carregava consigo fosse todo cortado e imediatamente usou os pedaços na fabricação de cruzes. Então, a maioria dos soldados que participava do cerco a Amalfi começou a se unir a ele entusiasmadamente".[43] Boemundo e seus homens formavam um exército impressionante. "Que olho humano seria capaz de suportar o brilho de suas couraças, elmos, escudos ou lanças sob o sol cintilante?"[44]

No entanto, as ações de Boemundo não foram tão espontâneas (ou plausíveis) quanto essa crônica sugere: instruções a um certo Guilherme Flammengus, o braço direito de Boemundo em Bari, para que fizesse numerosas vendas de terras no início de 1096 sugerem que, a exemplo do que muitos outros fizeram, Boemundo já havia liberado fundos para participar da expedição.[45] A rapidez com que abandonou o cerco de Amalfi, reuniu seus homens e partiu para o Oriente também indica que os arranjos haviam sido preparados com antecedência e não resultaram de uma decisão repentina por parte do normando.

Boemundo era uma figura agressiva, com um físico colossal e ideias fortes a respeito de tudo, desde táticas de batalha até seu penteado: não deixava o cabelo crescer até os ombros, como outros ocidentais, mas insistia em usá-lo logo acima das orelhas.[46] Era um comandante extraordinário, mas, como atesta sua investida a Bizâncio em 1082-83, também era propenso ao egocentrismo e à preguiça — aparentemente ficou sentado com amigos na margem do rio comendo uvas enquanto seu exército atacava as forças imperiais em Lárissa.[47] Do ponto de vista do papa, no entanto, era importante que pelo menos um líder normando do Sul da Itália participasse da expedição. Foi difícil recrutar outros: Rogério da Sicília teve astúcia suficiente para notar que uma campanha contra os muçulmanos no Oriente poderia causar dificuldades em seu território, que abrigava uma numerosa comunidade seguidora do islã.[48] Rogério Borsa, sucessor do ducado da Apúlia em 1085, parece simplesmente não ter se interessado. Seu meio-irmão mais velho, Boemundo, que por ocasião da morte de seu pai Roberto Guiscardo fora passado para trás na questão sucessória, aproveitou a chance da aventura no Leste.

Em muitos sentidos, o plano de Urbano foi executado de forma brilhante: ele concentrou suas atenções na mobilização de indivíduos-chave dispostos a tomar parte da expedição, de modo que essas participações atuassem como catalisadores para o engajamento de outros. Como resultado, o papa inspirou um movimento de massa de cavaleiros, e empreendeu um enorme esforço para disseminar o chamamento às armas e fazer todos os arranjos necessários para traduzir a resposta maciça em ação. Mas alguns aspectos dos planos de Urbano ainda eram vagos. A questão da liderança da expedição era confusa, e diversas figuras pensavam liderar o exército cruzado reunido. Pelo menos de início, Urbano considerava que o bispo de Le Puy era seu representante para encabeçar a expedição.[49] Outros, porém, viam a si mesmos nesse papel. Raimundo de Toulouse, por exemplo, referiu-se a si próprio como o líder dos cavaleiros cristãos que partiam para capturar Jerusalém.[50] Hugo I de Vermandois também tinha em alta estima seu próprio status e carregava consigo um estandarte papal, sugerindo que era ele o representante de Urbano na expedição.[51] Para outros ainda, Estêvão de Blois era o "chefe e líder do conselho de todo o exército";[52] ele próprio certamente acreditava nisso, e numa carta à sua esposa Adela, filha de Guilherme, o Conquistador, contou que seus companheiros príncipes o escolheram para exercer o comando de toda a força armada.[53]

Na realidade, a liderança evoluiu durante a difícil jornada para o Oriente. E embora se possa dizer algo sobre a ideia de que Urbano agira com cautela para evitar a decisão errada, pois temia desiludir os egos concorrentes de alguns dos homens mais poderosos da Europa, que acreditavam ser seus representantes, havia outra razão pela qual a questão da liderança geral não fora abordada de maneira enfática pelo papa: quando chegassem a Bizâncio, os ocidentais passariam ao comando de Aleixo Comneno. Urbano, por razões de tato e estratégia, pode ter sido cauteloso em explicitar essa informação, mas a verdade é que o imperador bizantino supervisionaria as operações.

Da mesma forma, embora os objetivos gerais da Cruzada fossem cristalinos — defender a Igreja Cristã no Oriente, expulsar os turcos pagãos e por fim chegar a Jerusalém —, os propósitos militares exatos permaneciam obscuros. Não se falava em conquistar ou ocupar a Cidade Santa, muito menos manter sua posse no futuro. Não havia um plano claro, por exemplo, sobre o que fazer quando chegassem a Jerusalém. Tampouco havia detalhes sobre quais cidades, regiões e províncias seriam alvo de sua luta contra os turcos. Mais uma vez, a explicação para isso estava em Constantinopla. Era Aleixo quem deveria definir os objetivos estratégicos: Niceia, Tarso, Antioquia e outras cidades importantes que haviam caído nas mãos dos turcos eram as prioridades bizantinas — e, pelo menos a princípio, esses alvos seriam aceitos pelos cruzados assim que chegassem à capital do Império Bizantino. Nesse meio-tempo, para a mente política do papa, os planos militares eram de importância secundária e significado limitado.

A visão do imperador era também fundamental para moldar o processo de recrutamento para a Cruzada. Aleixo necessitava de apoio militar, mais do que de boa vontade. Era preciso atrair indivíduos com experiência bélica para combater os turcos e, portanto, isso havia sido enfatizado de modo implacável pelo papa. Como salientou um clérigo contemporâneo: "Estou em posição de saber, como quem ouviu com seus próprios ouvidos as palavras de sua santidade, o papa Urbano, quando ele imediatamente exortou os leigos a fazer a peregrinação a Jerusalém e, ao mesmo tempo, proibiu os monges de fazê-lo".[54] O papa proibira "os inaptos para a batalha" de participar da expedição, afirma outro cronista, "porque esses peregrinos representam mais um obstáculo que uma ajuda, um fardo sem qualquer utilidade prática".[55]

Em meio "a grande e generalizada agitação do povo cristão", como um documento se refere ao fato, o papa teve que fazer um árduo esforço para excluir todos aqueles cuja participação representaria algum obstáculo.[56] Ele foi explícito com relação a isso quando escreveu aos monges do mosteiro de Vallombrosa, na Toscana, no outono de 1096: "Soubemos que alguns de vós quereis partir com os cavaleiros que ora rumam para Jerusalém com a boa intenção de libertar a cristandade. Esse é o tipo certo de sacrifício, mas planejado pelo tipo errado de pessoa. Pois estávamos estimulando as mentes dos cavaleiros a irem nessa expedição, uma vez que são eles capazes de conter a selvageria dos sarracenos e devolver aos cristãos sua antiga liberdade".[57] O mesmo foi dito aos habitantes de Bolonha.[58]

Clérigos do alto escalão reforçaram a mensagem, embora não sem enfrentar dificuldades. O bispo de Toulouse sofreu para dissuadir Eméria de Alteia, mulher de considerável riqueza, de se juntar à expedição. Ela estava tão determinada que já havia "levantado a cruz em seu ombro direito" e feito um voto de chegar a Jerusalém. Com muita relutância, Eméria concordou em não seguir viagem — mas somente depois que o bispo fez das tripas coração para convencê-la de que a criação de um abrigo para doentes e pobres seria um gesto mais bem-vindo e apropriado.[59]

Fornecer a Aleixo uma força de combate efetiva era fundamental. Assim como era importante ter uma ideia do tamanho do exército. Arranjos logísticos precisavam ser implementados em Constantinopla para receber um grande número de homens em curto período de tempo, e era necessário um planejamento central para descobrir como receber, abastecer e orientar os ocidentais que chegassem a Bizâncio. Provavelmente essa foi uma das razões pelas quais o papa insistiu desde o início que qualquer pessoa que desejasse participar da expedição deveria prestar juramento. Em Piacenza, depois de ouvir os enviados bizantinos, "sua santidade convocou muitos para empreender essa tarefa, que prometiam sob juramento peregrinar [até Jerusalém] pela vontade de Deus e, até o limite de sua capacidade, levar ao imperador a mais fervorosa assistência contra os pagãos".[60] Isso foi reafirmado com veemência em Clermont, onde Urbano enfatizou a exigência de que fosse declarada formalmente a intenção de participar.[61] Por outro lado, os que pronunciavam o voto de partir na expedição e depois vacilavam eram advertidos de estarem virando as costas para Deus: "Qualquer um que tentar voltar atrás, tendo feito o voto e colocado a cruz sobre as costas, entre os ombros [...] não é digno de mim [cf. Mateus 10:38]".[62]

Não há nenhuma evidência que sugira a existência de um registro formal no qual se anotava o número de indivíduos que se preparavam para tomar a cruz, e não está claro se teria sido possível realizar essa contagem. No entanto, rapidamente se tornou óbvio que, de fato, um número bastante substancial de pessoas se comprometia a participar. A esse respeito, então, é significativo que o próprio Urbano tenha sido tão essencial no recrutamento de cavaleiros na França. Em várias ocasiões, o papa ia pessoalmente ouvir os juramentos dos homens que se juntariam à expedição.[63] E toda vez que se reunia com nobres importantes ou pregava a Cruzada — em cidades como Limoges, Angers e Le Mans, e em Tours, Nîmes e outros lugares —, podia formar uma ideia de que uma imensidão de pessoas clamava por participar, mesmo que o número exato fosse difícil de precisar.

Tanto o papa ambicioso e otimista como o imperador sitiado em Constantinopla esperavam uma resposta substancial à convocação às armas, mas nenhum dos dois poderia ter imaginado a extraordinária escala.

Os esforços do papa para acompanhar os acontecimentos na Espanha no final da década de 1080 e início da década de 1090 o levaram a oferecer incentivos não muito diferentes daqueles dados aos pretensos cruzados, mas isso não havia provocado uma impetuosa onda de cavaleiros em direção à Península Ibérica.[64] Os fatores que inflamaram a Europa e abriram as comportas para a Primeira Cruzada foram, por um lado, Jerusalém, e, por outro, o reconhecimento de que os relatos sobre o súbito colapso do Oriente — sobretudo na Ásia Menor — eram exatos, e genuínos motivos de preocupação.

As notícias de que grandes contingentes se preparavam para participar da expedição, ainda que fossem apenas estimativas aproximadas, evidentemente chegaram a Aleixo, pois o imperador começou a realizar de antemão ações para receber os cavaleiros. O fato de os cruzados terem sido bem abastecidos enquanto marchavam através do território bizantino aponta claramente para o fato de que o imperador havia planejado e implementado medidas cuidadosas. Os arranjos necessários foram organizados nos pontos de entrada do império e ao longo das principais rotas de acesso a Constantinopla.

Em parte, isso foi possível porque desde o início estipulou-se um cronograma claro para a expedição. O papa definira que a data de partida seria 15 de agosto — o principal dia sagrado do verão, a Festa da Assunção. Embora isso visasse a conferir uma estrutura à próxima viagem, também se destinava a permitir uma resposta coordenada em Bizâncio. E, com uma data de partida fixada no verão, uns bons nove meses após o discurso de Urbano em Clermont, haveria tempo para estocar víveres para alimentar os ocidentais em sua chegada.

Em nenhum lugar isso foi mais importante do que em Kibotos, o local definido com antecedência por Aleixo como ponto de encontro para os cavaleiros ocidentais quando convergissem em uma única força e enquanto se preparassem para atacar Niceia. Na expectativa de que chegariam milhares de pessoas, uma complexa infraestrutura foi acionada de antemão: prepararam-se mercados de venda de alimentos, estoques de suprimentos para um maciço afluxo de homens e cavalos.[65] Pode ser que um mosteiro latino também tenha sido fundado imediatamente antes da chegada dos cruzados para atender às necessidades espirituais — e também para sublinhar a abertura do próprio Aleixo ao rito romano.[66]

Havia outros aspectos da expedição que exigiam cuidadosa reflexão. Em Constantinopla, fizeram-se preparativos referentes à melhor forma de policiar o grande número de ocidentais que chegariam ao Oriente:

> O imperador convocou certos líderes das forças romanas e os enviou para a área ao redor de Dirráquio e Avlona, com instruções para que recebessem com gentileza os viajantes e os abastecessem com fartura de provisões amealhadas ao longo de sua rota; deveriam observá-los com atenção e espionar seus movimentos, de modo que, se os vissem desferindo ataques ou fugindo para saquear os distritos vizinhos, pudessem detê-los com escaramuças leves. Essas autoridades eram acompanhadas por intérpretes que entendiam latim; seu dever era reprimir qualquer problema incipiente que pudesse surgir.[67]

Tomaram-se medidas para garantir o salvo-conduto dos cruzados pelo território imperial. Quando Godofredo de Boulogne chegou à fronteira, recebeu uma licença especial para adquirir provisões de mercados que, ao que parece, estavam fechados à população local.[68] Isso significava que havia alimentos prontamente disponíveis ao longo do caminho, medida cujo intuito era evitar que a força armada enfrentasse o perigo da escassez de abastecimento e também permitir que os preços fossem fixados por uma instância central. A inflação seria, portanto, controlada, evitando que os comerciantes locais tirassem proveito dos desequilíbrios de oferta.

Aleixo também ordenou que generosas quantias em dinheiro fossem dadas aos ocidentais assim que chegassem a Bizâncio, o que foi feito em parte para conquistar a boa vontade dos homens que entravam em contato com o império pela primeira vez. Mas, como apontou um comentarista arguto, também era uma economia inteligente: todos os fundos disponibilizados pelo imperador voltavam para os cofres imperiais, pois o dinheiro era gasto em mercadorias vendidas pelos agentes do imperador.[69]

Esse padrão de mercados fechados e generosidade imperial foi reproduzido nas províncias ocidentais bizantinas, ao longo das duas principais rotas para Constantinopla. Quando chegou à cidade de Naísso, nos Bálcãs, no outono de 1096, Godofredo ficou encantado ao receber como presentes do imperador boas quantidades de milho, cevada, vinho e azeite, bem como muitos animais de caça. A seus homens concedeu-se uma nova licença, que lhes permitia comprar provisões e também vender o que bem entendessem. As tropas de Godofredo passaram vários dias por lá, "em meio a grande fartura e divertimento".⁷⁰ Da eficiência do fornecimento de suprimentos posto em prática por Aleixo dá testemunho o fato de que Boemundo estava tão bem abastecido ao atravessar terrenos difíceis através do Épiro, Macedônia e Trácia, que seus estoques de vinho e milho aumentaram.⁷¹

Uma questão-chave era a rota percorrida pelos cruzados. Os principais líderes seguiram para Constantinopla com seus vários contingentes por diferentes caminhos. Alguns, como Godofredo de Boulogne, passaram pela Alemanha e pela Europa Central, chegando a Bizâncio pela rota terrestre, o que os levou através dos Bálcãs e depois à capital. Outros, no entanto, percorreram toda a Itália, embarcando em navios na Apúlia antes de cruzarem para o Épiro e depois seguir pela Via Egnácia, a estrada que ligava a Velha e a Nova Roma. Roberto de Flandres, Hugo de Vermandois, Estêvão de Blois e Roberto da Normandia trilharam essa rota, assim como Boemundo e o pequeno contingente de normandos do Sul da Itália. Embora haja poucas evidências diretas que liguem a escolha de itinerário dos nobres cavaleiros a Aleixo, os intervalos que separam esses contingentes parecem convenientes e perfeitos demais para serem coincidência. Os hiatos entre sua chegada minimizavam a pressão sobre os recursos e a infraestrutura de Bizâncio e, portanto, é razoável supor que seguiam uma programação.

Um caso específico aponta para o envolvimento do imperador no planejamento das primeiras etapas da expedição e sugere que ele desempenhava um papel ativo antes mesmo de os cruzados chegarem às fronteiras do império. Como visto, Raimundo de Toulouse foi um dos primeiros cavaleiros poderosos a quem o papa recorreu. Sua riqueza, status e o apoio que ele havia dado anteriormente ao papado faziam dele um poderoso aliado natural. O conde enfrentou uma difícil jornada até Bizâncio, viajando pela Esclavônia* — "uma terra abandonada, inacessível e montanhosa, onde por três semanas não vimos nem animais selvagens nem pássaros", segundo um integrante da comitiva. Era um território hostil, onde os homens de Raimundo eram alvos de ataques constantes, e muitos morreram. Nevoeiro espesso, florestas densas e montanhas escarpadas dificultavam a proteção da força em seu avanço para o sul. O conde respondia com represálias contra

---

* Região que compreende hoje partes da Eslovênia, Croácia e Bósnia-Herzegovina. (N.T.)

a população local, cegando alguns moradores, cortando os pés de outros e mutilando o rosto de outros tantos, punições severas que deveriam servir como ferramentas de dissuasão.[72] A jornada era tão penosa que para o capelão de Raimundo aquela agonia só fazia sentido se a conclusão fosse a de que Deus estava usando a força e o sofrimento dos cruzados para inspirar "homens brutos pagãos" a se afastarem do pecado e assim serem poupados da danação eterna.[73]

Na verdade, o conde de Toulouse seguiu esse caminho por um bom motivo: para subjugar Constantino Bodino, o governante sérvio cujos ataques a Bizâncio às vésperas da Cruzada contribuíram para aumentar a pressão sobre o imperador e cujos contatos com o antipapa haviam exasperado Urbano. A passagem de uma figura tão importante como Raimundo pela remota área costeira de Zeta indica o nível de precisão com que a Primeira Cruzada havia sido planejada. O fato de Raimundo ter descido a costa da Dalmácia era um claro sinal de que o imperador e o papa haviam trabalhado em conjunto. Se a chegada de tropas visava à tomada de Niceia e à erradicação dos turcos do oeste da Ásia Menor, Aleixo estava atento para outras regiões importantes para ele. O conde de Toulouse, homem próximo ao papa, foi escolhido, portanto, como uma figura de confiança para trilhar um caminho inusitado e difícil com o intuito de fazer Bodino reconhecer os próprios erros. Não é de admirar, então, que Bodino tenha reagido com agressividade, e mobilizado seus homens para que atacassem Raimundo como um agente do imperador e uma ameaça à independência sérvia.[74] No entanto, ao longo das décadas seguintes não ocorreram novos distúrbios na fronteira noroeste do império — uma indicação precoce de que Aleixo tinha muito a ganhar com a expedição a Jerusalém.

Na segunda metade de 1096, uma multidão de homens se movimentava em direção a Constantinopla, a primeira parada no caminho ao Oriente. Estimativas atuais sugerem que até 80 mil pessoas teriam participado da Primeira Cruzada.[75] Nunca antes houvera uma movimentação tão grande e organizada de indivíduos se deslocando por uma distância tão longa e no decorrer de um período tão curto. Isso acarretou problemas para os participantes, que vinham de muitas partes da Europa Ocidental. "Assim, conforme a multidão chegava de todas as nações do Ocidente, pouco a pouco e dia a dia o exército crescia em sua marcha, convertendo-se de uma hoste incontável a um grupamento de exércitos. Via-se um número infinito de homens de muitas terras e de muitas línguas", anotou Fulquério de Chârtres.[76] O mesmo autor ainda listaria a rica tapeçaria de pessoas na expedição: "Quem já ouviu falar de tal mixórdia de idiomas em um único exército? Havia francos, flamengos, frísios, gauleses, alóbrogos, lotaríngios, germânicos, bávaros, normandos, ingleses, escoceses, aquitanenses, italianos, dácios, apúlios, ibéricos, bretões, gregos e armênios. Se algum bretão ou teutão quisesse me fazer perguntas, eu não seria nem capaz de entendê-lo".[77]

A expedição prometia ser uma demonstração da solidariedade cristã, uma ocasião singular em que o cisma da Igreja, a identidade regional, as disputas seculares e eclesiásticas seriam irrelevantes. Mas era acima de tudo um momento culminante na colaboração entre Roma e Constantinopla, e um grande motivo de otimismo. A união das Igrejas parecia estar próxima quando o Concílio de Bari, em 1098, e o de Roma, no ano seguinte, tentaram resolver as questões que durante décadas haviam abalado as relações entre Oriente e Ocidente. Se tudo corresse bem, com a ajuda dos ocidentais, Bizâncio finalmente avançaria contra os turcos na Ásia Menor. E os participantes da expedição se mostravam ansiosos para chegar à Cidade Santa. Quando a Primeira Cruzada começou, era imensa a expectativa.

Porém, embora houvesse muito a ganhar com a Cruzada, Aleixo e Urbano também corriam um grande risco: ao detonar o estopim da Cruzada, criaram um movimento que poderia se tornar incontrolável. O relato de Ana Comnena sobre o início da Cruzada fornece um impactante lembrete desse dilema. O imperador, ela escreveu, ficou perturbado com as notícias de que incontáveis exércitos ocidentais se dirigiam a Bizâncio:[78] "Imbuídos de entusiasmo e ardor, apinharam todas as estradas, e com esses exércitos de guerreiros veio uma hoste de civis, superando em número os grãos de areia da praia ou as estrelas do céu, empunhando palmas e carregando cruzes sobre os ombros [...] como afluentes desaguando de todos os lados num único rio, jorraram em nossa direção com força total".[79] Essa não era a força de combate disciplinada e eficaz que o imperador esperava. Algo dera errado?

8
RUMO À CIDADE IMPERIAL

Aleixo e Urbano jogavam um jogo perigoso. As violentas paixões alimentadas pela propaganda da Cruzada não eram fáceis de controlar; apesar de todo o planejamento logístico e os matizados cálculos políticos, o entusiasmo espontâneo pela Cruzada era esmagador. À medida que as histórias da opressão muçulmana e as notícias da expedição se espalhavam, tornou-se impossível controlar a mensagem: Urbano II não era a única figura carismática a pregar a Cruzada em 1095-96. Pedro, o Eremita, monge de Amiens, no norte da França, tirou proveito da empolgação e do furor em torno do sofrimento dos cristãos no Oriente para desencadear uma Cruzada Popular — a força popular perigosamente caótica descrita por Ana Comnena. À medida que as forças ocidentais se deslocavam em direção à grande cidade imperial de Constantinopla, Aleixo precisava afirmar sua autoridade. Sua reação à Cruzada Popular e à rede de alianças e relacionamentos forjada com a vanguarda da expedição propriamente dita moldaria o futuro do movimento cruzado.

Contemporâneos descreviam Pedro como "um famoso ermitão, muito estimado pelos leigos e, de fato, venerado acima de padres e abades por sua observância religiosa, porque não comia pão nem carne — embora isso não o impedisse de desfrutar de vinho e de todos os outros tipos de comida enquanto em meio aos prazeres buscava uma reputação de abstêmio".[1] Professor persuasivo, Pedro andava descalço e percorria a Renânia, região negligenciada pelo papa, que não buscou apoio em terras sob o domínio de Henrique IV.[2] Pedro espalhava histórias horríveis sobre as condições no Oriente; vez por outra, contava às suas extasiadas plateias que havia sofrido pessoalmente nas mãos dos turcos durante uma recente peregrinação a Jerusalém. Embora pareça improvável que tenha estado na Terra Santa, afirmava ter encontrado o papa no caminho de volta para casa, e que trazia consigo apelos do patriarca de Jerusalém. Assim como Urbano, o eremita constatou que seus chamamentos à ação caíam em terreno fértil.[3]

Porém, os apelos de Pedro, ao contrário daqueles do papa, não tinham estrutura. Urbano planejava tudo cuidadosamente — procurava barões poderosos que mobilizariam batalhões substanciais, restringindo a participação a indivíduos com experiência militar e insistindo em juramentos para formalizar a inclusão na expedição —, ao passo que Pedro não fazia nada disso. Na pregação do eremita sobre a Cruzada não havia data definida para a partida, tampouco um processo de seleção ou triagem de quem deveria ou não empreender a viagem. O resultado foi um vale-tudo. De acordo com um comentarista, "em resposta aos constantes chamados e exortações [de Pedro], instigando primeiro bispos, abades, clérigos, monges, em seguida os leigos mais nobres, príncipes de diferentes domínios, e todas as pessoas comuns, tanto homens pecadores como devotos, adúlteros, assassinos, ladrões, perjuros e salteadores; isto é, todos os tipos de pessoas de fé cristã, até mesmo do sexo feminino, guiadas pelo arrependimento, afluíram alegremente a essa expedição".[4]

No início de 1096, grupos de cavaleiros começaram a partir da Renânia, acompanhados de clérigos, idosos, mulheres e crianças — essa primeira leva ficou conhecida como a Cruzada Popular. Estudos recentes têm procurado reequilibrar essa impressão de caos total, enfatizando a competência de alguns dos participantes e apontando que a heterogênea mistura reunida por Pedro incluía alguns aristocratas da baixa nobreza e cavaleiros independentes.[5] No entanto, esse modelo de viagem à Terra Santa não apenas carecia da aprovação da Igreja, como era acentuadamente diferente dos detalhados planos elaborados por Urbano e Aleixo.

Na ausência de uma liderança forte, o caos se instalou. Os cruzados inspirados por Pedro iniciaram o périplo em seu próprio ritmo, alheios à data oficial de partida estabelecida pelo papa, ou desrespeitando-a de forma deliberada. Induzidos a um frenesi de ardor com relação à jornada, com detalhadas histórias das atrocidades cometidas no Oriente repercutindo em suas mentes, e ao mesmo tempo instigados e assombrados por profecias apocalípticas, não demorou muito para que encontrassem suas primeiras vítimas: "Fosse por um julgamento do Senhor, ou por algum erro de percepção, eles se insurgiram em um espírito de crueldade contra o povo judeu disperso por essas cidades e o massacraram sem piedade [...] afirmando ser o marco inicial de sua expedição e seu dever contra os inimigos da fé cristã".[6]

Horríveis carnificinas marcaram o avanço da Cruzada Popular em sua passagem pela Alemanha, onde alguns grupos se encarniçaram contra as populações judaicas em Colônia e Mainz, que se tornaram vítimas de uma violência atroz. O terror desencadeado foi tão chocante que, em alguns casos, habitantes locais recorreram ao suicídio: "Ao verem como o inimigo cristão se levantava contra eles e seus filhinhos, sem poupar ninguém de qualquer idade, os judeus se voltaram contra si mesmos e seus companheiros, contra crianças, mulheres, mães e irmãs, matando-se uns aos outros. Mães cingindo os filhos junto ao peito — que cena horrível de relatar! — cortavam seus rebentos às facadas, esfaqueavam outros, preferindo que morressem por suas próprias mãos em vez de serem mortos pelas armas dos incircuncidados". Em outros locais, como em Ratisbona, ainda que os judeus fossem poupados da morte, eram arrastados para o rio Danúbio e lá batizados à força.[7]

O antissemitismo se espalhou. Quando Godofredo de Boulogne partiu, no verão de 1096, prometeu erradicar os judeus; só foi impedido de fazê-lo depois de ser alertado por Henrique IV de que nenhuma medida hostil contra quem quer que fosse deveria ser tomada em seu reino sem a sua autoridade explícita. Tamanha era a repulsa por Godofredo que um contemporâneo judeu rezou para que os ossos do nobre fossem reduzidos a pó.[8] Essa violenta onda de antissemitismo como resultado da Cruzada não se limitou à Renânia; na França também houve casos de violência ameaçando se transformar em massacres de grande escala de comunidades judaicas.[9]

Muitos contemporâneos ficaram horrorizados. Um escritor observou que os envolvidos na perseguição aos judeus foram ameaçados de excomunhão e de punição severa pelos principais magnatas — embora nada disso pareça ter surtido efeito.[10] Esses bandidos alemães, escreveu Gilberto de Nogent, representavam o pior da sociedade e eram as fezes dos povos da Europa.[11]

Essa visão ecoou em Constantinopla. Aleixo havia pedido, e agora esperava que experientes homens de combate chegassem a Bizâncio no final de

1096, de acordo com o cronograma estabelecido pelo papa. Ele se assustou não apenas pelo fato de que as primeiras levas a alcançar o império chegaram meses antes do combinado; era evidente também que muitos entre eles eram completamente incapazes de enfrentar os turcos, muito menos montar um cerco às cidades da Ásia Menor. Não é de surpreender então que, nas palavras de Ana Comnena, "ele sentiu horror com a chegada deles".[12]

À medida que os bandos que compunham a Cruzada Popular se aproximaram de Constantinopla, a ansiedade cresceu. Terríveis atos de violência foram cometidos quando o primeiro dos peregrinos armados se aproximou da fronteira bizantina na primavera de 1096. O comandante do exército húngaro, uma figura singular com uma deslumbrante cabeleira branca, foi decapitado após ser enviado pelo rei para escoltar os peregrinos em segurança através de seu território.[13] O coquetel de fervor religioso, comoção e indisciplina mostrou-se ainda mais volátil quando os primeiros grupos chegaram a Belgrado, o ponto de entrada mais ao oeste do império, no Danúbio. Pegas de surpresa, as desprevenidas autoridades bizantinas sofreram para lidar com a situação. A venda de provisões foi totalmente proibida pelos oficiais imperiais para que os suprimentos pudessem ser racionados às pressas, o que provocou reação imediata dos ocidentais, que se enfureceram, saquearam os arredores de Belgrado e passaram a destruir tudo o que encontravam. A calma foi finalmente restaurada, mas somente depois que a guarnição bizantina usou a força contra os desordeiros. Uma vez organizadas provisões em quantidade suficiente, abriu-se um mercado que apaziguou os ânimos dos sobressaltados aspirantes a cruzados.[14]

Uma resposta mais eficaz foi organizada quando o próprio Pedro, o Eremita, chegou à fronteira bizantina no final de maio de 1096. Leão Niquerita, homem promovido na esteira da conspiração de Diógenes, tratou o contingente com diligência e cuidado: de acordo com um relato, todos os pedidos de Pedro e daqueles que viajavam com ele foram atendidos, contanto que se comportassem bem.[15] No entanto, problemas frequentes acompanhavam as várias hordas da Cruzada Popular, que se arrastavam em direção a Constantinopla. Cidadezinhas e vilarejos nas províncias ocidentais de Bizâncio eram não raro invadidas e as populações locais, atacadas. Na tentativa de conter os danos, criaram-se mercados exclusivos para os cruzados ao longo da estrada principal, e escoltas foram designadas para acompanhar os ocidentais, com ordens para enfrentar os desordeiros e lidar com os retardatários, se necessário. A chegada de Pedro a Constantinopla teria sido precedida por uma praga de gafanhotos que devastou todas as vinhas em Bizâncio.[16] Muita gente entendeu tratar-se de um presságio do iminente enxame de ocidentais prestes a chegar à capital.

O relato de Ana Comnena sobre os receios do imperador quando as primeiras ondas de cruzados se aproximaram de Constantinopla é geralmente interpretado como uma tentativa de eximi-lo da responsabilidade por uma expedição que teria consequências nocivas para as relações entre Bizâncio e o Ocidente. No entanto, é difícil ver como a reação de Aleixo poderia ser outra que não a de profunda consternação com o surgimento de Pedro e seus seguidores em Constantinopla. As preocupações do imperador, já intensificadas pelos relatos trazidos por seus batedores, só cresceram quando a vanguarda da Cruzada Popular chegou à capital. Até mesmo fontes latinas observam que o comportamento desses cruzados era terrível: "Os cristãos se comportaram de forma abominável, saqueando e queimando os palácios da cidade e roubando o chumbo dos telhados das igrejas e vendendo-o de volta aos gregos, de sorte que o imperador se zangou e lhes ordenou que atravessassem o Helesponto [atual Dardanelos]. Depois de terem atravessado, não cessaram suas maldades e depredações, e incendiaram e devastaram tanto casas quanto igrejas".[17]

No passado, o imperador lidara, com pouca dificuldade, com grupos de ocidentais de tamanho considerável, a exemplo dos quinhentos cavaleiros de Flandres. Mas suas primeiras experiências com os cruzados foram angustiantes. Depois de fazê-los atravessar para a Ásia Menor a fim de minimizar a ameaça à própria Constantinopla, a expectativa do imperador era de que os grupos de desordeiros aguardassem a chegada de outros batalhões antes de avançarem contra os turcos. No entanto, tamanho era o entusiasmo desses bandos, e tão equivocada sua confiança, que partiram de imediato para Niceia, sem poupar ninguém que encontrassem no caminho. De acordo com a *Alexíada*, eles se encarniçaram "com horrível crueldade contra toda a população; bebês eram mutilados, empalados em espetos de madeira e assados no fogo; os velhos eram submetidos a todo tipo de tortura".[18] Fontes ocidentais são igualmente condenatórias. Os turcos não foram as únicas vítimas da brutalidade, afirma o autor anônimo da *Gesta Francorum*; crimes cruéis também foram cometidos contra os cristãos. Era inescapável a cruel ironia de que, tendo partido para defender o Oriente cristão da opressão pagã, os participantes da Cruzada Popular estivessem saqueando e destruindo igrejas no norte da Ásia Menor.[19]

Estimulado pela convicção de que gozava da proteção divina, um grupo de peregrinos avançou sobre Xerigordo, um castelo pequeno, mas bem fortificado, a leste de Niceia. Eles o tomaram sem dificuldade, massacrando seus habitantes turcos. No entanto, a ambição e a obstinação dos cruzados de enfrentar qualquer um que atravessasse o seu caminho, juntamente com a falta de um plano bem definido, logo tiveram consequências catastróficas. Não demorou muito para que a euforia em Xerigordo fosse substituída pelo pânico, quando uma numerosa tropa turca chegou para retomar o forte.

A situação logo se tornou desesperadora: "Terrivelmente sedentos, tamanha era sua aflição, que eles sangravam seus cavalos e jumentos e bebiam o sangue dos animais; outros jogavam seus cintos e roupas em um esgoto e espremiam o líquido na boca; outros urinavam nas mãos em concha uns dos outros e bebiam; outros cavavam a terra úmida e se deitavam de costas, tão secos de sede que empilhavam a terra sobre o peito".[20] Os ocidentais que se rendiam não eram tratados com misericórdia. Os turcos seguiram em frente matando clérigos, monges e crianças. Meninas e freiras foram levadas para Niceia, assim como roupas, animais de carga, cavalos e tendas. Os jovens foram convertidos à força ao islã, abandonando a fé cristã, que havia sido sua inspiração inicial para irem ao Oriente.[21] Aos que se recusavam, restava o suplício de mortes horríveis, amarrados a postes e usados como alvos pelos turcos.[22]

Avançando para Kibotos, os turcos atacaram o acampamento montado por Aleixo. Gente foi morta ainda dormindo e suas tendas foram incendiadas. Aos prisioneiros, novamente eram oferecidas duas opções: conversão forçada ao islã ou morte. Reinaldo, um dos líderes da incursão da Cruzada Popular na Ásia Menor, escolheu a primeira, ao concluir que era melhor ser subjugado do que assassinado.[23] Outros enfrentaram seu destino de forma resoluta. Um padre que os turcos flagraram celebrando a missa foi decapitado no altar; "que afortunado martírio para o afortunado sacerdote, que recebeu o corpo de Nosso Senhor Jesus Cristo como guia para o Céu!".[24] A julgar pelos relatos, nesse primeiro contato com os turcos em Xerigordo, Kibotos e outros lugares, o número de mortos foi tão assombroso que a massa de ossos dos cadáveres amontoava-se em enormes pilhas. Em seguida, os turcos esmagavam as ossadas para fazer a argamassa com a qual preenchiam rachaduras nas muralhas das fortificações. Assim, os ossos da primeira onda de cavaleiros que tentou abrir caminho até Jerusalém foram empregados para obstruir os que vieram depois deles.[25]

O catastrófico fracasso da Cruzada Popular no final de outubro de 1096 foi um significativo revés para Aleixo, pondo em xeque toda a política do imperador de buscar ajuda fora de Bizâncio; ficou até mesmo a impressão de que isso poderia ser contraproducente, ao aumentar ainda mais as dificuldades que o império já enfrentava. De acordo com Ana Comnena, Pedro, o Eremita, que estava discutindo a logística com Aleixo em Constantinopla, tinha uma visão severa acerca dos acontecimentos. Os homens que foram mortos em Xerigordo e em outros lugares mereceram seu destino, disse ele; eram bandidos e ladrões desobedientes que sucumbiram a seus próprios caprichos. E por isso não tiveram a chance de adorar no túmulo do Senhor em Jerusalém.[26] Outros tinham uma opinião diferente. Falta de disciplina, planejamento ruim e excesso de entusiasmo podem cobrar um preço terrível, refletiu Gilberto de Nogent; se a expedição tivesse sido comandada por um rei, talvez as coisas pudessem ter sido diferentes. Os desastres aconteceram "porque a morte vem ao encontro do indisciplinado, e o homem que não é capaz de controlar a si mesmo não sobrevive por muito tempo".[27]

A *Gesta Francorum*, texto que teve ampla circulação na Europa imediatamente após a Primeira Cruzada e serviu de base para muitas outras crônicas da expedição a Jerusalém, relatou que "quando o imperador soube que os turcos haviam infligido tamanha derrota a nossos homens, muito se regozijou". Aleixo então "deu ordens para que os sobreviventes fossem levados de volta ao Helesponto. Assim que fizeram a travessia, mandou desarmá-los completamente".[28] Embora esse relato tenha sido em parte moldado pela imagem bastante negativa do imperador que veio à tona após a Cruzada, também estava claro que Aleixo não ficara satisfeito com os primeiros cruzados que chegaram. Ele precisava então se preparar para a vinda da Primeira Cruzada propriamente dita.

Gerenciar as expectativas de nobres ambiciosos e poderosos que chegavam a Bizâncio apresentava um conjunto de complexas demandas políticas. No verão de 1096, Hugo de Vermandois, irmão do rei da França, despachou embaixadores para que fossem à frente de sua comitiva a fim de entregar ao governador de Dirráquio uma mensagem a Aleixo, explicando como ele esperava ser recebido: "Sabei, ó rei, que sou rei dos reis, e superior a todos os que estão sob o céu. Tendes agora permissão para me saudar, à minha chegada, e para me receber com magnificência, como é próprio de minha nobreza".[29] A essa mensagem seguiu-se outra, não menos arrogante e grandiloquente: "Sabei, governador, que nosso lorde Hugo está quase aqui. Ele traz consigo desde Roma o estandarte de ouro de São Pedro. Entendei, ademais, que ele é o comandante supremo do exército franco. Cuidai para que ele tenha uma recepção digna de sua posição, e preparai-vos para encontrá-lo".[30]

Por fim, a chegada de Hugo a Constantinopla foi decepcionante — não por causa do fracasso dos bizantinos em recebê-lo em alto estilo. Na verdade, ele naufragou depois de partir do Sul da Itália e enfrentar uma violenta tempestade na travessia do mar Adriático, e foi parar nas costas do Épiro, separado de suas posses, bem como de grande parte de suas tropas, que se perderam no mar. Recuperado e rapidamente levado a Dirráquio, Hugo foi sem demora escoltado até Constantinopla por Manuel Butumita, que vinha ganhando destaque como tenente-chave, para que Aleixo pudesse recebê-lo e acalmar seus ânimos.[31] De acordo com a cansada afirmação da *Alexíada*, "o episódio sobre Hugo fora apenas o começo".[32]

Hugo de Vermandois foi um dos primeiros membros da Cruzada propriamente dita a chegar a Constantinopla, o que se deu no final de outubro de 1096.[33] Godofredo de Boulogne e seu irmão Balduíno chegaram à capital na mesma época.[34] Roberto de Flandres não estava muito atrás, ao zarpar da Apúlia em dezembro.[35] Estêvão de Blois e Roberto da Normandia, que viajavam juntos, devem ter partido mais tarde que os demais, pois só estavam prontos para fazer a travessia desde a Itália no início de abril de 1097.[36] A essa altura, Boemundo havia chegado a Constantinopla, enquanto Raimundo de Toulouse estava a cerca de cem quilômetros de distância.[37]

As jornadas dos aristocratas recrutados pelo papa e pelo imperador através do território bizantino foram geralmente pacíficas, embora marcadas por ocasionais mal-entendidos. Alguns equívocos foram o resultado do excesso de ansiedade. Quando o contingente liderado por Ricardo do Principado cruzou o Épiro, suas sentinelas confundiram a frota bizantina com piratas, dando início a uma batalha. Os navios dos cruzados dispararam uma saraivada de setas de besta, uma das quais atingiu o comandante bizantino Mariano Maurocatacalão no capacete, ao passo que outra perfurou seu escudo e armadura, alojando-se no braço. Um padre que acompanhava

BIZÂNCIO EM CRISE

Alparslano e Romano IV Diógenes após a Batalha de Manziquerta.

Glória de Bizâncio

(acima) Cristo e a Virgem Maria, ladeados pelos imperadores Constantino e Justiniano. Mosaico no vestíbulo sul da basílica de Santa Sofia (Hagia Sophia), final do século X.

(página à direita, acima) Relicário para madeira da Verdadeira Cruz, c. 950.

(página à direita, abaixo) As muralhas de Constantinopla, cuja construção foi iniciada pelo imperador Teodósio no século V.

akg-images / Gerard Degeorge

akg-images / Erich Lessing

O CHAMADO DO ORIENTE

(acima) A esperança de Bizâncio: o imperador Aleixo I Comneno.

(abaixo) Moeda emitida por Aleixo, em que se representam Cristo dando a bênção *(à esquerda)* e o próprio imperador *(à direita)*.

A RESPOSTA DO OCIDENTE

(acima) O papa Urbano II chega ao Concílio de Clermont, de *Le Roman de Godefroi de Bouillon*, século XIV.

(abaixo) O imperador Aleixo recebe Pedro, o Eremita.

A EXPEDIÇÃO
À TERRA SANTA

(à esquerda)
Os cruzados em
Niceia, 1097, de
Estoire d'Outremer,
por Guilherme de
Tiro, século XII.

(abaixo)
O cerco de
Antioquia,
1097-1098, de
Estoire d'Outremer,
por Guilherme de
Tiro, século XII.

(acima) Cruzados massacrando os habitantes de Antioquia, 1098.

(abaixo) O cerco a Jerusalém, 1099, de *Le Roman de Godefroi de Bouillon*, século XIV.

Biblioteca Nacional da França / Biblioteca de Arte Bridgeman, Fr 20124 f. 331

A LIBERTAÇÃO DA CIDADE SANTA

O saque de Jerusalém, 1099, miniatura de uma crônica universal, século XV.

os cavaleiros ocidentais se envolveu no ataque: atirou flechas com toda a destreza de que era capaz, depois pegou uma funda e lançou um pedregulho que derrubou Mariano. O comandante recobrou a consciência e já se levantava quando foi atingido na bochecha por um bolo de cevada arremessado pelo padre, naquela altura já sem outros mísseis.[38]

Houve outros contratempos no caminho. O bispo de Le Puy foi atacado ao parar para descansar durante a longa marcha pela Macedônia. Ademar teve sua mula e seu ouro roubados e foi gravemente golpeado na cabeça; só escapou de um destino pior porque seus agressores iniciaram uma discussão sobre o dinheiro, o que alertou os companheiros de viagem do bispo, que chegaram a tempo de salvá-lo.[39]

Quando algo dava errado, Aleixo era muitas vezes responsabilizado, embora ataques como esses fossem obra de oportunistas e não de agentes imperiais. Como veremos, eventos posteriores resultaram em uma imagem extremamente distorcida e negativa do imperador — os relatos latinos se concentravam em qualquer coisa que pudesse vilipendiar Aleixo. Nesse contexto, é notável o silêncio de diversas fontes sobre as condições durante a marcha para Constantinopla. Nenhuma delas comenta a escassez de suprimentos, o que indica que arranjos bem-sucedidos foram implementados para atender às necessidades da expedição, o que não ocorria por obra do acaso: o imperador despachara oficiais do alto escalão para atender aos vários contingentes, com instruções para guiá-los com segurança até a capital. "Toda vez que passávamos por qualquer uma de suas cidades, o homem [enviado por Aleixo] costumava ordenar ao povo do local que nos trouxesse provisões", anotou uma testemunha ocular.[40] Um meticuloso planejamento cuidadosamente executado garantiu a criação e a manutenção de mercados de abastecimento ao longo das artérias que levavam à capital.

Grupos de escolta foram designados para acompanhar os cruzados ao longo das rotas mais eficientes e mantê-los em movimento e longe de problemas. De forma geral, esses destacamentos realizavam com êxito seu trabalho, embora um regimento de peregrinos tenha se mostrado especialmente turbulento. A caminho de Constantinopla, de tempos em tempos, Boemundo e seus homens saíam da estrada principal para saquear gado e outros bens, e em uma ocasião atearam fogo a um forte repleto de pessoas consideradas por eles "hereges".[41] Deslocavam-se em ritmo marcadamente mais lento que os outros grupos, o que sugeria que desprezavam as advertências dos agentes do imperador.⁴² Seu comportamento melhorou bastante com a chegada de um guia imperial, que impediu uma proposta de ataque a um castelo "repleto de coisas boas" e convenceu Boemundo a ordenar que a propriedade saqueada por seus homens fosse devolvida à população local.⁴³

À medida que os cruzados se aproximavam de Constantinopla, Aleixo tomou novas medidas para causar uma impressão positiva entre os líderes mais importantes, ao enviar mensagens pessoais que enfatizassem a generosa recepção que teriam na capital e sublinhassem sua amizade por eles. O imperador afirmou laços de solidariedade, estendendo a mão da fraternidade e até mesmo se apresentando como uma figura paterna.⁴⁴ No entanto, o contato entre os líderes ocidentais foi monitorado de perto pelo imperador, a fim de evitar que os contingentes se unissem antes de chegar a Constantinopla.⁴⁵ Ao mesmo tempo que Aleixo se preocupava com a possibilidade de a chegada em massa pressionar os arranjos de abastecimento de víveres, havia também o perigo mais palpável de um ataque à capital. O imperador tomou medidas, então, para assegurar que as comunicações fossem interceptadas com frequência.⁴⁶ Procurou também evitar problemas, convidando os vários líderes a encontrá-lo pessoalmente. Hugo de Vermandois e Boemundo foram rapidamente levados para a capital, bem à frente de seus exércitos.⁴⁷ O mesmo teria acontecido com outros comandantes cruzados cujas viagens são registradas com menos detalhes, a exemplo de Estêvão de Blois e Roberto de Flandres.

Raimundo de Toulouse relutou em se encontrar a sós com o imperador: no entendimento do conde, viajar sem seus homens enfraqueceria sua posição em qualquer negociação.⁴⁸ Suas suspeitas eram plausíveis e certeiras, pois Aleixo tinha de fato um motivo ulterior para se reunir com esses homens importantes um por um: precisava que eles confirmassem sua lealdade ao imperador.

Anfitrião generoso, Aleixo recebeu suntuosamente os líderes ocidentais. No verão de 1097, Estêvão de Blois escreveu à sua esposa Adela, filha de Guilherme, o Conquistador, relatando com entusiasmo o tratamento recebido na capital imperial. O imperador cobriu com uma profusão de presentes todos os líderes cruzados, e cuidava pessoalmente de cada providência para garantir que os suprimentos chegassem aos cavaleiros ocidentais.

"Parece-me que, em nossos tempos, nenhum outro príncipe jamais teve um caráter que se distinguisse por tão completa integridade. Teu pai, meu amor, deu-me muitos presentes excelentes, mas empalidece diante desse homem. Escrever estas poucas palavras sobre ele, para que tu tenhas uma ideia de que tipo de pessoa ele é, encheu-me de prazer."[49]

A carta de Estêvão revela o nível de atenção dispensado a ele por Aleixo, que o entreteve no palácio por dez dias, dando-lhe muitos presentes e pedindo a Estêvão que enviasse seu filho a Constantinopla para que o cruzado pudesse ser homenageado "de maneira grandiosa e distinta". Disso resultou que Estêvão via o imperador não apenas como um homem excelente e um benfeitor generoso, mas "como um pai".[50]

A carta de Estêvão é anterior ao colapso das relações entre o imperador e os cruzados, porém, mesmo muitos dos que escreveram depois tecem comentários acerca da generosidade de Aleixo. De acordo com o cronista Fulquério de Chârtres, que participou da Cruzada, o imperador distribuiu grandes quantidades de moedas, bem como valiosíssimas roupas de seda.[51] Outra testemunha ocular, desdenhosa da generosidade de Aleixo e zombando da credulidade do imperador, afirmou que os ocidentais eram encorajados a pedir o que quisessem: ouro, prata, pedras preciosas e mantos.[52] Mesmo que seja inverídico que o imperador concordasse em atender a todos os pedidos, a percepção de que sua generosidade era ilimitada diz muito sobre seu desejo de obter apoio pessoal dos líderes da expedição.

As fontes também concordam que os cruzados mais conceituados se encontraram pessoalmente com Aleixo. Essa postura representou uma mudança drástica para um soberano bizantino. Os dignitários estrangeiros que visitavam Constantinopla geralmente eram mantidos distantes do imperador. Em meados do século X, a princesa Olga, um dos principais membros da casa de Kiev, foi convidada apenas para comer uma sobremesa com o imperador quando visitou a capital;[53] já um embaixador enviado pelo imperador alemão na mesma época esperou por dias a fio por uma audiência com o soberano bizantino.[54]

No século X, o acesso à presença do soberano era uma questão intrincada. Uma testemunha ocular relembra:

> Defronte ao trono do imperador havia certa árvore de bronze dourado, cujos galhos, igualmente de bronze dourado, estavam

repletos de pássaros de diferentes tamanhos que emitiam os cantos das diferentes aves correspondentes à sua espécie [...] leões de tamanho imenso (embora não estivesse claro se eram de madeira ou latão, certamente eram revestidos de ouro) pareciam proteger [o imperador] e, golpeando o chão com a cauda, rugiam com a boca escancarada, sacudindo a língua. Apoiado sobre os ombros de dois eunucos, fui conduzido a esse espaço, diante da presença do imperador.

Nesse momento, um dispositivo mecânico ergueu o trono em direção ao teto, tirando o soberano da vista do visitante estrangeiro.[55]

Em suas relações com os cruzados, Aleixo optou por um estilo que teria surpreendido e horrorizado seus antecessores. Adotou uma postura informal, com o intuito de deixar os líderes ocidentais à vontade. Verdade seja dita, alguns achavam que Aleixo estava indo longe demais; em uma recepção, um cavaleiro, movido pelo excesso de confiança, sentou-se no trono imperial, que por um momento ficara vazio, enquanto o imperador interagia com seus convidados. Depois de ser repreendido por um companheiro, o cruzado, aos sussurros, ofendeu o imperador: "Que camponês!", teria dito. Quando esses comentários foram traduzidos, Aleixo respondeu com elegância, apenas alertando os cavaleiros sobre os medonhos perigos que os aguardavam pela frente nas mãos dos turcos.[56]

O melhor exemplo das relações entre Aleixo e os líderes ocidentais e de todo o esforço empreendido por ele para angariar o apoio dos mais importantes cavaleiros europeus foi o seu relacionamento com Boemundo, uma figura extremamente carismática, capaz de inspirar fortes sentimentos de lealdade entre os cruzados. Homem muito bonito, tinha o rosto escanhoado — o que era incomum em um mundo no qual os guerreiros tendiam a ser barbudos.[57] Segundo Ana Comnena, era um homem "diferente de qualquer outro, grego ou bárbaro, que se via naqueles dias em solo romano. Sua imagem despertava admiração; a menção de seu nome, terror". Não resta dúvida de que Boemundo tinha charme, embora isso fosse "um tanto ofuscado pelo sobressalto que sua pessoa como um todo inspirava" — de acordo com a *Alexíada*, "até mesmo sua gargalhada soava como uma ameaça aos outros". Ele se tornaria um terrível inimigo de Bizâncio e de Aleixo.

Os dois homens lutaram com unhas e dentes no início da década de 1080 — ambos conheciam os pontos fortes e fracos do outro. Ao entrar em

Constantinopla, Boemundo não sabia o que esperar; fora conduzido diretamente à presença do imperador, e em pouco tempo os dois homens já estavam conversando sobre o passado. "De fato eu era vosso inimigo e rival, mas agora venho por minha própria vontade como amigo de vossa majestade imperial", supostamente Boemundo teria dito. Na primeira reunião, Aleixo não quis se mostrar hostil e não foi muito longe. "Agora vós estais cansados de vossa viagem. Ide e descansai. Amanhã poderemos discutir longamente", respondeu ele.[58]

Arranjos especiais foram feitos de antemão para o antigo inimigo do imperador. "Boemundo seguiu para o monastério de Kosmidion, onde um apartamento havia sido preparado para ele e uma mesa farta estava posta, repleta de iguarias e comidas de todos os tipos. Os cozinheiros trouxeram também carnes vermelhas e aves, todas cruas. 'A comida, como podeis ver, foi preparada por nós à nossa maneira habitual', disseram, 'mas se isso não vos agradar, aqui está a carne crua, que podereis mandar fazer da maneira como quiserdes'."[59] Aleixo não estava errado ao pensar que Boemundo se mostraria desconfiado: o normando não tocou na comida — embora insistisse para que seus companheiros se servissem. Questionado no dia seguinte por que não havia comido nada, sua resposta foi inequívoca: "Tive medo de que ele tentasse me matar envenenando a comida".[60]

Generoso com os presentes, Aleixo mandou aprontar os aposentos de Boemundo de tal modo que "roupas, moedas de ouro e prata e objetos de menor valor preenchessem o local tão completamente que fosse impossível caminhar em seu interior. Ele instruiu o ordenança encarregado de mostrar as riquezas a Boemundo a abrir de supetão as portas. Boemundo ficou maravilhado com a visão. 'Tudo isto', disse o homem, 'é vosso hoje — presentes do imperador'".[61]

A extravagante generosidade do imperador se estendia às fileiras mais baixas do exército cruzado. Estêvão de Blois relatou que "os presentes de Aleixo estão facilitando a vida dos cavaleiros, e seus banquetes, revigorando os pobres".[62] Todas as semanas, quatro emissários eram enviados a Godofredo de Boulogne, e provavelmente a outros nobres líderes também, sobrecarregados com o peso das moedas de ouro destinadas à massa de soldados subalternos e cruzados comuns.[63]

No entanto, apesar de todo o cuidado que Aleixo teve para receber os cruzados, nem tudo saiu como o planejado. A situação tornou-se desconfortavelmente tensa após a chegada de Godofredo de Boulogne aos arredores de Constantinopla, pouco antes do Natal de 1096. Apesar dos reiterados pedidos, o duque de Lorena se recusou a cruzar o Bósforo, o que fez o imperador mergulhar em "um oceano de aflição", profundamente preocupado com a presença de um substancial contingente de cavaleiros experientes nas proximidades de sua capital.[64] Quando os esforços de Aleixo para encorajar Godofredo a fazer a travessia surtiram pouco efeito, o imperador recorreu a métodos mais diretos. Um esquadrão fortemente armado foi despachado sob o comando de seu genro, Nicéforo Briênio, com ordens de usar a força a fim de afastar Godofredo e seus homens da cidade, até alojamentos reservados no lado leste do Bósforo.[65]

Não demorou muito para que as tropas bizantinas e os homens de Godofredo travassem combate. "Rugindo qual um leão", o duque matou sete membros da tropa imperial, ao passo que a mira infalível de Briênio como arqueiro o distinguia como rival do próprio Apolo — pelo menos aos olhos de sua esposa. A relevância da luta, no entanto, estava menos na destreza de quem lutava e mais no fato de Aleixo ter que recorrer à força para fazer os cruzados obedecerem às suas instruções.[66]

Para começo de conversa, essas tentativas de afastar Godofredo surtiram pouco efeito. Os homens do duque saquearam as propriedades mais majestosas nos arredores de Constantinopla, causando grandes danos à cidade e a seus cidadãos.[67] Quando a resposta militar não funcionou, Aleixo decidiu interromper o fornecimento de víveres e "fez cessar a venda de cevada e peixe, depois de pão, de sorte que o duque se visse assim forçado a concordar em ver o imperador".[68] Foi uma jogada ousada, com potencial para agravar ainda mais a situação. Mas funcionou. Godofredo recuou e concordou em se reunir pessoalmente com o imperador depois que Aleixo ofereceu seu filho mais velho, que tinha menos de dez anos, como refém em mais uma tentativa de conquistar a confiança do duque.[69]

Godofredo e seus seguidores chegaram esplendidamente paramentados para o encontro, ostentando túnicas de arminho e marta, com abundância de franjas de ouro — roupas que simbolizavam seu poder e status.[70] Por fim, chegaram a um acordo: Godofredo consentiu que seus homens fossem transportados através do Bósforo para se juntarem aos outros cavaleiros no acampamento designado nas imediações de Kibotos. Em contrapartida, foi recompensado com montes de ouro e prata, mantos púrpura, mulas e cavalos.⁷¹ Aleixo conseguiu o que queria. Embora a generosidade, o suborno e a força bruta tenham falhado, a retenção de suprimentos serviu para deixar claro que Aleixo levava vantagem em suas relações com os cruzados. Como um ocidental observou com franqueza, "era essencial que todos firmassem amizade com o imperador, pois sem sua ajuda e conselho não conseguiríamos fazer a viagem, tampouco teriam condições disso os que nos seguissem pelo mesmo caminho".⁷² Suspender o fornecimento de provisões era uma maneira eficaz e convincente de transmitir com clareza a sua mensagem.⁷³

O uso da força seria o último recurso; na maioria dos casos, em 1096-97, a administração imperial lidou com extraordinário êxito com todas as questões e ocupou-se com calma e tranquilidade da chegada dos cavaleiros ocidentais. Isso se deveu em parte à atenção e generosidade que o imperador demonstrou em relação aos líderes da expedição. Porém, outras medidas mais práticas ajudaram a minimizar a ameaça à capital. Por exemplo, o acesso à própria cidade era controlado com extremo rigor, e os ocidentais só podiam passar em pequenos grupos pelas amedrontadoras muralhas. De acordo com uma fonte, apenas cinco ou seis pessoas por hora eram autorizadas a entrar na cidade.⁷⁴

A prioridade de Aleixo era fazer com que os cavaleiros cruzassem o Bósforo até Kibotos, onde haviam sido feitos arranjos para receber e abastecer um grande número de homens. Era uma questão urgente, como mostrou o afã do imperador contra Godofredo de Boulogne. Como visto, quando os cruzados se aproximaram de Constantinopla, uma sensação de mau agouro se espalhou pela cidade. Alguns especularam que o verdadeiro alvo da expedição não era Jerusalém, mas a capital bizantina. Os cruzados, Ana Comnena escreveu, estavam "mancomunados, e, para realizar seu sonho de tomar Constantinopla, adotaram uma linha de ação comum, conluio a que já me referi muitas vezes: ao que parece, estavam em peregrinação a Jerusalém; na realidade, planejavam destronar o imperador e tomar a capital".⁷⁵ Essa opinião não se limitava apenas aos bizantinos, que tendiam a desconfiar das segundas intenções dos estrangeiros. Outros observadores, como Miguel, o Sírio, que escrevia da periferia do império, também acreditavam que os cruzados não apenas combateriam com os bizantinos, como lançariam um ataque direto a Constantinopla.⁷⁶

Os temores dos habitantes da capital se intensificaram por causa dos ataques de Godofredo. A ansiedade era maior entre os pertencentes ao círculo íntimo do imperador. Os poucos aliados restantes de Aleixo em Constantinopla acreditavam que facções hostis dentro da cidade aproveitariam a chegada dos cruzados para se rebelar. Alguns queriam acertar contas que remontavam à tomada do poder por Comneno e seus asseclas, e também havia ressentimentos mais recentes, na esteira da conspiração de Diógenes. De acordo com a *Alexíada*, a certa altura, apoiadores do imperador correram para o palácio a fim de montar uma última e desesperada resistência, convictos de que a qualquer momento os habitantes descontentes da cidade se sublevariam. O imperador foi instigado a vestir sua armadura e se preparar para lutar até a morte, mas Aleixo permaneceu impassível em seu trono, em uma admirável e teatral demonstração de sangue-frio.[77]

Rumores de conspirações para derrubar Aleixo continuaram a circular dentro e fora de Constantinopla. Desconhecidos misteriosos abordaram pelo menos um dos líderes ocidentais que acabara de chegar à capital, alertando que o imperador era dissimulado e ardiloso, e recomendando com insistência que não confiasse nas promessas e lisonjas de Aleixo.[78] Somem-se a isso as suspeitas sobre os cruzados e suas intenções, e a transferência dos cruzados para Kibotos se mostrava essencial para a segurança do regime de Aleixo.[79] A presença de um grande número de homens armados tão perto de Constantinopla era perigosa por si só; mas havia ainda a preocupação de que os moradores da cidade pudessem procurar ajuda das hostes recém-chegadas, ou simplesmente tirassem proveito da situação tensa para deflagrar um golpe contra o imperador.

Aleixo havia pensado em tudo isso de antemão. Embora tivesse conseguido levar todos os principais líderes ocidentais para Constantinopla antes da chegada de seus homens, a fim de recebê-los na corte e conquistar sua boa vontade, o imperador procurou também vinculá-los a ele em termos formais. Uma maneira de fazer isso foi adotá-los como seus filhos. Era uma antiga tradição pela qual os imperadores bizantinos estabeleciam uma relação espiritual e paterna com nobres estrangeiros. Ao que parece, os cruzados não estranharam; era costume do imperador adotar estrangeiros de alta estirpe, um cronista escreveu, e os líderes ficaram felizes em aquiescer sem objeções.[80] Outro simplesmente observou que Aleixo adotou todos os líderes ocidentais como seus filhos.[81] Porém, sensível ao fato de que a adoção era um costume exclusivamente bizantino, Aleixo reforçou o vínculo com os principais líderes de uma forma que eles certamente entenderiam:

Boemundo, Godofredo, Raimundo de Toulouse, Hugo de Vermandois, Roberto da Normandia, Roberto de Flandres e Estêvão de Blois foram todos convidados a prestar juramento de vassalagem ao imperador.

Elemento-chave na estrutura feudal, a fidelidade estava bem estabelecida na Europa Ocidental na época da Primeira Cruzada. O compromisso de fidelidade criava uma relação com implicações legais entre um vassalo e um suserano.[82] O vassalo se comprometia a servir a seu senhor e a não prejudicá-lo, ao proferir um juramento sobre a Bíblia ou outro objeto religioso, por exemplo, uma relíquia sagrada, na presença de um clérigo. Foi esse tipo de lealdade que Aleixo Comneno procurou extrair dos cruzados visitantes. Como Ana Comnena afirmou mais tarde, o imperador pedia a cada líder que se tornasse seu vassalo e seguidor fiel, seu "*anthropos lizios*" — ou seja, seu lígio.[83]

Quando esse pedido foi feito aos aristocratas mais importantes da expedição, alguns se opuseram com veemência a qualquer sugestão de que eles — príncipes e senhores em suas próprias terras — prestassem reverência a qualquer homem, muito menos a Aleixo, a quem não deviam nenhuma obrigação ou favor. As objeções foram vociferantes: "Isso nossos líderes se recusam terminantemente a fazer, e eles disseram: 'De fato, isso é indigno de nós, e parece injusto que lhe prestemos qualquer juramento'".[84] As ressalvas não eram unânimes, contudo: Hugo de Vermandois, Estêvão de Blois e outros estavam dispostos a assumir de boa vontade o compromisso. Talvez por terem sido tão bem tratados em Constantinopla, mas também por questões pragmáticas, já que precisavam da ajuda do imperador para chegarem a Jerusalém. Como relatou uma testemunha ocular: "A esses, então, o próprio imperador ofereceu tantas moedas e roupas de seda quanto quisessem; também alguns cavalos e algum dinheiro, de que precisavam para completar uma jornada tão longa".[85] Isso foi reconhecido pelo autor da *Gesta Francorum*, que, sempre hostil a Aleixo e a Bizâncio, se esforçou para entender por que os comandantes da expedição prestaram o juramento. "Por que cavaleiros tão corajosos e resolutos fizeram uma coisa dessas? Deve ter sido por alguma necessidade desesperada."[86]

Boemundo, nesse meio-tempo, almejava um prêmio maior, ao sugerir a Aleixo que em troca do juramento o nomeasse como dirigente das forças imperiais no Oriente — posto que supostamente ainda estava vago depois que Adriano Comneno, o antigo comandante-chefe dos militares, caíra em desgraça.⁸⁷ Como Boemundo tinha tudo a ganhar e pouco a perder com a expedição, desde o início procurou posicionar-se como o braço-direito do imperador, identificando rapidamente grandes oportunidades, contanto que jogasse bem com as cartas que tinha em mãos.⁸⁸

Quando finalmente Godofredo acedeu após os combates durante o inverno de 1096-97, parte do acordo era que o duque faria o juramento de lealdade a Aleixo, seguindo o exemplo de outros comandantes cruzados importantes. No momento em que prestou juramento de vassalagem ao imperador, Godofredo "recebeu generosas quantias de dinheiro, foi convidado a dividir a lareira e a mesa de Aleixo e recebido em um magnífico banquete [...] Em seguida, o imperador deu ordens para que um abundante suprimento de víveres fosse disponibilizado para os seus homens".⁸⁹

Para Aleixo, os juramentos tinham dois propósitos separados e distintos. O primeiro era um objetivo de longo prazo: assegurar que todas as futuras conquistas auferidas pelos cavaleiros ocidentais em toda a Ásia Menor fossem revertidas para ele no devido tempo. Mas havia também um objetivo de curto prazo: salvaguardar sua própria posição em Constantinopla, enquanto os cruzados se reuniam em Bizâncio. Este último estava por trás do compromisso firmado com Raimundo de Toulouse, que a princípio rejeitou sem pestanejar o pedido de juramento a Aleixo. "Raimundo protestou que não tomara a cruz para prestar juramento de vassalagem a um segundo suserano ou servir a quem quer que fosse a não ser Aquele por quem abandonara sua terra natal e seus bens paternos."⁹⁰

Durante algum tempo, a recusa do conde ameaçou desestabilizar a expedição, na medida em que atrasou seu avanço e também porque outros líderes já haviam selado compromisso com o imperador. Roberto de Flandres, Godofredo e Boemundo, que fizeram votos solenes, incitaram Raimundo a fazer o mesmo, sem sucesso. Por fim, chegou-se a um acordo: "Neste momento crítico, após consulta com seus homens, o conde jurou que nem ele nem aqueles a seu serviço prejudicariam a vida do imperador ou o privariam de suas posses". Raimundo continuou a insistir, contudo, que não prestaria homenagem ao imperador "em virtude dos perigos que isso acarretava para seus próprios direitos".⁹¹ O fato de Aleixo estar disposto a aceitar esse outro tipo de compromisso revela sua principal preocupação: com o acampamento cruzado junto às muralhas da cidade, o imperador exigia garantias de que sua vida e posição não estivessem sob ameaça.

Aleixo estava preparado para ser flexível e acolhedor também com relação a Boemundo. O normando concordou em se tornar vassalo do imperador em troca de um ajuste específico entre as partes: "O imperador asseverou que, fizesse ele de bom grado o juramento, dar-lhe-ia, em troca, terras de Antioquia, as quais, em extensão, levariam quinze dias de jornada para atravessar, e, em largura, oito dias. E [Aleixo] lhe jurou que, se cumprisse fielmente o juramento, seriam tantas as terras que [Boemundo] jamais as percorreria de ponta a ponta".[92] No entanto, o valor dessa concessão era insignificante; quando muito, era vantajoso para o império. Incentivar Boemundo a assumir a posse de terras que estavam além das fronteiras tradicionais do império poderia resultar na criação de uma zona tampão entre Bizâncio e os turcos. Do ponto de vista do normando, ele usaria o enorme exército cruzado para seus próprios ganhos; isso era especialmente tentador, levando-se em conta suas perspectivas limitadas no Sul da Itália, área dominada por seu meio-irmão e seu tio. Era, em outras palavras, um acordo bom para ambos os lados.

Boemundo ficou tão satisfeito com a perspectiva de construir um reino para si mesmo que interveio em nome de Aleixo durante as negociações do imperador com Raimundo de Toulouse. Foi Boemundo quem tentou persuadir com agrados, e por fim com ameaças, o membro mais poderoso da expedição, ao dizer a Raimundo que, se continuasse a se recusar a fazer o juramento, tomaria pessoalmente medidas contra ele.[93] Com isso, Boemundo tornou-se benquisto e admirado por todos os outros cruzados comuns, que viam as divergências entre os líderes como distrações do assunto em questão: o enfrentamento dos turcos na Ásia Menor. Boemundo, portanto, assumiu o crédito por manter o ímpeto da Cruzada. E caiu também nas graças de Aleixo, que passou a ver o ex-rival como um valioso aliado, alguém dotado de bom senso e carisma — em suma, alguém em quem ele podia confiar.

Embora o imperador tivesse preocupações imediatas em 1096-97, à medida que os cruzados chegavam a Bizâncio, ele também mirava estratégias de longo prazo ao formalizar suas relações com os líderes da expedição. Uma questão que o inquietava em especial dizia respeito ao que aconteceria às cidades e regiões a serem tomadas pelos ocidentais quando cruzassem a

Ásia Menor. Esse tema foi abordado com todas as letras nos juramentos de lealdade feitos em Constantinopla. Godofredo de Boulogne, acompanhado por outros importantes cavaleiros ocidentais, "foi ter com o imperador e, sob juramento, asseverou que quaisquer cidades, terras ou fortes que no futuro viesse a subjugar e que outrora houvessem pertencido ao Império Romano seriam entregues ao oficial nomeado pelo imperador para esse fim específico".[94]

Relatos sobre esse arranjo não demoraram a se espalhar muito além de Bizâncio, tornando-se amplamente conhecidos no mundo muçulmano. Comentadores bem informados, escrevendo em Bagdá e Damasco, conheciam as linhas gerais dos termos que haviam sido celebrados na capital imperial. Um deles escreveu que, quando os cruzados chegaram a Bizâncio, "os francos, em sua primeira aparição, fizeram um pacto com o rei dos gregos e prometeram entregar-lhe a primeira cidade que capturassem".[95] Outro concentrou-se na decisão e determinação demonstradas por Aleixo para conseguir o que queria: "O imperador bizantino recusou-lhes a passagem pelo seu território. Ele disse: 'Não permitirei que atravesseis as terras do islã até que me jureis que me entregareis Antioquia'.".[96]

Fontes latinas observaram não apenas os compromissos assumidos pelos líderes ocidentais, mas também as contrapartidas oferecidas por Aleixo. O autor da *Gesta Francorum* escreveu: "De sua parte, o imperador garantiu boa-fé e segurança a todos os nossos homens, e jurou também vir conosco, trazendo um exército e uma esquadra, e, lealmente, fornecer-nos provisões por terra e mar, e tomar providências para a restituição de tudo o que havia sido perdido. Ademais, prometeu que não causaria problemas, tampouco permitiria que ninguém incomodasse ou atormentasse nossos peregrinos no caminho para o Santo Sepulcro".[97]

Nos anos seguintes, muitas discussões giraram em torno de quem cumpriu ou não suas obrigações, com acusações de transgressões de ambos os lados. Mas uma coisa estava clara: Aleixo compreendia perfeitamente o conceito de fidelidade e agia como um governante ocidental, expressando seus pedidos de homenagem na linguagem com a qual os cavaleiros estavam familiarizados. Se o imperador reconhecia também que esses compromissos mútuos poderiam ser desfeitos e descumpridos em circunstâncias difíceis, isso é outra questão.

Como o autor da *Gesta Francorum* rapidamente notou, as responsabilidades eram uma faca de dois gumes. Quando os cruzados chegaram a Constantinopla, presumiu-se que o imperador assumiria pessoalmente o comando da expedição. Afinal, quando os cruzados convergiram para Kibotos, Aleixo comportava-se como seu comandante-chefe, distribuindo presentes, fornecendo acomodação e comida, coordenando seus movimentos e aconselhando sobre as táticas adequadas a serem usadas contra os turcos. Além disso, com sua exigência de juramentos, se posicionara como a figura central da expedição.

Isso colocou Aleixo em uma situação difícil. Ele havia pedido ajuda ao Ocidente porque precisava com urgência de homens para auxiliá-lo na grande reconquista da Ásia Menor, depois que os avanços dos turcos e a rebelião da aristocracia do império o deixaram em posição perigosamente vulnerável. Portanto, sua capacidade de desempenhar um papel ativo na campanha era limitada, como Ana Comnena reconheceu: "O imperador teria gostado de acompanhar a expedição contra os turcos ímpios, mas abandonou o projeto depois de ponderar com cautela os argumentos favoráveis e contrários, vantagens e desvantagens: ele constatou que o exército romano era irremediavelmente inferior em número às imensas hostes dos francos, e também sabia, por longa experiência, o quanto os latinos eram inconfiáveis". Aleixo também estava preocupado com a eclosão de uma revolta em Constantinopla durante a sua ausência. "Então foi por esse motivo que o imperador decidiu não tomar parte da empreitada naquela ocasião", Ana escreveu. "No entanto, mesmo que sua presença fosse imprudente, ele percebeu a necessidade de dar toda a ajuda aos celtas, como se de fato estivesse com eles."[98]

Ainda não havia necessidade de o imperador declarar todas as cartas que trazia na manga. Ele conseguiu acompanhar os cruzados Ásia Menor adentro e tomar as rédeas das operações iniciais. Mas é de se presumir que ainda precisasse decidir o que aconteceria se e quando a expedição fosse bem-sucedida e começasse a ganhar terreno em seu avanço contra os turcos. Entretanto, no final da primavera de 1097, as coisas estavam bem para o imperador. Ele teve êxito nas negociações de acordos com todos os líderes ocidentais e foi cauteloso ao prometer ajuda à expedição; no entanto, independentemente do que os cavaleiros ocidentais pudessem esperar, em nenhum momento ele havia indicado com todas as letras que os pegaria pela mão e os levaria pessoalmente a Jerusalém. O relacionamento futuro entre o imperador e os cruzados dependeria em grande parte do sucesso dos cavaleiros. Assim, Aleixo observou com toda a atenção o avanço do exército cruzado em direção ao primeiro alvo importante: Niceia.

9
PRIMEIROS CONFRONTOS COM O INIMIGO

O avanço dos cruzados pela Ásia Menor foi uma história de vitórias e quase desastres, violência extrema e conflito de egos. Forçado pela instabilidade política a permanecer no coração do império em vez de se aventurar em expedição, Aleixo procurou administrar a campanha de longe. Foi uma estratégia de alto risco, mas, durante o primeiro ano da Cruzada, triunfante.

O tamanho dos regimentos reunidos em Kibotos na primavera de 1097, que chegavam às dezenas de milhares, era surpreendente; o desafio de manter as tropas abastecidas, enorme. A engenhosa operação em Kibotos impressionou Estêvão de Blois, que em carta à esposa descreveu a extraordinária quantidade de alimentos e suprimentos que os cruzados encontraram à sua espera.[1] Outros também comentaram sobre a abundância de bens na cidade, assim como a presença de um grande número de comerciantes que vendiam trigo, vinho, azeite, queijo e outros artigos essenciais para os ocidentais.[2]

Como nos Bálcãs, o preço dessas mercadorias não foi deixado a cargo das forças do mercado ou dos caprichos de comerciantes astutos. Quando os primeiros ocidentais chegaram a Kibotos, um autor relatou, os bens eram fornecidos não apenas em grandes volumes, mas a preços fixos, como resultado do controle imperial centralizado.[3] O abastecimento abundante manteve elevado o moral entre os cruzados; e também impulsionou ainda mais a alta reputação de que o imperador já desfrutava entre o exército ocidental. Distribuições regulares de dinheiro para os cruzados plebeus também produziram uma onda de boa vontade e gratidão, que encheu de determinação a força reunida para avançar sobre o inimigo em Niceia.[4] Aleixo tirou proveito desse entusiasmo, prometendo ouro, prata, cavalos e ainda mais recompensas se os turcos fossem derrotados e a cidade capturada.[5]

Os cruzados partiram para Niceia no início do verão de 1097, chegando à cidade em maio. Assim que o acampamento foi montado rente às imponentes muralhas, os ocidentais tentaram tomar a cidade de assalto. Isso surpreendeu Aleixo, que concluíra havia muito tempo que era impossível tomar a cidade à força.[6] De fato, ele havia justamente buscado ajuda militar ocidental por causa do fracasso de seus próprios esforços em Niceia no início da década de 1090. No entanto, sua suposição de que a única maneira de capturar Niceia era por meio de um prolongado cerco, com o apoio de um substancial efetivo de forças armadas, fora imediatamente contestada pelos cruzados.

Em vez de estabelecer um perímetro e apertar lentamente o laço ao redor da cidade, os cavaleiros fizeram uma rápida avaliação das fortificações de Niceia e, ato contínuo, começaram a sondar suas defesas e tentar romper as muralhas. Iniciaram seu ataque antes mesmo que alguns dos principais líderes estivessem lá; assim que chegaram, Roberto da Normandia e Estêvão de Blois constataram que o ataque já se iniciara.[7]

Embora entusiásticos, os esforços iniciais dos ocidentais geraram poucos resultados. De acordo com um cruzado, Niceia havia sido cercada por muros tão altos, que seus habitantes não temiam o ataque de inimigos, tampouco a força de qualquer máquina. Como visto, a cidade estava em uma posição perfeita e era muito bem protegida pelo terreno natural, o que incluía um grande lago a oeste.[8] Para sobrepujar as defesas, os cavaleiros projetaram e construíram mecanismos de arremesso de pedras que, embora não fossem capazes de causar graves danos às vastas fortificações, destinavam-se a fornecer cobertura aos sapadores, de modo que estes conseguissem chegar perto o suficiente das paredes para começar a comprometê-las por debaixo. Uma equipe sob a supervisão de Raimundo de Toulouse logo conseguiu derrubar uma seção das defesas, revigorando o ânimo dos cruzados e assustando a guarnição turca. Trabalhando furiosamente durante a noite, os defensores foram capazes de reparar os danos sofridos.[9]

Apesar das baixas iniciais, os cruzados persistiram. Um dos principais cavaleiros, Balduíno de Calderón, teve o pescoço quebrado pelo golpe de uma pedra arremessada dos parapeitos enquanto encabeçava um ataque contra os portões da cidade. Outras figuras afamadas também foram atingidas, incluindo Balduíno de Gante, mortalmente ferido por um disparo preciso desde as ameias. As doenças também cobravam seu preço: o jovem e corajoso Guido de Possesse morreu logo depois de cair febril.[10]

Os que estavam do lado de dentro dos muros de Niceia dispunham de importantes vantagens estratégicas em relação aos que os atacavam. A vista dos imponentes parapeitos e muralhas lhes permitia enxergar o que os cruzados faziam e se preparar do modo devido. Também poderiam facilmente disparar projéteis e flechas, ou derrubar objetos nos homens em posição vulnerável abaixo. E os turcos que protegiam Niceia eram engenhosos: despejavam óleo fervente, graxa e piche em quem se aproximasse das muralhas.[11] Além disso, os turcos sabiam que os cruzados estavam se reunindo em Kibotos desde o verão de 1096, e passaram meses estocando os suprimentos de que precisariam para resistir a um cerco prolongado. Pareciam tão confiantes de que não seriam forçados a se render que, durante o sítio, o governador de Niceia, Quilije Arslã, nem sequer estava na cidade, mas em outra parte da Ásia Menor.[12] Assim como Aleixo, os defensores de Niceia julgavam que eram ínfimas as chances de a cidade ser tomada de assalto.

Eles demonstraram sua confiança vilipendiando os cadáveres dos inimigos. Um cavaleiro do contingente de Roberto da Normandia se viu isolado em um dos ataques e foi morto pelos defensores da cidade. Em seguida, um dispositivo com afiadas garras de ferro presas a uma corrente desceu sobre os muros, agarrou o cadáver e o arrastou de volta por cima das ameias. O cadáver foi então pendurado em um laço e suspenso, nu, ao lado das muralhas, para que todos pudessem vê-lo. A mensagem era clara: tentar tomar Niceia era um desperdício de homens, tempo e energia.[13]

Os cruzados pagavam na mesma moeda. Um destacamento de turcos enviado para socorrer a guarnição de Niceia foi derrotado e seus homens decapitados; as cabeças foram fixadas em pontas de lanças e exibidas pelos ocidentais em um desfile para os habitantes da cidade. Como Ana Comnena observou, isso foi feito "para que os bárbaros reconhecessem já de longe o que havia acontecido e, apavorados com essa derrota no primeiro confronto, não se mostrassem tão ávidos para a batalha no futuro".[14]

Os cavaleiros aumentaram a pressão sobre a cidade. No século XI, a tecnologia da guerra de cerco evoluiu bastante na Europa Ocidental. Os normandos do Sul da Itália, em particular, dominaram a arte de atacar cidades defendidas por sólidas fortificações e invadi-las, em vez de estrangulá-las lentamente até a rendição. As rápidas conquistas da Apúlia, Calábria e Sicília, nas décadas de 1050 e 1060, devem muito à inovação que esses normandos introduziram nas técnicas de cerco e à inventividade demonstrada ao lidar com fortalezas bem fortificadas. Assim, a construção de máquinas de cerco, projetadas para testar as defesas de Niceia, começou tão logo os primeiros cavaleiros se aproximaram da cidade.

Os cruzados concentraram as atenções em um trecho específico das muralhas, protegido pela Torre de Gonatas. Essa torre havia sofrido danos durante uma rebelião um século antes e já estava inclinada. Os líderes da expedição imediatamente a reconheceram como o ponto mais fraco das defesas da cidade.[15] Raimundo de Toulouse supervisionou o projeto de uma máquina de cerco especial a ser usada contra a torre, uma engenhoca circular coberta com couro grosso para proteger os homens que trabalhavam dentro dela. Depois que o dispositivo foi empurrado contra a muralha, sapadores com ferramentas de ferro trabalharam na base, desenterrando pedras do sustentáculo da torre e substituindo-as por vigas de madeira que em seguida foram incendiadas. Embora a Torre de Gonatas não tenha desmoronado de imediato, o trabalho dos cruzados produziu uma visível deterioração na muralha. E provocou também pânico em Niceia.[16]

Aleixo procurou tirar vantagem da crescente ansiedade entre os turcos. O imperador havia se colocado numa posição avançada em Pelekanos, a partir da qual podia monitorar e dirigir as ações. Quando começaram os primeiros assaltos a Niceia, Manuel Butumita entrou secretamente na cidade para tentar negociar um acordo, lembrando seus habitantes da generosidade que o imperador havia mostrado para com os turcos no passado e alertando sobre as consequências caso os cruzados violassem as defesas da cidade. Manuel apresentou garantias por escrito de como os turcos seriam tratados se a cidade se rendesse imediatamente.[17]

Os turcos rejeitaram a proposta, confiantes nas defesas de Niceia. Além disso, também receberam informes de que um enorme exército estava a caminho para proteger a cidade. De fato, nos estágios iniciais do cerco, eram os cruzados que tinham motivos para estar ansiosos. Espiões desmascarados no acampamento dos ocidentais, fingindo ser peregrinos cristãos, revelaram sob tortura que a guarnição de Niceia vinha se comunicando livremente com o mundo exterior e que uma grande força turca rumava para a cidade.[18] A visão de que suprimentos estavam sendo levados para dentro da cidade sublinhou a necessidade de tomar medidas enérgicas, em vez de alimentar a esperança de que um prolongado cerco levasse à rendição.

Controlando cuidadosamente as operações, Aleixo ordenou que os navios fossem transportados por terra desde o golfo de Nicomédia para bloquear o lago de onde Niceia era abastecida, a oeste, e mandou que o ataque à cidade fosse intensificado. Arqueiros bizantinos se posicionaram perto das muralhas e foram instruídos a fornecer fogo de cobertura tão intenso que os turcos não conseguissem levantar a cabeça sobre as ameias. Sob o acompanhamento de trombetas e tambores, as forças imperiais lançaram-se em meio a gritos de guerra, dando a impressão de que um pesado ataque estava em andamento. A visão de uma onda de estandartes militares imperiais avançando ao longe sugeria a chegada iminente de mais homens para executar uma ação ofensiva contra a cidade.[19]

O plano de Aleixo era apresentar uma imagem de esmagadora superioridade militar e buscar a rendição de Niceia em seus próprios termos. Mais uma vez, Manuel Butumita foi secretamente despachado para a cidade, levando consigo uma *crisobula*, um documento assinado pelo imperador em letras de ouro, que estabelecia as cláusulas do acordo, que incluíam uma anistia, bem como generosos presentes em dinheiro, "que se estendiam a todos os bárbaros de Niceia, sem exceção".[20] Dessa vez, a iniciativa e a astúcia do imperador convenceram os turcos a se render.

Fora um engenhoso e vitorioso estratagema de Aleixo — e a validação de sua ambiciosa política de buscar ajuda do Ocidente. No entanto, a situação teve de ser tratada com delicadeza. Temendo que os cavaleiros ocidentais não ficassem satisfeitos com uma trégua negociada, o imperador deu a ordem de encenar um "ataque" às muralhas. O objetivo era dar a impressão de que foram os bizantinos — e não os cruzados — que romperam as defesas e tomaram com sucesso a cidade.

Em 19 de junho de 1097, enquanto o exército ocidental, ainda sem saber do acordo feito, continuava atacando as fortificações da cidade, soldados bizantinos escalaram as muralhas do lado do lago de Niceia, subiram às ameias e montaram os estandartes imperiais acima da cidade. Ao som de trompas e trombetas, a queda de Niceia e sua captura pelas forças do imperador Aleixo I Comneno foram anunciadas das muralhas da cidade.[21]

A queda de Niceia gerou ondas de choque no mundo muçulmano. Segundo a descrição de escritor da época em Damasco: "Começou a chegar uma fieira de relatos de que os exércitos dos francos haviam aparecido da direção do mar de Constantinopla com multidões incalculáveis [...] à medida que as notícias ganhavam fôlego e se espalhavam de boca em boca por toda parte, as pessoas ficaram ansiosas e perturbadas".[22] O uso de lápides turcas para reconstruir uma área das muralhas de Niceia que havia sofrido danos durante o cerco não deve ter ajudado a acalmar os nervos em relação às possíveis implicações da imensa expedição ocidental em outras partes da Ásia Menor.[23]

A captura da cidade também causou alvoroço mais perto de casa. Para os cruzados, era a prova de que a expedição a Jerusalém gozava da bênção divina. Quando ficou claro que a cidade havia de fato caído, gritos de "Glória a Ti, ó Deus!", em latim e em grego, se ergueram do lado de dentro e de fora das muralhas.[24] A conquista de Niceia revelou que os cavaleiros realizavam o trabalho do Senhor; foi uma vitória à qual fariam referência quando se vissem em perigo durante estágios posteriores da expedição. Não existiam alvos inexpugnáveis para um exército que marchava sob a proteção de Deus.

A retomada de Niceia tinha sido um dos objetivos primordiais de Aleixo. No entanto, a ambição, velocidade e determinação mostradas pelos cavaleiros ocidentais foram excepcionais. A captura da cidade em junho de 1097 foi, portanto, uma abrangente legitimação da decisão do imperador de pedir ajuda militar do Ocidente. Para Aleixo, tratou-se de um triunfo absoluto.

O fato de Niceia ter passado para as mãos bizantinas com pouco derramamento de sangue também ensejou oportunidades futuras para o imperador: ele poderia se apresentar como amigo e protetor dos turcos, o homem capaz de salvá-los da matança nas mãos dos cavaleiros. Essa intenção foi reforçada pelo tratamento que o imperador dispensou aos habitantes turcos de Niceia: depois de receberem atendimento imperial e generosos presentes, todos foram autorizados a seguir seus caminhos ilesos.[25] Os cruzados também foram bem recompensados: os comandantes da expedição ganharam ouro, prata e vestes suntuosas, enquanto as fileiras subalternas receberam moedas de cobre para celebrar a queda da cidade.[26]

No entanto, nem todos ficaram impressionados com a generosidade do imperador. Começaram a correr murmúrios e dúvidas acerca do papel de Aleixo e sobre por que o imperador deveria se beneficiar da força e habilidade ocidentais. Alguns meses depois, um importante clérigo da expedição escreveu a Manassés II, arcebispo de Reims, notando que "os príncipes do exército se apressaram para encontrar o imperador, que viera em pessoa expressar sua gratidão. Depois de ganharem dele presentes de valor inestimável, regressaram, alguns demonstrando afeição e simpatia, outros não".[27] Ironicamente, foi a generosidade de Aleixo que causou parte dessa amargura. Os cavaleiros partiram da Europa Ocidental para fazer a vontade de Deus; para alguns deles, receber recompensas financeiras dos bizantinos parecia inapropriado.

A decisão de Aleixo de trazer à baila a questão dos juramentos novamente em Niceia causou ainda mais descontentamento. A afirmação de Ana Comnena de que seu pai queria que todos aqueles que já haviam assumido compromissos os reafirmassem em junho de 1097 não parece convincente e não é corroborada por fontes latinas.[28] De fato, após a queda de Niceia, Aleixo procurou enquadrar os cavaleiros que ainda não lhe haviam jurado fidelidade. Alguns nobres haviam escapado da atenção do imperador em Constantinopla. Outros, a exemplo de Tancredo, sobrinho de Boemundo, evitaram discretamente prestar homenagem a Aleixo, por considerar que se tratava de um jugo de escravidão, segundo seu biógrafo do século XII.[29] Quando, após a captura de Niceia, Tancredo também foi pressionado a fazer o juramento, protestou com violência — pelo menos até que ele dissesse o seu preço: os mesmos pagamentos que haviam sido feitos aos outros líderes, mais alguns incentivos adicionais. Quando um oficial bizantino se lançou contra ele por tamanha insolência, os dois homens tiveram que ser apartados. Mais uma vez, foi Boemundo quem acalmou as coisas, convencendo Tancredo a fazer o juramento.[30]

Os esforços de Aleixo para fortalecer sua autoridade pessoal sobre a expedição após a queda de Niceia resultaram de sua decisão de não participar pessoalmente da marcha pela Ásia Menor — pelo menos não de imediato. Embora tivesse avançado até Niceia para supervisionar e testemunhar a queda da cidade, se mostrava relutante em se aventurar nas entranhas do território da Anatólia. Consciente dos perigos de deixar a capital após os problemas que enfrentara na véspera da Cruzada, preferiu escolher um general experiente e confiável para comandar o exército ocidental para o Leste. A escolha óbvia foi o amigo de infância do imperador, Tatício. Destemido e experiente, havia dado abundantes provas de sua lealdade a Aleixo, sobretudo durante o desfecho da conspiração de Diógenes. Ele cobria com uma tromba de ouro o nariz mutilado — provavelmente resultado de sua lealdade ao imperador durante os ferozes combates internos de meados da década de 1090.[31] Tatício foi nomeado comandante da força que lideraria os cruzados pela Ásia Menor e tomaria posse de todas as cidades capturadas no caminho para Jerusalém.[32]

A relutância de Aleixo em participar da expedição era compreensível, dada a crise em Bizâncio às vésperas da Cruzada. O imperador dissera a Raimundo de Toulouse que não poderia levar os cavaleiros a Jerusalém porque "receava que os alamanos, húngaros e cumanos e outros povos selvagens devastassem seu império caso ele fizesse a viagem com os peregrinos".[33] Tratava-se de perigos reais: o ataque cumano na primavera de 1095 havia levado Bizâncio ao ponto de ruptura, o que deixara o imperador incapaz de agir diretamente e o obrigara a encenar uma requintada cerimônia na Basílica de Santa Sofia, ocasião em que depositou duas tábuas sobre o altar — uma dizendo que ele deveria marchar contra os nômades, a outra que não deveria; o resto estava nas mãos de Deus.[34]

Em 1097, portanto, as ameaças internas e externas ao império significavam que os riscos eram altos demais para Aleixo assumir pessoalmente a liderança da Cruzada. Como veremos, um ano depois, quando desesperados relatos de Antioquia chegaram a Aleixo, implorando-lhe que se dirigisse para o Leste a fim de socorrer os regimentos cruzados em apuros e à beira da aniquilação, o imperador pouco poderia fazer para ajudar. A fraqueza de sua posição na época de seus apelos ao Ocidente havia sido o sustentáculo da Primeira Cruzada. No entanto, ainda assim, Aleixo manteve o controle da expedição em 1097; embora alguns dos cavaleiros se mostrassem ávidos para seguir imediatamente a jornada após a queda de Niceia, os cruzados seguiram caminho somente quando o imperador deu sua permissão, no final de junho.[35]

Nesse meio-tempo, o imperador permaneceu no norte da Ásia Menor, monitorando as tentativas bizantinas de recuperar a costa ocidental e os vales fluviais do subcontinente. Assim que se assegurou o controle de Niceia, Aleixo equipou um efetivo e o colocou sob o comando de João Ducas e Constantino Dalasseno, com ordens de avançarem até a base de Tzacas, em Esmirna. De lá, deveriam retomar os outros vilarejos na costa que haviam caído nas mãos dos turcos, antes de se voltarem para o interior; Ducas marcharia até o vale Maiander, ao passo que, em um movimento de flanco, Dalasseno seguiria para o norte, até Abidos. O objetivo era recuperar a posse de uma faixa substancial de território no oeste da Ásia Menor.[36]

A iniciativa do imperador foi respaldada pela rota tomada por Tatício quando partiu de Niceia para comandar os cruzados rumo ao Leste no final de junho de 1097. Em vez de percorrer o caminho mais direto através da Anatólia central, o general bizantino conduziu o enorme exército para o sul, até a cidade de Antioquia da Pisídia, manobra cujo intuito era maximizar a presença militar bizantina em toda a costa e seu interior, enquanto a campanha de João Ducas se iniciava.[37] A ideia era persuadir os turcos a se renderem, sob a alegação de que, se não o fizessem, seriam submetidos a um ataque maciço.

Para impressionar ainda mais os turcos, Ducas levou consigo a filha de Tzacas, feita prisioneira em Niceia. A intenção de tal gesto era provar que a cidade havia de fato sucumbido e mostrar que o poder do pai dela diminuía. O fato de ela ter sido bem tratada pelos bizantinos demonstrou claramente aos hesitantes seguidores de Tzacas os benefícios de cooperar com o imperador.[38]

A campanha bizantina iniciada no verão de 1097 foi um espetacular sucesso. Esmirna, Éfeso e todas as cidades da costa foram retomadas. Na esteira do avanço de Ducas, Filadélfia, Sárdis, Laodiceia, Khoma e Lampe foram tomadas à força ou se renderam. No verão de 1098, a costa e os principais centros de atividade do interior estavam novamente nas mãos do império. Rapidamente nomearam-se governadores bizantinos para os locais reconquistados. Todos os que receberam esses cargos — homens como Caspax, Hialeas, Petzea, Miguel Cecaumeno, Eustáquio Camizte — faziam parte da nova guarda que surgira após a conspiração de Diógenes. Até meados da década de 1090, eram todas figuras obscuras; agora estavam na linha de frente de um grande contra-ataque nas províncias orientais do império.[39]

Tendo causado problemas para o império por quase uma década, o próprio Tzacas foi por fim forçado a fugir de Esmirna. Sua derrocada foi dramática. Ao chegar a Abidos para se aconselhar com Quilije Arslã, foi assassinado após um banquete luxuoso, com uma espada cravada em seu flanco pelo próprio ex-governador de Niceia. Ele se tornara um risco para os turcos da Ásia Menor.[40]

O reflorescimento bizantino foi de tal ordem que Quilije Arslã procurou o imperador para um acordo. Ana Comnena afirmou que "o ajuste entre as partes não deixou de ter sucesso". Embora ela não forneça nenhum detalhe acerca do que se pactuou, o fato de que "a paz foi restaurada nas províncias marítimas" é uma indicação reveladora de que a sorte de Bizâncio na Ásia Menor melhorou de forma repentina e decisiva.[41]

As cidades e regiões mais importantes das províncias orientais estavam de volta às mãos imperiais. E embora ainda houvesse muita coisa a ser feita para expulsar os turcos do subcontinente de uma vez por todas, o imperador também precisava ser pragmático sobre o quanto ele conseguiria recuperar realisticamente de uma só vez. Além de encontrar oficiais fiéis, em número suficiente, em quem pudesse confiar para restabelecer sua autoridade, era essencial que as conquistas de 1097-98 fossem permanentes. Havia, é claro, a perspectiva de que, assim que os cruzados partissem de Niceia, os turcos voltariam a pressionar a cidade e o restante da região. Isso fez do acordo com Quilije Arslã um acontecimento bem-vindo para Aleixo, permitindo-lhe o escopo para reconstruir de maneira adequada a posição do império no oeste da Ásia Menor e consolidar a melhoria de sua posição em Bizâncio.

O imperador havia usado com astúcia o poderio do exército cruzado, e se beneficiou de sua força tanto de maneira direta — em Niceia — quanto indireta, por meio da pressão exercida sobre a presença turca no oeste da Ásia Menor. No entanto, ironicamente, a disposição de Quilije Arslã de chegar a um acordo com Aleixo e sacrificar uma substancial faixa de território teve consequências negativas para os cruzados, que agora atraíam todo o foco da atenção turca.

Após partir de Niceia, o exército ocidental se dividiu em dois, com Boemundo, Tancredo e Roberto da Normandia em um grupo, Roberto de Flandres, Raimundo de Toulouse, Hugo de Vermandois e o bispo de Le Puy em outro. Havia razões práticas para a divisão dos exércitos. Ainda que até então o imperador tivesse garantido os suprimentos, o deslocamento de um exército descomunal significava que mantê-lo abastecido de provisões era extremamente complicado, sobretudo no calor escaldante do planalto central da Anatólia no auge do verão.

No início de julho, apenas alguns dias após o início da marcha, Boemundo notou que batedores turcos seguiam de perto seu grupo líder, que agora se aproximava da cidade em ruínas de Dorileu. Embora tenha imediatamente enviado uma mensagem ao contingente principal, caiu na emboscada de um enorme regimento turco sob o comando de Quilije Arslã, que marchava para enfrentar os cavaleiros ocidentais. Abalados pelo medo e perplexidade, o contingente cruzado foi atacado por inimigos que "uivavam como lobos furiosos e disparavam nuvens de flechas".[42]

O barulho que os turcos faziam era aterrorizante. "Eles começaram a tagarelar e berrar, dizendo em sua língua alguma palavra diabólica que eu não entendo", escreveu uma testemunha ocular. Provavelmente estavam gritando "*Allahu akbar!*" — "Deus é grande!". No entanto, não foi apenas a algaravia que assustou os ocidentais. O ataque foi tão feroz que os sacerdotes da expedição, aos prantos, oraram a Deus, tão convencidos que estavam de sua destruição iminente.[43] "O que devo dizer a seguir?", outro ocidental registrou. "Estávamos todos realmente amontoados como ovelhas em um curral, trêmulos e apavorados, cercados por todos os lados por inimigos, de modo que não poderíamos nos virar em nenhuma direção. Ficou claro para nós que isso aconteceu por causa dos nossos pecados [...] naquele momento não tínhamos esperança de sobreviver."[44]

Circundados por arqueiros a cavalo, os homens de Boemundo foram empurrados de volta para um rio das imediações. No fim ficou claro que isso fora uma sorte: para cavaleiros que vestiam armaduras de metal e lutavam com espadas pesadas, o acesso à água potável poderia fazer a diferença entre a vida e a morte. Além do mais, os cavalos turcos galopavam com dificuldade na terra pantanosa.

Assim, voltando a um terreno mais vantajoso, os cruzados permaneceram firmes em sua posição e, apesar das pesadas baixas, travaram uma feroz ação de retaguarda até a chegada de reforços. As táticas de Boemundo e sua capacidade de manter a disciplina explicam por que a estrela do líder normando não parava de subir entre os soldados rasos da expedição. Ele exortava seus homens a se manterem firmes, liderando pelo exemplo no primeiro grande confronto aberto com o inimigo. Os cruzados mantiveram sua fé: "Passamos uma mensagem secreta ao longo de nossa linha, louvando a Deus e dizendo: 'Perseverem todos juntos, confiando em Cristo e na vitória da Santa Cruz. Hoje, queira Deus, que todos vocês conquistem um farto butim!'".[45] Ao que tudo indica, não era apenas a fé que amparava os cavaleiros.

Com a chegada de destacamentos dos contingentes de Godofredo de Boulogne, Raimundo de Toulouse e Hugo de Vermandois, a sorte começou a soprar para o lado dos ocidentais. A participação de Ademar de Le Puy fora decisiva: o bispo saqueou e incendiou o acampamento turco, e depois investiu contra o inimigo pela retaguarda. Isso espalhou confusão em meio à força agressora, que começou a se dispersar. Uma batalha que ameaçava levar a Cruzada a um fim ignominioso e precoce se transformou em uma vitória espetacular. Não é de admirar que, para alguns comentaristas, tratava-se de mais um sinal da graça e proteção de Deus: "Por um magnífico milagre de Deus, durante o dia seguinte, e por mais um terceiro, os turcos não pararam de fugir, embora ninguém, a não ser Deus, continuasse no encalço deles. Regozijando por essa vitória, todos demos graças a Deus. Foi por obra e graça Dele que nossa jornada não terminou em retumbante fracasso, mas em vez disso prosperou, mais gloriosa que o habitual, para o bem da Sua cristandade".[46]

No entanto, os turcos surpreenderam os cruzados; sua habilidade na montaria de cavalos, seu deslumbrante uso do arco e flecha e destreza militar ganharam a admiração dos ocidentais. Alguns cruzados lamentavam que eles não fossem cristãos: "[Os turcos] costumam dizer que descendem da mesma linhagem dos francos, e que homem algum, exceto os francos e eles próprios, nascem com a aptidão natural para a cavalaria. Isso é verdade e ninguém pode negar que, se ao menos tivessem permanecido firmes na fé de Cristo e da cristandade [...] seria impossível encontrar soldados mais fortes ou mais corajosos ou mais exímios, e, no entanto, pela graça de Deus, eles foram derrotados por nossos homens".[47] Apesar da relutante admiração dos cavaleiros por seu inimigo — Quilije Arslã foi descrito como "um homem muito nobre, mas ainda assim um pagão" —, a ameaça representada pelos turcos à expedição superava essas amabilidades e sutilezas.[48] Como Aleixo havia enfatizado em Constantinopla, os turcos eram combatentes formidáveis; a menos que uma disciplina estrita fosse mantida em batalha, os cruzados seriam massacrados.[49]

Tendo encerrado o ataque em Dorileu, os cavaleiros continuaram sua marcha através da Anatólia central. O avanço foi rápido, uma vez que encontraram pouca resistência pelo caminho por parte dos turcos, que não ousavam travar combate. Quando os cruzados se aproximaram de Heracleia, na costa norte da atual Turquia, o inimigo fugiu "na mesma velocidade com que uma flecha, disparada por uma mão forte, voa da corda do arco".[50] A falta de resistência se deveu à espetacular vitória dos cavaleiros ocidentais em Dorileu. Como observou um escritor árabe, "quando se recebeu a notícia da vergonhosa calamidade para a causa do islã, a angústia do povo tornou-se aguda, e seu medo e alarme recrudesceram".[51]

À medida que a Ásia Menor se abria ao avanço do exército, Tatício, ao longo do caminho, assegurou a tomada de cidades estrategicamente importantes, alvos identificados com antecedência; assim, o comandante bizantino conduziu os cruzados não pela rota mais direta para a Terra Santa, mas por uma série de locais que serviriam como bases a partir das quais seria possível partir para novas conquistas no futuro. Um desses lugares foi a cidade de Plastencia, a leste de Cesareia, retomada no outono de 1097. Em conformidade com os acordos firmados entre os cruzados e o imperador, a cidade foi colocada nas mãos de um governador imperial — neste caso, Pedro Alifa, que havia prestado serviços a Aleixo em meados da década de 1080. Ocupando então um influente papel de oficial de ligação na intermediação com os cruzados, Pedro assumiu a responsabilidade de garantir a posse da cidade "em fidelidade a Deus e ao Santo Sepulcro" — e não em nome do imperador, pelo menos segundo um comentarista.[52]

Arranjos semelhantes foram implementados para assumir o controle de outros locais, enquanto o exército cruzado marchava para o Leste. Um certo Simeão assumiu o comando de um território no sudeste da Ásia Menor, prometendo protegê-lo de ataques turcos.[53] Welf, um nativo da Borgonha, havia expulsado os turcos de Adana e tomado o controle da cidade quando um pequeno destacamento cruzado chegou para avaliar a situação da costa sul. Assim como Pedro Alifa, ele era um ocidental a serviço do imperador, que vinha retomando cidades para Bizâncio enquanto a Cruzada atravessava a Ásia Menor.[54]

Duas incursões envolvendo Balduíno de Boulogne — o irmão mais novo de Godofredo — e Tancredo parecem ter tido o mesmo propósito. No outono de 1097, Balduíno destacou-se do corpo principal da expedição e marchou para a Cilícia, autorizado pelos líderes da Cruzada. Tancredo partiu na mesma época — mas sem o mesmo consentimento. Alegou que havia resolvido fazer seu próprio caminho para Antioquia; na verdade, desejava ver o que Balduíno estava fazendo.[55]

Os dois homens logo entraram em conflito em Tarso, cidade rica e de grande importância estratégica na costa sudeste da Ásia Menor. Tancredo chegou primeiro e, lançando mão de uma série de meticulosas ameaças, conseguiu erguer seus estandartes sobre os baluartes sem ter que desferir um único ataque à cidade. Balduíno chegou depois e imediatamente fez com que a bandeira de Tancredo fosse trocada pela sua. O antagonismo entre os dois se agravou quando Tancredo seguiu para Adana e depois para Mamistra, com Balduíno no seu encalço. Por fim, suas tropas entraram em batalha aberta, e o ataque surpresa de Tancredo foi facilmente derrotado pelos homens de Balduíno.[56]

É difícil interpretar esse episódio, que via de regra é apresentado como um caso de homens que recorreram a métodos antiéticos a fim de obter lucro pessoal, tirando proveito das oportunidades que se abriram durante a Cruzada, e depois disputando os despojos. Mais uma vez, é em Constantinopla que devemos procurar uma explicação.

Balduíno chamou a atenção do imperador na capital; impressionou Aleixo ao repreender o arrogante cavaleiro que ousara sentar-se no trono imperial. Sua severa admoestação é citada na íntegra na *Alexíada*: "Jamais devias ter feito uma coisa dessas, sobretudo depois de teres prometido sob juramento ser vassalo do imperador. Os imperadores romanos não permitem que seus súditos se sentem com eles. Esse é o costume aqui, e os lígios juramentados de vossa majestade devem observar os costumes do país".[57]

Aleixo estava à procura de ocidentais confiáveis. Enquanto analisava comandantes para assumir responsabilidades durante a Cruzada, cogitou até mesmo Boemundo, com seus olhos azuis, rosto liso e uma reputação que inspirava terror em Bizâncio. Balduíno parecia se encaixar perfeitamente no perfil almejado. Não foi por acaso, portanto, que acabou sendo colocado no comando de um efetivo rumando para a costa e que avançou até Tarso e a região sudeste da Ásia Menor. A captura dessa cidade foi um precursor fundamental para o ataque a Antioquia, o foco seguinte da expedição dos cruzados. Era uma base importante, com um bom porto natural, e se tornou um local óbvio a partir do qual os turcos poderiam assediar a costa da Síria, assim que os ocidentais chegassem, ameaçando as linhas de suprimento para Antioquia não apenas desde o sul da Ásia Menor, mas também desde Chipre. Aleixo já preparava Chipre para se tornar uma base primordial para abastecer os cruzados. Proteger o tráfego marítimo no Mediterrâneo oriental era essencial para que a expedição fosse bem-sucedida na Síria. Ocupar Tarso e outras cidades visadas por Balduíno — por exemplo, Mamistra — era parte crucial do plano mais amplo de reconquista de Antioquia, até recentemente, a cidade mais importante do Oriente bizantino.

Assim, o envio de Balduíno para supervisionar a captura de Tarso e dos vilarejos do interior a seu redor nada teve a ver com qualquer tentativa de obtenção de lucros pessoais; foi uma incursão executada sob a direção do imperador. Essa foi a razão pela qual se decidiu que Balduíno deixaria o exército principal, então ainda liderado por Tatício. E explica também a determinação de Balduíno de derrotar Tancredo, um homem de temperamento difícil, obstinado e ambicioso. O uso da força contra ele foi um passo necessário para manter intacto o arcabouço da expedição.

Tendo assegurado a posse de Tarso, Adana e outras localidades na região sudoeste da Ásia Menor, Balduíno as entregou a Tatício e aos bizantinos. Foi por isso que, menos de seis meses depois, o próprio Tatício conseguiu colocar as cidades sob o controle de Boemundo, quando deixou o acampamento dos cruzados em busca de suprimentos e reforços.[58] Balduíno mostrou-se disposto a defender a qualquer custo os interesses de Aleixo, e não demorou muito para que outras cidadezinhas e populações locais ávidas para expulsar os turcos recorressem a ele, como representante do imperador. Depois de se juntar por um breve período ao exército principal, Balduíno partiu em sua segunda incursão, dessa vez pelo Cáucaso. Recebeu outro convite, agora de Teodoro de Edessa, nomeado bizantino que havia feito tudo o que podia para defender a cidade, lutando contra os turcos "com a bravura de um leão", segundo uma fonte local.[59]

Balduíno foi recebido como salvador pelos habitantes da região. "Quando passávamos pelos vilarejos dos armênios, era uma maravilha vê-los saindo para nos cumprimentar, carregando cruzes e bandeiras, beijando nossos pés e nossas roupas com o mesmo fervor com que amavam a Deus, e porque tinham ouvido dizer que iríamos protegê-los contra os turcos, que há tanto tempo os oprimiam", relatou uma testemunha ocular.[60] A alegria com que Balduíno foi recebido devia decorrer da crença de que o imperador estava tentando de forma ativa defender e proteger essa região contra os turcos, como ele vinha tentando desesperadamente fazer imediatamente antes da Cruzada, de acordo com a leitura mais provável de uma inscrição do portão de Harã.[61] Outra não é a explicação para a oferta que o povo de Edessa fez a Balduíno de lhe ceder metade das receitas e impostos da cidade. A intenção não era encher os bolsos de Balduíno; tratava-se dos fundos destinados ao imperador, e estavam sendo entregues ao agente imperial da maneira tradicional.[62]

Assim como Plastencia e Tarso, a posição estratégica de Edessa era propícia para o domínio de uma região mais ampla, e a tomada da cidade por Balduíno fazia claramente parte de um plano maior. Aleixo estava construindo uma rede de cidades e localidades importantes no Leste, cujo controle era mantido por homens de sua confiança. Era um papel que combinava perfeitamente com Balduíno. Devoto, traquejado e capaz, o caçula de três irmãos cujo patrimônio havia sido reduzido no século XI, Balduíno vendera quase todas as suas propriedades antes de partir para Jerusalém. Era um dos cruzados que viam a expedição não apenas como uma peregrinação a Jerusalém, mas também como a oportunidade de uma nova vida no Oriente.

Balduíno assumiu formalmente o comando de Edessa em nome de Constantinopla. Podemos afirmar isso não apenas pelo fato de que ele passou a usar roupas bizantinas e deixou a barba crescer à moda local, mas também por causa de outros indícios mais substanciais. Por exemplo, era impressionante que, depois de se estabelecer em Edessa, Balduíno passasse a dispor de dois trombeteiros que iam à frente para anunciar sua chegada enquanto ele percorria a região. Balduíno viajava em sua carruagem, que ostentava em um escudo dourado a inconfundível imagem da autoridade que o respaldava: a águia imperial de Constantinopla.[63]

A nomeação de Balduíno como representante de Aleixo em Edessa e arredores foi formalizada com a atribuição do título oficial de *doux*, governador. Isso explica por que as fontes latinas começaram a se referir a Balduíno nesse período como detentor do grau de duque — título que ele não tinha em sua terra natal.[64] Suas obrigações em Edessa explicam também por que Balduíno mais tarde relutou em deixar a cidade e se juntar novamente à Cruzada: não era possível ignorar suas responsabilidades.[65] Após a morte de sua primeira esposa, a inglesa Godevere, Balduíno se casou com a filha de um potentado local, o que também sugere que buscava criar raízes.[66] Em suma, para a realização do ambicioso e vasto plano do imperador de retomar o leste bizantino, Aleixo escolhera muito bem o seu tenente.

Enquanto o avanço de Balduíno assegurava a ampliação da autoridade do imperador, o restante do exército cruzado continuou marchando na direção leste. Em outubro de 1097, os cruzados por fim chegaram à grande cidade de Antioquia, que, além de contar com defesas muito bem fortificadas, ficava em uma excelente localização: recuada contra montanhas dos dois lados, com o rio Orontes a oeste servindo como mais um obstáculo, Antioquia era protegida por muralhas de vinte metros de altura e dois de espessura, com inúmeras torres, das quais era possível avistar quaisquer atividades hostis abaixo.[67]

A localização física e as defesas de Antioquia não eram os únicos motivos de preocupação; o tamanho da cidade também importava. O circuito de muralhas se estendia por cinco quilômetros ao redor da cidade, abrangendo uma área de aproximadamente 600 hectares. Como notou um observador, contanto que os habitantes recebessem comida suficiente, poderiam defender a cidade pelo tempo que bem quisessem.[68] Em uma cidade tão imensa, era possível cultivar lavouras do lado de dentro de suas muralhas e garantir o sustento da população por prazo indeterminado.

O governador de Antioquia, Iagui Siã, estava tão confiante nas defesas da cidade que praticamente não fez nada quando a expedição chegou. Isso deu aos cavaleiros um tempo precioso para inspecionar adequadamente a cidade e se reagrupar após a longa marcha. Além disso, os cruzados chegaram a Antioquia em uma época favorável do ano, quando o calor escaldante do verão se dissipara e a comida era abundante. Ficaram encantados ao encontrar "vinhedos frutíferos e tanques abarrotados de milho armazenado, macieiras carregadas de frutas e todo tipo de outras coisas boas para comer".[69]

Para começar, havia nesse cenário uma curiosa normalidade. Os moradores da cidade tocavam a vida cotidiana, aparentemente despreocupados com a presença de um vasto exército do lado de fora das muralhas; e os homens que chegaram para atacar a cidade começaram a fazer planos, alheios aos perigos e tensões que estavam por vir. Como o capelão de Raimundo de

Toulouse escreveu em tom melancólico, no início os ocidentais "comiam apenas os melhores cortes de carne, alcatra e paleta, desprezavam carne de peito e não pensavam em grãos e vinho. Nesses tempos de vacas gordas, apenas os vigias ao longo das muralhas nos faziam lembrar de nossos inimigos escondidos dentro de Antioquia".[70]

Os cruzados se estabeleceram na área circundante, tomando o porto da cidade em São Simeão para abrir linhas de abastecimento por mar para Chipre, onde um novo governador bizantino havia sido recém-nomeado, após a restauração da autoridade de Aleixo na cidade, para supervisionar o fornecimento de víveres para os cavaleiros.[71] Como Tarso e outras cidades costeiras já haviam sido capturadas, houve pouca interrupção no tráfego marítimo, fosse de Chipre ou de outro lugar.

Os cruzados tentaram então impor um bloqueio a Antioquia. Embora de início isso tenha afetado o preço das mercadorias na cidade, sua geografia e escala tornavam quase impossível bloqueá-la por completo. Como observou um cronista muçulmano, "óleo, sal e outros artigos de primeira necessidade tornaram-se caros e inacessíveis em Antioquia; mas tantas mercadorias foram contrabandeadas para dentro da cidade que se tornaram baratas novamente".[72]

A ineficácia do cerco era um dos problemas; o outro era que as condições de vida das tropas sitiantes logo se deterioraram. Encontrar comida e pasto suficientes era um problema para qualquer força de assédio que atacasse um alvo de grandes dimensões. Manter um único cavalo pode exigir entre vinte e quarenta litros de água fresca por dia, bem como um bom suprimento de feno e amplas áreas de pastagem. É difícil calcular o número exato de cavalos no entorno de Antioquia, mas estima-se que teriam sido milhares, e os aristocratas mais importantes traziam consigo várias montarias. O custo e os aspectos práticos de manter tantos cavalos alimentados, sem mencionar os homens que os montavam, eram substanciais.

De forma agourenta, os suprimentos começaram a se esgotar algumas semanas após a chegada do exército a Antioquia. A terra, que estava tão fértil, rapidamente foi exaurida. No final do ano, as condições tornaram-se atrozes. Como relatou Fulquério de Chârtres:

> Então o povo faminto devorou os talos de feijão que ainda cresciam nos campos, e muitas espécies de ervas sem sal e até mesmo

cardos que, por falta de lenha, não eram bem cozidos e, por conseguinte, irritavam a língua dos que os comiam. E comeram também os cavalos, burros, camelos, cães e até ratos. Os mais pobres comiam até mesmo as peles dos animais e sementes de grãos encontradas no esterco.[73]

Em meados de novembro, os que deixavam a segurança do acampamento para procurar comida — ou por outros motivos — corriam sérios riscos. Um jovem cavaleiro, Abelardo de Luxemburgo, "jovem de altíssima linhagem e sangue real", foi encontrado "jogando dados com certa mulher de boa estirpe e grande beleza em um aprazível jardim repleto de macieiras". Ele foi emboscado e decapitado no local; sua companheira, capturada pelos turcos, foi repetidamente violada e também decapitada. Em seguida, as cabeças de ambos foram catapultadas para dentro do acampamento cruzado.[74] Em outra demonstração de confiança, não menos vigorosa, os turcos penduraram João, o Oxita, patriarca de Antioquia, de cabeça para baixo sobre as muralhas, e espancaram seus pés com barras de ferro, para que o espetáculo fosse visto e ouvido pelo exército ocidental.[75]

A escassez de alimentos foi logo seguida por doenças. De acordo com um cronista de Edessa, cerca de um em cada cinco cruzados morreu de inanição e doença junto às muralhas de Antioquia.[76] As infecções assolaram um contingente cada vez maior de homens desnutridos e debilitados, acampados muito próximos uns dos outros. A água carregava as bactérias mortais do tifo e da cólera. As tendas apodrecidas pela chuva incessante em nada ajudavam a melhorar o moral das tropas ou conter a propagação de moléstias.[77]

A situação piorou ainda mais quando um vasto exército sob o comando de Ducaque, o emir da vizinha Damasco, se deslocou para socorrer Antioquia logo após o Natal de 1097. Por um golpe de sorte, em seu avanço, as tropas do emir foram avistadas por Boemundo e Roberto de Flandres — então numa missão para esquadrinhar o terreno em busca de comida —, que decidiram enfrentar o inimigo. Em grande número, os cavaleiros ocidentais se mantiveram firmes e, rompendo as linhas inimigas, conseguiram evitar o cerco dos homens de Ducaque.[78] A resistência dos cruzados teve um efeito surpreendente no moral turco. Ducaque rumou para Antioquia na expectativa de acabar com um exército ocidental enfraquecido e vulnerável, mas, sob ataque, Boemundo e Roberto de Flandres demonstraram formidável determinação e disciplina, o que surpreendeu o governador de Damasco e seus homens. Em vez de continuar até Antioquia, para grande surpresa dos ocidentais, Ducaque voltou para casa. O primeiro grande exército muçulmano a atacar os cruzados em Antioquia desistiu na primeira oportunidade.

A sensação de alívio no acampamento ocidental não durou muito. Apenas um mês depois, no início de 1098, batedores relataram que outro grande exército de socorro, liderado por Raduano, governador de Aleppo, se aproximava rapidamente. Um conselho dos principais líderes da força cruzada se reuniu e decidiu que aproximadamente setecentos cavaleiros se deslocariam para lutar contra as tropas de Aleppo, enquanto os demais permaneceriam para manter o cerco à Antioquia da melhor forma possível.

Boemundo, Roberto de Flandres e Estêvão de Blois deixaram o acampamento ao anoitecer de 8 de fevereiro de 1098.[79] Quando encontraram o exército de Aleppo, Boemundo mais uma vez assumiu a liderança. Assim como havia acontecido no confronto com os regimentos de Ducaque, os turcos novamente ameaçaram esmagar os cavaleiros ocidentais. Boemundo manteve-se firme, e instigou os homens que o acompanhavam: "Atirai-vos com todo ímpeto ao ataque, como homens valentes, e lutai com bravura em nome de Deus e do Santo Sepulcro, pois sabeis na verdade que esta não é uma guerra da carne, mas do espírito. Portanto, sede muito corajosos e tornai-vos paladinos de Cristo. Ide em paz e que o Senhor seja vossa defesa!".[80]

O arrojo feroz de Boemundo inspirou seus homens e assustou o inimigo. Mas as táticas de combate dos cruzados também eram importantes. Parte da cavalaria ocidental se escondeu, aguardando o momento certo para emboscar o inimigo. Os cavaleiros escolheram seu momento de maneira impecável, dispersando os turcos para que pudessem ser interceptados em grupos menores. Com o contra-ataque dos cruzados, o exército de Raduano se desfez. Mais uma vez, contrariando todas as expectativas, alcançaram uma vitória milagrosa.

A credibilidade dos comandantes que supervisionaram esse êxito militar aumentou de forma drástica. Impossibilitado de participar do combate por causa de sua saúde debilitada, Raimundo de Toulouse foi incumbido de comandar os que permaneceram em Antioquia. Tatício e a força bizantina também não podiam levar nenhum crédito pelas vitórias sobre os governadores de Damasco e Aleppo. Boemundo, em contrapartida, fora inspirador. De acordo com o relato de uma testemunha ocular, "Boemundo, protegido por todos os lados pelo sinal da cruz, atacou as forças turcas como um leão que, faminto há três ou quatro dias, sai de sua toca sedento de sangue e se lança sobre os incautos rebanhos, dilacerando as ovelhas que, correndo para lá e para cá, tentam fugir".[81] Esse acontecimento marcou o início de um culto à personalidade que se mostraria poderosíssimo nos anos seguintes.

A esmagadora derrota do exército de Raduano representou um grande impulso para o moral dos cruzados. E foi, em igual medida, um grande choque para os moradores locais, presenteados com a visão de cabeças turcas afixadas em postes à vista dos portões da cidade. Era um lembrete sombrio do que aconteceria com eles caso continuassem a resistir.[82]

Já por três vezes, em seus confrontos com Quilije Arslã, Ducaque e por fim Raduano, os cruzados escaparam por um triz de uma catástrofe. Embora tivessem sobrevivido em todas as ocasiões, suas chances de sucesso diminuíam a cada vez que um novo exército se lançava contra eles. Os governadores de Niceia, Damasco e Aleppo podiam ter fracassado, mas havia outros governantes locais, para não falar do poderoso sultão de Bagdá e do vizir do Cairo, que provavelmente interviriam, mais cedo ou mais tarde. A questão era se os cruzados seriam capazes de invadir Antioquia antes que sua maré de boa sorte acabasse.

10

A BATALHA PELA ALMA DA CRUZADA

Mesmo depois de rechaçar o ataque de Raduano, os cruzados continuavam em situação bastante vulnerável. E, quanto mais o cerco durava, mais desprotegido ficava o exército ocidental, abalado por doenças e enfermidades. A luta por Antioquia na primeira metade de 1098 alimentava perigosos níveis de discórdia entre os líderes da expedição. O minucioso equilíbrio de interesses entre o Oriente e o Ocidente — a reconquista bizantina e a Cruzada cristã — desandou em decorrência da queda do moral e das divergentes ambições pessoais que vieram à tona do lado de fora dos muros de Antioquia.

Numa tentativa de resolver o impasse, Ademar de Le Puy exortou os cavaleiros a jejuar por três dias e marchar em uma procissão solene ao redor das muralhas da cidade. Decretou também que se celebrassem missas e que os salmos fossem recitados com mais frequência, e sugeriu que a sorte poderia melhorar se todos raspassem suas barbas.[1] A seu ver, havia poucos cruzados vestindo a cruz, e por isso insistiu que todos deveriam colocar o símbolo de pano nas vestes.[2] Para o bispo, era clara a ligação entre o terrível sofrimento no acampamento e a falta de devoção demonstrada pelos cruzados.

À medida que o moral das tropas despencava, a deserção tornou-se comum. A liderança da Cruzada adotou uma linha intransigente, aplicando severas punições a qualquer um que tentasse escapar. Flagrados numa tentativa de fuga, Pedro, o Eremita, Walter, o Carpinteiro e William de Grantmesnil foram repreendidos e humilhados por Tancredo: Walter foi obrigado a se deitar no chão da tenda de Boemundo "como um pedaço de lixo", antes de receber seu castigo na frente das tropas.[3] O lugar de quem abandonava o cerco eram os esgotos, um comentarista escreveu.[4] Tão frágil era o moral entre os cruzados que até mesmo os líderes faziam juramentos, prometendo um ao outro que não iriam embora enquanto Antioquia não fosse tomada.[5]

Esses compromissos solenes eram uma forma de unir as figuras mais importantes, algumas das quais passaram a hesitar, o que alimentava dúvidas sobre o cerco. Boemundo, por exemplo, ameaçou desistir logo no início do bloqueio, não apenas queixando-se das baixas fatais entre seus homens, mas também protestando por não ser rico o suficiente para sustentar seus regimentos em meio à disparada dos preços dos alimentos.[6] Outros eram menos diretos. Estêvão de Blois retirou-se para Tarso, aparentemente para recuperar a saúde — um eufemismo para justificar o fato de que não tinha estômago para suportar o sofrimento em Antioquia.[7] Roberto da Normandia também preferiu assistir aos eventos desde um ambiente confortável e, no Natal de 1097, se retirou para um local mais hospitaleiro na costa sul da Ásia Menor.[8] Apesar das repetidas tentativas de encorajá-lo a voltar ao cerco, ao menos ele não partiu de vez para casa. Um cronista da época ficou surpreso com o fato de Roberto não ter desistido de vez e retornado à Normandia, dada sua fraqueza de vontade, a prodigalidade com que esbanjava dinheiro, seu amor pela comida, indolência geral e libertinagem.[9]

A questão candente era como abastecer o exército cruzado. A cidade vizinha de Tarso foi retomada por forças leais a Bizâncio em 1097; o mesmo aconteceu com Laodiceia, o último porto remanescente controlado pelos turcos na costa sul. Aleixo estabeleceu então Laodiceia como a principal base de suprimentos para Antioquia, o ponto central para o envio de "vinho, grãos e grande quantidade de gado" do Chipre.[10] As operações eram supervisionadas pelo governador da ilha, Eumácio Filocala, que também assumiu o comando de Laodiceia na primavera de 1098.[11]

Embora a ameaça de ataques piratas tivesse sido praticamente eliminada, Chipre não fora capaz de fornecer recursos em quantidade suficiente para manter milhares de homens e cavalos alimentados durante o inverno. Havia duas soluções para o problema: incrementar de forma drástica as linhas de abastecimento ou aumentar o número de homens em Antioquia de modo que a cidade pudesse ser devidamente isolada, e o cerco, encerrado. Como disse Bruno de Lucca ao transmitir notícias da situação no Leste aos habitantes de sua cidade natal, Antioquia havia sido cercada pelos cruzados, "mas não muito bem".[12]

Coube a Tatício tomar a iniciativa. O comandante bizantino foi responsável por liderar o exército cruzado e garantir um significativo avanço em direção a Antioquia. No final de janeiro de 1098, ele partiu, prometendo enviar "muitos navios carregados de milho, cevada, vinho, carne, farinha e todo tipo de provisões necessárias". No entanto, embora tenha deixado seus bens no acampamento, não voltou para a Cruzada.[13]

A partida de Tatício tornou-se pública e notória, e mais tarde esse fato foi usado para mostrar que ele — e, portanto, o imperador Aleixo — traiu os cruzados, abandonando-os à própria sorte em Antioquia. Tatício foi embora, disse um cronista, "agindo com perfídia e má-fé [...] a pretexto de levar uma mensagem acerca do prometido socorro, o que não cumpriu com lealdade, pois não regressou a Antioquia".[14] Nas palavras de Raimundo de Aguilers, que estava presente durante o cerco, Tatício partiu "amaldiçoado por Deus; por seu ato covarde [de não retornar], trouxe a vergonha eterna para si mesmo e aviltou seus homens".[15] "Ele é um mentiroso, e para sempre será", foi o veredicto do autor da *Gesta Francorum*.[16]

Esses juízos eram injustificados. Em 4 de março de 1098, poucas semanas após a partida de Tatício, uma frota entrou no porto de São Simeão trazendo gêneros alimentícios essenciais, provisões, reforços e materiais a serem usados contra as poderosas defesas de Antioquia. O momento em que a frota aportou não foi coincidência. Tampouco sua identificação por Bruno de Lucca, que, como inglês, navegou com ela; Aleixo havia estabelecido uma guarnição inglesa em Laodiceia após a recaptura da cidade, e provavelmente eram esses homens que traziam suprimentos de emergência para Antioquia.[17] Tatício cumprira o que havia prometido.

A razão pela qual isso não foi reconhecido pelos cruzados e seus cronistas gira em torno do fato de que já começavam a surgir dúvidas e apreensões quanto ao papel bizantino na expedição. Primeiro que tudo, com a ausência de Tatício, não ficou claro a quem Antioquia deveria ser entregue se e quando fosse tomada, em conformidade com os juramentos feitos a Aleixo em Constantinopla. Isso gerou inquietação entre as tropas ocidentais, cujos líderes começaram a questionar não apenas se os bizantinos haviam perdido a fé na operação, mas também por que, afinal, a cidade estava sendo sitiada, a um custo tão elevado para os ocidentais.[18] Antioquia tinha significado cristão; tratava-se da Sé original de São Pedro. Mas sua captura tinha pouco a ver com a libertação do Santo Sepulcro; por que não avançar para Jerusalém e deixar Antioquia de lado?

Parece que os cruzados permaneceram em Antioquia, a despeito do sofrimento, porque estavam atrelados aos compromissos que haviam assumido junto ao imperador, que, mesmo de longe, era o comandante da expedição. Dessa maneira, os juramentos obtidos pelo imperador com tanta insistência estavam provando sua eficácia: submeteram os líderes da Cruzada à autoridade de Aleixo e deram ao governante bizantino o poder de definir os objetivos militares e estratégicos da expedição. É evidente que o imperador se sentiu à vontade para considerar que não era necessário despachar Tatício de volta ao acampamento ocidental, tampouco enviar um representante em seu lugar para assegurar que as obrigações permanecessem as mesmas.

Uma razão para isso foi um grande erro de cálculo cometido por Aleixo em relação a Boemundo. Em Constantinopla, Boemundo se mostrara ávido para se posicionar como braço direito ideal do imperador, protegendo os seus interesses e agindo como seu mediador junto aos outros principais líderes da expedição. Em mais de uma ocasião, Boemundo fizera isso com êxito, intervindo em nome de Aleixo.[19] Se o imperador pensava que Boemundo continuaria a representá-lo com tamanha lealdade, estava enganado.

Na primavera de 1098, após a partida de Tatício e consequente vácuo de autoridade bizantina, Boemundo viu uma oportunidade de ouro. Começou a cogitar um novo acordo sobre o futuro de Antioquia — sem o envolvimento de Aleixo. A sugestão que apresentou foi provocativa: os juramentos feitos pelos cavaleiros ao imperador eram nulos e sem efeito, já que Aleixo não havia cumprido sua parte do acordo. O imperador não acompanhou pessoalmente os cruzados; a pequena tropa que ele enviara com os cavaleiros havia batido em retirada; ele falhou em fornecer apoio militar na hora da necessidade, e não manteve o abastecimento de provisões aos cavaleiros. Em suma, Aleixo era um traidor.[20]

Boemundo concluiu que Antioquia não deveria ser entregue ao imperador. Propôs então que o primeiro que conseguisse romper uma brecha nas muralhas para libertar a cidade deveria poder reivindicar o controle da localidade. Embora tenha recebido pouca atenção dos demais líderes, que desconfiavam de ambições mais amplas do normando, Boemundo persistiu. No final de maio de 1098, mais uma vez trouxe à baila a questão de Antioquia.

Dessa vez, porém, ele foi ouvido. As condições no acampamento cruzado não tinham melhorado e não houve progresso algum contra as defesas da cidade. Começaram a circular notícias de que o numeroso exército de Querboga, o ambicioso governador de Mossul, se aproximava para derrotar os ocidentais de uma vez por todas. Suas tropas eram tão bem armadas e dotadas de recursos tão abundantes que as fontes latinas e gregas presumiram que deviam ter sido financiadas e enviadas pelo próprio sultão seljúcida Barquiaruque.[21] A crise em Antioquia se aproximava do clímax.

Os relatórios de inteligência sobre os movimentos e objetivos de Querboga eram tão preocupantes que, quando os líderes se reuniram, resolveram manter as notícias em segredo, uma vez que divulgá-las para suas tropas poderia destruir o moral e provocar deserções em massa. Diante dessas circunstâncias terríveis, o retorno de Boemundo à questão do futuro de Antioquia parecia equivocado; em face da aniquilação completa, o normando insistiu sobre o status legal dos juramentos e fez exigências sobre o controle da cidade e a distribuição dos espólios da vitória. Parecia que Boemundo sabia de algo que os outros líderes desconheciam.

O que aconteceu foi que Boemundo firmou um acordo secreto com um capitão inimigo chamado Firuz, encarregado de uma das torres de defesa das muralhas de Antioquia, para permitir a entrada dos cruzados na cidade. Algumas testemunhas oculares relataram que Boemundo havia capturado o filho de Firuz e o mantinha refém. Outros acreditavam que Firuz havia sido inspirado por Deus e tivera uma visão instruindo-o a entregar Antioquia aos cristãos; ou que era um armênio aflito com os maus-tratos infligidos pelos turcos aos habitantes da cidade; ou que se tratava de um homem que, incapaz de resistir à promessa de uma generosa recompensa, simplesmente aceitara o suborno.[22] Seja como for, Boemundo encontrara um trunfo — e o manteve escondido dos outros líderes cruzados. Suas negociações com Firuz teriam sido ajudadas pelo fato de ambos falarem grego, Firuz por viver na Antioquia bizantina, Boemundo graças à sua criação no Sul da Itália — ainda que, segundo Ana Comnena, Boemundo tivesse um sotaque terrível.[23]

Enquanto Querboga se aproximava rapidamente de Antioquia, as propostas de Boemundo acerca dos destinos da cidade foram mais uma vez postas em discussão. Raimundo de Toulouse, o mais rico e influente dos líderes da Cruzada, foi categórico e se recusou a dar sua aprovação ao que considerava uma traição completa aos juramentos feitos ao imperador em Constantinopla.[24] Raimundo fora o mais relutante de todos em selar com Aleixo os compromissos que o imperador exigia dele; agora, era o mais relutante em quebrá-los.

Embora a maioria dos outros líderes cruzados mais importantes tivesse dúvidas com relação às propostas de Boemundo, ele acabou obtendo algum apoio, mesmo que bastante restrito: pactuou-se que, se um único líder fosse capaz de tomar Antioquia, poderia manter a posse da cidade. No entanto, esse arranjo seria estritamente condicional e temporário; mais cedo ou mais tarde, o controle acabaria cedido a Bizâncio. O acordo foi cuidadosamente registrado por escrito.[25] As atenções se voltavam então aos preparativos para um ataque total à cidade — o último lance antes da chegada do exército de Querboga.

Em 2 de junho de 1098, quatro dias após o conselho de líderes, os cruzados iniciaram a invasão. A fim de pegar desprevenida a guarnição de defesa, simularam a marcha de um grande contingente ao encontro de Querboga, e depois, ao anoitecer, voltaram em surdina e se juntaram a outro destacamento junto ao portão de São Jorge, sob o comando de Roberto de Flandres e Godofredo de Boulogne. Um grupo menor se posicionou com Boemundo junto à torre controlada por Firuz.

Depois de constatar que o caminho estava livre, o primeiro grupo de homens de Boemundo subiu por uma escada que havia sido presa ao topo das ameias. Firuz os aguardava, conforme o combinado. "*Micro Francos echomé!*", exclamou ele em desespero — "Temos poucos francos!". A seu ver, não havia homens suficientes para que fosse possível tomar a cidade.[26]

Subir a escada na escuridão não foi fácil, sobretudo pelo fato de que, ansiosos, muitos cruzados, incluindo Fulquério, um cavaleiro de Chârtres, tentaram subir ao mesmo tempo.[27] O peso do excesso de homens fez a escada tombar, ferindo alguns e produzindo enorme barulho. Por um golpe de sorte, interpretado como um sinal da proteção divina, uma forte ventania abafou o estrépito, e a escada foi novamente levantada e os cruzados subiram a toda velocidade.[28] Reunidos no topo, em silêncio abriram caminho ao longo das muralhas, matando quem encontrassem, até por fim alcançarem a posição propícia para sinalizar a Godofredo e Roberto de Flandres, à espera lá embaixo, que havia chegado a hora de atacar com violência um dos portões da cidade.[29]

Ao atravessar o portão por uma brecha, os cruzados irromperam em Antioquia, abrindo caminho à força à base de golpes de clavas e espadas e penetrando cada vez mais na cidade, enquanto os habitantes despertavam perplexos. Boemundo se concentrou em um objetivo: hastear seu estandarte de batalha no ponto mais alto das muralhas, o mais rápido possível, o que mostraria que a cidade havia sido capturada e estava em mãos cristãs. Mas era também uma declaração para os outros cruzados de que Antioquia havia caído nas suas mãos; mesmo no calor da batalha, Boemundo já calculava o futuro.[30]

Tudo corria bem para os cruzados; os outros portões de Antioquia foram escancarados por seus moradores não muçulmanos. Alguns sofreram o impacto do furioso ataque dos soldados, que lutaram pela cidade rua por rua; no meio do alvoroço, os cruzados mataram também muitos dos cristãos que viviam por lá. No breu, sobrecarregados de medo e adrenalina, não havia tempo para distinguir amigos de inimigos. A tomada de Antioquia foi brutal. Durante dias a fio, cadáveres jaziam nas ruas, e o calor do início do verão piorava ainda mais o cheiro pútrido dos corpos em decomposição. "Todas as ruas da cidade, por todos os lados, estavam apinhadas de defuntos, de modo que ninguém suportava estar lá por causa do fedor, e era impossível andar pelas estreitas ruelas a não ser por cima dos cadáveres", relatou uma testemunha ocular.[31]

O comandante da cidade, Iagui Siã, fugiu em pânico para as montanhas dos arredores. Foi reconhecido por três moradores, todos eles cristãos, que o arrastaram amarrado a uma mula e o decapitaram com a sua própria espada. Sua cabeça singular — enorme, com imensas orelhas peludas e uma comprida barba que chegava à cintura — foi trazida de volta a Antioquia e exibida aos cruzados como um troféu.[32]

Após oito longos e dolorosos meses, Antioquia finalmente caiu, em 3 de junho de 1098 — embora a cidadela, o forte dentro da cidade, ainda resistisse. Durante o cerco morreram milhares de cruzados, além de um número incontável de feridos. Outros desertaram e foram para casa. No entanto, o sítio terminou em triunfo. Mas os que entraram na cidade não tiveram tempo para desfrutar de seu sucesso: o exército de Querboga chegou no dia seguinte.

Os contingentes de Querboga eram muito mais numerosos do que os efetivos reunidos pelos governadores de Damasco e Aleppo. Em vez de promover um ataque às pressas, Querboga empregou seus recursos com cautela: montou acampamento junto às muralhas e contactou os defensores da cidadela. Depois de constatar que o exército cruzado estava esgotado e apreensivo, ordenou uma feroz investida da guarnição da cidadela.

Os cruzados conseguiram resistir ao assalto inicial, e Querboga decidiu então sufocar a cidade por meio de um bloqueio. Os sitiantes tornaram-se os sitiados. As comunicações de Antioquia com o mundo exterior foram cortadas, embora uma delegação tenha conseguido partir, pouco antes da chegada de Querboga, levando ao imperador bizantino um desesperado pedido de ajuda. Tentativas posteriores de sair da cidade foram facilmente sufocadas pelos turcos.

O bloqueio de Querboga rapidamente surtiu efeito. Após meses de cerco, acabaram-se os suprimentos dentro da cidade. "Nossos homens comiam carne de cavalos e jumentos, e a vendiam uns aos outros, uma galinha custa quinze xelins, um ovo, dois xelins, e uma noz, um centavo [...] tão terrível era a fome que os homens ferviam e comiam folhas de figos, videiras, cardos e todo tipo de árvores. Outros cozinhavam e comiam as peles secas de cavalos, camelos, jumentos, bois e búfalos", um cronista relatou.[33] Plantas indigestas eram colhidas e cozidas, muitas vezes envenenando os que as comiam. Alguns chegaram a comer sapatos e outros artigos de couro; outros bebiam o sangue de seus cavalos.[34] Para outros, como Fulquério de Châtres, havia uma explicação óbvia para esse sofrimento: antes e depois da tomada da cidade, muitos cruzados haviam dormido com as mulheres locais. Agora Deus estava punindo essa devassa fornicação.[35]

Mais do que em qualquer outro momento da expedição até então, os cruzados precisavam de um milagre — e conseguiram. Um homem sem nenhuma distinção especial chamado Pedro Bartolomeu disse a Raimundo de Toulouse e ao bispo de Le Puy que, havia vários meses, vinha tendo visões de Santo André, nas quais o santo lhe revelava a localização da lança que havia perfurado o flanco de Cristo. Depois de vasculharem a cidade, seguindo as instruções de Pedro, parte da lança sagrada foi recuperada sob o piso da igreja de São Pedro em Antioquia.[36] Encontrar a lança de Longino ou "Lança do Destino" serviu como um bom presságio e um enorme impulso num momento em que o moral dos cavaleiros ocidentais estava em baixa. Para os cruzados, a descoberta de uma relíquia tão importante, e que sobretudo tipificava o sofrimento, parecia bastante significativa — mesmo que céticos comentaristas posteriores tenham desprezado sua autenticidade. O achado ajudou a fortalecer a determinação em um momento crítico, em que os cavaleiros "não tinham a força para sofrer essas coisas e resistir; assim, cruzados importantes e desimportantes deliberaram juntos, afirmando que era melhor morrer em batalha do que perecer de uma fome tão cruel, definhando dia a dia até serem vencidos pela morte".[37]

Os líderes da expedição decidiram então que era hora de atacar de frente o exército inimigo. Embora os suprimentos estivessem quase esgotados, deu-se a ordem para que os cavalos recebessem a máxima quantidade de ração possível para aumentar sua resistência. Durante três dias antes do embate com os turcos, os cruzados participaram de procissões solenes e celebrações da eucaristia, e se confessaram.[38] Em 28 de junho de 1098, os ocidentais saíram em marcha de Antioquia e atravessaram o portão da Ponte sobre o rio Orontes, espalhando-se na frente da cidade em quatro brigadas. Essa manobra pegou Querboga de surpresa. No meio de uma partida de xadrez quando soube que uma surtida estava em andamento, o emir de Mossul perdeu um tempo precioso pedindo a confirmação de que os relatos eram exatos e depois refletindo sobre como responder. Querboga simplesmente não conseguia acreditar que alguém pudesse ser tão corajoso — ou tão estúpido — a ponto de tentar fugir da cidade.[39]

Nesse ponto, a Cruzada poderia ter saído dos trilhos. A própria cidade de Antioquia ficou essencialmente indefesa, a não ser por um pequeno contingente sob o comando de Raimundo de Toulouse, que ficou para trás, mais uma vez acometido de doença. O grupo que permaneceu com ele, com apenas duzentos cavaleiros, era tudo o que havia para impedir que a guarnição da cidadela retomasse o controle da cidade. Querboga, entrementes, nada fez, hesitando em atacar os cruzados em seu momento mais vulnerável, enquanto cruzavam o rio.[40]

Quando Querboga finalmente ordenou o ataque, os cavaleiros ocidentais mais uma vez conseguiram, de maneira decisiva, manter sua formação.

Isso causou pânico no exército de Querboga, já amedrontado pela reputação que os ocidentais haviam conquistado com vitórias anteriores. As tropas cruzadas mantiveram a disciplina, despachando pequenas unidades para o coração do exército inimigo, que se estilhaçou sob a pressão das pesadas cargas de cavalaria. Os batalhões de Querboga começaram a se dispersar e a bater em retirada, e seu comandante fugiu como um cervo, de acordo com o relato de uma testemunha ocular. O acampamento de Querboga e tudo o que havia nele foram capturados, incluindo muitas mulheres turcas que haviam sido trazidas em antecipação às celebrações que acompanhariam a retomada de Antioquia e a destruição do exército cruzado. Os ocidentais não fizeram mal a essas mulheres, Fulquério de Chârtres escreveu, "mas enfiaram lanças em suas barrigas".[41]

O que parecia ser o fim da expedição a Jerusalém de repente se tornou seu momento mais glorioso. O sucesso contra os exércitos de Querboga foi tão extraordinário que mesmo os indivíduos que testemunharam o combate não entendiam de que maneira a vitória havia sido alcançada. De acordo com Raimundo de Aguilers, que lutou na batalha, a fuga de Querboga foi causada por Deus, que enviou sobre o exército cristão uma chuva divina para inspirar seus homens com bênçãos, força e ódio ao inimigo.[42] Outra testemunha ocular concordou que houve o envolvimento da intervenção divina, com o aparecimento de inúmeros cavaleiros sobrenaturais, todos com estandartes brancos e liderados por santos — São Jorge, São Mercúrio de Cesareia e São Demétrio — ao lado dos cruzados.[43] Para outro cronista, a própria relíquia da Lança Sagrada foi a responsável por trazer a vitória, incutindo medo gélido no coração de Querboga no momento em que ele a viu e fazendo-o fugir.[44] Relatos árabes da época mostraram um pouco mais de discernimento; Querboga era um homem arrogante, cuja personalidade e comportamento lhe renderam a malquerença dos outros emires; sua recusa em deixá-los matar cavaleiros cruzados capturados gerou imensa impopularidade. Além disso, ele foi abandonado na batalha por inimigos dentro de seu próprio exército, que haviam jurado traí-lo na primeira oportunidade.[45]

Para os cruzados, o colapso do exército de Querboga pode muito bem ter parecido um evento milagroso, porém havia razões mais mundanas para o triunfo. A confusão que rapidamente se espalhou pelas fileiras do exército turco foi o resultado de uma liderança incompetente e de deficiências na comunicação. Isso ocasionou pânico, pois algumas das operações limitadas dos cruzados, em alguns casos a simples manutenção de posições, davam a impressão de que o exército muçulmano estava sendo expulso. No caos do combate, em meio à poeira que os cascos dos cavalos levantavam, ao estrépito do entrechoque de metal contra metal e ao alarido de guerra enchendo o ar, o já nervoso exército turco foi minado por seu próprio tamanho — vários de seus comandantes no campo de batalha mal conseguiam entender o que estava acontecendo, ao mesmo tempo que tentavam receber ordens de Querboga.

O êxito mais acachapante dos regimentos dos cruzados, ágeis, disciplinados e bem liderados, fora fruto de sua capacidade de se manter firmes. Os ocidentais já haviam rechaçado três grandes exércitos muçulmanos e conquistado o controle permanente de Antioquia. Não tinham mais nada a temer; e não precisavam de outros sinais de que Deus estava com eles. Nada mais lógico e natural, sem dúvida, que a própria Cidade Santa fosse devolvida às mãos dos cristãos.

No rescaldo da batalha por Antioquia, os líderes da Cruzada fizeram um balanço de sua posição. Decidiram que o avanço para o sul de Jerusalém não ocorreria antes do inverno, de modo que a expedição se consolidasse e recuperasse sua força. O moral ganhou novo alento com a rendição da cidadela de Antioquia após a derrota de Querboga, e com o apoio que os cruzados receberam dos habitantes das regiões vizinhas, que passaram a abastecer os novos senhores da cidade.

No entanto, na decisão de adiar a marcha sobre Jerusalém havia mais em jogo do que dar ao exército tempo para se reagrupar. O cronista Raimundo de Aguilers, por exemplo, estava ansioso para que os cruzados seguissem adiante. Convencido de que não enfrentariam resistência se marchassem diretamente para a Cidade Santa, argumentou que as populações da Síria e da Palestina estavam tão assustadas e fracas após a derrota de Querboga, que ninguém ousaria nem sequer atirar uma pedra nos cavaleiros ocidentais, se eles marchassem imediatamente.[46] De fato, o atraso foi causado por confusões e desacordos sobre o destino de Antioquia. Assim que a cidade foi retomada, os aspectos práticos da ocupação começaram a atolar os cruzados. Como seria mantido o controle dessa cidade e de outros vilarejos, fortes e localidades? Ficariam sob os auspícios e a autoridade de quem? O que era razoável esperar da população local — sobretudo muçulmana

— em termos de fornecimento de alimentos e cooperação? Quem tinha o direito de reivindicar o domínio pessoal das cidades além das fronteiras de Bizâncio? O objetivo da expedição como um todo era apenas a libertação de Jerusalém — ou havia outros propósitos a serem considerados? Os meses que se seguiram à derrota de Querboga giraram em torno de uma batalha pela alma da Primeira Cruzada.

Central nessa crise foi o impasse entre Boemundo, que clamava pelo controle pessoal de Antioquia, e Raimundo de Toulouse, que insistia que os juramentos a Aleixo deveriam ser obedecidos, e estava convencido de que a integridade da expedição como uma peregrinação armada — em vez de uma campanha de conquista — deveria ser respeitada. O resultado foi um beco sem saída. Boemundo se recusou a deixar Antioquia; Raimundo se recusou a partir para Jerusalém enquanto Boemundo não concordasse em renunciar às suas reivindicações.

A Cruzada começou a se desintegrar. Os líderes da expedição já haviam demonstrado excepcional solidariedade, tanto na batalha quanto nas reuniões de conselho. Após a captura de Antioquia, porém, ambições concorrentes ameaçaram a viabilidade do empreendimento. Após a derrota de Querboga, fez-se um anúncio extraordinário: todos os participantes da expedição eram livres para prestar serviço a qualquer senhor que bem desejassem; era uma admissão aberta do grau de litígio que havia tomado conta da campanha. Isso significava que todos os laços, vínculos e lealdades tradicionais que tinham tanto valor no Ocidente não apenas se afrouxaram, como foram completamente eliminados. Essa mudança radical operou em larga medida a favor de Raimundo; sua popularidade e reputação de honra e respeitabilidade fizeram muito para recomendá-lo àqueles que ainda não estavam a seu serviço.[47] Um dos que se juntaram a ele foi o autor da *Gesta Francorum*, que acompanhara Boemundo desde o Sul da Itália, mas ficara frustrado com a demora em seguir para Jerusalém.

Outros cruzados também procuraram se beneficiar da situação de desagregação. Vários cavaleiros e soldados de infantaria, empobrecidos em decorrência do longo cerco de Antioquia, partiram para Edessa, atraídos pelas promessas de Balduíno de recompensa financeira em troca de serviço militar.[48] O irmão de Balduíno, Godofredo, entretanto, se pôs a capturar fortes e vilarejos locais, como Turbessel, e a extorquir impostos dos habitantes, tributos que ele dividia com seus homens.[49] Isso aumentou sua popularidade, atraindo outros para o seu rebanho. Até mesmo cavaleiros de baixo escalão aproveitaram a oportunidade. Raimundo Pilet reuniu um efetivo com a promessa de ganhos fáceis e se dirigiu para o fértil planalto de Jabal al-Summaq. Após o sucesso inicial, a expedição terminou em desastre, quase aniquilada em um imprudente ataque à cidade de Maarrat an-Numan, em julho de 1098.[50]

A Primeira Cruzada estava em queda livre. A expedição precisava de uma liderança forte e decisiva, mas em vez disso a dissidência começou a se intensificar, primeiro em âmbito reservado e depois em público. Espalharam-se rumores de que a ralé da soldadesca poderia decidir o assunto por conta própria e derrubar os muros de Antioquia, como forma de fazer os líderes caírem em si. É difícil pensar em uma atitude mais drástica do que destruir o prêmio conquistado a um custo tão alto. Mas a raiva deles era compreensível: o desacordo em relação a Antioquia era a causa dos problemas.[51]

Para superar o impasse, os cruzados recorreram ao imperador Aleixo. Como visto, enquanto Querboga se aproximava de Antioquia, uma delegação encabeçada por Estêvão de Blois foi enviada para implorar ao imperador que marchasse à frente do exército imperial a fim de auxiliar as tropas ocidentais. Estêvão se encontrou com Aleixo em Filomélio e solicitou uma reunião privada. Seu resumo do estado de coisas não poderia ter sido mais sombrio: "Em verdade vos digo que Antioquia foi tomada, mas a cidadela não caiu, e nossos homens estão todos sitiados; a essa altura, creio que tenham sido mortos pelos turcos. Batei em retirada, portanto, o mais rápido que puderdes, de modo que não vos alcancem".[52] Estêvão e outros relataram que, possivelmente, Querboga já havia chegado à cidade e massacrado os cavaleiros sitiados. O mais provável era que Antioquia estivesse de volta às mãos turcas e a Cruzada chegado a um desfecho sangrento. Nem de longe isso estimulou o imperador a marchar em auxílio dos cruzados. Como já havia firmado um acordo com Quilije Arslã no oeste da Ásia Menor após o sucesso da campanha bizantina de 1097-98, Aleixo deu ordens para que as forças imperiais retornassem a Constantinopla.[53]

Sem que se soubesse da decisão do imperador, durante vários meses após a queda de Antioquia, circularam rumores de que a chegada de Aleixo ao Leste era iminente.[54] Nesse meio-tempo, a ausência de um representante bizantino de alto escalão criou um vácuo. No caso de Niceia e em outros lugares, um nomeado bizantino — homens como Manuel Butumita, Pedro

Alifa, Welf da Borgonha e Balduíno de Boulogne — se apresentou para assumir o controle da situação. Em Antioquia não havia tal figura, e sem poder recorrer ao imperador para receber orientações, os cruzados ficaram perdidos.

Para resolver o impasse, uma segunda delegação de embaixadores foi enviada a Aleixo, novamente encabeçada por uma figura de posição elevada no exército cruzado, com o objetivo de persuadir o governante bizantino a assumir o controle da expedição. No final do verão de 1098, "nossos líderes, o duque Godofredo, o conde Raimundo de Saint-Gilles, Boemundo, o conde da Normandia e o conde de Flandres e todos os outros enviaram o nobre cavaleiro Hugo Magno ao imperador de Constantinopla, pedindo-lhe que viesse e tomasse a cidade e cumprisse as obrigações que assumira com eles".[55] Embora uma fonte sugira que Hugo de Vermandois houvesse se comportado de forma agressiva com Aleixo, quando se encontrou com ele em Constantinopla, parece muito mais provável que tenha demonstrado uma postura conciliadora e apaziguadora. De qualquer forma, se Hugo deu a entender, com delicadeza ou não, que, a menos que o imperador bizantino rumasse para Antioquia a fim de assumir a liderança da expedição, haveria consequências devastadoras, isso surtiu pouco efeito. Aleixo não seguiu para o Leste e decidiu não enviar uma expedição para reintegrar Antioquia ao seu império.[56]

Se assim tivesse agido, o imperador poderia ter dissolvido o impasse que impedia o avanço da Cruzada. Poderia também ter evitado a hostilidade em relação a ele, que crescia rapidamente. Algumas semanas após a captura de Antioquia, Pedro Bartolomeu, que havia identificado a localização da Lança Sagrada, teve novas visões. Dessa vez, Santo André lhe disse que os bizantinos não deveriam tomar posse de Antioquia, pois se o fizessem, profanariam a cidade, como supostamente aconteceu com Niceia.[57] As atitudes em relação a Aleixo e Bizâncio estavam se tornando envenenadas.

Dadas as circunstâncias, em nada ajudou o fato de Ademar de Le Puy ter morrido de febre em 1º de agosto de 1098. O bispo não apenas havia sido o enviado do papa durante a expedição, mas, graças à sua irrestrita bravura, ganhara o respeito dos outros líderes e dos homens de baixo escalão. A evidente alegria que demonstrou ao receber setenta cabeças turcas enviadas por Tancredo aumentara sua popularidade.[58] A *Chanson d'Antioche* [Canção de Antioquia], poema que registra a glória da Primeira Cruzada, descreve também como Ademar de Le Puy compartilhou a emoção de uma multidão que observava cavaleiros devorando a carne de turcos mortos, em uma refeição regada a vinho.[59]

Na ausência do imperador, o bispo poderia ter sido capaz de aliviar as tensões no acampamento dos cruzados, como havia feito em um momento crítico durante o cerco, quando suas sugestões para aplacar a ira de Deus foram postas em prática.[60] Na qualidade de representante papal, Le Puy era a ponte entre o Ocidente e o Oriente, "dirigente e pastor" do exército cruzado e uma influência tranquilizadora. "Amado por Deus e pelos homens, impecável na estima de todos", morreu no momento errado.[61]

Em 11 de setembro de 1098, uma carta foi enviada ao papa Urbano II em nome de figuras importantes da expedição, incluindo Boemundo, Raimundo de Toulouse, Godofredo, Roberto de Flandres e Roberto da Normandia. Embora os turcos e os pagãos tivessem sido subjugados, a carta relatava que fora impossível vencer os hereges: armênios, jacobitas, sírios — e também os gregos.[62]

Foi um momento-chave na Cruzada. Desistindo do imperador, os líderes ocidentais voltaram-se para o papa em busca de liderança, implorando-lhe que se juntasse a eles no Oriente. "Dessa forma, sua Santidade completará a expedição de Jesus Cristo que começamos e a qual sua santidade pregou. Assim, o santo padre abrirá as portas de Jerusalém, libertará o Sepulcro do Senhor e exaltará o nome cristão sobre todos os outros. Se vier até nós para completar conosco a expedição que sua santidade começou, o mundo inteiro lhe obedecerá [...] Amém."[63]

Em seu parágrafo final, a carta ia ainda mais longe: o imperador não apenas era repreendido por não ter feito o suficiente para ajudar a expedição, como também era acusado de prejudicar a campanha. "Cabe a sua santidade nos apartar do injusto imperador que jamais cumpriu as muitas promessas que nos fez. A bem da verdade, ele nos estorvou e nos prejudicou de todas as maneiras de que dispunha."[64] O papa, no entanto, não estava mais disposto do que Aleixo a se juntar à expedição. Enviou então um clérigo de alto escalão, Dagoberto de Pisa, para substituir o falecido Ademar.

Nesse meio-tempo, houve pouco progresso na situação de Antioquia. Nos meses que se seguiram à tomada da cidade, Boemundo fez um jogo truculento, tentando provocar Raimundo sempre que possível para conseguir o que queria. Quando o conde de Toulouse investiu contra Maarrat an-Numan, Boemundo correu para a cidade para impedi-lo de usá-la a fim de assegurar para si a posse mais ampla dos arredores. Quando a cidade finalmente sucumbiu, após um longo e difícil cerco, os normandos tiveram a desfaçatez de ocupar partes de Maarrat, recusando-se a entregá-las a Raimundo, a fim de obter vantagem em Antioquia.

Os esforços de mediação entre os dois cruzados terminaram em fracasso. Num encontro na basílica de São Pedro em Antioquia, Raimundo repetiu solenemente o juramento a Aleixo, salientando que o compromisso não poderia ser anulado por mero capricho. Em resposta, Boemundo apresentou uma cópia do acordo feito entre os líderes antes da tomada de Antioquia, fazendo notar que esse também era obrigatório. O conde de Toulouse enfatizou mais uma vez que "Juramos sobre a Cruz do Senhor, a coroa de espinhos e muitas relíquias sagradas que não manteríamos a posse, sem o consentimento do imperador, de nenhuma cidade ou castelo em seu domínio".[65] Ele se ofereceu a submeter-se ao julgamento de seus pares, especificamente Godofredo de Boulogne, Roberto de Flandres e Roberto da Normandia — com a condição de que Boemundo viajasse com eles a Jerusalém. Em outras palavras, estava disposto a fazer concessões, contanto que a questão fosse resolvida mais tarde.[66]

A proposta parecia bastante razoável — mas muitos poderiam ver os dois lados do argumento. Os juramentos eram claros e categóricos; e, no entanto, aparentemente Aleixo não havia cumprido sua parte do acordo. À medida que a impaciência crescia no exército cruzado, Boemundo percebeu que sua melhor jogada era aguardar. No fim, sua intransigência valeu a pena. No início de 1099, Raimundo de Toulouse finalmente desistiu de resistir às exigências de Boemundo e se preparou para partir sem ele e liderar a marcha para Jerusalém.

No entanto, os outros cruzados mais notáveis aprenderam a lição com Boemundo e, em troca de continuarem a jornada, exigiram concessões do rico conde de Toulouse. Como mostram os pagamentos substanciais de 10 mil *solidi* (moedas de ouro) feitos a Godofredo de Boulogne e Roberto da Normandia, 6 mil a Roberto de Flandres e 5 mil a Tancredo, eles aprenderam que sua cooperação para realizar a empreitada final em direção a Jerusalém poderia ter um preço. O idealismo que caracterizara o início da expedição fora substituído por algo totalmente mais pragmático: pagamentos adiantados para marchar rumo à Terra Santa, declarações unilaterais de que os juramentos haviam sido invalidados — e, se não o abandono completo de incentivos espirituais, pelo menos a demanda por benefícios materiais ao lado deles. Desde a captura de Antioquia, a expedição adquirira uma dimensão decididamente nova.[67]

A viagem a Jerusalém seria marcada por outros percalços. A captura de Maarrat an-Numan durante o inverno de 1098-99 foi seguida por privações piores dos que as vividas em Antioquia doze meses antes. Famintos e enfraquecidos, e com poucos tabus ainda a serem quebrados, os cruzados estavam tão desesperados que supostamente cortaram a carne das nádegas de muçulmanos mortos e comeram. A fome era tão aguda que muitos tentavam comer a carne humana antes mesmo de ela ser devidamente cozida.[68]

Depois de ouvirem histórias de como os cruzados haviam lidado com os exércitos de Ducaque, Raduano e Querboga, e após os sanguinolentos relatos sobre a crueldade dos cruzados em lugares como Maarrat, onde abriam o estômago dos cativos na crença de que haviam engolido moedas de ouro para escondê-las, os governantes locais que controlavam os territórios na rota para Jerusalém ficaram aflitos e firmaram pactos de trégua com o exército ocidental que se aproximava. Os emires de Xaizar, Homs, Jabala e Trípoli, por exemplo, enviaram generosos presentes a Raimundo de Toulouse, como forma de conquistar a boa vontade do cavaleiro e evitar ataques às suas cidades.[69]

O ritmo do avanço cruzado sofreu uma drástica redução quando o exército chegou a Arqa e submeteu a cidade a um cerco que se arrastou por três meses. A essa altura, Aleixo já sabia da sobrevivência dos cruzados em Antioquia — e da mudança de atitude em relação a ele. Ao ser informado da recusa dos cavaleiros em devolver Antioquia e outras antigas possessões bizantinas, o imperador despachou embaixadores para reclamar das flagrantes violações dos juramentos. Seus emissários avisaram aos líderes ocidentais que o imperador se juntaria à expedição em 24 de junho de 1099, e que os cruzados deveriam, portanto, manter posição e esperar por ele. Isso suscitou debates dentro do exército ocidental, que rapidamente se dividiu em duas facções: os que aceitavam de bom grado a chegada de Aleixo e de reforços e os que não estavam mais dispostos a cooperar com os bizantinos. Até mesmo a promessa de presentes substanciais, insinuada pelos embaixadores, teve pouco impacto sobre os que haviam se colocado contra o imperador.[70]

Pode ser que a perspectiva de Aleixo se juntar à expedição tenha estimulado a decisão dos cruzados de avançar para Jerusalém a fim de fortalecer sua posição, pois, no início de maio de 1099, eles abandonaram o cerco a Arqa e marcharam a toda velocidade rumo à Cidade Santa. Após dezoito meses, durante os quais o escopo, os objetivos e a natureza da expedição haviam sido completamente alterados, o propósito inicial da Cruzada subitamente retornou.

11
A CRUZADA EM FRANGALHOS

Depois de tudo por que passaram — doenças e privações em Antioquia, inúmeras baixas sofridas em combate e ao longo da longa marcha, e condições tão ruins que os aguerridos homens, endurecidos pelas batalhas, tiveram de recorrer ao canibalismo —, não era de surpreender que a chegada dos cruzados a Jerusalém em 7 de junho de 1099 fosse acompanhada de regozijo e exultação. Um cronista escreveu sobre lágrimas de felicidade escorrendo quando o exército chegou ao seu destino.[1]

No entanto, ainda havia muito a ser feito. Jerusalém era protegida por robustas fortificações, com impressionantes muralhas e defesas e uma guarnição que se preparava havia meses para a investida dos cavaleiros ocidentais. Enquanto os cruzados se reuniam em um conselho de barões e deliberavam sobre como invadir a cidade, Tancredo, sofrendo de um caso agudo de disenteria, entrou em uma caverna próxima; lá encontrou uma pilha de equipamentos para construir máquinas de cerco, resquícios de tentativas anteriores de tomada da cidade. Foi outro momento de grande sorte para os cruzados.[2] Nesse local eles recolheram materiais úteis, antes de receberem a notícia de que seis barcos genoveses haviam aportado em Jafa, carregados de suprimentos e provisões, além de cordas, martelos, pregos e machados.[3] Embora levar os materiais de volta ao acampamento envolvesse uma viagem de oitenta quilômetros por terreno hostil, foi uma dádiva de Deus, que faria a diferença entre o sucesso e o fracasso de toda a expedição.[4]

Apesar dos muitos êxitos e da temível reputação que precedia os cavaleiros ocidentais, a guarnição de Jerusalém tinha boas razões para acreditar que seria capaz de rechaçar os ataques. Como Antioquia, a cidade gozava da proteção de defesas colossais. Além disso, embora ainda fosse substancial, o tamanho do exército cruzado havia diminuído drasticamente ao longo dos dois anos anteriores, perdendo homens tanto nas batalhas como vítimas de doenças. Estima-se que, quando chegou a Jerusalém, o exército ocidental tinha sido reduzido a um terço de seu efetivo original.[5] Os habitantes da Cidade Santa também se animaram com as difíceis condições que os cruzados enfrentavam diante das muralhas da cidade. Dessa vez, o problema principal não foi a comida. Fulquério de Chârtres relatou: "Nossos homens não sofreram com a falta de pão ou carne. No entanto, como a área era seca, sem água e sem riachos, nossos homens, bem como nossos animais, padeceram pela escassez de água para beber".[6]

Todos os poços no entorno de Jerusalém foram bloqueados ou envenenados em antecipação ao iminente ataque, o que fez com que os cruzados fossem obrigados a fazer uma viagem de ida e volta de vinte quilômetros para buscar água fresca na fonte mais próxima. Costuravam peles de bois e búfalos para tentar transportar a água com segurança e em grandes volumes. Os que eram corajosos o suficiente para sair em busca de água corriam o risco de cair em emboscadas. E quando voltavam para o acampamento, esses carregadores muitas vezes se deparavam com discussões furiosas, tão aguda era a sede, tão intenso o calor. Julgando que mereciam mais que os agradecimentos e o apreço de seus companheiros, alguns viram nesses empreendimentos a chance de ganhar dinheiro, e insistiam em receber pagamento pela água trazida. Dessa maneira, a água disponível não era dividida de maneira igualitária, mas vendida a preços extorsivos. Para os que podiam ou estavam dispostos a pagar, nem sempre era uma boa relação de custo-benefício: às vezes a água era escura e barrenta, podendo conter até mesmo sanguessugas. A água suja acarretava doenças; testemunhas oculares descreveram que beber água impura causava graves inchaços na garganta e na barriga, e amiúde levava a uma morte agonizante.[7]

Havia poucas alternativas para os que não tinham condições de comprar água de seus pares inescrupulosos. Uma delas era o açude de Siloé, reservatório localizado nos arredores de Jerusalém e alimentado por uma fonte natural de água segura para beber e quase sempre disponível. Mas chegar até ele era outra questão — como ficava muito próximo às ameias da cidade, um disparo preciso desde as muralhas poderia ser fatal.[8] Havia também o risco de emboscada; alguns cruzados foram atacados e mortos, enquanto outros foram capturados, desaparecendo para sempre.[9]

Os habitantes de Jerusalém também se sentiram tranquilizados por mensagens que receberam do poderoso vizir do Cairo, al-Afdal, avisando-lhes que estava a apenas quinze dias de distância. A captura de um dos mensageiros do vizir, que revelou essa informação sob tortura, espalhou alarme entre os cruzados, cujas preocupações aumentaram após a interceptação de um pombo-correio, derrubado por um falcoeiro. A nota do pombo descrevia os cavaleiros ocidentais como imprudentes, obstinados e desordeiros, e instigava os governadores muçulmanos de São João de Acre e Cesareia a atacar os cruzados, enfatizando que, se o fizessem, encontrariam presas fáceis.[10]

A resposta dos ocidentais foi acelerar os planos para tomar a cidade. Em 8 de julho de 1099, realizaram uma procissão solene com cavaleiros carregando cruzes, andando descalços ao redor dos muros de Jerusalém, implorando a Deus por ajuda e misericórdia. Os habitantes da cidade aproveitaram o espetáculo para disparar flechas contra os homens que marchavam em volta das muralhas. Parecia-lhes que tinham pouco a temer daquele exército ocidental enlameado e assediado.[11]

No entanto, os cruzados não confiavam apenas na inspiração divina para seu sucesso. Rapidamente construíram duas torres de assalto, que, tão logo ficaram prontas, foram montadas rente às muralhas, uma ao sul da cidade, a outra próxima à imponente Torre Quadrangular, que defendia o lado ocidental de Jerusalém. A construção e o posicionamento das torres de assalto foram acompanhados de perto pela guarnição da cidade, que reforçou as defesas e mobilizou seus recursos de maneira adequada.[12]

No calor inclemente de julho, os cruzados realizaram uma manobra brilhante em termos táticos, que lhes deu uma vantagem decisiva. A arma de cerco montada junto à Torre Quadrangular foi desmanchada na noite de 9 de julho e reerguida ao norte da cidade, onde eles haviam identificado que as defesas eram mais fracas e o terreno mais plano.[13] O ataque a Jerusalém começara para valer. Rapidamente fora preenchida uma vala defensiva e desmantelada uma parte da muralha externa. Dispositivos de arremesso de pedras propiciavam cobertura vital, ao mesmo tempo que os arqueiros cruzados fizeram chover flechas sobre os inimigos. Um enorme aríete foi usado para abrir uma brecha nas defesas, grande o suficiente para que a torre de cerco pudesse ser levantada contra a muralha principal. Em vez de puxarem o aríete de volta e assim perder tempo precioso, o engenho bélico foi incendiado. Enquanto a torre era arrastada até a posição correta, sob furioso fogo inimigo, sapadores começaram a minar a estrutura da muralha. Outros subiram até o topo da torre, lutando contra os soldados que guarneciam a muralha e, em pouco tempo, conquistando uma posição nas ameias.[14] De súbito, Jerusalém cambaleava.

A despeito do veloz avanço nas defesas ao norte da cidade, esforços conjuntos estavam sendo feitos simultaneamente na seção sul das muralhas. Outra torre de cerco, bem construída e robusta, foi empurrada contra as ameias. Ficou claro, no entanto, que seu valor estava menos em sua eficiência operacional do que no fato de que atraía fogo inimigo e distraía a atenção do ataque em outros pontos. As forças de defesa concluíram que eram mais vulneráveis a assaltos no sul da cidade, concentrando recursos por lá: nove dos quinze dispositivos de projéteis em Jerusalém foram posicionados para proteger o acesso sul. Outras engenhocas que arremessavam bolas de fogo de gordura, resina, piche e pelos contra o exército cristão também estavam concentradas nessa parte da cidade. A defesa da seção sul foi bem-sucedida, pois a torre de cerco acabou incendiada e os ocidentais sofreram baixas substanciais. O contra-ataque foi tão bem orquestrado que os cruzados, sob a liderança de Raimundo de Toulouse, cogitaram bater em retirada. Somente quando receberam notícias de que o ataque estava avançando com êxito em outros pontos é que os esforços foram redobrados. Enquanto o engenho de cerco ao sul ardia e sobre os cavaleiros ocidentais choviam projéteis, óleo fervente e flechas, circularam relatos de que os cruzados haviam derrubado um pedaço da muralha norte e estavam invadindo a cidade.

A resistência dentro de Jerusalém desmoronou imediatamente. O comandante da cidade, Iftikhar ad-Dawla, zeloso de sua própria segurança, negociou um acordo com os líderes ocidentais, entregando o controle da Cidade Santa em troca de um salvo-conduto até a cidadela, de onde planejava resistir até que as tropas do vizir do Cairo chegassem. Os cruzados respeitaram o pacto que dava a Iftikhar, suas esposas e algumas outras pessoas selecionadas a autorização para deixarem a cidade ilesos.[15] O comandante muçulmano deve ter se preocupado: na primavera de 1099, o governador de Maarrat an-Numan havia feito um acordo semelhante com Boemundo, e fora massacrado ao deixar a cidade.[16]

Jerusalém caiu nas mãos dos cruzados em 15 de julho de 1099. Ao descrever o comportamento dos ocidentais quando invadiram a cidade, fontes latinas deixam pouca margem para a imaginação: "Alguns dos pagãos foram misericordiosamente decapitados, outros perfurados por flechas desde as torres, e ainda outros, torturados por longo tempo, morreram queimados em chamas abrasadoras. Pilhas de cabeças, mãos e pés se espalhavam pelas casas e ruas, e homens e cavaleiros corriam de um lado para o outro por cima de cadáveres".[17]

A escala da carnificina chocou até a mais otimista das testemunhas oculares: "Quase toda a cidade estava atulhada de cadáveres, de modo que os sobreviventes arrastavam os mortos para fora e os empilhavam em montes do tamanho de casas junto aos portões de saída. Nunca ninguém tinha visto ou ouvido falar de tal mortandade de gentes pagãs, pois eram queimadas em piras altas como pirâmides, e ninguém a não ser Deus sabe quantas eram".[18]

A descrição de outro autor, ausente na ocasião, corrobora com a horrenda dimensão do ataque: "Se estivésseis lá, teus pés ficariam manchados até os tornozelos com o sangue dos mortos. O que devo dizer? Ninguém sobreviveu. Nem mulheres e crianças foram poupadas".[19] Os relatos do saque de Jerusalém são dramáticos e sombrios. Mas a linguagem e as imagens portentosas de muitos dos relatos dos vencedores também eram propositadas — o livro do Apocalipse forneceu um ponto de referência específico para sublinhar o significado da vitória cristã.[20]

No entanto, outras fontes revelam algo das cenas que caracterizaram a captura da cidade. Horrorizado, um escritor muçulmano afirmou que 70 mil pessoas que se refugiaram na mesquita de al-Aqsa foram assassinadas, incluindo imãs, estudiosos e homens justos.[21] Judeus também foram massacrados enquanto gritos de vingança pela crucificação de Cristo soavam no ar. Os cruzados pareciam não estar somente com vontade de comemorar, mas sim de fazer um acerto de contas.[22]

Alguns visitaram o Santo Sepulcro para agradecer a Deus por tê-los ajudado a finalmente cumprir seu destino. Mas para muitos havia outras prioridades. O apetite pelo saque parecia inesgotável. Os cruzados ouviram rumores de que, para evitar a pilhagem, muçulmanos haviam engolido seus pertences mais preciosos. De acordo com Fulquério de Chârtres:

Que espantoso vos teria parecido ver nossos escudeiros e lacaios, depois de terem descoberto a trapaça dos sarracenos, abrirem as barrigas daqueles que haviam acabado de matar para extrair de seus intestinos os besantes que os sarracenos haviam engolido ainda em vida dentro de suas gargantas repugnantes! Pela mesma razão, dias depois, nossos homens fizeram um enorme amontoado de cadáveres e os reduziram a cinzas para encontrar mais facilmente o ouro supramencionado.[23]

Aqueles que entraram em Jerusalém apoderaram-se de todos os bens que desejaram; de súbito, muitos cruzados que até então levavam uma vida financeiramente limitada ocuparam casas na cidade mais importante do mundo cristão.[24] Por fim, após dois dias de caos e derramamento de sangue, os líderes da expedição decidiram retirar os cadáveres das ruas para evitar a propagação de doenças. À medida que a sede de sangue diminuiu, os cruzados tornaram-se mais contidos em suas relações com os habitantes da cidade. Um comentarista judeu até preferia os cruzados aos antigos senhores muçulmanos — pelo menos seus novos senhores lhes davam comida e bebida.[25]

Jerusalém foi finalmente devolvida às mãos cristãs. Foi o culminar de uma jornada de ambição quase inimaginável, de escala e organização sem precedentes, em que dezenas de milhares de homens cruzaram a Europa e a Ásia Menor em uma campanha que enfrentou grandes adversidades em condições espantosamente hostis. A logística necessária para manter contingentes substanciais abastecidos com comida e água, regidos com ordem e disciplina, representou um desafio e tanto. Em um terreno que era mais extenuante e mais quente do que as condições a que estavam acostumados, os cruzados atacaram muitos fortes, vilarejos e cidades protegidos por defesas robustas. A dimensão da façanha era inquestionável — três das maiores cidades do Mediterrâneo oriental, pedras angulares do cristianismo, haviam sido conquistadas no espaço de dois anos: Niceia, Antioquia e Jerusalém.

A terceira e última foi a mais importante para aqueles que deixaram a Europa Ocidental em 1096. A tomada de Jerusalém era um feito extraordinário, um testemunho da determinação, habilidade, perícia e tenacidade dos cruzados. Todos enfrentaram dificuldades, tensão e medo; muitos não conseguiram chegar até o fim. Era um momento de celebração.

"Tomada a cidade, foi gratificante ver o culto dos peregrinos no Santo Sepulcro, as salvas de palmas, o júbilo e o entoar de um novo cântico ao Senhor", declarou Raimundo de Aguilers, que estava entre os presentes no momento da captura da cidade.

As almas dos homens ofereceram ao Deus vitorioso e triunfante orações de louvor que eles não eram capazes de explicar em palavras. Um novo dia, uma nova alegria, uma nova e eterna felicidade, e enfim a realização de nossa labuta e amor ensejaram novas palavras e canções para todos. Este dia, que, afirmo, será celebrado pelos séculos vindouros, transformou nossa dor e nossa luta em alegria e regozijo. Afirmo ainda que este dia extirpou todo o paganismo, confirmou o cristianismo e restaurou nossa fé. "Este é o dia que fez o Senhor; regozijemo-nos, e alegremo-nos nele", e merecidamente, porque, neste dia, Deus brilhou sobre nós e nos abençoou.[26]

No rescaldo da captura de Jerusalém, os cruzados se viram diante de decisões difíceis. De que forma a cidade deveria ser governada? Como se daria o envolvimento e a interação com a população local? Que espécie de confiança poderiam esperar de Bizâncio e do imperador Aleixo, se é que eram minimamente confiáveis? Como a cidade e seus novos senhores seriam abastecidos? Que oposição enfrentariam no futuro? Os ocidentais perceberam que era necessário tomar medidas para garantir que a captura da cidade não fosse uma proeza transitória, mas a base de um governo cristão permanente.

Não havia muito tempo para debate. Jerusalém e a região circundante precisavam ser rapidamente defendidas, pois enquanto a cidade ainda estava sendo saqueada, chegaram notícias da aproximação de um enorme exército vindo do Cairo. Como primeiro passo, uma semana depois de tomar a cidade, os líderes da Cruzada decidiram eleger o mais rico, digno e devoto entre eles como monarca. O estabelecimento de um governo régio era, obviamente, em parte a reprodução de um sistema político com o qual os cavaleiros estavam familiarizados. Mas havia também um propósito deliberado por trás da posse de um único indivíduo: evitar a fragmentação e a indecisão que assolaram a expedição após a captura de Antioquia. Raimundo de Toulouse foi a escolha óbvia para o papel. No entanto, contrariando as expectativas dos cruzados, Raimundo recusou o título de rei; sua resposta devota foi que o título real era adequado apenas para o Filho de Deus, pelo menos naquela que era a santíssima das cidades. Tal gesto de piedade era muito bonito, mas os cruzados reconheceram a necessidade de uma liderança abalizada. Se Raimundo não estava preparado para assumir o cargo, quem mais poderia ser adequado para o papel?

Godofredo de Boulogne também teve um ótimo desempenho durante a Cruzada; foi diligente, esforçado e confiável durante todo o tempo, e, talvez o fato mais importante, não causara divisões. Sua discordância do imperador em Constantinopla sobre o juramento mostrou que ele estava preparado para se manter firme quando necessário, e sua aparente intenção de permanecer na Terra Santa após a expedição também contava valiosos pontos a seu favor. Godofredo não precisou ser indagado duas vezes. Sensível, no entanto, às objeções de Raimundo ao título de rei, Godofredo era astuto o suficiente para encontrar uma maneira de contornar a questão. Em 22 de julho de 1099, Godofredo foi nomeado "Protetor do Santo Sepulcro". Cabia a ele transformar os conquistadores ocidentais em colonos.

A captura de Jerusalém reverberou por toda a Europa, mas seu impacto local não foi menos profundo. Durante séculos a cidade fora o lar de muçulmanos, judeus e cristãos, produzindo e exportando azeite, fragrâncias, mármore e vidro para o Mediterrâneo. Era também um importante centro de peregrinação para o islã; segundo um visitante do século XI, muitos milhares de peregrinos muçulmanos viajavam em romaria a Jerusalém, pois para eles era um destino muito mais fácil de alcançar do que Meca.[27]

A conquista cristã alterou drasticamente a estrutura social, étnica e econômica da cidade. Os muçulmanos fugiram de Jerusalém e de outras cidades e localidades da Palestina e deixavam para trás tudo o que não conseguiam carregar.[28] Como resultado, interrompeu-se a produção de óleos, cerâmicas, frutas em conserva e outras mercadorias pelas quais a região era famosa. No entanto, além de retomar a produção econômica, havia também a necessidade de estabelecer novos vínculos para substituir a teia de redes majoritariamente muçulmanas que dominavam o comércio com o Levante. Dispostos a intervir, mercadores genoveses e venezianos negociaram termos bastante favoráveis para si mesmos. Em troca de abastecer as novas colônias dos cruzados, as cidades-Estados italianas receberam acomodações e extensas propriedades nas principais cidades da costa leste do Mediterrâneo, sobretudo Antioquia, Jerusalém e, por fim, Tiro, o principal porto para a Cidade Santa.[29]

A prioridade mais premente, no entanto, era assegurar o controle duradouro da Cidade Santa. Na primavera de 1099, enquanto rumavam para o sul, os cruzados haviam recebido emissários do califado fatímida do Cairo, propondo uma aliança contra os turcos sunitas.[30] Embora a oferta não tenha sido rejeitada de imediato e por completo, os fatímidas tiraram suas próprias conclusões quando os regimentos cruzados marcharam sobre Jerusalém. Quando os cruzados alcançaram a Cidade Santa, um exército bastante numeroso, sob o comando do vizir al-Afdal, já havia sido despachado para o norte — chegou a seu destino nos primeiros dias de agosto. No dia 10 daquele mesmo mês, os cavaleiros deixaram Jerusalém e enfrentaram o inimigo nas imediações de Ascalão, pegando o exército fatímida de surpresa. No pânico que se seguiu, muitos tentaram se esconder nas árvores, para acabarem atingidos por flechas ou trespassados pelas lanças dos cavaleiros. Mais uma vez a disciplina dos cruzados rendeu uma improvável vitória contra batalhões muito mais numerosos, dispersando as tropas de al-Afdal e empurrando-as de volta para o interior das muralhas de Ascalão, de onde os sobreviventes, desmoralizados, logo partiram de volta para casa.[31]

Apesar do sucesso, os primeiros estágios do assentamento dos cruzados foram precários, e as forças muçulmanas exerceram pressão quase constante sobre os vilarejos que haviam sido capturados em 1098-99. Para tentar aliviar a situação, líderes cruzados emitiram apelos urgentes a todos os cristãos europeus. Na primavera de 1100, o arcebispo Dagoberto de Pisa, enviado ao Oriente pelo papa como seu representante após a morte do bispo Le Puy, escreveu a "todos os arcebispos, bispos, príncipes e todos os católicos da região germânica", implorando-lhes que enviassem reforços à Terra Santa para levar socorro para que os cristãos mantivessem a posse das cidades e territórios conquistados.[32]

Os apelos caíram em terreno fértil, à medida que muitos europeus estavam encantados com as notícias da captura de Jerusalém e das façanhas dos cruzados. O fato de que os heróis que conquistaram a Cidade Santa se encontravam então vulneráveis e expostos a terríveis perigos inspirou uma nova leva de homens armados a partir para Jerusalém em 1100. Contingentes da Lombardia, Borgonha, Aquitânia e Áustria chegaram a

Bizâncio na primavera do ano seguinte, juntamente com vários cavaleiros — por exemplo, Hugo de Vermandois e Estêvão de Blois — que haviam participado da campanha original, mas retornaram para casa antes de chegar a Jerusalém.

Determinados a imitar os feitos de seus pares, os novos cruzados se reuniram nas imediações de Nicomédia no início do verão de 1101. Ignorando o conselho do imperador Aleixo de percorrer a rota mais direta pela Ásia Menor, seguiram para o coração do território controlado pelos turcos. Quando chegaram a Mersivan, na Paflagônia, foram atacados e quase aniquilados por Quilije Arslã à frente de um enorme exército turco. Os poucos sobreviventes, incluindo Raimundo de Toulouse, que escoltava a nova força para Jerusalém, retornaram a Constantinopla. A tentativa de fortalecer a posição cristã no Oriente fora um fiasco.[33]

A crônica vulnerabilidade dos cruzados na Terra Santa foi sublinhada pela morte de Godofredo no verão de 1100, quase um ano depois da queda de Jerusalém.[34] Na mesma época, Boemundo foi capturado por um emir turco no campo de batalha perto de Melitene.[35] Isso privou os ocidentais de algumas de suas figuras mais importantes e respeitadas, e enfraqueceu ainda mais a capacidade dos cruzados de resistir aos ataques de seus vizinhos muçulmanos.

A turbulência foi agravada pelas ambições de Tancredo, que rapidamente assumiu o manto de seu tio Boemundo como regente de Antioquia, e de Dagoberto de Pisa, que após chegar ao Oriente declarou-se patriarca de Jerusalém.[36] Ao perceber o vácuo de poder que surgira após a morte de Godofredo e a captura de Boemundo, os dois homens tentaram tomar para si o controle de Jerusalém, com a oposição de uma importante facção dentro da Cidade Santa, que enviou uma delegação a Balduíno em Edessa, pedindo-lhe que viesse com urgência para ocupar o lugar de seu irmão.[37]

Tradicionalmente, os historiadores deram pouca atenção às motivações do chamado a Edessa, mas o apelo a Balduíno foi significativo porque visava também reparar as relações com Aleixo. Embora os cruzados tivessem expulsado os muçulmanos em Ascalom, a pressão sobre os novos assentamentos era constante. Havia também graves problemas com o suprimento de provisões. A chegada das frotas de Pisa, Gênova e Veneza prometia a abertura de novas rotas para o Oriente cristão, mas persistia o problema mais significativo que era assegurar que as linhas de abastecimento de Chipre e dos portos do sul da Ásia Menor, que estavam em mãos bizantinas, fossem mantidas abertas após a conquista de Jerusalém. Balduíno, que desempenhara de maneira eficaz e confiável suas funções como representante do imperador em Edessa, era a escolha óbvia para ajudar a reconstruir as relações com Bizâncio.

Depois de nomear seu parente, Balduíno de Bourcq, para governar Edessa em sua ausência, Balduíno partiu para Jerusalém. Quando chegou, não mediu esforços para superar as animosidades antibizantinas que estavam crescendo rápido na cidade. Liderado por Dagoberto de Pisa e Tancredo, esse grupo contrariou ainda mais os bizantinos ao planejar a fuga de João, patriarca de Antioquia, para Constantinopla, no verão de 1100, e nomear em seu lugar um líder da Igreja latina.[38] É revelador que Balduíno tenha chegado a Jerusalém em novembro, saudado por uma entusiasmada multidão composta não apenas de ocidentais, mas também de cristãos gregos e sírios.[39] No dia de Natal de 1100, Balduíno foi coroado em Belém, recebendo o título de rei de Jerusalém; seu irmão mais velho, Godofredo, havia sido sepultado na entrada do Santo Sepulcro.[40]

Balduíno estava ansioso para tolher o sentimento antibizantino e fazer as pazes com o imperador, mas as tensões fervilharam na cidade até o verão de 1101, quando o problemático Dagoberto de Pisa foi suspenso por um legado papal, que havia sido enviado ao Oriente após forte lobby de Balduíno junto ao papa.[41] Logo em seguida, Balduíno capturou Jafa, o que proporcionou aos cruzados acesso essencial ao mar. Não por acaso, a cidade foi colocada nas mãos de Odo Arpin de Bourges, cavaleiro próximo a Aleixo que se tornaria um importante canal do imperador com o centro da França no início do século XII — mais um passo importante nas relações com Bizâncio.[42]

Na primavera do ano seguinte, a necessidade de apoio bizantino tornou-se ainda mais urgente. No verão de 1102, outro enorme exército muçulmano, enviado do Cairo para o norte a fim de expulsar os cruzados de Jerusalém, infligiu um duro golpe nos ocidentais em Ramla, esmagando um contingente liderado por Balduíno, que se encontrava deploravelmente despreparado e em menor número. Embora o rei tenha conseguido escapar, ficou evidente a dolorosa debilidade de sua oposição; enquanto guarnições cada vez mais esqueléticas defendiam a posse de cidades ainda controladas pelos cruzados e os efetivos minguavam de forma drástica após os reveses no campo de batalha e em decorrência da escassez de reforços, a situação parecia desoladora.⁴³

Era imperativo reconstruir pontes e restabelecer laços com Constantinopla. Um passo importante foi a deposição forçada do antibizantino Dagoberto de Pisa como patriarca de Jerusalém e sua substituição por Evremar de Therouannes, velho clérigo francês cujo temperamento era mais maleável.⁴⁴ Mas a providência fundamental veio com o envio de embaixadores à capital imperial com o objetivo expresso de firmar uma aliança definitiva com Bizâncio. Balduíno resolveu abordar Aleixo "da maneira mais humilde que podia, e com suaves súplicas [...] fazer um apelo ao imperador de Constantinopla acerca dos 'padecimentos' dos cristãos".⁴⁵ Autoridades oficiais de alto escalão foram despachadas para a capital, juntamente com dois leões de estimação à guisa de presentes, para pedir ajuda, em especial no fornecimento de provisões de Chipre e outras partes do império. Chegou-se a um acordo com Aleixo, que exigiu garantias de que os embaixadores de Balduíno repaririam os danos causados às suas relações com o papado pelos rumores sobre suas supostas traições aos cruzados. Em troca, ele jurou "mostrar misericórdia [...] e agir com honra e amor ao rei Balduíno". As boas-novas foram rapidamente levadas de volta a Jerusalém.⁴⁶

Aleixo tinha suas próprias razões para se reconciliar com os cruzados. Embora Boemundo estivesse em segurança e fora do caminho, mantido em cativeiro pelos turcos na Anatólia oriental, Tancredo ainda era uma pedra no sapato do imperador. Usando Antioquia como base, o cavaleiro fez significativas incursões ao território imperial recém-recuperado na Cilícia, tomando a cidade de Marach e atacando Laodiceia.⁴⁷ Isso ameaçou desestabilizar a nova aliança entre Constantinopla e Jerusalém; por conseguinte, os cruzados tomaram medidas contra Tancredo. Raimundo de Toulouse tentou socorrer Laodiceia em nome do imperador em 1102, mas sem sucesso.⁴⁸ Balduíno de Bourcq declarou-se abertamente um inimigo de Tancredo e começou a arrecadar dinheiro para pagar o resgate de Boemundo, na esperança de que este voltasse a Antioquia para impor sua autoridade sobre seu agressivo sobrinho.⁴⁹

De início, foi exatamente isso que aconteceu. Resgatado do cativeiro em 1103, Boemundo retomou o controle de Antioquia, marginalizou Tancredo, estabeleceu relações cordiais com Balduíno em Edessa e participou de ataques conjuntos no Norte da Síria.⁵⁰ Contudo, não demorou para que as coisas começassem a dar errado. Boemundo respondeu com petulância a uma delegação enviada de Constantinopla no final de 1103, ou início de 1104, o que suscitou preocupações sobre sua disposição de cooperar com o acordo firmado entre o imperador de Bizâncio e o rei em Jerusalém.[51] Após a libertação de Boemundo, também começaram a se deteriorar suas relações com outros importantes cavaleiros ocidentais, que viam com maus olhos suas tentativas de expandir seus territórios. A situação estava tão ruim que uma testemunha ocular escreveu sobre o total colapso das relações entre os cruzados nessa época.[52]

As coisas tomaram um rumo decisivo no início do verão de 1104, quando Boemundo e Tancredo comandaram um exército de Antioquia em apoio a um ataque, liderado por Balduíno de Bourcq e um contingente de Edessa, à cidade de Hará, no sudeste da Ásia Menor. Enquanto os ocidentais sofriam uma derrota acachapante e Balduíno era capturado, Boemundo e Tancredo apenas observavam a uma distância segura antes de bater em retirada — pelo menos de acordo com as fontes muçulmanas.[53]

A derrota em Hará foi um grande revés para os cruzados. Segundo um cronista das proximidades de Damasco, a vitória dos muçulmanos abalou a determinação dos cristãos, enquanto foi um tremendo impulso para o moral dos islâmicos, que interpretaram o êxito como um sinal de que a sorte estava enfim mudando de lado.[54] Essa mudança teve um impacto mais amplo, no entanto, pois parece ter desestabilizado profundamente o delicado equilíbrio de poder nos assentamentos latinos na Terra Santa e suas relações com Bizâncio. Parte do problema foi que, após a captura de Balduíno e de outras autoridades que o acompanhavam em Edessa, Tancredo rumou para o norte e tomou posse da cidade. Ao que parece, os habitantes de Edessa não se abalaram com isso, mas a chegada de Tancredo não teria sido bem recebida por Aleixo — embora ele próprio tivesse aproveitado o caos para finalmente restaurar a autoridade imperial na Cilícia e em Laodiceia.[55]

Um problema mais sério, no entanto, veio da reação de Boemundo à derrota em Hará. O normando parece ter percebido que, assegurada a posse de Antioquia, com Edessa sob o controle de seu sobrinho, Balduíno fora do caminho em cativeiro e o domínio cristão em Jerusalém dando sinais de precariedade, abria-se para ele uma oportunidade imperdível de se tornar senhor de todos os Estados cruzados. Assim, ele se recusou a pagar o resgate por Balduíno de Bourcq quando procurado por seus captores e, em vez disso, lançou outro ataque a Laodiceia, embora sem sucesso.[56] No outono de 1104, reuniu sua comitiva na basílica de São Pedro em Antioquia: "Nós irritamos as duas potências mais ricas do mundo", disse ele; no entanto, não havia homens suficientes no Oriente para continuar a resistir a Bizâncio e à Pérsia. "Devemos buscar a ajuda dos homens do outro lado do mar. O povo dos gauleses deve ser instigado. A bravura deles nos despertará, ou nada o fará." Boemundo partiria para a Europa para arregimentar seu próprio exército. Seus olhos estavam em Jerusalém e em Constantinopla.[57]

Segundo Ana Comnena, Boemundo se mostrava tão convencido de que o imperador se vingaria de sua traição durante a Cruzada, que viajou para casa em segredo. Chegou até a espalhar relatos de que havia morrido e mandou construir um caixão que supostamente carregava seu cadáver. Enquanto seu navio atravessava as águas imperiais, ele jazia no sarcófago ao lado de uma galinha morta, cuja carcaça podre emprestava ao caixão um forte e inconfundível cheiro de morte.[58]

Assim que desembarcou na Itália, Boemundo começou a angariar apoio para uma nova expedição militar, acendendo a mesma faísca que Urbano havia inflamado com tanta habilidade em meados da década de 1090. Naquela ocasião, o propósito das terríveis descrições dos perigos no Oriente, das devastações infligidas pelos turcos e da situação da Igreja Oriental havia sido ajudar Bizâncio. Agora, o objetivo era outro: destruir o Império Bizantino.

12

AS CONSEQUÊNCIAS
DA PRIMEIRA CRUZADA

Ao voltarem para casa, os membros da expedição a Jerusalém foram festejados. As notícias de seus feitos foram recebidas com celebrações desenfreadas. Canções sobre os sucessos dos cruzados e a captura de Jerusalém foram compostas na região central da França, formando a base dos ciclos de canções épicas da Primeira Cruzada, a exemplo da "Chanson d'Antioche" e da "Chanson de Jerusalem".[1] Os cruzados que retornaram de Jerusalém também comemoraram suas façanhas com uma profusão de novas doações para instituições religiosas e a fundação de estabelecimentos monásticos na Europa Ocidental: Roberto de Flandres refundou um mosteiro nos arredores de Bruges, dedicando-o a Santo André, em agradecimento pela ajuda do santo em Antioquia em 1098 e seu papel na busca da Lança Sagrada.[2] Os cruzados trouxeram consigo inúmeras relíquias de Jerusalém, evidências materiais não apenas do sucesso da campanha, mas de uma nova ligação direta entre as igrejas e mosteiros da Europa e a Terra Santa.[3]

Os cruzados que retornaram maximizaram o capital político obtido com suas façanhas. Fulquério de Anjou, Roberto de Flandres e Rainoldo de Château-Gontier foram apenas três dos cavaleiros que, após o retorno da Cidade Santa, adotaram o epíteto *Jerosolimitanus* (isto é, "de Jerusalém") para assinar atos e cartas.[4] Outros procuraram se beneficiar de maneira indireta da glória e da fama desses cruzados. Nos primeiros anos do novo século, Filipe I da França casou quatro de seus filhos com cruzados proeminentes ou com as filhas de figuras importantes que haviam se aventurado na tentativa de chegar a Jerusalém. Seu herdeiro, o futuro Luís VI, casou-se com a filha de Guido de Rochefort, cavaleiro que participou da expedição de 1101;[5] outro filho do rei, Filipe, conde de Mantes, casou-se com a filha de Guido de Trousseau — cuja carreira no Oriente foi, para usar uma expressão suave, bastante medíocre.[6]

Nem todos obtiveram sucesso da expedição. Estêvão de Blois e Hugo de Vermandois deixaram as tropas ocidentais para transmitir notícias ao imperador Aleixo antes e depois da captura de Antioquia, respectivamente; nenhum deles se juntou ao exército cruzado, optando por voltar para casa. A fim de cumprir seus votos de chegar a Jerusalém, os dois homens partiram novamente, participando da malfadada campanha de 1101 — ambos morreram sem chegar ao seu destino. Enquanto Hugo foi celebrado como um excelente soldado, morto na condição de mártir,[7] Estêvão de Blois foi satirizado nas canções populares sobre a Cruzada e considerado traidor e bufão.[8]

Muitos cruzados não conseguiram voltar para casa. Embora seja difícil avaliar o número de baixas ocorridas durante a expedição, está claro que uma proporção substancial dos que partiram morreu a caminho de Jerusalém; somando-se vítimas de doenças, mortos em batalha e desertores, talvez até três quartos nunca tenham chegado ao destino final.[9] Para os que ficaram para trás, não saber o destino de seus entes queridos era um fardo pesado. Ida, esposa de Balduíno de Hainault, por exemplo, ficou arrasada ao saber que o marido havia desaparecido depois de ser enviado ao imperador junto com Hugo de Vermandois, em 1098. Embora houvesse relatos de que ele havia sido assassinado, também circulavam notícias de que fora capturado e estava vivo. Depois de esgotar todas as vias de investigação, e se recusando a perder as esperanças, Ida partiu para a Terra Santa em busca do marido. Essa é apenas uma das muitas histórias de perda durante o período.[10]

Dos que voltaram, foi Boemundo quem mais se destacou. Graças a suas façanhas durante a Cruzada, sobretudo a coragem que demonstrou nas batalhas, ficou marcado como o ídolo da campanha. Relatos de sua bravura e determinação ao enfrentar os exércitos de Quilije Arslá, Ducaque, Raduano e Querboga fizeram dele uma lenda antes mesmo de chegar ao litoral da Itália. Contavam-se muitas histórias exóticas sobre suas proezas após a queda de Antioquia e Jerusalém — seu cativeiro nas mãos dos turcos danismendidas, suas comunicações secretas com os companheiros cruzados de prisão; os galanteios para cortejar a filha de seu captor e garantir sua libertação,[11] ou a história de que os turcos se referiam a ele como o "pequeno deus dos cristãos".[12]

O fervoroso culto que se criou ao redor de Boemundo e suas aventuras logo após a Cruzada deve muito à ampla circulação da crônica *Gesta Francorum et aliorum Hierosolimitanorum* ("Os feitos dos francos e de outros peregrinos de Jerusalém"). Aparentemente escrita por um membro anônimo da expedição do Sul da Itália que viajou para o Leste em 1096 antes de se juntar ao contingente de Raimundo de Toulouse em Antioquia, a obra se tornou muito popular no início do século XII. Seu personagem central era Boemundo.[13]

Quando voltou à Europa no final de 1105, o normando não era apenas um membro da bem-sucedida expedição, mas sim seu herói indiscutível. Era mais afamado e prestigiado do que qualquer um dos outros líderes cruzados, suas façanhas comemoradas com mais detalhes e com maior repercussão do que as de seus pares. Havia alguma ironia no fato de Boemundo não ter estado presente durante a queda de Jerusalém, recusando-se a sair de Antioquia por medo de perder o controle da cidade. Na verdade, ele só havia completado seu voto de chegar a Jerusalém no inverno de 1099, e fez questão de viajar para o sul com Balduíno de Boulogne a fim de evitar que, na sua ausência, o principal aliado de Aleixo tentasse alguma manobra em Antioquia.[14] Mas isso em nada contribuiu para apagar sua estrela.

Na Itália, Boemundo foi recebido pelo sucessor de Urbano, o papa Pascoal II. Em uma carta ao sumo pontífice, Boemundo se referiu a si mesmo como "príncipe de Antioquia", título que ele passou a usar com frequência após o regresso ao lar.[15] Ainda solteiro, Boemundo era visto como o melhor partido da Europa, o epítome do cavaleiro medieval: belo, corajoso, aventureiro e altruísta.

Não demorou muito para que as herdeiras "casadouras" fossem postas em fila para que Boemundo fizesse sua escolha. Uma das que não deveria ter sido incluída na lista de nobres qualificadas era Constança de França, filha do rei Filipe I, que já estava noiva de Hugo de Troyes, conde de Champanhe. No entanto, tamanho era o prestígio de Boemundo, que Constança se apressou em abandonar seu noivo, que prontamente foi declarado um "pretendente inadequado", embora nunca tenha ficado claro o que ele havia feito para merecer tal insulto.[16] Não tendo participado da expedição, o pai de Constança estava mais do que feliz em tirar proveito da glória do famoso cruzado, e avidamente deu sua bênção à união.

Boemundo não precisou pensar duas vezes para se casar com a mulher mais poderosa de sua geração, cujos avós incluíam o rei da França, uma princesa de Kiev e os condes da Holanda e da Saxônia. Na primavera de 1106, realizou-se uma suntuosa cerimônia na catedral de Chârtres, com a presença da fina flor da França, incluindo homens importantes e respeitados que haviam lutado ao lado de Boemundo na Ásia Menor e na Síria — e muitos outros figurões que desejavam tê-lo feito.[17]

Boemundo se tornava imbatível. Antes do casamento, havia começado a recrutar homens para sua nova expedição ao Oriente. Obteve a bênção papal para sua campanha e recebeu o estandarte de São Pedro para levar à batalha, bem como um legado apostólico para ajudar a angariar mais apoio.[18] De acordo com um autor, o papa foi incitado a apoiar a campanha de Boemundo contra Bizâncio após ouvir o que um descontente emissário do Oriente tinha a dizer sobre Aleixo.[19] O mais plausível, no entanto, é que Pascoal II não sancionara um ataque total ao Império Bizantino, mas sim o que parecia ser uma iniciativa em grande escala para ajudar a Terra Santa — pelo menos a princípio. Ao que tudo indica, o papa não nutria animosidade em relação à Igreja grega, a Bizâncio ou a Aleixo, e a assistência prestada deve ser vista sob essa luz.[20]

As ambições de Boemundo, por outro lado, eram inequívocas, à medida que seu chamamento às armas se acelerava. Viajando bastante ao longo de 1105-06, prometeu às pessoas dispostas a segui-lo que participariam de vitórias não menos espetaculares do que as campanhas de Niceia, Antioquia e Jerusalém. Seus primeiros alvos: Dirráquio e Constantinopla.[21] Contando com seus novos vínculos na realeza, reuniu um efetivo considerável no Sul da Itália em 1107 e se preparou para lançar sua ofensiva ao flanco ocidental de Bizâncio.

Dos quatro cantos do mundo afluíram homens para se juntar a Boemundo, segundo Orderico Vital,[22] ávidos não apenas para privar Aleixo de seu império, mas também para matá-lo.[23] Eficaz propagandista anti-Aleixo, Boemundo deleitava congregações reunidas nas igrejas, encantadas com as histórias de suas façanhas, e exortava seus ouvintes a tomar a cruz e partir para Jerusalém — mas que primeiro atacassem o imperador de Constantinopla. Em uma carta enviada ao papa, Boemundo sublinhou de maneira grosseira uma longa lista de supostas heresias cometidas pela Igreja Ortodoxa, de modo a justificar ações contra os cristãos orientais.[24]

No entanto, na Inglaterra, os apelos de Boemundo caíram em terreno pedregoso. Tendo informado o rei Henrique I de que desejava atravessar o canal da Mancha para buscar apoio, fora avisado sem rodeios de que não era bem-vindo. Curto e grosso, o rei respondeu simplesmente que era inverno e que a travessia seria difícil demais para o normando.[25] Pode ser que Henrique I não estivesse disposto a dividir seus recursos militares com Boemundo em uma época em que o monarca inglês tinha seus próprios grandiosos projetos, a saber, na Normandia. Mas pode ser que o rei tivesse outras razões para se recusar a deixar Boemundo entrar na Inglaterra. Em algum momento no início do século XII, Henrique I recebeu uma delegação de Constantinopla, liderada por um certo Ulfrico, que lhe trouxe presentes preciosos de Aleixo, provavelmente incluindo um braço de São João Crisóstomo que mais tarde foi guardado na cidade de Abingdon. Não é inconcebível, portanto, que o imperador estivesse procurando aliados para neutralizar as atividades de Boemundo.[26] Certamente há outras evidências de que Aleixo continuou a cultivar importantes relações na Europa Ocidental após a Cruzada.[27]

Apesar do entusiasmo gerado pelo chamado às armas de Boemundo, seu ataque a Bizâncio foi um infame fracasso. Partindo em outubro de 1107, Boemundo se deslocou primeiro para o Épiro, no sudoeste dos Bálcãs, região que Aleixo já defendera por duas vezes durante seu reinado. Repetindo as táticas que devastaram a força de Roberto Guiscardo em 1084-85, o imperador fez alianças com cidades-Estados italianas, cortando as linhas de abastecimento ocidentais com a Itália e impondo um eficiente bloqueio terrestre. Em seguida, o laço foi apertado de maneira implacável. Tendo partido com planos grandiosos para se livrar de Aleixo, tomar Constantinopla e depois marchar para o Leste para se juntar a Tancredo em Antioquia, Boemundo viu-se reduzido a pó. Com seus homens morrendo aos montes de doença e fome, ele acabou não tendo outra escolha a não ser implorar pela paz. Em uma humilhante reunião em Diábolis (ou Devol), na atual Albânia, ele aceitou os termos de Aleixo, que estão registrados na íntegra na *Alexíada*.

Boemundo foi forçado a reconhecer que havia feito um acordo com o imperador quando passou por Constantinopla em 1097, embora afirmasse também que violara o pacto devido a "certos eventos inesperados". Admitiu que seu ataque a Bizâncio rompeu os termos do trato, mas que, apesar da traição a Aleixo, isso havia sido resultado de insanidade temporária. E afirmou que finalmente havia voltado a si e recuperado o juízo.[28]

Boemundo prestou então nova homenagem: mais uma vez se tornou formalmente vassalo não apenas de Aleixo, mas também do filho e herdeiro do imperador, o jovem príncipe João Comneno. Defenderia a vida de ambos com honra e determinação, sua promessa de fazê-lo solidificada "como uma estátua martelada em ferro". Ele prometeu: "Aconteça o que acontecer, não violarei o pacto, tampouco haverá qualquer razão ou método, manifesto ou obscuro, que me faça parecer um transgressor dos artigos da presente aliança".[29]

O tratado firmado em Diábolis nomeou quais províncias, cidades e aldeias pertenciam ao Império Bizantino, e sobre quais Bizâncio reivindicava jurisdição. O distrito militar de Tarso e todo o distrito da Cilícia entre os rios Kydnos e Hérmon estavam sujeitos ao imperador; Laodiceia e a área circundante foram identificadas como bizantinas, assim como Aleppo e outras cidades no Norte da Síria e no Cáucaso.[30] O propósito de listar essas regiões era estabelecer com clareza quais áreas estavam sujeitas à autoridade de Aleixo — ou *de facto* ou *de jure*. Isso ia além de redesenhar os limites das terras que estavam submetidas à autoridade imperial antes da Primeira Cruzada, pois em muitos casos, sobretudo na Cilícia, os militares bizantinos também tiveram que resistir e rechaçar as forças comandadas por Boemundo e Tancredo que haviam assumido o controle de territórios retomados dos turcos. Boemundo concordou em devolver as possessões ao império e travar uma guerra implacável contra os inimigos e rivais do imperador — incluindo seu sobrinho Tancredo — até que abandonassem as cidades que, por direito, pertenciam a Bizâncio.[31]

A questão de Antioquia, a joia do Oriente bizantino, foi finalmente resolvida: Boemundo concordou em cedê-la ao império. O normando continuaria a ter um interesse vitalício na cidade, mantendo-a como governador imperial em nome de Aleixo até sua morte, após o que Antioquia passaria "ao império da Nova Roma, a rainha das cidades, Constantinopla". No entanto, o imperador preservou o direito de reivindicá-la antes desse ponto, caso Boemundo não cumprisse de alguma forma suas obrigações como "servo e vassalo".³² O acordo estipulava ainda que Antioquia teria um patriarca ortodoxo e seguiria o rito grego — isso seria obrigatório para sempre.³³ Assim, anulou-se a nomeação de um clérigo ocidental após a expulsão de João, o Oxita, em 1100, quando Boemundo começou a consolidar seu controle da cidade.³⁴

Enquanto Tancredo continuava a causar problemas no Leste — transferiu-se novamente para a Cilícia quando as tropas bizantinas foram retiradas da região em 1107 —, Aleixo recompensou Boemundo com o alto título honorífico de *sebasto* e um gordo salário anual e ainda o nomeou formalmente governador de Antioquia. Não se tratava de uma concessão; Aleixo sabia que sua melhor chance de reconquistar a região era ter Boemundo como seu agente.³⁵

Todos esses termos foram aceitos pelo normando, que assumiu um compromisso ainda mais amplo e abrangente com o imperador: "Cumprirei todos os tratos que firmei com vossa majestade imperial [...] e de forma alguma quebrarei meu juramento tampouco minhas promessas solenes ou me esquivarei de minhas responsabilidades. Em pensamento e ação, eu e todos os meus homens faremos tudo ao nosso alcance para ajudar e honrar o império dos romanos".³⁶ No momento da conclusão do pacto, Boemundo jurou honrar os termos em nome de Cristo, enquanto pousava a mão sobre os Santos Evangelhos, na presença de algumas das relíquias mais importantes da cristandade, incluindo a Cruz de Cristo, a coroa de espinhos e, de maneira significativa, a lança que perfurou Jesus na Cruz — uma admissão tácita de que a lança recuperada de forma tão conveniente em Antioquia em 1098 era uma falsificação.³⁷

Foi uma vitória esmagadora para Aleixo. A legitimidade de suas reivindicações havia sido estabelecida de forma incontestável. Mas foi Antioquia, "a joia da Ásia Menor", que proporcionou a glória suprema. Para os cavaleiros da Primeira Cruzada, o ponto culminante da expedição se deu com a captura de Jerusalém em 1099. Para o imperador Aleixo, o auge veio nove anos depois, com o Tratado de Diábolis. O exército cruzado ajudara Bizâncio a retomar Niceia e a costa da Ásia Menor. Mas o acordo firmado com Boemundo, validando suas políticas e seu reinado, marcou o ponto em que os apelos do imperador por ajuda do Ocidente finalmente tiveram efeito.

Na prática, porém, o sucesso de Aleixo parecia menos garantido. Sua reputação no Ocidente sofrera severos abalos e prejuízos na esteira da expedição a Jerusalém. Sem dúvida, muitos cruzados ainda respeitavam o imperador — e a suntuosa recepção oferecida a Roberto de Flandres e Roberto da Normandia ao passarem por Constantinopla a caminho de Jerusalém foi concebida para deixá-los com uma impressão favorável de Bizâncio.[38] Aleixo também teve o cuidado de pagar pelo resgate de cavaleiros capturados pelos muçulmanos e de tratar com grande generosidade os sobreviventes da malograda expedição de 1101.[39] No entanto, os dois primeiros relatos escritos da Cruzada pintaram um retrato esmagadoramente negativo do imperador.

A *Gesta Francorum* foi especialmente venenosa em sua descrição de Aleixo. Segundo o autor, o imperador regozijou-se quando soube que Pedro, o Eremita, e suas tropas haviam sido pulverizados em Xerigordo.[40] Ele era mesquinho e perverso, e ordenava a seus homens que matassem cruzados sempre que tivessem a oportunidade.[41] Aleixo tinha "a mente perturbada e fervia de ódio, e fazia planos para armar ciladas e prender os cavaleiros cristãos por meio de astúcia e fraude; porém, pela graça de Deus, nem ele nem seus homens encontraram ocasião ou tempo para lhes causar mal".[42] O imperador era um tolo e um canalha. Em Niceia, mexia os pauzinhos para que os turcos fossem poupados e levados a Constantinopla de modo que pudessem ser instruídos e enviados de volta para lutar contra os cavaleiros ocidentais. A cada passo, Aleixo procurava obstruir a expedição a Jerusalém.[43]

O relato de Raimundo de Aguilers, que viajou como integrante do contingente de Raimundo de Toulouse, também não poupou o imperador. Aleixo, ele escreveu, subornava agentes para que fizessem relatórios otimistas e edulcorados sobre Constantinopla, enquanto o exército marchava em direção à capital a caminho do Leste; suas palavras de amizade eram vazias.[44] A bem da verdade, o imperador era um mentiroso contumaz, declarou Raimundo. Em Niceia, ele fez promessas sobre fundar um hospital para os francos necessitados e distribuir generosas recompensas aos cruzados. "Os francos confiaram nessas palavras sinceras e se prepararam para a rendição. Todavia, assim que se apossou de Niceia, Aleixo deu ao exército um exemplo de gratidão tal que, pelo tempo em que o imperador vivesse, as pessoas o insultariam e o chamariam de traidor."[45] Na base disso estava a noção de que o imperador havia enviado os cruzados para a Ásia Menor e em direção a Antioquia; de acordo com Raimundo, Aleixo, de caso pensado, encaminhara os ocidentais para a morte.[46]

Esses ataques a Aleixo precisam ser entendidos no contexto dos juramentos que o imperador exigiu em Constantinopla em 1096-97, e servem para explicar por que os cruzados mantiveram a posse de cidades como Antioquia, que deveriam ter ido para o domínio de Bizâncio. Os primeiros historiadores da Cruzada produziram retratos ferozes de tão negativos do imperador como maneira de justificar a decisão de Boemundo de dar as costas aos compromissos solenes firmados com Aleixo. Isso ocorreu porque o imperador não cumpriu suas promessas: as traições de Aleixo — não as dos cruzados — anularam os juramentos. Segundo a *Gesta Francorum*, o imperador jurou proteger os cavaleiros e mantê-los abastecidos por terra e mar; Aleixo prometeu também acompanhar a expedição, levando consigo soldados e uma frota.[47] Como ele não esteve em Antioquia nem durante nem depois do cerco, os juramentos dos cruzados perderam a validade.[48]

Esse argumento era sólido e veemente, mas as acusações, duvidosas. Aleixo manteve um abastecimento adequado para os cruzados a caminho de Constantinopla e supervisionou um eficaz sistema de fornecimento de provisões em Kibotos e durante o ataque a Niceia. Os ocidentais cruzaram a Ásia Menor sem reclamar da falta de víveres, o que sugere que o abastecimento fora cuidadosamente planejado e bem executado. Quando o exército chegou a Antioquia, no outono de 1098, os bizantinos tomaram medidas para dar sustentação a um cerco prolongado; assim, Anselmo de Ribemont pôde escrever para casa relatando que os estoques de milho, vinho, azeite e outros itens eram maiores do que se poderia imaginar.[49]

Foi lamentável, mas de modo algum surpreendente, o fim dos suprimentos no inverno de 1097-98. Não era fácil armazenar alimentos durante o inverno e a tarefa de transportar víveres para Antioquia através de terrenos acidentados costumava ser árdua. Mesmo assim, não ficou claro o grau de culpa de Aleixo pelos percalços que se seguiram. Em uma carta que Estêvão de Blois escreveu desde Antioquia à sua esposa em março de 1098 — quando o acampamento dos cruzados enfrentava as piores condições —, ele não menciona qualquer falha do imperador.[50]

Pelo contrário, está claro que as provisões continuaram a chegar aos cruzados a partir do Chipre e de Laodiceia, mesmo após a partida de

Tatício do acampamento. Provavelmente, Aleixo também estava por trás do envio de alimentos e outros materiais aos ocidentais por meio da ação de comandantes locais na Cilícia e dos monges gregos do mosteiro da Montanha Negra, no Norte da Síria, instituição que historicamente mantinha conexões estreitas com Constantinopla.[51] O autor da *Gesta Francorum* admite que os arautos de Aleixo continuaram a incitar a população local a fornecer grãos aos cruzados, por terra e mar.[52] Após a queda de Antioquia, navios bizantinos ainda abasteciam os exércitos ocidentais, o que tentaram continuar fazendo, por exemplo, durante o cerco de Arqa, em 1099.[53]

Aleixo certamente julgava que cumpria sua parte no trato ao fornecer apoio aos cavaleiros da expedição. Em resposta a uma carta do abade de Montecassino, enviada em junho de 1098 — pouco antes de receber relatos de que a situação em Antioquia era calamitosa —, o imperador escreveu: "'Imploro que vossa majestade imperial ajude o exército dos francos', declara vossa prestimosa missiva. Que sua venerável santidade se tranquilize a esse respeito, pois meu império se espalhou sobre eles e os ajudará e os aconselhará em todos os assuntos; com efeito, já os ajudei da melhor maneira possível, não como um amigo ou um parente, mas como um pai […] Pela graça de Deus, eles continuam a prosperar no serviço que começaram, e continuarão a prosperar enquanto um bom propósito os guiar".[54]

Há outras evidências de que os cruzados estavam satisfeitos com seu avanço nesse período. Em carta a Manassés, arcebispo de Reims, de fevereiro de 1098, Anselmo de Ribemont fez pouco-caso dos problemas enfrentados pela expedição, concentrando-se no fato de que a passagem pela Ásia Menor até Antioquia não havia encontrado obstáculos. Duas centenas de cidades e fortalezas foram retomadas pelos cristãos, o que Anselmo considerou uma conquista notável, concluindo: "Que a Igreja Matriz do Ocidente se regozije por ter produzido homens capazes de granjear para si uma reputação tão gloriosa e propiciar uma ajuda tão maravilhosa à Igreja Oriental".[55] Em suma, no exército cruzado havia muitos que consideravam que a expedição avançara com êxito na primeira parte de 1098 e que não havia motivos para reclamar de Aleixo. De fato, a relutância dos outros líderes cruzados em apoiar Boemundo quando ele exigiu o controle de Antioquia mostra que, para eles, o imperador não havia violado suas obrigações.

Muito pelo contrário, repetidas mensagens foram enviadas desde Antioquia a Aleixo para pedir conselhos e orientação. Por essa razão, Estêvão de Blois foi despachado pouco antes da tomada de Antioquia; Hugo de Vermandois, enviado pouco depois. Até mesmo a hostil *Gesta Francorum* observou que a mensagem que Hugo levou a Aleixo era inequívoca: Godofredo de Boulogne, Raimundo de Toulouse, Boemundo, Roberto da Normandia, Roberto de Flandres e todos os outros cavaleiros queriam que o imperador viesse e tomasse posse de Antioquia. Trata-se de uma clara evidência de que os juramentos feitos ao imperador estavam intactos, mesmo após a queda da cidade.[56]

Ao que parece, apenas depois que os cruzados começaram a discutir entre si é que as atitudes em relação a Aleixo endureceram. No outono de 1098, ele se tornara um para-raios de críticas, um conveniente bode expiatório para as disputas, rivalidades e divergentes ambições entre os líderes da Cruzada. Em setembro, os cavaleiros mais ilustres da expedição enviaram ao papa uma carta relatando as terríveis dificuldades dos dois anos anteriores. Jesus Cristo livrara os cruzados dos turcos que os atacaram de todos os cantos, a carta explicava. Niceia havia sido tomada e, a um grande custo para o exército ocidental, Antioquia também fora capturada. Os cavaleiros imploravam então ao papa para que se juntasse à Cruzada, assumisse o controle pessoal da expedição e terminasse o que ele próprio havia começado.[57]

Os missivistas expuseram uma razão clara para seu apelo ao papa: Aleixo havia falhado na Cruzada. Alegavam que o imperador não apenas negligenciara ajuda aos soldados de Deus, como trabalhara ativamente contra eles: "Ele lançou mão de todo e qualquer obstáculo a seu alcance para atravancar nosso caminho".[58] Fulquério de Chârtres, que reproduziu em sua crônica uma versão dessa carta, optou por não incluir os comentários finais, por julgar que eram injustos e injustificados.[59] Não há dúvida de que, no final de 1098, estava em vigor um esforço conjunto com o intuito de macular a honra do imperador Aleixo, enquanto a Cruzada se esfacelava após a captura de Antioquia.

A principal linha de ataque ao governante bizantino era a alegação de que o imperador falhara por não ter ido à cidade assumir o controle da situação enquanto os principais cruzados brigavam entre si. Portanto, quem rompera os laços pactuados em Constantinopla havia sido o imperador, não os cavaleiros ocidentais. Porém, mais uma vez, a consistência da afirmação é questionável. Nem de longe estava claro que Aleixo precisava ir pessoalmente — de fato, nem mesmo que ter deixado de ir constituía uma violação do acordo. Por que a cidade não poderia ser entregue a um de seus representantes, como acontecera em Niceia e em muitas outras cidades da Ásia Menor?

Ademais, testemunhas oculares das cerimônias de juramento em Constantinopla deixaram claro que Aleixo não ofereceu garantias específicas sobre acompanhar pessoalmente a expedição. Pelo contrário, como afirmou Raimundo de Aguilers, Aleixo afirmou com todas as letras na capital imperial que não poderia participar da campanha, por causa dos problemas com que tinha de lidar em âmbito doméstico.[60]

Em outras palavras, os cruzados estavam pisando em terreno instável — e, ao que parece, Raimundo de Aguilers tinha noção disso. O cronista evitou por completo discutir os juramentos: "Devo escrever sobre a mais fraudulenta e abominável traição dos desígnios do imperador? Quem quiser saber a respeito, que descubra pela pena de outrem".[61]

Como visto, Boemundo, desejoso de tomar Antioquia para si, permaneceu insensível aos desejos dos outros líderes e da soldadesca, que queriam avançar para Jerusalém. Quando os cruzados se reuniram na basílica de São Pedro em Antioquia para tentar um acordo, Raimundo de Toulouse rejeitou calmamente as acusações de que os compromissos firmados com Aleixo eram nulos, repetindo as palavras dos juramentos que haviam sido proferidos diante do imperador.[62] Ele fez questão de lembrar a todos o que havia sido dito: "Juramos sobre a Cruz do Senhor, a coroa de espinhos e muitas relíquias sagradas, que não manteríamos a posse, sem o consentimento do imperador, de nenhuma cidade ou castelo em seu domínio".[63]

É tentador considerar que as discussões sobre os juramentos feitos a Aleixo se voltavam exclusivamente para definições de fidelidade e retidão moral de pessoas como Raimundo de Toulouse, que se consideravam presas a obrigações decorrentes de seus votos, e Boemundo, que não se via preso a nada. Ainda que claramente houvesse importantes implicações legais para o que havia sido pactuado com o imperador, questões de ordem prática também alimentavam as divergências entre os próprios líderes da Cruzada. O posicionamento de cada um deles em relação aos outros foi, logicamente, um fator que pesou na recusa do conde de Toulouse em dar a Boemundo carta branca para tomar Antioquia para si; não só Raimundo desejava respeitar os juramentos feitos a Aleixo, como era intolerável permitir que um de seus pares — e rival — obtivesse vantagem indevida. Nesse sentido, os juramentos feitos ao imperador funcionaram como um escudo útil atrás do qual se esconder — oferecendo a Raimundo a chance de atacar Boemundo ao mesmo tempo que se mantinha em posição vantajosa.

Também da perspectiva bizantina, a realidade prática da situação em Antioquia e além era complexa e sutil, e exigia uma estratégia mais matizada do que recorrer a noções sublimes acerca do que exatamente significavam laços de fidelidade. Não resta dúvida de que Aleixo sabia muito bem o que estava fazendo quando insistiu em que os compromissos firmados com ele tivessem uma forma e uma feição compreensíveis para os principais líderes da Cruzada. Mas sua prioridade, pelo menos em 1096 e início de 1097, era assegurar que a passagem da expedição por Constantinopla fosse isenta de problemas, em um momento em que seu poder era precário. Acontece que com o passar do tempo as promessas extraídas dos cruzados tornaram-se muito úteis, ao oferecer a Aleixo a oportunidade de alegar que havia sido prejudicado por certos líderes e pela Cruzada como um todo.

Entretanto, em meio a essa mixórdia de acusações e contra-acusações e a argumentos aparentemente bastante enigmáticos sobre a nulidade (ou não) de acordos, tornou-se importante para Boemundo demonstrar de forma simples e clara como ele conseguira manter a posse de Antioquia em face das alegações de Bizâncio, e também de alguns cruzados, de que ele não tinha o direito de fazê-lo. Foi esse imperativo político que alicerçou as atitudes em relação ao imperador que circularam pela Europa no início do século XII. Assim, embora os cronistas que escreveram durante os primeiros anos do século XII tenham feito algum esforço para demonstrar que Aleixo não havia cumprido seus compromissos com os líderes da expedição, era necessário infligir muitos estragos para difamar o imperador e submetê-lo a um processo de assassinato de reputação em larga escala.

O verdadeiro dano à honra do imperador não foi causado pela *Gesta Francorum* ou pela crônica de Raimundo de Aguilers, mas por uma série de relatos compostos na época em que Boemundo iniciou o recrutamento de homens para a expedição contra Bizâncio, após seu retorno à Itália no final de 1104. Obras históricas sobre a Cruzada escritas por Roberto, o Monge, o abade Baldrico de Dol e Gilberto de Nogent em 1107, ou pouco depois, fizeram amplo uso da *Gesta Francorum*, repetindo fielmente o retrato negativo do imperador. A alegria que Aleixo teria sentido com o massacre da Cruzada Popular em 1096 foi diligentemente relatada por todos os três,[64] que, parafraseando a *Gesta*, declararam com frieza que o imperador não avançara para Antioquia porque era um covarde.[65]

No entanto, esses autores foram além de apenas repetir e parafrasear a *Gesta*, pois todos detalharam as supostas falhas e deficiências de Aleixo. Gilberto de Nogent se mostrou especialmente criativo. A mãe do imperador, ele escreveu, era uma feiticeira com um firme domínio das artes das trevas. Aleixo, além disso, era tão iníquo que proclamou um édito por meio do qual as famílias com mais de uma filha tinham que abrir mão de uma das meninas e cedê-la para a prostituição; o dinheiro arrecadado com a venda desses serviços sexuais ajudaria a financiar os tesouros imperiais. Aleixo ordenou que famílias com mais de um filho oferecessem um deles para castração. Com tantos rapazes privados de sua virilidade, não era de admirar que o imperador precisasse da ajuda do Ocidente, Gilberto escreveu.[66]

Essas estranhas acusações circularam alegremente, e pormenores foram sendo acrescentados por historiadores do século XII e depois. Segundo uma dessas histórias, Aleixo só conseguiu derrotar Roberto Guiscardo em 1085 porque disse à esposa do normando que a desposaria se ela envenenasse o marido, o que a mulher, obedientemente, fez.[67] Esse relato foi exagerado e fantasiado por outros, como Rogério de Hoveden, que afirmou que Aleixo de fato se casou com Sickelgaita, apenas para queimá-la viva depois de tê-la coroado imperatriz.[68]

A hostilidade contra Aleixo intensificou-se rapidamente no início do século XII. Guilherme de Malmesbury afirmou que ele "era mais conhecido pela perfídia e astúcia do que pelo trato honesto".[69] Guilherme de Tiro, escrevendo várias décadas mais tarde, resumiu a maneira como o imperador era visto no Oriente latino. Aleixo era inconfiável, o arcebispo escreveu; o imperador era "como um escorpião; embora seu rosto não inspirasse temor, era de bom alvitre evitar os ferimentos que sua cauda poderia causar".[70]

Essa visão foi perpetuada ao longo dos tempos. No século XVIII, Edward Gibbon, por exemplo, seguiu de perto a caricatura medieval: "Devo comparar o imperador Aleixo ao chacal, que, dizem, vai no encalço do leão e devora as sobras". Até mesmo a imperatriz Irene, Gibbon afirmou, desprezava o próprio marido, compartilhando as opiniões dos outros.

Depois que o imperador morreu, portanto, ela teria insistido que sobre a lápide de Aleixo fosse gravado o seguinte epitáfio: "Tu morres como viveste — um HIPÓCRITA".[71]

A reputação do imperador Aleixo jamais se recuperou, e sua vilanização teve impacto nas interpretações da Primeira Cruzada. O imperador é presença quase invisível nos relatos sobre a expedição a Jerusalém, em especial das origens da peregrinação, porque foi apagado da história na esteira das disputas em Antioquia. Deliberadamente deixado de lado pelos historiadores latinos da época, Aleixo desde então permaneceu na periferia — um mero personagem circunstancial e acidental na campanha.

Quando muito, o sucesso de Aleixo em Diábolis, em 1108, serviu apenas para reforçar essa imagem, pois os historiadores ocidentais se empenharam em solapar as reivindicações do imperador sobre territórios que então eram vistos como possessões legítimas dos cruzados — sobretudo Antioquia. Acontece que Boemundo nunca mais voltou à cidade para assumir seu novo "cargo", o que significava que a autoridade imperial sobre Antioquia permanecia imaginária, teórica. Emissários enviados pelo imperador para persuadir Tancredo a cumprir os termos pactuados em Diábolis foram tratados com descaso; o normando se recusava a aceitar as exigências de Aleixo, assegurando aos embaixadores imperiais que jamais abriria mão de seu domínio de Antioquia, mesmo que seus adversários o atacassem com mãos de fogo.[72]

Quando Boemundo morreu, em 1111, a posse de Antioquia deveria ter passado para Bizâncio, conforme estabelecido no tratado. Mas sua morte ocorreu em um momento inoportuno para o imperador, pois enquanto Boemundo estava vivo havia esperança de que ele exercesse influência sobre Tancredo. Agora Aleixo tinha poucas chances de tirar proveito político dos termos firmados com Boemundo — ou mesmo de usar o acordo resultante como um corretivo para as inflamadas declarações feitas nas primeiras crônicas sobre as Cruzadas.

Em vez de ficar conhecido como traidor, Boemundo foi celebrado de forma bastante diferente. Sua popularidade no Ocidente foi pouco afetada pelo último e desastroso ataque ao Épiro, e o acordo por meio do qual ele chegou a um entendimento com o imperador era pouco conhecido fora de Bizâncio. Nas palavras de Alberto de Aquisgrão, que escreveu uma década depois da morte de Boemundo, ele era "Boemundo, magnífico príncipe de Antioquia, designado por Deus".[73] Inscrições na cúpula da catedral de Canosa, no Sul da Itália, onde ele foi sepultado, também preservam uma memória bem mais positiva de Boemundo do que o Tratado de Diábolis corrobora:

> Sob este teto jaz o magnânimo príncipe da Síria;
> Homem melhor nunca mais há de nascer no universo.
> A Grécia foi conquistada quatro vezes, e a maior parte do mundo
> por muito tempo conheceu o gênio e a força de Boemundo.
> Com um batalhão de dezenas ele subjugou colunas de milhares,
> graças à sua virtude, como bem sabe a cidade de Antioquia.

Boemundo era o mais nobre entre os nobres, afirmam as inscrições acima das portas de bronze na extremidade sul da igreja. Conquistou Bizâncio e protegeu a Síria de seus inimigos. Não pode ser chamado de deus; mas era certamente mais do que um homem normal. "Ao entrardes na igreja, orai pelo poderoso Boemundo para que este grande soldado seja feliz no céu", continuam as inscrições.[74]

Dizer que Boemundo derrotou Bizâncio quatro vezes era tornar as coisas maiores do que de fato eram. Todas as três investidas ao Épiro das quais o normando participou — em 1081-83, 1084-85 e 1107-08 — terminaram em fracasso, enquanto a Cruzada estava longe de representar uma vitória de Boemundo sobre o império, especialmente na sequência da sua ignominiosa rendição em Diábolis. Mas as inscrições em Canosa não são de forma alguma a única evidência da magnificação da verdade relativa a esse período. Um poema escrito por um monge da região do Loire, na França, apresentou a última invasão do império como um grande êxito de Boemundo. O herói de Antioquia não apenas enfrentou o imperador Aleixo, que lutou como um javali encurralado, mas dispersou os exércitos imperiais enviados contra ele. A campanha terminou não com uma esmagadora vitória bizantina, mas, muito pelo contrário, com um tratado de paz oferecido por Boemundo e prontamente aceito pelo imperador, que ficou muito satisfeito em reconhecer a superioridade do normando. Segundo esse poema, foi Aleixo quem fez um juramento a Boemundo, e não o inverso.[75] Parece que memória e realidade eram duas coisas diferentes quando se tratava de Boemundo — e, com efeito, do imperador Aleixo.[76]

O fato é que esses dois protagonistas não foram os únicos cujo papel e reputação passaram por uma reformulação e ressignificação nos anos que se seguiram à Primeira Cruzada. Mais surpreendente talvez tenha sido a posição do papa. A contribuição de Urbano II foi central e decisiva para lançar as bases da campanha a Jerusalém. Seu discurso, que incendiou a cavalaria europeia, foi essencial e provou ser extremamente eficaz para inspirar dezenas de milhares de homens a tomar a Cruz e partir com destino à Terra Santa. O papel do papa foi reconhecido de maneira cabal pelos líderes dos cruzados quando lhe escreveram de Antioquia em 1098, após a queda da cidade.[77]

No entanto, Urbano II é uma ostensiva ausência nos primeiros relatos da Cruzada. Nem a *Gesta Francorum* tampouco a *Historia francorum* de Raimundo de Aguilers parecem sugerir que a Primeira Cruzada fora concebida, inspirada e desencadeada pelo papa Urbano II. Raimundo de Aguilers, que viajou ao lado do conde de Toulouse, nem sequer menciona o papado no início de seu relato da expedição com destino a Jerusalém. Não há a menor referência — direta ou indireta — ao momento que supostamente definiu a expedição e mudou o mundo medieval para sempre: o empolgante discurso de Clermont. Nem mesmo a influente *Gesta Francorum* menciona Clermont. Seu autor afirma que Urbano II viajou para o norte dos Alpes e incentivou os homens a pegar em armas e seguir para o Oriente — mas o papa não é apontado como quem deu início à Cruzada. Ele simplesmente atiçou "a grande comoção dos corações em todas as terras francas". De acordo com esse autor, pelo menos, o papa estava tirando proveito do *zeitgeist* em vez de moldar os eventos.[78]

Apenas os relatos escritos uma década depois de Clermont articularam e sublinharam de maneira clara o papel do papado. Roberto, o Monge, Baldrico de Dol e Gilberto de Nogent, escrevendo vários anos após a captura de Jerusalém, reconstruíram as origens da Cruzada, lançando luz sobre a atuação de Urbano como o grande protagonista e colocando-o no centro da expedição. De modo intencional ou não, ele então preenchia o vazio deixado pelo expurgo do imperador Aleixo; na década que se seguiu à Cruzada, a figura central por trás da mobilização dos cavaleiros ocidentais fora jogada nas sombras e lá permanece desde então.

Não que Urbano não merecesse o crédito pela libertação de Jerusalém, ou mesmo que seus esforços para atrair milhares de homens em defesa da

Igreja Oriental não tivessem tido um impacto monumental. É quase certo que ele não soube da tomada da Cidade Santa, embora tenha morrido no final de julho de 1099, apenas algumas semanas depois de Jerusalém ter sido capturada: não é possível que as notícias tenham chegado com tamanha rapidez a Roma. Urbano tampouco viveu o suficiente para ver o efeito de seus esforços em prol da unificação da Igreja. Ainda que as conversas de reconciliação com a Igreja grega tivessem ocorrido no Concílio de Bari em 1098, nada disso progrediu tão bem quanto ele esperava. Contudo, pelo menos na Europa Ocidental, seu apoio à Cruzada provou ser um golpe de mestre e lançou as bases para a transformação do papel do papado no mundo ocidental.

Urbano havia sido eleito papa em 1088 em Terracina, porque ele e os outros bispos do alto escalão haviam sido expulsos de Roma. No início da década de 1090, sua posição permaneceu precária, pois foi superado pela estratégia de Clemente, o papa rival, que contava com o apoio do poderoso Henrique IV. Mas o sucesso da Primeira Cruzada encerrou a competição de maneira decisiva a favor de Urbano: Clemente III rapidamente se tornou irrelevante. O colapso do antipapa foi tão acachapante que, após a morte de Clemente, no outono de 1100, seu sucessor teve que ser escolhido na calada da noite, como medida de segurança.

A essa altura, Henrique IV falava abertamente em se submeter ao sucessor de Urbano, Pascoal II.[79] O imperador germânico havia se ausentado da Primeira Cruzada por causa de sua inimizade com o papa; após a queda de Jerusalém, ele logo declarou, em uma sucessão de missas solenes no inverno de 1102, que também pretendia partir para o Oriente.[80] No início do ano seguinte, procurou também consertar a fissura na Igreja Ocidental ao escrever para seu padrinho Hugo, o poderoso abade de Cluny, a fim de tentar entabular novas discussões com Roma, bem como lucrar com o estatuto dos cavaleiros que voltaram de Jerusalém.[81]

Isso não impediu que o novo papa demonstrasse a extensão da autoridade que a Cruzada lhe dera: em 1102, Henrique já estava sendo acusado de heresia, e, em decorrência disso, havia apelos para que aqueles que voltavam de Jerusalém o atacassem.[82] O poder do papa era tão grande que, no início do ano seguinte, o imperador alemão admitiu a um dos mais importantes aliados do pontífice que ele era o culpado pela cisão na Igreja e que desejava a reconciliação.[83]

Foi somente após a Concordata de Worms, em 1122, e o primeiro Concílio de Latrão, no início do ano seguinte, que a "questão das investiduras" (ou "guerra das investiduras") — nome dado à disputa entre o papado e os imperadores alemães — foi finalmente encerrada. Embora coubesse à segunda geração de cronistas da expedição a Jerusalém restituir o papa Urbano II à sua posição central na narrativa, havia pouca dúvida de que a Primeira Cruzada havia sido um triunfo para os papas de Roma.

Com efeito, para o homem que desencadeou o chamamento às armas de Urbano, Aleixo I Comneno, a expedição também fora um sucesso assombroso. A Cruzada ensejou uma guinada quase épica nos destinos do império. Na primavera de 1095, Bizâncio estava em condição perigosa, forçada a enfrentar o retumbante fracasso de sua política na Ásia Menor e desprovida de um ponto de apoio para esculpir a recuperação do subcontinente. Ao norte da capital, as coisas estavam um pouco melhores, com nômades sérvios e cumanos consumindo até o limite os já depauperados recursos militares. Constantinopla quase entrou em colapso sob a pressão, e um motim em grande escala ameaçou provocar a deposição e o assassinato do imperador.

Doze anos depois, tudo havia mudado. Niceia fora devolvida à autoridade imperial, ao passo que a costa oeste da Ásia Menor e os essenciais vales dos rios do interior voltavam ao controle bizantino. Figuras espinhosas do mundo turco haviam sido liquidadas de uma vez por todas, e fora construída uma boa relação com Quilije Arslã, consolidada por um tratado de paz que vigorava desde o verão de 1098.[84] A Cilícia e os importantes portos da costa sul da Anatólia foram recuperados. Até mesmo os sérvios haviam sido pacificados, graças a uma bem calculada intervenção de Raimundo de Toulouse a caminho de Constantinopla em 1097. E, para coroar tudo: Antioquia voltara às mãos dos cristãos ao mesmo tempo que os bizantinos reivindicaram enfaticamente seus direitos de posse sobre a cidade.

Embora a intransigência de Tancredo após a assinatura do tratado de Diábolis em 1108 fosse exasperante, por fim ele fora um inconveniente temporário. Como mostraram as experiências dos cruzados em Jerusalém, a ameaça representada pelos muçulmanos não minguaria. Aleixo e Bizâncio eram aliados importantes, e os cavaleiros que se estabeleceram no Oriente reconheciam seu apoio. Foi por essa razão que o cronista Fulquério de Chârtres — que, na condição de capelão, acompanhou o exército de Balduíno de Boulogne em Edessa e Jerusalém — teve o cuidado de não jogar lenha na fogueira. O tom de seu relato da Cruzada é conciliatório em relação ao imperador; como vimos, ele optou por extirpar da carta enviada desde Antioquia ao papa em 1098 o incendiário parágrafo final, que acusava Aleixo de não ajudar os cruzados e de procurar ativamente prejudicá-los durante a expedição. Ao contrário de seus pares na Europa Ocidental, Fulquério percebeu que havia pouco a ganhar hostilizando ou contrariando aqueles cujo apoio poderia ser decisivo no futuro.[85] Outros também foram cautelosos em suas apreciações de Aleixo e Bizâncio, e de caso pensado evitaram fazer avaliações cáusticas de alguns de seus pares.[86]

Aleixo continuou a acompanhar de perto a situação no Oriente, ao manter a mais estrita vigilância. Após a morte de Raimundo de Toulouse, em 1105, enviou embaixadores para garantir a lealdade e o apoio de seu sucessor em Trípoli, a base onde Raimundo havia se estabelecido no início do século XII.[87] Três anos depois, ouviu o juramento feito por Bertrando de Toulouse, que viajou para Constantinopla, onde recebeu o mesmo tratamento que os líderes da Cruzada haviam recebido uma década antes: uma recepção impressionante, presentes em profusão e cuidadosa atenção do imperador em pessoa.[88]

Os benefícios que a Cruzada trouxe para Bizâncio podem ser mensurados de muitas maneiras. No século XII emergiu um novo império, estridente, autoconfiante e militarista, muito semelhante à imagem do próprio Aleixo. A economia, em frangalhos na época do golpe militar de Aleixo Comneno em 1081, voltou a florescer, estimulada pela nova moeda, pelo aumento do comércio com Veneza e outras cidades-Estados italianas e, claro, pela Cruzada em si. As despesas com o exército enfim se estabilizaram; se na primeira metade de seu reinado Aleixo marcou presença no campo de batalha quase todos os anos, após a passagem dos cruzados pelo território imperial, ele apenas em raríssimas ocasiões liderou pessoalmente os exércitos. Em 1107, o sistema tributário do império havia sido completamente reformulado, redefinido com base na posse documentada de terras, o que proporcionou ao Estado uma avaliação muito mais clara acerca das propriedades privadas em Bizâncio — e da renda proveniente dessas propriedades. A estabilidade e a prosperidade do império foram restauradas.

Existe um poema extraordinário, escrito como um guia para João II, o herdeiro do imperador, por ocasião da morte de Aleixo em 1118. Os versos analisam o reinado de Aleixo, mencionando os tempos difíceis e turbulentos que ele enfrentou depois de assumir o trono. Mais tarde, porém, todos, incluindo "o maciço movimento de cavaleiros vindos do Oeste", se submeteram à autoridade do grande governante, acovardando-se e batendo em retirada. Contanto que usasse as mesmas técnicas, João II também poderia se beneficiar da experiência e destreza de seu pai. Ele deveria distribuir dinheiro e presentes "prontamente e com gentileza", Aleixo insistia. O novo imperador deveria enfiar ouro e presentes dentro das "mandíbulas escancaradas" dos ocidentais, e fazer isso de modo magnânimo e irrestrito. A fim de se preparar, João fora instigado a acumular "um bocado de coisas" em caixas-fortes, "de sorte que possas satisfazer a ganância das nações que estão em movimento ao nosso redor, há muito tempo". Em suma, o novo imperador deveria, portanto, tratar Constantinopla como "uma fonte de ouro" da qual recompensas e incentivos deveriam ser distribuídos de maneira ativa e generosa. Enquanto fizesse isso, seu reinado seria estável. Tratava-se de uma visão surpreendentemente confiante do mundo, calcada nas diretrizes políticas exitosas de Aleixo.[89]

O poema reflete a robustez da posição do imperador após a Cruzada. Isso também pode ser visto no comportamento de Aleixo nos últimos anos de seu reinado. Depois que Henrique V — o filho mais moço e herdeiro de Henrique IV do Sacro Império Romano-Germânico — marchou sobre Roma em 1111, destituiu o papa Pascoal II e o colocou em cativeiro, Aleixo enviou emissários a Montecassino para oferecer sua solidariedade ao pontífice e lamentar a maneira como havia sido tratado. O imperador estava disposto a ir pessoalmente a Roma. A fim de garantir que no futuro a cidade e o papado se mantivessem a salvo, Aleixo propôs que ele ou seu filho João tomassem a coroa imperial de Roma.[90] A Cruzada resultou numa transformação tão ampla da sorte de Bizâncio que as ambições de Aleixo se alargaram para incluir a tomada do poder em Roma propriamente dita.

Persistentes dúvidas e receios acerca de Bizâncio e seus imperadores fincaram raízes na consciência da Europa Ocidental, mas foi somente quando a Segunda Cruzada descambou para o caos ao cruzar a Ásia Menor em 1146-47 que esses retratos negativos de Aleixo começaram a surtir efeito. Depois que os exércitos alemão e francês tiveram problemas, veio à tona a conhecida necessidade de encontrar um bode expiatório para o fracasso dos homens que em tese deveriam estar cumprindo a obra de Deus.

A responsabilidade foi atribuída ao imperador em Constantinopla, Manuel I Comneno, neto de Aleixo, que se tornou alvo de cruéis ataques pessoais em toda a Europa. As mesmas acusações que haviam sido lançadas contra seu avô eram então dirigidas a ele: perfídia, hipocrisia, falsidade, simpatias pelo islamismo e traição aos defensores do cristianismo. Havia apelos para uma Cruzada completa e de grandes proporções contra a própria Bizâncio. A reputação do Império Bizantino no Ocidente jamais se recuperaria.[91]

Foi também o exato momento em que Ana Comnena decidiu que era hora de reabilitar a reputação do pai e de registrar seus feitos. Mas a filha do imperador enfrentou o difícil problema de como escrever um relato equilibrado do reinado de Aleixo. Por um lado, ele salvara Bizâncio das garras da derrota; por outro, havia espalhado sementes que acarretariam uma série de novos problemas. O texto resultante, a *Alexíada*, é rebuscado, contraditório e prenhe de significados ocultos. Desde que veio a lume, a obra vem desorientando, confundindo e enganando as pessoas.

Quando se tenta deslindar a errática sequência de eventos com que o relato de Ana Comnena detalha a história política e militar do reinado de Aleixo, é que surge uma imagem clara. Em meados da década de 1090, o Império Bizantino estava à beira da catástrofe. As políticas de Aleixo no Oriente fracassaram de maneira espetacular, enquanto a contínua pressão e os renovados contratempos ao norte de Constantinopla ameaçavam o que restava do controle imperial em outras regiões. Com as finanças imperiais em estado de indigência, Aleixo carecia dos recursos necessários para arquitetar um contra-ataque expressivo no Oriente, o que resultou na desconfiança em relação à sua liderança e em uma revolta em grande escala por parte da aristocracia bizantina.

Como afirma Ana Comnena, uma coisa era lidar com cavaleiros encrenqueiros do Ocidente; contudo, "o espírito rebelde dos próprios súditos não causava menos problemas — a bem da verdade, [Aleixo] desconfiava deles ainda mais e se apressou em se proteger da melhor maneira com todas as forças, ao enfrentar maquinações e conluios. Mas quem poderia descrever o fermento dos problemas que se abatiam sobre o imperador? Isso o obrigava a tornar-se tudo para todos os homens, a amoldar-se tanto quanto possível às circunstâncias".[92]

O imperador — sua filha escreveu — era como um timoneiro guiando seu navio pelo mar revolto sem fim. Mal uma onda encapelada se quebrava, a seguinte se formava, encrespada, em sua direção: "Era uma sucessão interminável de aflições, um oceano de mazelas, por assim dizer — de modo que ele não tinha chance de respirar, e nem sequer de descansar os olhos".[93] Aleixo respondia a essas investidas com extraordinária audácia.

A história da Primeira Cruzada já foi contada muitas vezes. As façanhas e proezas de homens como Boemundo, Godofredo e Raimundo de Toulouse foram transmitidas de geração em geração durante séculos a fio. Os nomes e feitos de Balduíno de Calderón e Aicardo de Montmerle, que não retornaram, foram preservados para a posteridade, para serem lembrados por seu heroísmo e altruísmo na tentativa de libertar a Cidade Santa de Jerusalém.

Menos conhecidos são os nomes daqueles que provocaram a Primeira Cruzada. No entanto, Abu Alcacim, Tzacas, Bursuque, Togortaque e Nicéforo Diógenes deveriam figurar em qualquer discussão sobre a expedição que remodelou a Europa medieval. Eles levaram Bizâncio à beira do colapso e obrigaram Aleixo a olhar para o Ocidente. Os ataques, a intransigência e as revoltas desses homens ocasionaram, em última análise, a restauração do controle cristão de Jerusalém, mais de 450 anos depois de a cidade ter caído nas mãos dos muçulmanos.

Mas é um homem, acima de todos os outros, que se destaca: Aleixo I Comneno colocou em movimento a cadeia de eventos que apresentou ao mundo as Cruzadas. O chamado do Oriente remodelaria o mundo medieval, expandindo em escala descomunal os horizontes geográficos, econômicos, sociais, políticos e culturais da Europa. Depois de mais de novecentos anos na escuridão, Aleixo deve mais uma vez ocupar o centro do palco na história da Primeira Cruzada.

ABREVIAÇÕES

Alberto de Aquisgrão — *Historia Iherosolimitana*, org. e trad. S. Edgington (Oxford, 2007).
Ana Comnena — *Alexíada*, trad. revista por P. Frankopan (Londres, 2009).
Baldrico de Dol — *Historia Jerosolimitana*, em *RHC, Occ.* v. 4, pp. 1-111.
Barber e Bate, *Letters* — *Letters from the East: Crusaders, Pilgrims and Settlers in the 12th -13th Centuries* (Farnham, 2010).
Bernoldo de Constança — *Die Chroniken Bertholds von Reichenau und Bernolds von Konstanz*, org. I. Robinson (Hanover, 2003).
Catacalo Cecaumeno — *Sovety i rasskazy Kekavmena*, org. e trad. G. Litavrin (Moscou, 1972).
Eceardo de Aura — *Frutolfs und Ekkehards Chroniken und die Anonymen Kaiserchroniken*, org. F-J. Schmale e I. Schmale-Ott (Darmstadt, 1972).
Fulquério de Chârtres — *A History of the Expedition to Jerusalem 1095-1127*, trad. F. Ryan (Knoxville, 1969).
Gesta Francorum — *Gesta Francorum et aliorum Hierosolimitanorum*, org. e trad. R. Hill (Londres, 1962).
Gilberto de Nogent — *Gesta Dei per Francos*, org. R. Huygens (Turnhout, 1986).
Godofredo Malaterra — *De rebus gestis Rogerii Calabriae et Siciliae Comitis et Roberti Guiscardi Ducis fratris eius*, org. E. Pontieri, em *RIS*, 2. edição (Bolonha, 1927-28).
Gregório VII, *Register* — *The Register of Pope Gregory VII 1073-1095*, trad. H. E. J. Cowdrey (Oxford, 2002).
Gregório Pacuriano — P. Gautier, "Le typikon du sébaste Grégoire Pakourianos", *Revue des Etudes Byzantines*, 42 (1984), pp. 6-145.
Guilherme da Apúlia — *La geste de Robert Guiscard*, org. e trad. M. Mathieu (Palermo, 1961).
Guilherme de Tiro — *Chronicon*, org. R. Huygens, 2 vols. (Turnhout, 1986).

Hagenmeyer, *Epistulae*	*Epistulae et chartae ad historiam primi belli sacri spectantes: die Kreuzzugsbriefe aus den Jahren 1088-1100* (Innsbruck, 1901).
Ibn al-Athir	*The Chronicle of Ibn al-Athir for the Crusading Period from al-Kamil fi'l-Ta'rikh*, parte 1, trad. D. S. Richards (Londres, 2002).
João, o Oxita	P. Gautier, "Diatribes de Jean l'Oxite contre Alexis Ier Comnène", *Revue des Etudes Byzantines*, 28 (1970), pp. 5-55.
João Escilitzes	*Ioannis Scylitzae Sinopse historiarum*, org. I. Thurn (Nova York, 1973).
João Zonaras	*Epitome Historiarum*, org. M. Pinder e T. Büttner-Wobst, 3 vols. (Bona, 1841-97).
Manuel Straboromanos	P. Gautier, "Le dossier d'un haut fonctionnaire d'Alexis Ier Comnène, Manuel Straboromanos", *Revue des Etudes Byzantines*, 23 (1965), pp. 168-204.
Mateus de Edessa	*Armenia and the Crusades*, trad. A. Dosturian (Lanham, 1993).
MGH, SS	*Monumenta Germaniae Historica, Scriptores*, 32 vols. (Hanover, 1826-).
Miguel Ataliata	*Michaelis Attaliotae Historia*, org. I. Bekker (Bonn, 1853).
Miguel, o Sírio	*Chronique de Michel le Syrien*, org. e trad. J-B. Chabot, 4 vols. (Paris, 1899-1910).
Miklosich e Müller	*Acta et diplomata graeca medii aevi sacra et profana*, 6 vols. (Viena, 1860-90).
Nicéforo Briênio	*Nicephori Bryennii historiarum Libri Quattuor*, org. e trad. P. Gautier (Bruxelas, 1975).
Orderico Vital	*The Ecclesiastical History of Orderic Vitalis*, org. e trad. M. Chibnall, 6 vols. (Oxford, 1967-80).
Patrologia Latina	*Patrologia Latina*, org. J-P. Migne, 221 vols. (Paris, 1844-64).
Raimundo de Aguilers	*Historia Francorum qui ceperunt Iherusalem*, trad. J. Hill e L. Hill (Filadélfia, 1968).
RHC, Occ.	*Recueil des Historiens des Croisades, Historiens Occidentaux*, 5 vols. (Paris, 1841-95).
RHC, Or.	*Recueil des Historiens des Croisades, Historiens Orientaux*, 4 vols. (Paris, 1869-98).
RIS	*Rerum Italicarum Scriptores.*
Roberto, o Monge	*Robert the Monk's History of the First Crusade, Historia Iherosolimitana*, trad. C. Sweetenham (Aldershot, 2006).
Rudolfo de Caen	*The Gesta Tancredi of Ralph of Caen*, trad. B. Bachrach e D. Bachrach (Aldershot, 2005).
Teofilato de Ocrida	P. Gautier, "Discours de Théophylacte de Bulgarie", *Revue des Etudes Byzantines*, 20 (1962), pp. 93-130.

LEITURAS COMPLEMENTARES – PARA SABER MAIS

Em vez de incluir aqui uma bibliografia abrangente com mais de 2 mil livros e artigos, achei mais útil apresentar algumas sugestões de pontos de partida para o leitor interessado em saber mais sobre a Primeira Cruzada em geral, ou sobre aspectos específicos da expedição. Sempre que possível, tentei enumerar obras secundárias em língua inglesa, embora haja ocasiões em que livros e artigos em outros idiomas sejam inevitáveis.

Obras gerais

As Cruzadas receberam grande dose de atenção dos historiadores, sobretudo nos últimos anos. Os alentados volumes de Christopher Tyerman, *God's War: A New History of the Crusades* (Londres, 2006; ed. bras.: *A guerra de Deus: uma nova história das Cruzadas*. Rio de Janeiro, Imago, 2010); Jonathan Phillips, *Holy Warriors: A Modern History of the Crusades* (Londres, 2009); e Thomas Asbridge, *The Crusades: The War for the Holy Land* (Londres, 2010; ed. bras.: *As cruzadas: a história oficial da guerra pela Terra Santa*; 4 vols. São Paulo, Novo Século, 2021) apresentam as Cruzadas com diferentes enfoques. Cada uma delas fornece uma visão geral convincente e demonstra que os estudos acadêmicos sobre o assunto desfrutam de saúde robusta. O decano dos historiadores das Cruzadas é Jonathan Riley-Smith, cujo livro *The First Crusade and the Idea of Crusading* (Londres, 1986) ainda é indispensável. Suas muitas outras obras sobre as Cruzadas [ver, por exemplo, *The Crusades: A Short History* (Londres e New Haven, Athlone/Yale University Press, 1987; ed. bras.: *As cruzadas: uma história*. Trad. Jonathas Castro. Campinas, Ecclesiae, 2019], e sobre a primeira expedição a Jerusalém em particular, são inestimáveis — sobretudo, *The First Crusaders 1095-1131* (Cambridge, 1997). *Victory in the East*, de John France (Cambridge, 1994), fornece uma bela história militar da expedição a Jerusalém. Ver também *The First Crusade: A New History* (Londres, 2005), de Thomas Asbridge.

Há uma série de volumes organizados com base em conferências realizadas para celebrar o aniversário de novecentos anos do Concílio de Clermont, compilações de artigos de importantes estudiosos. Os melhores são: *The First Crusade: Origins and Impact*, de Jonathan Phillips (Manchester, 1997); *Autour de la Première Croisade*, de Michel Balard (Paris, 1996); e *From Clermont to Jerusalem: The Crusades and Crusader Societies*, de Alan Murray (Turnhout, 1998). Entre outras dessas coletâneas a se recomendar incluem-se: *Crusade and Settlement*, organizada por Peter Edbury (Cardiff, 1985); e *The Experience of Crusading*, organizada por Marcus Bull, Norman Housely e Jonathan Phillips, 2 vols. (Cambridge, 2003). Ver também a boa seleta de ensaios de renomados estudiosos organizada por Thomas Madden: *The Crusades* (Oxford, 2002). A bibliografia sobre a Primeira Cruzada compilada por Alan Murray também é inestimável.

De maneira surpreendente, historiadores bizantinos e árabes modernos escreveram pouco sobre o tema. Uma exceção é o claro e útil volume *Byzantium and the Crusades*, de Jonathan Harris (Londres, 2003). Imperdível é "The Byzantine background to the First Crusade", de Paulo Magdalino, em *Canadian Institute of Balkan Studies* (Toronto, 1996), pp. 3-38. Da mesma forma, o excelente estudo de Ralph-Johannes Lilie sobre as relações bizantinas com os cruzados, publicado originalmente em alemão em 1981, está disponível em uma bela tradução em língua inglesa: *Byzantium and the Crusader States 1096-1204* (trad. Morris e Ridings, Oxford, 1993). *The Crusades, Islamic Perspectives*, de Carole Hillenbrand (Edimburgo, 1999), é extremamente útil para um olhar sobre o Ocidente a partir do Oriente.

Fontes para a Primeira Cruzada

Anna Comnena, de Georgina Buckler (Oxford, 1929), ainda é a grande monografia sobre a *Alexíada*, excelente acerca da mecânica do texto, embora menos brilhante em sua interpretação. Um importante artigo do colóquio de Belfast sobre Aleixo I é essencial, e suscita complexas questões sobre a composição do texto: o trabalho de James Howard-Johnston em *Alexios I Komnenos*, organizado por Margaret Mullett e Dion Smythe (Belfast, 1996), é importante e deve ser lido ao lado de uma pequena, mas inestimável, seleção de ensaios organizada por Thalia Gouma-Peterson: *Anna Komnene and Her Times* (Nova York, 2000). "Anna Comnena, the *Alexiad* and the First Crusade", *Reading Medieval Studies*, 10 (1984), pp. 20-38, de John France, propicia uma leitura do texto a partir da perspectiva ocidental da Cruzada.

A melhor desconstrução de grande fôlego da cronologia da *Alexíada* foi feita por Iakov Liubarskii em "Zamechaniya k khronologii XI Knigi 'Aleksiada' Anny Komninoi", *Vizantiiskii Vremennik*, 24 (1963), pp. 46-56, em que examinou os problemas do Livro XI da *Alexíada*. Isso é repetido e aprofundado por Lilie no Apêndice 1 de *Byzantium and the Crusader States*, pp. 259-76. Os erros no posicionamento de episódios individuais em outras partes do texto foram observados por David Gress-Wright, "Bogomilism in Constantinople", *Byzantion*, 47 (1977), pp. 163-85; P. Gautier, "Discours de Théophylacte de Bulgarie", *Revue des Etudes Byzantines*, 20 (1962), pp. 99-103; J. Gouillard, "L'Abjuration du moine Nil le Calabrais", *Travaux et Mémoires*, 2 (1968), pp. 290-303. "Ob istochnikakh 'Aleksiady' Anny Komninoi", de Liubarskii, *Vizantiiskii Vremennik*, 25 (1965), pp. 99-120 continua a ser a melhor tentativa de identificar a gama de fontes disponíveis para Ana Comnena, bem como detectar vários outros casos em que a *Alexíada* apresenta falhas cronológicas. Faz-se necessário um novo e importante estudo de fôlego da obra de Ana Comnena a fim de identificar toda a extensão dos problemas da sequência de eventos históricos.

Com relação às fontes narrativas ocidentais da Cruzada, um bom ponto de partida é Colin Morris, "The *Gesta Francorum* as Narrative History", *Reading Medieval Studies*, 19 (1993), pp. 55-72. Mais recentemente, no entanto, ver "The anonymous *Gesta Francorum* and the *Historia Francorum qui ceperunt Iherusalem* of Raymond of Aguilers and the *Historia de*

Hierosolymitano itinere of Peter Tudebode: An analysis of the textual relationship between primary sources for the First Crusade", em John France e W. Zajac (org.), *The Crusades and their Sources: Essays presented to Bernard Hamilton* (Aldershot, 1998), pp. 39-69. Ver também "The use of the anonymous *Gesta Francorum* in the early twelfth-century sources for the First Crusade", em Alan Murray, *From Clermont to Jerusalem: The Crusades and Crusader Societies* (Turnhout, 1998), pp. 29-42 e, mais recentemente, Jay Rubenstein, "What is the *Gesta Francorum* and who was Peter Tudebode?", *Revue Mabillon*, 16 (2005), pp. 179-204.

Sobre Alberto de Aquisgráo, ver Sue Edgington, "Albert of Aachen reappraised", em Murray, *From Clermont to Jerusalem*, pp. 55-67. Ver também "The First Crusade: Reviewing the evidence", de Edgington, em Phillips, *First Crusade*, pp. 57-77, e "L'image d'Alexis Ier Comnène selon le chroniqueur Albert d'Aix", de Marc Carrier, *Byzantion*, 78 (2008), pp. 34-65. Ver R. Chazan, "The Hebrew First Crusade Chronicles", *Revue des Etudes Juives*, 133 (1974), pp. 235-54. Também "The First Crusade: The Muslim perspective", de Hillenbrand, em Phillips, *First Crusade*, pp. 130-41.

A carta de Aleixo I a Roberto de Flandres foi totalmente descartada, Peter Schreiner, "Der Brief des Alexios I Komnenos an den Grafen Robert von Flandern und das Problem gefälschter byzantinischer Kaiserschreiben in den westlichen Quellen", e Christian Gastgeber, "Das Schreiben Alexios I. Komnenos e Robert I. Flandern. Sprachliche Untersuchung", ambos em Giuseppe de Gregorio e Otto Kresten (org.), *Documenti medievali Greci e Latini: Studi Comparativi* (Spoleto, 1998), pp. 111-40, 141-85; ver também Carole Sweetenham, "Two letters calling Christians on Crusade", em *Robert the Monk's History of the First Crusade* (Aldershot, 2005), pp. 215-8. Ambos, no entanto, consideram a posição bizantina na Ásia Menor positivamente saudável no início da década de 1090. Aponte-se, portanto, Michel de Waha, "La lettre d'Alexis Comnène à Robert Ier le Frison", *Byzantion*, 47 (1977), pp. 113-25.

O papado e a Europa Ocidental na época da Primeira Cruzada

Há inúmeros estudos extraordinários sobre a Europa às vésperas da Cruzada. Acerca do papado, *Pope Gregory VII, 1073-1085*, de H. E. J.

Cowdrey (Oxford, 1998), e o magistral *Papst Urban II 1088-99*, de Alfons Becker, 2 vols. (Stuttgart, 1964-1988) são essenciais. *The Age of Abbot Desiderius: Montecassino, the Papacy and the Normans in the Eleventh and Early Twelfth Century*, de Cowdrey (Oxford, 1983) é importante, assim como *Papsttum und Normannen: Untersuchungen zu ihren lehnsrechtlichen und kirchenpolitischen Beziehungen* (Colônia, 1972). *The Papacy 1073-1198* (Cambridge, 1990), de Ian Robinson, fornece um comentário convincente sobre as disputas de Roma nesse período. *Henry IV of Germany, 1056-1106* (Cambridge, 1999), do mesmo autor, é excelente acerca das crises na Europa no final do século XI. As obras reunidas de Timothy Reuter, organizadas por Janet Nelson, *Medieval Polities and Modern Mentalities* (Cambridge, 2006), e Karl Leyser, organizadas por Reuter, em *Communications and Power in Medieval Europe: The Gregorian Revolution and Beyond* (Londres, 1994) oferecem muito o que pensar.

Eastern Schism: a Study of the Papacy and the Eastern Churches During the Eleventh and the Twelfth Centuries, de Steven Runciman (Oxford, 1955), ainda fornece uma narrativa clara dos eventos de 1054, embora *East and West: The Making of a Rift in the Church: From Apostolic Times Until the Council of Florence* (Oxford, 2003) analise o cisma em um contexto mais amplo. Também vale a pena ver aqui Aristeides Papadakis e John Meyendorff, *The Christian East and the Rise of the Papacy: The Church 1071--1453* (Nova York, 1994) e, sobretudo, *Spaltung der Christenheit* de Axel Bayer: *Das sogenannte Morgenländische Schisma von 1054* (Colônia, 2002). *The Byzantine Lists: Errors of the Latins*, de Tia Kolbaba (Urbana, 2000), é útil sobre a rivalidade entre as Igrejas Oriental e Ocidental. Para a crise das investiduras, ver *The Investiture Controversy: Church and Monarchy from the Ninth to the Twelfth Century*, de Ute-Renata Blumenthal (Filadélfia, 1988), e Gerd Tellenbach, *The Western Church from the Tenth to the Early Twelfth Century* (Cambridge, 1993).

O Império Bizantino no final do século XI

The Oxford History of Byzantium, organizada por Cyril Mango (Oxford, 2002), e *The Cambridge History of Byzantine Empire, c. 500-1492*, obra organizada por Jonathan Shepard (Cambridge, 2008), fornecem introduções gerais claras e provocativas sobre o Império Bizantino. *The Economic History of Byzantium, From the Seventh Through the Fifteenth Century*, 3 vols. (Washington, DC, 2002), também é excelente, embora monumental.

Há algumas notáveis coletâneas de ensaios sobre Constantinopla. Ver *Studies on Constantinople*, de Cyril Mango (Aldershot, 1993), e, do mesmo autor, *Constantinople and its Hinterland* (com Gilbert Dagron) (Aldershot, 1995). *Studies on the History and Topography of Byzantine Constantinople*, de Paulo Magdalino (Aldershot, 2007), oferecem muito material original e provocativo. Para um estudo mais geral, ver Jonathan Harris, *Constantinople: Capital of Byzantium* (Londres, 2007).

Sobre o final do século XI, a melhor obra secundária é *Pouvoir et contestations à Byzance 963-1210*, de Jean-Claude Cheynet (Paris, 1990). O trabalho seminal de Alexander Kazhdan sobre a aristocracia bizantina está disponível na tradução italiana, *L'aristocrazia bizantina: dal principio dell'XI alla fine del XII secolo*, trad. Silvia Ronchey (Palermo, 1997). O brilhante "Aspects of Byzantine attitudes and policy towards the West in the 10th and 11th Centuries", de Jonathan Shepard, em *Byzantinische Forschungen*, 13 (1988), pp. 67-118, é uma boa introdução às atitudes bizantinas com relação aos estrangeiros. Ver também, do mesmo autor, "The uses of the Franks in the 11th Century Byzantium", *Anglo-Norman Studies*, 15 (1992), pp. 275-305, "'Father' or 'Scorpion'? Style and substance in Alexios' diplomacy", em Mullett e Smythe, *Alexios*, pp. 68-132, e "Cross-purposes: Alexius Comnenus and the First Crusade", em Phillips, *First Crusade*, pp. 107-29. *Western Travelers to Constantinople: The West & Byzantium, 962--1204*, de Krijnie Ciggaar (Leiden, 1996), mostra o quanto a cidade era cosmopolita nesse período.

O reinado de Aleixo I Comneno

O *Essai sur le règne d'Alexis I Comnène*, de Ferdinand Chalandon (Paris, 1900), ainda é o último grande estudo monográfico sobre o reinado de Aleixo. Continua lúcido e muito útil. As atas do simpósio de Belfast de 1989, que aparecem no volume de Mullett e Smythe, *Alexios I Komnenos*, são excelentes e contêm uma série de trabalhos instigantes e importantes, sobretudo os de Magdalino, Shepard, Macrides e Angold. Escrevi questionando a visão da família do imperador como a base do governo de Aleixo, ao destacar a derrocada de membros de seu círculo íntimo às vésperas da Cruzada: P. Frankopan, "Kinship and the distribution of power in Komnenian Byzantium", *English Historical Review*, 495 (2007), pp. 1-34.

Sobre o exército sob o comando de Aleixo e seus sucessores, John Birkenmeier, *The Development of the Komnenian Army: 1081-1180* (Leiden, 2002), embora Armin Hohlweg, *Beiträge zur Verwaltunsgeschichte des ostromischen Reiches unter den Komnenen* (Munique, 1965) ainda tenha muito a dizer. Vale a pena ler *The Empire of Manuel I Komnenos 1143-1180*, de Paulo Magdalino (Cambridge, 1993), não apenas sobre os sucessores de Aleixo, mas também como pano de fundo para a *composição* da *Alexíada*. Sobre o mesmo tema, ver também Paul Stephenson, "The *Alexiad* as a source for the Second Crusade", *Journal of Medieval History*, 45 (2003), pp. 41-54.

Sobre a economia, ver Alan Harvey, *Economic Expansion in the Byzantine Empire (900-1200)* (Cambridge, 1989) e seu importante artigo "The land and taxation in the reign of Alexios I Komnenos: The evidence of Theophylakt of Ochrid", *Revue des Etudes Byzantines*, 51 (1993), pp. 139-54. *Coinage in South-Eastern Europe*, de Michael Metcalf (Oxford, 1979), ainda é essencial, assim como, do mesmo autor, o artigo "The reformed gold coinage of Alexius I Comnenus", em *Hamburger Beiträge zur Numismatik*, v. 16 (1962), pp. 271-84. Acerca da depreciação da moeda no século XI, ver Cécile Morrisson, "La Dévaluation de la monnaie Byzantine au XIe siècle", *Travaux et Mémoires*, 6 (1976), pp. 3-29.

Bizâncio e seus vizinhos

O seminal "La première pénétration turque en Asie Mineure", de Claude Cahen, *Byzantion*, 18 (1948), pp. 5-67, dominou a avaliação da Ásia Menor no século XI, mapeando o aumento da pressão turca antes e depois da Batalha de Manziquerta. Jean-Claude Cheynet ofereceu o primeiro corretivo importante em "Manzikert: un désastre militaire?", *Byzantion*, 50 (1980), pp. 410-38. Mais recentemente, o mesmo historiador foi além com "La résistance aux Turcs en Asie Mineure entre Mantzikert et la Première Croisade", em *Eupsykhia: Mélanges offerts à Hélène Ahrweiler*, 2 vols. (Paris, 1998), vol. 1, pp. 131-47. Ambos fornecem reavaliações cruciais sobre os turcos e sobre a Ásia Menor. A importância de confiar em evidências arqueológicas, bem como no texto, fica clara no trabalho de Clive Foss, incluindo "The defences of Asia Minor Against the Turks", *Greek Orthodox Theological Review*, 27 (1982), pp. 145-205. Novos materiais de lugares como Strobilos, Sagalassos, Éfeso e outros continuam a lançar dúvida sobre as opiniões aceitas sobre a natureza, a extensão e o tempo da colonização turca na Anatólia. A respeito da crescente pressão sobre Bizâncio ao norte de Constantinopla, ver Paul Stephenson, *Byzantium's Balkan Frontier* (Cambridge, 2000), que suplantou obras anteriores de estudiosos especialistas nessa região.

A conquista normanda do Sul da Itália é apresentada com brilhantismo por Hartmut Hoffmann em "Die Anfänge der Normannen in Süditalien", em *Quellen und Forschungen aus Italienischen Archiven und Bibiliotheken*, 47 (1967), pp. 95-144, embora nos últimos anos o pioneiro trabalho de Graham Loud tenha introduzido novos pontos de vista, por exemplo, em *The Latin Church in Norman Italy* (Cambridge, 2007) e "Coinage, wealth and plunder in the age of Robert Guiscard", *English Historical Review*, 114 (1999), pp. 815-43. Ver também, de sua autoria, *The Age of Robert Guiscard: Southern Italy and the Norman Conquest* (Cingapura, 2000). *La Pouille du VIe au XII siècles*, de Jean-Marie Martin (Roma, 1993), continua a ser o parâmetro para pesquisas sobre o Sudeste da Itália. O recente artigo de Paul Oldfield, "Urban government in Southern Italy, *c.* 1085-*c.* 1127", *English Historical Review*, 122 (2007), pp. 579-608, também oferece sacadas perspicazes sobre o controle normando do Sul da Itália, assim como seu livro *City and Community in Norman Italy* (Cambridge, 2009).

Acerca das relações bizantinas com os normandos, ver Huguette Taviani-Carozzi, *La Terreur du monde — Robert Guiscard et la conquête normande en Italie* (Paris, 1997). Os artigos de William McQueen, "Relations between the Normans and Byzantium 1071-1112", *Byzantion*, 56 (1986), pp. 427-76, e de Matthew Bennett, "Norman naval activity in the Mediterranean *c.* 1060-1108", *Anglo-Norman Studies*, 15 (1992), pp. 41-58, oferecem utilíssimas investigações dos ataques a Bizâncio.

O tratado de comércio com Veneza é de importância crucial, e foi tema de exaustivas análises. "The chrysobull of Alexius I Comnenus to the Venetians: The date and the debate", *Journal of Medieval History*, 28 (2002), pp. 23-41, é excelente; no entanto, tenho sérias dúvidas quanto às evidências internas no texto do acordo, sobretudo com relação à data; ver meu artigo, "Byzantine trade privileges to Venice in the eleventh century: The chrysobull of 1092", *Journal of Medieval History*, 30 (2004), pp. 135-60. Para questões concernentes a outros episódios na década de 1090, todas decorrentes de problemas com a cronologia da *Alexíada*, ver artigos que escrevi sobre "The Fall of Nicaea and the towns of western Asia Minor to the Turks in tha later 11th century: The curious case of Nikephoros Melissenos", *Byzantion*, 76 (2006), pp. 153-84, e também "Challenges to imperial authority in Byzantium: Revolts on Crete and Cyprus at the end of the 11th Century", *Byzantion*, 74 (2004), pp. 382-402.

A Primeira Cruzada

Além dos trabalhos gerais sobre a Primeira Cruzada já mencionados, acrescento obras que se concentram em aspectos específicos da expedição. Acerca do Concílio de Clermont e do papa Urbano na França em 1095-96, ver André Vauchez (org.), *Le Concile de Clermont de 1095 et l'appel à la Croisade: Actes du Colloque Universitaire International de Clermont-Ferrand* (Roma, 1997). Muitos estudiosos esmiuçam a mensagem da Cruzada, a exemplo de Penny Cole em *The Preaching of the Crusades to the Holy Land* (Cambridge, Massachusetts, EUA, 1991), mas ver também H. E. J. Cowdrey, "Pope Urban II's preaching of the First Crusade", *History*, 55 (1970), pp. 177-88, e Robert Somerville, "The Council of Clermont and the First Crusade", *Studia Gratiana*, 20 (1976), pp. 323-7.

Sobre as reações e motivações dos que participaram da expedição, ver Jonathan Riley-Smith, "The motives of the earliest crusaders and the settlement of Latin Palestine, 1095-1100", *English Historical Review*, 98 (1983), pp. 721-36; seu artigo "The idea of Crusading in the Charters of Early Crusaders", em Vauchez, *Concile de Clermont*, pp. 155-66, também é útil, assim como Christopher Tyerman, "Who went on crusades to the Holy Land?", in *Horns of Hattin*, pp. 13-26. *Knightly Piety and the Lay Response to the First Crusade: The Limousin and Gascony*, de Marcus Bull (Oxford, 1993), oferece um ponto de vista convincente e meticuloso de uma região da França. Ver também John France, "Les origines de la Première Croisade: un nouvel examen", em Balard, *Autour de la Première Croisade*, pp. 43-56.

Sobre o milenarismo no final do século XI, ver Hannes Möhring, *Der Weltkaiser der Endzeit: Entstehung Wandel und Wirkung einer tausendjährigen Weissagung* (Stuttgart, 2000), e Brett Whalen, *Dominion of God: Christendom and Apocalypse in the Early Middle Ages* (Cambridge, Massachusetts, EUA, 2009). Para estudos mais especializados sobre o impacto e as origens da Primeira Cruzada, ver Michele Gabriele, "Against the enemies of Christ: The Role of Count Emicho in the Anti-Jewish Violence of the First Crusade", em M. Frassetto (org.), *Christian Attitudes towards the Jews in the Middle Ages: A Casebook* (Abingdon, 2007), pp. 61-82, e Robert Chazan, "'Let not a remnant or a residue escape': Millenarian enthusiasm in the First Crusade", *Speculum*, 84 (2009), pp. 289-313.

Quando se trata de questões práticas relacionadas à expedição, é possível fazer várias recomendações. *Logistics of Warfare in The Age of the Crusades*, organizado por John Pryor (Aldershot, 2006), é um bom começo. Ver também Alan Murray, "The army of Godfrey of Bouillon 1096-9: Structure and dynamics of a contingent on the First Crusade", *Revue Belge de Philologie et d'histoire*, 70 (1992), pp. 301-29; Jonathan Riley-Smith, "First Crusaders and the Costs of Crusading", em Michael Goodrich, Sophia Menache e Sylvie Schein, *Cross Cultural Convergences in the Crusader Period* (Nova York, 1995), pp. 237-57; Matthew Bennett, "Travel and transport of the Crusades", *Medieval History*, 4 (1994), pp. 91-101; John Nesbitt, "The rate of march of crusading armies in Europe: A study and computation", *Traditio*, 19 (1963), pp. 167-82, suscitam questões sensatas, assim como Karl Leyser, "Money and supply on the First Crusade", em *Communications and Power*, pp. 83-94, e Sue Edgington, "Medical knowledge in the crusading armies: The evidence of Albert of Aachen and others", em Malcolm Barber (org.), *The Military Orders: Fighting for the Faith and Caring for the Sick* (Aldershot, 1994), pp. 320-6.

Sobre Pedro, o Eremita, ver M. D. Coupe, "Peter the Hermit, a reassesment", *Nottingham Medieval Studies*, 31 (1987), pp. 37-45; Ernest Blake e Colin Morris, "A hermit goes to war: Peter and the origins of the First Crusade", *Studies in Church History*, 22 (1985), pp. 79-107; Jean Flori, *Pierre l'Eremite et la Première Croisade* (Paris, 1999); e Jay Rubenstein, "How, or how much, to re-evaluate Peter the Hermit", em Susan Ridyard (org.), *The Medieval Crusade* (Woodbridge, 2004), pp. 53-70. Os estudos biográficos dos vários líderes das Cruzadas podem ser duvidosos e inconsistentes, e nas últimas décadas têm sido um gênero impopular. No entanto, *Bohemond I: Prince of Antioch*, de Ralph Yewdale (Princeton, 1924), é eternamente encantador. *Bohémond d'Antioche: Chevalier d'aventure*, de Jean Flori (Paris, 2007), é mais atual. Sobre Raimundo de Toulouse: John e Laurita Hill, *Raymond IV, Count of Toulouse* (Syracuse, 1962). Sobre Roberto da Normandia, o recente *Robert "Curthose", Duke of Normandy (c. 1050-1134)* (Woodbridge, 2008). Sobre Godofredo de Boulogne, Pierre Aubé, *Godefroy de Bouillon* (Paris, 1985).

Robert Chazan, em *European Jewry and the First Crusade* (Berkeley, 1987), e Gerd Mentgen, "Die Juden des Mittelrhein-Mosel-Gebietes im Hochmittelalter unter besonder Berücksichtigung der Kreuzzugsverfolgungen", *Monatshefte Kirangelische fürangeles Rheinlandes*, 44 (1995), pp. 37-75, tratam dos massacres das comunidades judaicas. *Hebräische Berichte über die Judenverfolgungen während des Ersten Kreuzzugs* (Hanover, 2005), de Eva Haverkamp, é agora a obra seminal sobre os *pogroms* de 1096.

Acerca das relações com Aleixo em Constantinopla, John Pryor, "The oath of the leaders of the Crusade to the Emperor Alexius Comnenus: Fealty, homage", *Parergon*, 2 (1984), pp. 111-41, é coerente, assim como Ralph-Johannes Lilie, "Noch einmal zu dem Thema 'Byzanz und die Kreuzfahrerstaaten'", *Poikila Byzantina*, 4 (1984), pp. 121-74. Absolutamente crucial, no entanto, é "When Greek meets Greek: Alexius Comnenus and Bohemund in 1097-8", de Jonathan Shepard, *Byzantine and Modern Greek Studies*, 12 (1988), pp. 185-277.

Sobre Antioquia, ver Bernard Bachrach, "The siege of Antioch: A study in military demography", *War in History*, 6 (1999), pp. 127-46; John France, "The departure of Tatikios from the Crusader army", *Bulletin of the Institute of Historical Research*, 44 (1971), pp. 137-47; Geoffrey Rice, "A note on the battle of Antioch, 28 june 1098: Bohemund as tactical innovator", *Parergon*, 25 (1979), pp. 3-8. Randall Rogers, *Latin Siege Warfare in the 12th Century* (Oxford, 1992), é um excelente guia para a guerra de cerco desse período e, em especial, os esforços contra Niceia e Antioquia.

Sobre o reino estabelecido no Oriente em Jerusalém em 1099, Joshua Prawer, *The Latin Kingdom of Jerusalem: European Colonialism in the Middle Ages* (Nova York, 1972); Jean Richard, *The Latin Kingdom of Jerusalem* (Londres, 1979); Alan Murray, *The Crusader Kingdom of Jerusalem: A Dynastic History 1099-1125* (Oxford, 2000). Sobre Antioquia, ver o excelente *The Creation of the Principality of Antioch 1098-1130*, de Thomas Asbridge (Woodbridge, 2000). Ver também a importante obra recente de Christopher MacEvitt, *The Crusades and the Christian World of the East: Rough Tolerance* (Filadélfia, 2008). Sobre o patriarca de Jerusalém, ver Michael Matzke, *Daibert von Pisa: Zwischen Pisa, Papst und erstem Kreuzzug* (Sigmaringen, 1998).

Sobre as cidades-Estados italianas, ver Marie-Louise Favreau-Lilie, *Die Italiener im Heiligen Land vom ersten Kreuzzug bis zum Tode Heinrichs von Champagne (1098-1197)* (Amsterdã, 1988); acerca de suas relações com Bizâncio, *Handel und Politik zwischen dem byzantinischen Reich und den italienischen Kommunen Venedig, Pisa und Genua in der Epoche der Komnenen und der Angeloi (1081-1204)*, de Ralph-Johannes Lilie (Amsterdã, 1984), ainda é difícil de superar.

Sobre a expedição de Boemundo contra Bizâncio, ver John Rowe, "Paschal II, Bohemund of Antioch and the Byzantine Empire", *Bulletin of the John Rylands Library*, 49 (1966), pp. 165-202. Ver também Luigi Russo, "Il Viaggio di Boemundo d'Altavilla in Francia", *Archivio storico italiano*, 603 (2005), pp. 3-42.

Sobre a criação da história da Primeira Cruzada, ver James Powell, "Myth, legend, propaganda, history: The First Crusade, 1140-c. 1300", em *Autour de la Première Croisade*, pp. 127-41, e também dois excepcionais artigos de Nicholas Paul, "Crusade, memory and regional politics in twelfth-century Amboise", *Journal of Medieval History*, 31 (2005), pp. 127-41, e também "A warlord's wisdom: literacy and propaganda at the time of the First Crusade", *Speculum*, 85 (2010), pp. 534-66.

NOTAS

Introdução
[1] Fulquério de Chârtres, I.2.i, pp. 62-3.
[2] Roberto, o Monge, I.1, p. 79.
[3] Ibid., pp. 79-80.
[4] Fulquério de Chârtres, I.3.iv, p. 66.
[5] Baldrico de Dol, IV.1, p. 15.
[6] Roberto, o Monge, I.1, pp. 79-80.
[7] Todos os principais relatos sobre o discurso de Urbano foram escritos no início do século XII, após a Cruzada. Para alguns comentários sobre a importância, ver abaixo, Capítulo 12, pp. 200-1.
[8] Gilberto de Nogent, I.1, p. 87; também Fulquério de Chârtres, I.3.v-viii, pp. 66-7; Roberto, o Monge, I.2, p. 81; R. Somerville, *The Councils of Urban II: Decreta Claromontensia* (Amsterdã, 1972), p. 74.
[9] Roberto, o Monge, I.2, pp. 81-2; Fulquério de Chârtres, I.4.iv, p. 68; Gilberto de Nogent, II.5, p. 117.
[10] V. Tourneur, "Un denier de Godefroid de Bouillon frappé en 1096", *Revue belge de numismatique*, 83 (1931), pp. 27-30; cf. N. Bauer, "Der Fund von Spanko bei St Petersburg", *Zeitschrift für Numismatik*, 36 (1926), pp. 75-94.
[11] Ver, por exemplo, J. Riley-Smith, *The First Crusade and the Idea of Crusading* (Londres, 1986), pp. 31 e seg.
[12] Para o decreto sobre Jerusalém aprovado em Clermont, ver Somerville, *Councils of Urban II*, pp. 74, 124, e também R. Somerville, *Papacy, Councils and Canon Law* (Londres, 1990), pp. 56-65 e 325-37. Ainda, Riley-Smith, First Crusade, pp. 13-30.

[13] A carta afirma que a força total da Cruzada somava 300 mil homens quando se reuniu em Niceia em 1097, e pouco mais de 20 mil na Batalha de Ascalom em setembro de 1099, embora esse número não incluísse a guarnição em Jerusalém ou outras cidades controladas à época por cavaleiros ocidentais. Barber e Bate, *Letters*, pp. 34-5. Acerca do tamanho do exército cruzado, ver J. France, *Victory in the East: A Military History of the First Crusade* (Cambridge, 1993), pp. 122-42.

[14] Raimundo de Aguilers, I, p. 18; Alberto de Aquisgrão, v. 40, pp. 392-4.

[15] Alberto de Aquisgrão, III.28, p. 182.

[16] Rudolfo de Caen, 119, p. 135.

[17] Ver, por exemplo, J. Riley-Smith, *The First Crusaders 1095-1131* (Cambridge, 1997); M. Bull, *Knightly Piety and the Lay Response to the First Crusade: The Limousin and Gascony* (Oxford, 1993); France, *Victory in the East*; T. Asbridge, *The First Crusade: A New History* (Londres, 2004). Para estudos das Cruzadas em geral, C. Tyerman, *God's War: A New History of the Crusades* (Londres, 2006); J. Phillips, *Holy Warriors: A Modern History of the Crusades* (Londres, 2010).

[18] J. Nesbitt, "The rate of march of crusading armies in Europe: a study and computation", *Traditio*, 19 (1963), pp. 167-82; A. Murray, "The army of Godfrey of Bouillon 1096-9: Structure and dynamics of a contingent on the First Crusade", *Revue Belge de Philologie et d'Histoire*, 70 (1992), pp. 301-29; B. Bachrach, "Crusader logistics: From victory at Nicaea to resupply at Dorylaion", em J. Pryor (org.), *Logistics of Warfare in the Age of the Crusades* (Aldershot, 2006), pp. 43-62.

[19] Por exemplo, S. Edgington, "Albert of Aachen reappraised", em A. Murray (org.), *From Clermont to Jerusalem: The Crusades and Crusader Societies* (Turnhout, 1998), pp. 55-67; J. France, "The use of the anonymous *Gesta Francorum* in the early twelfth century sources for the First Crusade", em ibid., pp. 29-42; J. Rubenstein, "What is the *Gesta Francorum* and who was Peter Tudebode?", *Revue Mabillon*, 16 (2005), pp. 179-204.

[20] A. Vauchez, "Les composantes eschatologiques de l'idée de croisade", em A. Vauchez (org.), *Le Concile de Clermont de 1095 et l'appel à la Croisade* (Rome, 1997), pp. 233-43; H. Möhring, Der Weltkaiser der Endzeit: Entstehung Wandel und Wirkung einer tausendjährigen Weissagung (Stuttgart, 2000), e B. E. Whalen, *Dominion of God: Christendom and Apocalypse in the Middle Ages* (Cambridge, Massachusetts, EUA, 2009).

[21] J. Bliese, "The motives of the First Crusaders: A social psychological analysis", *Journal of Psychohistory*, 17 (1990), pp. 393-411; G. Anderson, R. Ekelund, R. Herbert e R. Tollinson, "An economic interpretation of the medieval crusades", *Journal of European Economic History*, 21 (1992), pp. 339-63.

²² C. Ottoni, F-X. Ricaut, N. Vanderheyden, N. Brucato, M. Waelkens e R. Decorte, "Mitochondrial analysis of a Byzantine population reveals the differential impact of multiple historical events in South Anatolia", *European Journal of Human Genetics*, 19 (2011), pp. 571-6.

²³ Johansen e D. Sornett, "Finite time singularity in the dynamics of the world population and economic indices", *Physica*, A 294.3-4 (2001), pp. 465-502, citando o projeto "Calculando o PIB mundial", de J. DeLong, da Universidade da Califórnia, Berkeley.

²⁴ Bernoldo de Constança, p. 520.

²⁵ Ana Comnena, XIII.6, p. 373.

²⁶ Ia. Liubarskii, "Ob istochnikakh 'Aleksiady' Anny Komninoi", *Vizantiiskii Vremennik*, 25 (1965), pp. 99-120; sobre as fontes de Ana, efetivas e possíveis, ver J. Howard-Johnston, "Anna Komnene and the Alexiad", em M. Mullett e D. Smythe (org.) *Alexios I Komnenos — Papers* (Belfast, 1996), pp. 260-302.

²⁷ R. Bedrosian (trad.), *Aristakes Lastivertc'i's History* (Nova York, 1985), p. 64.

1. Europa em crise

¹ Gregório VII, *Register*, I.1, p. 1.

² Ibid., I.25, p. 30.

³ Ver U-R. Blumenthal, *The Investiture Controversy: Church and Monarchy from the Ninth to the Twelfth Century* (Filadélfia, 1988); G. Tellenbach, *The Western Church from the Tenth to the Early Twelfth Century* (Cambridge, 1993); H. Cowdrey, *Pope Gregory VII, 1073-1085* (Oxford, 1998).

⁴ Gregório VII, *Register*, III.6, p. 181; III.10a, pp. 192-3.

⁵ Hugo de Flavigny, II, p. 458; Lampert, *Annales*, pp. 258, 264-5; Bertoldo, p. 284; Bonizo de Sutri, *Liber*, 8, p. 609.

⁶ Gregório VII, *Register*, VII.14, pp. 342-4.

⁷ Benzo de Alba, *Ad Henricum*, VI, Prefácio, p. 502.

⁸ C. Erdmann (org.), *Die Briefe Heinrichs IV* (Leipzig, 1937), p. 28.

⁹ P. Kehr, "Due documenti pontifici illustranti la storia di Roma negli ultimi anni del secolo XI", *Archivio della Società Romana di storia patria*, 23 (1900), pp. 277-83.

¹⁰ Bernoldo de Constança, p. 508.

¹¹ Urbano introduziu a perspectiva da remissão dos pecados para os cavaleiros que foram lutar na Espanha, o que teria uma influência importante nas recompensas espirituais disponíveis para os que pretendiam ser cruzados. A oferta do papa na Espanha, no entanto, teve pouco impacto na cavalaria da Europa como um todo. Ver J. von

Pflugk-Hartung, *Acta pontificum Romanorum inedita*, 3 vols. (Leipzig, 1880-88), vol. 2, pp. 142-3; Urbano II, Epistolae et Privilegia, em *Patrologia Latina* 151, coleções 288, 302-3, 332-3. Também A. Becker, *Papst Urban II*, 2 vols. (Stuttgart, 1964-88), vol. 1, pp. 246 e seg.

[12] F. Liebermann, "Lanfranc and the antipope", *English Historical Review*, 16 (1901), pp. 330-2.

[13] P. Kehr, "Papsturkunden em Rom: Erster Bericht", *Nachrichten von der Gesellschaft der Wissenschaften zu Göttingen, Phil-hist. Kl.* (1900), pp.148-9.

[14] Sobreviveu apenas a resposta às mensagens de Clemente III. A. Pavlov, "Otryvki grecheskago teksta kanonicheskikh otvetov russkago mitropolita Ioanna II", *Zapiski Imperatorskoi Akademii Nauk*, 22.5 (1873), pp. 169-86.

[15] Amiúde, os herdeiros imperiais eram coroados coimperadores no nascimento ou logo depois — daí haver espaços para dois nomes na fórmula. *De Cerimoniis aulae Byzantinae libri duo*, org. J. Reiske, 2 vols. (Bonn, 1829-30), v. 2, pp. 686-92; v. 2, p. 679.

[16] C. Will, *Acta et scripta quae de controversiis Ecclesiae Graecae et Latinae* (Leipzig, 1861), pp. 150-4.

[17] J. Mansi (org.), *Sacrorum Concilium Amplissima Collectio*, 31 vols. (Florença, 1759-98), vol. 20, coleções 507-8; Gregório VII, *Register*, VI.5b, p. 281. A excomunhão de Aleixo é mencionada por Bernoldo de Constança, pp. 479-80.

[18] Guilherme da Apúlia, IV, p. 230; cf. Ana Comnena, I.13, p. 40.

[19] O material mais confiável a esse respeito vem dos cânones pactuados no concílio, seis cartas enviadas pelo papa a Flandres, Toscana e Espanha, e também relatos contemporâneos de sermões proferidos por Urbano na França depois de Clermont, por exemplo, em Angers em fevereiro de 1096. Somerville, *Councils of Urban II*, pp. 74, 124; Hagenmeyer, *Epistulae*, pp. 136, 137-8; W. Wiederhold, "Papsturkunden in Florenz", *Nachrichten von der Gesellschaft der Wissenschaften zu Göttingen, Phil-hist. Kl.* (1901), pp. 313-4; P. Kehr, *Papsturkunden in Spanien. I Katalonien* (Berlim, 1926), pp. 287-8; L. Halphen e R. Poupardin, *Chronique des comtes d'Anjou et des seigneurs d'Amboise* (Paris, 1913), pp. 237-8.

[20] Godofredo Malaterra, IV.13, p. 92; W. Holtzmann, "Die Unionsverhandlungen zwischen Kaiser Alexios I und Papst Urban II im Jahre 1089", *Byzantinische Zeitschrift*, 28 (1928), pp. 60-2.

[21] Ana Comnena, V. 9, p. 151.

[22] Holtzmann, "Unionsverhandlungen zwischen Kaiser Alexios I und Papst Urban II", pp. 60-2.

²³ Ibid.

²⁴ Ibid., pp. 62-4.

²⁵ Teofilato de Ocrida, *Peri egkalountai Latinon*, em P. Gautier (org. e trad.), *Theophylacti Achridensis Opera* (Tessalônica, 1980), p. 249.

²⁶ Ibid., pp. 251-61.

²⁷ Ibid., pp. 271-9.

²⁸ H. Seyffert (org.), *Benzo von Alba. Sieben Bücher an Kaiser Heinrich IV* (Hanover, 1996), I.14-17, pp. 140-54.

²⁹ Godofredo Malaterra, IV.13, pp. 92-3.

³⁰ R. Somerville, *Pope Urban II, the Collectio Britannica, and the Council of Melfi (1089)* (Oxford, 1996), pp. 175-80.

³¹ Seus comentários aparecem em uma carta enviada ao patriarca de Constantinopla, Nicolau III. Holtzmann, "Unionsverhandlungen zwischen Kaiser Alexios I und Papst Urban II", pp. 64-7.

³² Neste caso, Becker, *Papst Urban II*, 2, pp. 80ff.

³³ Ibid., p. 60.

³⁴ Ibid., pp. 59-60.

³⁵ Pavlov, "Otryvki grecheskago teksta", pp. 169-86.

³⁶ Ana Comnena, IV.1, p. 109.

³⁷ Por exemplo, *Regii neapolitani archivi: monumenta edita ac illustrata*, 6 vols. (Nápoles, 1845-61), 5, n. 457, pp. 146-7; n. 458, pp. 148-52; n. 462, pp. 157-9; n. 467, pp. 174-8; *Codice Diplomatico Barese*, 6 vols. (Bari, 1897-1902), 3, n. 24, pp. 39-40; n. 35, p. 41; n. 36, p. 42; n. 27, p. 43; n. 28, pp. 44-5; n. 29, pp. 45-6; n. 30, pp. 46-7; D. Morea (org.), *Il chartularium del monastero* (Montecassino, 1892), p. 136.

³⁸ Bernoldo de Constança, pp. 470-80.

³⁹ G. Spata, *Le pergamene greche esistenti nel grande archivio di Palermo* (Palermo, 1861), pp. 163-6, 173-5, 179-82; S. Cusa, *I diplomi greci ed arabi di Sicilia pubblicati nel testo originale*, 2 vols. (Palermo, 1868-82), vol. 2, p. 391.

⁴⁰ Bernoldo de Constança, p. 483; Ana Comnena, VIII.5, p. 224.

⁴¹ F. Sisic (org.), *Letopis Popa Dukljanina* (Belgrade, 1928), pp. 413-6; P. Frankopan, "Cooperation between Constantinople and Rome before the First Crusade: A study of the convergence of interests in Croatia in the late 11th Century", *Crusades*, 3 (2004), pp. 1-13.

⁴² Fulquério de Chârtres, I.5.xi, p. 71.

⁴³ Bernoldo de Constança, pp. 458, 462.

⁴⁴ Herrando de Halberstadt, *Epistola de causa Heinrici regis*, *MGH Libelli*, 2, p. 288.

⁴⁵ *MGH Constitutiones et acta publica imperatorum et regum*, 2 vols. (Hanover, 1893), vol. 1, p. 564; Bernoldo de Constança, p. 520.

⁴⁶ Bernoldo de Constança, p. 520.

⁴⁷ Godofredo Malaterra, IV.23, p. 101; Bernoldo de Constança, p. 463.

⁴⁸ Para os eventos em Placência, ver R. Somerville, *Pope Urban II's Council of Piacenza* (Oxford, 2011).

2. A retomada de Constantinopla

¹ C. Mango e R. Parker, "A Twelfth-Century Description of St Sophia", *Dumbarton Oaks Papers*, 14 (1960), pp. 235-40.

² E. Legrand, "Constantin le Rhodien: Description des oeuvres d'art et de l'église des Saints Apôtres, suivie d'un commentaire par Th. Reinach", *Revue des Etudes Grecques*, 9 (1896), pp. 32-65.

³ As regras e regulamentos do comércio em Constantinopla são estabelecidos em um texto conhecido como o "Livro do Eparca". J. Koder, *Das Eparchenbuch Leons des Weisen* (Viena, 1991).

⁴ K. Ciggaar, "Une description de Constantinople dans le Tarragonensis 55", *Revue des Etudes Byzantines*, 53 (1995), pp. 117-40.

⁵ Fulquério de Chârtres, I.9.i, p. 79.

⁶ *The Saga of the People of Laxardal* (*Laxdaela Saga*), trad. K. Kunz em *The Sagas of Icelanders* (Londres, 1997), p. 410.

⁷ Michael Psellos, org. e trad. E. Theanauld, *Michel Psellos. Chronographie*, 2 vols. (Paris, 1926), VII.25, vol. 2, p. 97.

⁸ *Laxdaela Saga*, 77, p. 419.

⁹ Snorri Sturulson, *Haralds Saga*, trad. L. Hollander, em *Heimskringla*: *History of the Kings of Norway* (Austin, 1964), pp. 579-82.

¹⁰ R. Savage (org.), *La Chronique de Sainte-Barbe-en-Auge* (Caen, 1906), pp. 23 e 57-8.

¹¹ K. Ciggaar, "L'émigration anglaise à Byzance après 1066", *Revue des Etudes Byzantines*, 32 (1974), pp. 338-41.

¹² Ciggaar, "Description de Constantinople", p. 119; *Gesta Francorum Iherusalem expugnantium*, em *RHC, Occ.*, 3, p. 494; J. Zepos e P. Zepos (org.), *Jus Graeco-Romanorum*, 8 vols. (Atenas, 1931-62) 1, p. 317; Miklosich e Müller, 6, p. 44; P. Lemerle, N. Svoronos, A. Guillou, D. Papachryssanthou (org.), *Archives de l'Athos: Actes de Lavra* (Paris, 1970), n. 48, 1, pp. 258-9.

[13] *Actes de Lavra*, n. 35, 1, pp. 233-5.

[14] M. English Frazer, "Church doors and the Gates of Paradise: Byzantine bronze doors in Italy", *Dumbarton Oaks Papers*, 27 (1973), pp. 147-8.

[15] P. Lemerle, "Le testament d'Eustathios Boïlas (abril de 1059)", *Cinq études sur le XIe siècle byzantin* (Paris, 1977), pp. 24-5.

[16] Sobre a Batalha de Manziquerta e o lugar que ocupa na identidade turca, ver C. Hillenbrand, *Turkish Myth and Muslim Symbol: The Battle of Manzikert* (Edimburgo, 2007).

[17] *Tabula S. Basilii*, em *RHC, Occ.*, 5, pp. 295-8; J. Darrouzès, "Le mouvement des fondations monastiques au XIe siècle", *Travaux et Mémoires*, 6 (1976), p. 173.

[18] C. Morrisson, "La dévaluation de la monnaie byzantine au XIe siècle", *Travaux et Mémoires*, 6 (1976), pp. 3-29.

[19] Miguel Ataliata faz ferozes reclamações quanto ao aumento dos impostos, p. 284; sobre a inflação crônica no preço do trigo, ibid., pp. 201-4.

[20] T. Smiciklas (org.), *Codex diplomaticus regni Croatiae, Dalmatiae et Slavoniae* (Zagreb, 1905), 1, pp. 139-41; Gregório VII, *Register*, 5.12, p. 258; P. Stephenson, *Byzantium's Balkan Frontier, 900-1204* (Cambridge, 2000), p. 144.

[21] Ana Comnena, II.3, pp. 54-5.

[22] Miguel Ataliata, p. 215; Nicéforo Briênio, III.16, p. 241.

[23] Miguel Ataliata, p. 306.

[24] Ana Comnena, III.11, pp. 103-4.

[25] Ana Comnena, VI.11, p. 176.

[26] Ana Comnena, XV.10, p. 463.

[27] Ana Comnena, I.1, p. 9.

[28] Ana Comnena, III.2, pp. 82-3.

[29] Nicéforo Briênio, IV.29, p. 299.

[30] W. Wroth, *Catalogue of Imperial Byzantine Coins in the British Museum*, 2 vols. (Londres, 1908), vol. 2, p. 539; G. Zacos e A. Veglery, *Byzantine Lead Seals* (Basileia, 1972), n. 99 (a & b), 100; J. Nesbitt, N. Oikonomides et al. (org.), *Catalogue of Byzantine Seals at Dumbarton Oaks*, 7 vols. (Washington, DC, 1991), vol. 6, n. 86.1.

[31] Ana Comnena, II.9, p. 70.

[32] A nomeação de Aleixo não é mencionada na *Alexíada* — o que não é surpresa, dada a sua decisão de se voltar contra a capital, em vez de enfrentar os normandos. No entanto, ver Romualdo de Salerno, *Chronicon, RIS, NS*, 7, 1, p. 192. Também, Dandolo, *Chronica per extensum descripta, RIS, NS*, 12, p. 216, e Miguel, o Sírio, p. 176.

[33] Ana Comnena, II.10, pp. 72-3; João Zonaras, XVIII.20, 3, pp. 727-8.

[34] Ana Comnena, III.5, pp. 89-90.

[35] João Zonaras, XVIII.20, 3, p. 729.
[36] Ana Comnena, II.12, p. 78.
[37] Ana Comnena, III.1, p. 79.
[38] De Cerimoniis, I.38, 1, pp. 191-6.
[39] Ana Comnena, II.4, p. 58; IV.4, p. 114; III.9, pp. 100-1.
[40] Ana Comnena, III.4, p. 87, João Zonaras, XVIII.21, 3, p. 732.
[41] Godofredo Malaterra, III.41, p. 82. Acerca dos normandos e Bizâncio, ver W. McQueen, "Relations between the Normans and Byzantium 1071-1112", *Byzantion* 56 (1986), pp. 427-76; H. Taviani-Carozzi, *La Terreur du monde – Robert Guiscard et la conquête normande en Italie* (Paris, 1997); G. Loud, *The Age of Robert Guiscard: Southern Italy and the Norman Conquest* (Cingapura, 2000).
[42] Gregório Pacuriano, p. 43. A dimensão da vitória foi enorme, e o sucesso de Pacuriano lhe rendeu generosas recompensas do imperador. O general estava enganado sobre como sua façanha seria lembrada; rapidamente caiu no esquecimento, e assim permaneceu por quase mil anos. P. Frankopan, "A victory of Gregory Pakourianos against the Pechenegs", *Byzantinoslavica*, 57 (1996), pp. 278-81.
[43] Teofilato de Ocrida, p. 111.
[44] Ana Comnena, VIII.5, pp. 225-6.
[45] Ana Comnena, VIII.6, pp. 227-8; João Zonaras, XVIII.22, 3, p. 741.
[46] Por exemplo, figuras importantes de regimes anteriores foram levadas para tomar parte de campanhas contra os normandos em 1081 — muitas morreram no campo de batalha em Dirráquio, em 1081. Ana Comnena, IV.6, p. 122.
[47] Ana Comnena, IV.4, pp. 114-5.
[48] Michael Psellos, II.1-2, 1, p. 25; II.7, 1, p. 29.
[49] João, o Oxita, p. 31.
[50] Nicéforo Briênio, II.7, pp. 154-5.
[51] Ana Comnena, XV.11, p. 464.
[52] Ana Comnena, XIV.7, p. 423.
[53] Nicéforo Briênio, II.7, pp. 154-5; João, o Oxita, pp. 37-9; A. Lavriotes (org.), "Historikon zetema ekklesiastikon epi tes basileias Alexiou Komnenou", *Ekklesiastike Aletheia*, 20 (1900), p. 412.
[54] Ana Comnena, III.5, p. 89. Sobre a fundação da igreja e mosteiro, Miklosich e Müller, 6, pp. 27-8, 33.
[55] Ana Comnena, III.5, pp. 90-1; v. 2, pp. 130-2; V. Grumel, "L'affaire de Léon de Chalcédoine, le Chrysobulle d'Alexis Ier sur les objets sacrés", *Revue des Etudes Byzantines*, 2 (1944), pp. 126-33; Ana Comnena, III.8, p. 96.

[56] J. Darrouzès, *Georges et Dèmètrios Tornikès – Lettres et Discours* (Paris, 1970), pp. 234-5.
[57] Manuel Straboromanos, pp. 182-3.
[58] João Zonaras, XVIII.29, 3, pp. 765-6.
[59] Ana Comnena, XIV.4, pp. 411-3.
[60] R. Romano (org.), *Nicola Callicle, Carmi* (Naples, 1980), pp. 101-2; P. Magdalino e R. Nelson, "The Emperor in Byzantine art of the 12th Century", *Byzantinische Forschungen*, 8 (1982), pp. 123-6.
[61] Ana Comnena, III.3, p. 93. Sobre seu receio, I.8, p. 26. As duas imagens conhecidas de Aleixo aparecem em manuscritos mantidos na biblioteca do Vaticano em Roma, Vaticanus Gr. 666, f. 2r.; 666, f. 2v.

3. Estabilidade no Leste

[1] Mélikoff (org.), *La geste de Melik Danismend*, 2 vols. (Paris, 1960).
[2] Enviado para reafirmar a autoridade do imperador sobre Balliol em meados da década de 1070, Aleixo foi vaiado pelos habitantes de Amasia, que zombaram do general quando aprisionou o normando. Ana Comnena, I.2, pp. 11-3.
[3] Mateus de Edessa, II.72, p. 144.
[4] J-C. Cheynet e D. Theodoridis, *Sceaux byzantins de la collection D. Theodoridis* (Paris, 2010), pp. 26-8.
[5] Nicéforo Paleólogo ainda mantinha seu cargo em 1081. Nicéforo Briênio, III.15, p. 239.
[6] J-C. Cheynet e J-F. Vannier, *Etudes Prosopographiques* (Paris, 1986), pp. 57-74; Cheynet e Theodoridis, *Sceaux byzantins*, pp. 54-6; C. MacEvitt, *The Crusades and the Christian World of the East: Rough Tolerance* (Filadélfia, 2008), pp. 41-2.
[7] Por exemplo, Michael Angold, *The Byzantine Empire 1025-1204* (Londres, 1984), pp. 112-3; France, *Victory in the East*, pp. 155-6; J. Flori, *La Première Croisade: l'Occident chrétien contre l'Islam aux origines des idéologies occidentales* (Paris, 2001), p. 64; P. Magdalino, "The Medieval Empire (780-1204)", em C. Mango (org.), *The Oxford History of Byzantium*, p. 185; J. Harris, *Byzantium and the Crusades* (Londres, 2003), pp. 47, 55. Phillips, *Holy Warriors*, p. 15.
[8] Ana Comnena, III.9, p. 100.
[9] Idem.
[10] Ana Comnena, II.6, p. 65.
[11] Ana Comnena, II.3, pp. 54-5.

¹² J. Darrouzès, *Notitiae episcopatuum ecclesiae constantinopolitanae* (Paris, 1981), pp. 123-4, 134-5.

¹³ J-C. Cheynet, "La résistance aux Turcs en Asie Mineure entre Mantzikert et la Première Croisade", em *Eupsykhia: Mélanges offerts à Hélène Ahrweiler*, 2 vols. (Paris, 1998), vol. 1, pp. 131-47.

¹⁴ Sobre os temores de Aleixo com relação a suas próprias tropas em 1081, Ana Comnena, II.9, p. 71; acerca das circunstâncias por trás da coroação tardia da esposa de Aleixo, Irene, III.2, pp. 81-4.

¹⁵ Ana Comnena, III.5, pp. 89-91.

¹⁶ Ana Comnena, III.11, p. 104.

¹⁷ Por exemplo, Nicéforo Briênio, III.16, p. 241; IV.2, p. 259.

¹⁸ Nicéforo Briênio, IV.4, p. 265; IV.10-13, pp. 275-9.

¹⁹ J. Darrouzès (org.), *Georges et Dèmètrios Tornikès – Lettres et Discours* (Paris, 1970), pp. 234-5.

²⁰ Orderico Vital, X.12, 5, p. 274.

²¹ Sobre a captura do pai de Tatício, Ana Comnena, IV.4, p. 115.

²² Ana Comnena, III.11, p. 105.

²³ Ana Comnena, V.5.II, p. 140.

²⁴ Ana Comnena, IV.4, p. 115; IV.6, p. 123; V.6.iv, p. 159; Guilherme da Apúlia, IV, pp. 222, 226.

²⁵ Ana Comnena, VI.12, p. 177.

²⁶ Mateus de Edessa, II.78, pp. 147-8.

²⁷ Bar Hebreu, org. e trad. E. Budge, *The Chronography of Gregory Abul Faraj*, 2 vols. (Oxford, 1932), 2, p. 227.

²⁸ *De Administrando Imperio*, org. e trad. G. Moravcsik e R. Jenkins, (Washington, DC, 1967).

²⁹ Nicéforo Briênio, IV.31, p. 301.

³⁰ P. Frankopan, "The Fall of Nicaea and the towns of western Asia Minor to the Turks in the later 11ᵗʰ Century: The curious case of Nikephoros Melissenos", *Byzantion*, 76 (2006), pp. 153-84, e abaixo, p. 82.

³¹ Acerca da encomenda feita pela imperatriz junto a Nicéforo, Nicéforo Briênio, pp. 71-3; Ana Comnena, Prólogo, p. 5.

³² Depois de 1081, ele é referido como o "emir" (ou seja, governador) de Niceia. Ana Comnena, VI.9, pp. 169-70. Ana afirma também que os aposentos dele em Niceia eram os do imperador, embora em turco fossem chamados de aposentos do sultão, III.11, p. 104. Miguel Ataliata, escrevendo no final da década de 1070, não se

refere a ele com um título, chamando-o de "líder turco", p. 266. Nicéforo Briênio evita usar um título ao escrever sobre Sulaiman para o período anterior a 1081, por exemplo. III.16, p. 241.

33 As duas exceções são a *Alexíada* e a *Epitome Historion*, de João Zonaras. Um terceiro autor escrevendo no século XII, Miguel Glicas, cobre o reinado de Aleixo, embora seu texto seja uma cópia literal da obra de Zonaras.

34 Ver P. Magdalino, "Aspects of twelfth-century Byzantine *Kaiserkritik*", *Speculum* 58 (1983), pp. 326-46.

35 Alberto de Aquisgrão, II.28, p. 108.

36 Eceardo de Aura, p. 200.

37 Ver J-C. Cheynet, "The duchy of Antioch during the second period of Byzantine rule", em K. Ciggaar e D. Metcalf (org.), *East and West in the Medieval Eastern Mediterranean: Antioch from the Byzantine Reconquest until the End of the Crusader Principality* (Leiden, 2006), pp. 1-16.

38 Miguel Ataliata, p. 301.

39 Selos de chumbo pertencentes a Filareto que o atestam como *protosebasto* e comandante dos exércitos das províncias orientais provavelmente datam de depois de 1081, pois o título de *protosebasto* foi introduzido no império por Aleixo. Isso, por sua vez, mostra que o imperador recorreu a Filareto no Leste e o recompensou com maior status. J-C. Cheynet, C. Morrisson e W. Seibt, *Les Sceaux byzantins de la collection Henri Seyrig* (Paris, 1991), n. 192; Cheynet e Theodoridis, *Sceaux byzantins*, pp. 54-6. Outras distinções desse período mostram como ele foi cortejado, por exemplo, J-C. Cheynet, "Sceaux byzantins des Musées d'Antioche et de Tarse", *Travaux et Mémoires* 12 (1994), n. 56.

40 Ana Comnena, VI.9, pp. 169-70.

41 Mateus de Edessa, II.60, p. 137.

42 *Anonymi Auctoris Chronicon ad Annum Christi 1234 Pertinens*, tr. A. Abouna e J-M. Fiey, *Chronicle of the Unknown Edessan* (Paris, 1974), p. 39.

43 J-C. Cheynet, "Les Arméniens de L'Empire en Orient de Constantin Xe à Alexis Comnène (1059-1081)", em *L'Arménie et Byzance* (Paris, 1996), p. 76.

44 Miguel, o Sírio, 3, p. 178.

45 Mateus de Edessa, II.78, p. 147; também Ana Comnena, VI.9, p. 170.

46 Ibn al-Ahtir, AH 477/dez. 1084-dez. 1085, p. 218; Sibt ibn al-Jawzi, *Mir'at al-Zaman fi Ta'rikh al-A'yan*, org. A. Sevim (Ancara, 1968), p. 229.

47 Ibn al-Athir, citando o poeta al-Abirwardi, AH 477/dez. 1084-dez. 1085, p. 218.

48 Ibid., pp. 218-9.

⁴⁹ Ibn al-Athir, AH 479/dez. 1086-dez. 1087, p. 223.
⁵⁰ Ibn al-Athir, AH 477/dez. 1084-dez. 1085, p. 224; Sibt ibn al-Jawzi, p. 229.
⁵¹ Ana Comnena, VI.10, p. 171.
⁵² *The History of the Seljuk Turks from the Jami'ak-Tawarikh*, trad. K. Luther (Richmond, 2001), pp. 62, 60-1.
⁵³ Ana Comnena, VI.12, pp. 177-8. A carta foi escrita após a derrota bizantina no ataque de Roberto Guiscardo ao Épiro e antes da grande invasão pechenegue de 1087.
⁵⁴ Ana Comnena, VI. 9, pp. 170-1. Ana divide em dois o relato sobre a proposta do sultão.
⁵⁵ Ana Comnena, VI.12, p. 178.
⁵⁶ Ana Comnena, VIII.3, p. 220.
⁵⁷ Ana Comnena, VI.9, p. 171.
⁵⁸ Bar Hebraeus, 2, p. 229.
⁵⁹ Ibn al-Athir, AH 485/dez. 1091-dez. 1092, p. 259.
⁶⁰ Ana Comnena, VI.12, p. 177.
⁶¹ Mateus de Edessa, II.86, p. 153.
⁶² Ibid.
⁶³ A resposta às perguntas do sultão sobreviveu. P. Gautier, "Lettre au sultan Malik-Shah rédigée par Michel Psellos", *Revue des Etudes Byzantines* 35 (1977), pp. 73-97.
⁶⁴ Mateus de Edessa, II.86, p. 153.
⁶⁵ Pouco se sabe sobre os curopalatas T'oros e Gabriel, respectivamente governador de Edessa e Melitene nesse período; é incerto se aceitaram (ou foram induzidos a aceitar) a autoridade de Malique Xá. No entanto, dados os comentários mordazes de Mateus de Edessa sobre Filareto Bracâmio e sua decisão de se juntar ao sultão e se voltar ao islã, poderíamos esperar a mesma difamação em sua crônica se esses dois homens tivessem debandado para o lado dos turcos. Mateus de Edessa, II.85, pp. 152-3. Gabriel, contudo, parece ter tomado precauções para se resguardar, emitindo um selo que lhe atestava os títulos bizantino e árabe. J-C. Cheynet, *Sceaux de la collection Zacos se rapportant aux provinces orientales de l'Empire byzantine* (Paris, 2001), n° 41.
⁶⁶ Ana Comnena, VI.10, p. 172.
⁶⁷ Ana Comnena, VI.13, pp. 180-2.
⁶⁸ Ibid., p. 181; VI.14, pp. 183-4. A transferência de Humbertopoulos para o Ocidente data da retomada da cidade.
⁶⁹ Ana Comnena, VI.13, pp. 180-2.

⁷⁰ Teofilato de Ocrida, pp. 113-4. Os comentários de Teofilato foram proferidos em um discurso ao imperador pouco mais de um ano depois.
⁷¹ Ibid., p. 111.

4. O colapso da Ásia Menor

¹ Miklosich e Müller, 6, pp. 57-8, 40-4.
² Ana Comnena, VII.6, p. 199.
³ Ibid.
⁴ Ana Comnena, VII.7, p. 202; VIII.3, p. 220.
⁵ Ana Comnena, VI.10, p. 174.
⁶ Miguel, o Sírio, 3, pp. 172ff; Mélikoff, *Danismend*, 2, p. 88.
⁷ Ana Comnena, VII.8, p. 202.
⁸ Ana Comnena, VIII.3, p. 220.
⁹ R. Macrides, "Poetic justice in the Patriarchate: murder and cannibalism in the provinces", em L. Burgmann, M. Fögen, A. Schmink (org.), *Cupido Legum* (Frankfurt, 1985), pp. 144-5. A não ser por aspectos estilísticos, não há evidências internas detalhadas que ajudem a datar o poema com maior precisão nos séculos XI/XII. No entanto, as referências à escassez crônica de alimentos, inverno rigoroso e desesperadas medidas da população certamente condizem com o início da década de 1090.
¹⁰ Ana Comnena, VII.8, pp. 202-3.
¹¹ Ana Comnena, VIII.3, p. 220.
¹² João, o Oxita, p. 35. Também P. Frankopan, "Where Advice meets Criticism in 11th Century Byzantium: Theophylact of Ohrid, John the Oxite and their (re) presentations to the Emperor", *Al-Masaq* 20 (2008), pp. 71-88.
¹³ João, o Oxita, p. 35.
¹⁴ Ibid., pp. 29-35.
¹⁵ J. Shepard, "How St James the Persian's head was brought to Cormery: A relic collector around the time of the First Crusade", em L. Hoffmann (org.), *Zwischen Polis, Provinz und Peripherie. Beiträge zur byzantinsichen Geschichte und Kultur* (Wiesbaden, 2005), p. 298.
¹⁶ Por exemplo, Roberto, o Monge, I.1, pp. 79-80.
¹⁷ C. Haskins, "A Canterbury monk at Constantinople *c.* 1090", *English Historical Review* 25 (1910), pp. 293-5; Ciggaar, "Description de Constantinople", pp. 118-20.
¹⁸ Hagenmeyer, *Epistulae*, pp. 133-6.

[19] Ver, mais recentemente, P. Schreiner, "Der Brief des Alexios I Komnenos na den Grafen Robert von Flandern und das Problem gefälschter byzantinischer Kaiserschreiben in den westlichen Quellen", em G. de Gregorio e O. Kresten (org.), *Documenti medievali Greci e Latini. Studi Comparativi* (Spoleto, 1998), pp. 111-40; C. Gastgeber, "Das Schreiben Alexios" I. Komnenos an Robert I. von Flandern. Sprachliche Untersuchung", em ibid., pp. 141-85; C. Sweetenham, "Two letters calling Christians on Crusade", em *Robert the Monk's History of the First Crusade* (Aldershot, 2005), pp. 215-8.

[20] Ver, por exemplo, M. de Waha, "La lettre d'Alexis Comnène à Robert Ier le Frison", *Byzantion* 47 (1977), pp. 113-25; J. Shepard, "Aspects of Byzantine attitudes and policy towards the West in the 10th and 11th centuries", *Byzantinische Forschungen*, 13 (1988), pp. 106-12.

[21] Hagenmeyer, *Epistulae*, p. 132.

[22] Ibid.

[23] Hagenmeyer, *Epistulae*, p. 141; João, o Oxita, pp. 37-47.

[24] Ana Comnena, X.5, pp. 273-4.

[25] Shepard, "How St James the Persian's head was brought to Cormery", p. 299.

[26] Miklosich e Müller, 6, pp. 19-21, 34-8, 42-4, 57-8, 81.

[27] Ibid., pp. 84-90.

[28] Ibid., p. 81.

[29] Sobre os calçados dos turcos, Ana Comnena, IX.1, p. 237.

[30] Miklosich e Müller, 6, pp. 82-3.

[31] Ana Comnena, VIII.3, p. 220.

[32] Mateus de Edessa, II.90, pp. 157-8.

[33] Ana Comnena, VI.12, p. 179.

[34] *Jami'al-Tawarikh*, p. 62.

[35] Al-Fath ibn 'Ali al-Bundari, *Zubdat al-nusra wa-nukhbat al-'ursa*, org. M. Houtsma (Leiden, 1889), p. 63.

[36] Ibn al-Atir, AH 485/1092-1093, pp. 258-9.

[37] Gautier, "Synode des Blachernes", pp. 218-9.

[38] *Jus Graeco-Romanum*, 1, pp. 35-61.

[39] P. Gautier, "Jean l'Oxite, patriarche d'Antioche: notice biographique", *Revue des Etudes Byzantines*, 22 (1964), pp. 136-8.

[40] As cidades foram tomadas pelos turcos catorze anos depois de Aleixo tornar-se imperador. Miguel, o Sírio, VI.6, v. 3, pp. 178ff.

[41] *Gesta Francorum*, IV, p. 25.

[42] Ibid., p. 26.
[43] Guilherme de Tiro, III.1, 1, p. 197.
[44] Ana Comnena, XI.2, p. 300.
[45] João, o Oxita, p. 35.
[46] Ana Comnena, VIII.7, p. 229.
[47] Ana Comnena, VI.10, pp. 172-3.
[48] Ibid., p. 172; Ibn al-Athir, AH 487/dez. 1093-dez. 1094, p. 271.
[49] Ana Comnena, VI.11, p. 176.
[50] Idem.
[51] Ana Comnena, VI.11, p. 177.
[52] Ver, por exemplo, J. Haldon, "Theory and practice in tenth-century military administration. Chapters 11, 44 and 45 of the Book of Ceremonies', *Travaux et Mémoires*, 13 (2000), pp. 201-352.
[53] Ana Comnena, VI.10, p. 175.
[54] Idem.
[55] Ana Comnena, VI.12. ii-iii, p. 178.
[56] Ana Comnena, VI.12, p. 180.
[57] Idem.
[58] Sobre o tamanho do exército de Quilije Arslã em 1097, ver, por exemplo, Fulquério de Chârtres, I.11.vi, p. 85.
[59] Fulquério de Chârtres, I.9.iv-v, p. 80.
[60] *Gesta Francorum*, II, p. 14.
[61] Por exemplo, H. Ahrweiler, "L'administration militaire de la Crète byzantine", *Byzantion* 31 (1961), pp. 217-28; P. Gautier, "Défection et soumission de la Crète sous Alexis Ier Comnène", *Revue des Etudes Byzantines*, 35 (1977), pp. 215-27; A. Savvides, "Can we refer to a concerted action among Rapsomates, Caryces and the emir Tzachas between AD 1091 and 1093?", *Byzantion*, 70 (2000), pp. 122-34.
[62] Ana Comnena afirma que seu tio havia sido governador de Dirráquio por onze anos antes de ser convocado para liderar uma expedição contra o oeste da Ásia Menor, VII.8, p. 206. Uma vez que Dirráquio caiu em poder dos normandos em 1082 e só foi retomada no ano seguinte, Ducas deve ter recebido a ordem de lutar contra Tzacas em 1094. Ver P. Frankopan, "The imperial governors of Dyrrakhion during the reign of the emperor Alexios I Komnenos", *Byzantine and Modern Greek Studies*, 26 (2002), pp. 89-90.
[63] Miklosich e Müller, 6, pp. 82-3.

[64] Ana Comnena, VII.8, pp. 202-6; IX.1, pp. 238-40; IX.3, pp. 242-4; XI.5, pp. 309-12.

[65] Ana Comnena, XI.5, p. 309.

[66] Ricardo de Cluny, *Chronicon*, em L. Muratori (org.), *Antiquitates Italicae*, 4, col. 1250.

5. À beira do desastre

[1] João, o Oxita, pp. 29, 35.

[2] João Zonaras, XVIII.29, 3, pp. 766-7. O próprio Zonaras caiu em desgraça no reinado de Comneno, e foi condenado ao exílio em meados do século XI depois de ter sido o juiz mais graduado do império.

[3] Sobre as rendas e receitas da arrecadação de impostos concedidas a Melisseno, Ana Comnena, III.4, p. 87; João Zonaras, XVIII.21, 3, p. 732; também N. Oikonomides (org.), *Archives de l'Athos: Actes de Docheiariou* (Paris, 1984), p. 76. Sobre Adriano, *Actes de Lavra*, 1, pp. 247-51.

[4] L. Petit, "Typikon du monastère de la Kosmosoteira près d'Aenos", *Izvestiya Russkogo Arkheologicheskogo Instituta v Konstantinopole*, 13 (1908), pp. 19-75.

[5] Frankopan, "Imperial governors of Dyrrakhion", pp. 65-103.

[6] Ana Comnena, VI.9, p. 171.

[7] Assim como muitos membros da família, Ducas, Miguel Taronita e Nicéforo Melisseno, mais dois cunhados do imperador, também foram agraciados com altos títulos e honrarias. Ana Comnena, III.4, p. 87. Essas distinções são bem atestadas em outras fontes, inclusive nos selos de chumbo emitidos por esses indivíduos, por exemplo, Zacos e Veglery, *Byzantine Lead Seals*, n. 2698 e 2720 (d). Sobre a família Ducas, ver D. Polemis, *The Doukai* (Londres, 1968). Para a prosopografia completa do reinado de Comneno, ver K. Barzos, *He Genealogia ton Komnenon*, 2 vols. (Tessalônica, 1984).

[8] Ver, por exemplo, A. Kazhdan, *L'aristocracia bizantina dal principio dell' XI alla fine del XII secolo* (Palermo, 1997), pp. 141-6; J.-C. Cheynet, *Pouvoir et contestations à Byzance 963-1210* (Paris, 1990), pp. 359ff; P. Magdalino, "Innovations in Government", em M. Mullett e D. Smythe (org.), *Alexios I Komnenos – Papers* (Belfast, 1996), pp. 146-66.

[9] P. Frankopan, "Kinship and the distribution of power in Komnenian Byzantium", *English Historical Review*, 495 (2007), pp. 10-3.

[10] Ana Comnena, IV.4, p. 114. Sobre sua baixa estatura, II.4, p. 58.

[11] Ibid., p. 115; VI.13, pp. 181-2.

[12] Ana Comnena, V.5, pp. 140-1.

[13] *Actes de Lavra*, 1, n. 44-5, 48-9 (1083; 1084; 1086; 1089).

[14] Sobre Alifa, Ana Comnena, IV.6, pp. 122-3.

[15] Teofilato de Ocrida, p. 114; Ana Comnena, VI.13, p. 182.

[16] Manuel Straboromanos, pp. 183-5.

[17] *Diegesis merike ton epistolon Alexiou basileios kai Nicholaou Patriarchou genomene kata diaphorous kairous*, em P. Meyer (org.), *Die Haupturkunden für die Geschichte der Athos-Klöster* (Leipzig, 1894), p. 172.

[18] João Zonaras, XVIII.22, 3, p. 738.

[19] Ana Comnena, III.10, p. 102.

[20] Ana Comnena, V.2, pp. 131-2; J. Stephanou, "Le procès de Léon de Chalcédoine", *Orientalia Christiana Periodica* 9 (1943), pp. 5-64; V. Grumel, "L'affaire de Léon de Chalcédoine, le Chrysobulle d'Alexis Ier sur les objets sacrés", *Revue des Etudes Byzantines* 2 (1944), pp. 126-33.

[21] João, o Oxita, p. 33.

[22] João Zonaras, VIII.22, 3, p. 732.

[23] João, o Oxita, esp. p. 33; também pp. 29, 31, 35.

[24] *Actes de Lavra*, I, n° 50; *Actes de Docheiariou*, n° 2; D. Papachryssanthou (org.), *Actes de Xénophon* (Paris, 1986), n° 2; J. Lefort, N. Oikonomides e D. Papachryssanthou (org.), *Actes d'Iviron*, 2 vols. (Paris, 1985-90), 2, pp. 28-9.

[25] Ana Comnena, IX.2, pp. 240-1. A causa da revolta pode ser deduzida da nomeação de um funcionário com responsabilidades fiscais específicas após a restauração da autoridade. Ana Comnena, IX.2, p. 242. Ver P. Frankopan, "Challenges to imperial authority in Byzantium: Revolts on Crete and Cyprus at the end of the 11th Century", *Byzantion*, 74 (2004), pp. 382-402.

[26] Ana Comnena, VII.8, p. 206; VIII.7, p. 229.

[27] Ana Comnena, IV.2, p. 111.

[28] Por exemplo, Dandolo, *Chronica brevis*, p. 363; L. Lanfranchi (org.), *Famiglia Zusto* (Veneza, 1955), 6, 9, n. 1-2.

[29] Embora as duas cópias mais antigas do documento original afirmem que as concessões foram outorgadas em maio de 1092, estudiosos modernos rejeitaram isso, alegando que uma data em meados da década de 1080 lhes parece mais apropriada — embora os fundamentos paleográficos, textuais e contextuais para essa suposição sejam extremamente questionáveis. Atribui-se grande importância a isso por causa da posição do relato sobre a concessão na *Alexíada*, o qual, contudo, está claramente equivocado. Para uma discussão completa a respeito, ver T. Madden, "The chrysobull of Alexius I

Comnenus to the Venetians: The date and the debate", *Journal of Medieval History*, 28 (2002), pp. 23-41, e P. Frankopan, "Byzantine trade privileges to Venice in the eleventh century: The chrysobull of 1092", *Journal of Medieval History*, 30 (2004), pp. 135-60.

[30] M. Pozza e G. Ravegnani, *I Trattati con Bisanzio 992-1198* (Veneza, 1993), pp. 38-45.

[31] Ibid., pp. 39-40.

[32] Ibid., p. 43.

[33] Ibid, pp. 40-3.

[34] Dandolo, *Chronica per extensum descripta*, p. 217. Dandolo não diz por que o patriarca esteve em Constantinopla em 1092, apenas que morreu lá, acometido de febre.

[35] Ana Comnena, VI.7, pp. 166-7; VI.3, p. 156.

[36] Ana Comnena, VII.3, p. 194.

[37] Pozza e Ravegnani, *Trattati con Bisanzio*, pp. 42-3.

[38] Catacalo Cecaumeno, 81, p. 278.

[39] Ana Comnena, III.10, p. 103.

[40] Sobre o nascimento do herdeiro de Aleixo, João II Comneno, bem como dos outros filhos do imperador, A. Kazhdan, "Die Liste der Kinder des Alexios I in einer Moskauer Handschrift (ubv 53/147)", em R. Stiehl e H. Stier (org.), *Beiträge zur alten Geschichte und deren Nachleben*, 2 vols. (Berlim, 1969-70), 2, pp. 233-7. A coroação de João, e a data da cerimônia, podem ser deduzidas de A. Spinelli (org.), *Regii neapolitani archivi monumenta edita ac illustrata*, 6 vols. (Nápoles, 1845-61), 5, n. 457-8, 462, 464-7.

[41] Ana Comnena, VIII.7-8, pp. 229-32.

[42] Ana Comnena, VI.8, p. 168.

[43] Godofredo Malaterra, III.13, p. 64; Miguel, o Sírio, 3, p. 176; Bar Hebreu, 1, p. 227.

[44] Ana Comnena, IX.6, p. 248.

[45] Ibid., p. 250.

[46] Ana Comnena, IX.5, p. 247.

[47] Ana Comnena, IX.7, p. 252.

[48] Ana Comnena, IX.8, pp. 253-4.

[49] Ibid., p. 253, e III.2, p. 81.

[50] Ana Comnena, IX.6, p. 254.

[51] Adriano e Nicéforo relembraram isso quando o primeiro foi enviado para investigar os rumores de que Diógenes estava tramando contra o imperador. Ana Comnena, IX.7, pp. 252-3.

[52] Adriano tornou-se monge e, por ocasião de sua morte, atendia pelo nome de João. B. de Montfaucon, *Paleographia Graeca* (Paris, 1708), p. 47. Sobre seu papel na

conspiração e as consequências para sua família, Frankopan, "Kinship and the distribution of power", pp. 1-34.

[53] Por exemplo, Ana Comnena, VIII.3, p. 219; VIII.8, p. 232. Sobre Melisseno, ver Frankopan, "The Fall of Nicaea", pp. 153-84.

[54] Melisseno aparece apenas mais uma vez antes de sua morte, em campanha contra os cumanos: Ana Comnena, X.2, p. 264. Aleixo muitas vezes preferia não deixar seus rivais em Constantinopla, mas optava por levá-los consigo em expedições — para que pudesse vigiá-los de perto. Quase todas as principais figuras de Bizâncio acompanharam o imperador contra os normandos em 1081; e é claro que estavam com ele durante sua missão contra os sérvios em 1094.

[55] Ana Comnena, III.4, p. 87.

[56] Ana Comnena, XI.10, p. 325; XIII.1, p. 357.

[57] Ana Comnena, IX.8, p. 254.

[58] Ibid.

[59] Ana Comnena, IX.6, p. 250.

[60] Ana Comnena, IX.8, p. 254.

[61] Ana Comnena, IX.9, pp. 255-6.

[62] Ibid., p. 256.

[63] Ibid., pp. 256-7.

[64] Ibid., p. 257. A autora é evasiva quanto a afirmar se seu pai ordenou que Nicéforo Diógenes fosse cegado.

[65] Ana Comnena, IX.1, p. 237.

[66] Ana Comnena, XV.11, p. 465.

[67] Ana Comnena, IX.2, p. 242; E. Sargologos, *La Vie de saint Cyrille le Philéote, moine byzantin (Part 1110)* (Brussels, 1964), pp. 35.I-VIII, 146-53.

[68] Sobre a carreira deles, ver B. Skoulatos, *Les personnages byzantins de l'Alexiade: analyse prosopographique et synthèse* (Louvain, 1980), pp. 160-1, 85-7.

[69] Ana Comnena, X.9, pp. 286-8; João Zonaras, XVIII.22, 3, p. 739.

[70] *Gesta Francorum*, IV, pp. 25-6.

[71] Ana Comnena, XI.10, p. 323.

[72] Ana Comnena, XI.3, p. 305.

[73] Ana Comnena, XI.3, pp. 304-5; XI.5, pp. 309-12.

[74] Ana Comnena, VII.8, p. 203; IX.1, p. 238; IX.3, p. 242.

[75] Ana Comnena, X.2, p. 264. Sobre a morte de Melisseno, Peter Lambecius, *Commentariorum de Augustissima Biblioteca Caesarea Vindobonensi*, 8 vols. (Viena, 1665-79), vol. 5, col. 537. Ver também D. Papachryssanthou, "La date

de la mort du sébastokrator Isaac Comnène", *Revue des Etudes Byzantines* 21 (1963), p. 252.

[76] Ana Comnena, X.2-4, pp. 262-73; *The Russian Primary Chronicle*, trad. S. Cross, e O. Sherbowitz-Wetzor (Cambridge, Massachusetts, EUA, 1953), p. 180.

[77] Ana Comnena, XI.2, p. 300.

6. O chamado do Oriente

[1] J-C. Cheynet, "Les Sceaux byzantins de Londres", *Studies in Byzantine Sigillography*, 8 (2003) pp. 85-100; também J-C. Cheynet, "Le rôle des Occidentaux dans l'armée byzantine avant la Première Croisade", em E. Konstantinou (org.), *Byzanz und das Abendland im 10. und 11. Jahrhundert* (Colônia, 1997), pp. 111-28.

[2] Por exemplo, V. Laurent, *Le Corpus des sceaux de l'empire byzantin II: L'administration centrale* (Paris, 1981), n. 469 (búlgaro); G. Zacos, *Byzantine Lead Seals II*, compilado e organizador por J. Nesbitt (Berna, 1984), n. 706 (intérprete para o inglês); ibid. (anglo-saxão); Laurent, *Le Corpus des sceaux de l'empire byzantine*, n. 991 (intérprete da frota).

[3] F. Schmitt (org.), *S. Anselmi Cantuariensis archiepiscopi opera omnia*, 6 vols. (Edimburgo, 1938-61), 3, pp. 252-5.

[4] Ver, por exemplo, J. Shepard, "The uses of the Franks in 11th Century Byzantium", *Anglo-Norman Studies*, 15 (1992), pp. 275-305.

[5] João Escilitzes, p. 486; Miguel Ataliata, pp. 122-5, Mateus de Edessa, II.19, p. 101.

[6] *Patrologia Latina*, 150, col. 737.

[7] Eceardo de Aura, pp. 133-4.

[8] Gilberto de Mons, *Chronique Hanoniense*, trad. L. Napran (Woodbridge, 2005), 23, p. 25.

[9] Hagenmeyer, *Epistulae*, pp. 134-5.

[10] Shepard, "How St James the Persian's head was brought to Cormery", p. 299.

[11] *Narratio Floriacensis de captis Antiochia et Hierosolyma et obsesso Dyrrachio*, RHC, Occ., 5, p. 356, Gilberto de Mons, 23, p. 25. Também Becker, *Urban II*, 2, p. 180, e sobretudo J. Shepard, "Cross-purposes: Alexius Comnenus and the First Crusade", em J. Phillips (org.), *The First Crusade: Origins and Impact* (Manchester, 1997), pp. 107-29.

[12] Eceardo de Aura, pp. 134-6.

[13] Gilberto de Nogent, I.5, pp. 102-3.

[14] Baldrico de Dol, I, p. 14.

[15] Fulquério de Chârtres, I.3.ii-iii, pp. 65-6.

¹⁶ Guilherme da Apúlia, IV, p. 212.

¹⁷ Sibt al-Jawzi, p. 244; Bar Hebreu, 1, pp. 230-1.

¹⁸ Raimundo de Aguilers, XIII, pp. 108-9; Guilherme de Tiro, I.7, 1, pp. 116-7; Alberto de Aquisgrão, VI.31, p. 442.

¹⁹ S. Goitein, *A Mediterranean Society: The Jewish communities of the Arab world as portrayed in the documents of the Cairo Geniza*, 6 vols. (Princeton, 1967-93), pp. 308-14. Ver também S. Goitein, "Jerusalem in the First Arabic period", em *Jewish Settlements in Palestine in the Beginning of the Islamic and the Crusade Period, in the Light of the Geniza* (Jerusalém, 1980); M. Gil, "Political History of Jerusalem", em J. Prawer (org.), *Book of Jerusalem, The First Islamic Period, 638-1099* (Jerusalém, 1991).

²⁰ Ver, por exemplo, S. Gat, "The Seljuks in Jerusalem", em Y. Lev (org.), *Town and Material Culture in the Medieval Middle East* (Leiden, 2002), pp. 4-40.

²¹ C. Cahen, "La chronique abrégée d'al-Azimi", *Journal Asiatique*, 230 (1938), p. 369.

²² Ibn al-Athir, AH 491/dez. 1097-dez. 1098, pp. 13-4.

²³ Ver C. Morris, *The Sepulchre of Christ in the Medieval West* (Oxford, 2005), esp. pp. 134-9; mas também levar em conta J. France, "The Destruction of Jerusalem and the First Crusade", *Journal of Ecclesiastical History*, 47 (1996), pp. 1-17.

²⁴ Gilberto de Nogent, II.10, pp. 125-6.

²⁵ Abaixo, pp. 118-9.

²⁶ J. Vaissète, C. Devic e A. Molinier (org.), *Histoire générale de Languedoc*, 3a. edição, 16 vols. (Toulouse, 1872-1904), 5, cols. 737-8.

²⁷ J. Venier (org.), *Chartres de l'abbaye de Jumièges*, 2 vols. (Paris, 1916), 1, pp. 121-3.

²⁸ R. Bautier, M. Gilles e M. Bautier (org.), *Chronicon S. Petri Vivi Senonensis* (Paris, 1979), p. 140.

²⁹ Gregório Pacuriano, p. 131.

³⁰ *Letopis Popa Dukljanina*, 27, p. 413.

³¹ Hagenmeyer, *Epistulae*, p. 136.

³² Roberto, o Monge, I.1, p. 79.

³³ Ver, por exemplo, T. Head e R. Landes (org.), *Peace of God: Social violence and religious response in France around the year 1000* (Cambridge, 1992).

³⁴ Ivo de Chârtres, Panormia, VIII.147, em *Patrologia Latina*, 161, col. 1343 AC.

³⁵ Ver Vauchez, "Composantes eschatologiques", pp. 233-43; J. Rubenstein, "How or How Much, to Re-evaluate Peter the Hermit", em S. Ridyard (org.), *The Medieval Crusade* (Woodbridge, 2004), pp. 53-69; J. Flori, *L'Islam et la fin des temps. L'interprétation prophétique des invasions musulmanes dans la chrétienté médiévale*

(Paris, 2007), pp. 111-47; e, obras mais gerais, Möhring, *Weltkaiser der Endzeit* e Whalen, *Dominion of God*.

[36] Lupus, *Annales*, *MGH*, *SS*, 5, p. 62.

[37] Gilberto de Mons, 23, p. 25.

[38] Teodoro Escutariota, *Synopsis Khronike*, em K. Sathas, *Biblioteca Graeca Medii Aevi*, 7 vols. (Paris, 1872-94), 7, pp. 184-5.

[39] Sobre esta e outras relíquias falsas, Gilberto de Nogent, *De pigneribus sanctorum*, org. R. Huygens (Turnhout, 1993), I, pp. 98, 88.

[40] *Gesta Episcoporum Tullensium*, em *MGH*, *SS*, 8, p. 647.

[41] Ana Comnena, III.10, p. 103.

[42] F-J. Schmale e I. Schmale-Ott (org.), *Frutolfs und Ekkehards Chroniken* (Darmstadt, 1972), p. 96; Eceardo de Aura, *Chronicon Universale*, em *MGH*, *SS* 6, p. 205. Sobre os presentes registrados por Ana, *Alexíada*, III.10, p. 103.

[43] G. Constable (org. e trad.), *The Letters of Peter the Venerable*, 2 vols. (Cambridge, Massachusetts, EUA, 1967), 2, p. 209.

[44] Hagenmeyer, *Epistulae*, pp. 135-6.

[45] Gilberto de Nogent, I.5, p. 103.

[46] Abaixo, p. 106.

[47] *Miracula S Augustini episcopi Cantuariensis*, em *Acta Sanctorum*, 6 de maio, p. 410.

[48] Ana Comnena, III.10, p. 102.

[49] Hagenmeyer, *Epistulae*, p. 141.

[50] Shepard, "How St James the Persian's head was brought to Cormery", p. 299.

[51] Hagenmeyer, *Epistulae*, p. 136.

[52] Ibid., p. 142.

[53] Aleixo desenvolveu um grande sentimento de confiança em Roberto, de acordo com Gilberto de Nogent, I.5, pp. 100-1.

[54] Hagenmeyer, *Epistulae*, p. 133.

[55] Gilberto de Nogent, I.5, p. 101.

[56] Bernoldo de Constança, p. 483.

[57] Ana Comnena, VIII.5, p. 224.

[58] Eceardo de Aura, p. 136.

[59] Oto de Freising, *Chronicon*, em *MGH*, *SS* 20, VII, p. 248.

[60] Gregório VII, *Register*, I.18, p. 20. A carta original enviada pelo imperador não sobreviveu.

[61] Gregório VII, *Register*, I.46, p. 51.

[62] Gregório VII, *Register*, I.49, pp. 54-5.

[63] Gregório VII, *Register*, II.31, pp. 122-3.
[64] Gregório VII, *Register*, II.37, pp. 127-8.
[65] Gregório VII, *Register*, II.3, p. 95.
[66] Gregório VII, *Register*, I.46, p. 51.
[67] Michael Psellos, *Michaelis Pselli scripta minora magnam partem adhuc inedita*, org. E. Kurtz, 2 vols. (Milão, 1936-41), 1, pp. 329-34.
[68] Gregório VII, *Register*, II.3, p. 95. A esse respeito, ver H. Cowdrey, "Pope Gregory VII's "Crusading" plans of 1074", em B. Kedar, H. Mayer e R. Smail (org.), *Outremer: Studies in the history of the Crusading kingdom of Jeruslalem* (Jerusalém, 1982), pp. 27-40, e Becker, *Papst Urban II*, 2, pp. 294-300.
[69] Bernoldo de Constança, p. 520.
[70] Idem.
[71] Fulquério de Chârtres, I.1.iii, p. 62.

7. A resposta do Ocidente

[1] Ver Riley-Smith, *First Crusade*, pp. 13-30; Tyerman, *God's War*, pp. 58-89.
[2] Sobre o itinerário de Urbano, Becker, *Papst Urban II*, v. 2, pp. 435-58.
[3] Gregório VII, *Register*, I.46, p. 50; Devic e Vaissete, *Histoire générale de Languedoc*, 3, p. 465.
[4] Devic e Vaissete, *Histoire générale de Languedoc*, 5, pp. 747-8.
[5] Gregório VII, *Register*, I.46, p. 50; 8.16, pp. 381-2.
[6] *Patrologia Latina*, 151, col. 562.
[7] *Annales Besuenses, MGH, SS*, 2, p. 250; *Annales S. Benigni Divionensis, MGH, SS*, 5, p. 43.
[8] *Patrologia Latina*, 150, col. 1388; 151, col. 422.
[9] Roberto, o Monge, I.1 pp. 80-1.
[10] Roberto, o Monge, I.2, pp. 81-2; Fulquério de Chârtres, I.4.iv, p. 68; Gilberto de Nogent, II.5, p. 117. Embora os principais relatos sobre o discurso em Clermont tenham sido escritos vários anos depois, a mensagem dos sortilégios no Oriente é demonstrada com clareza nas fontes contemporâneas, por exemplo, Hagenmeyer, *Epistulae*, pp. 136, 137-8; Wiederhold, "Papsturkunden in Florenz", pp. 313-4; Kehr, *Papsturkunden in Spanien*, pp. 287-8; Halphen e Poupardin, *Chronique des comtes d'Anjou*, pp. 237-8.
[11] Baldrico de Dol, IV, pp. 15-6.
[12] Hagenmeyer, *Epistulae*, pp. 136-7.

[13] Baldrico de Dol, IV, p. 16.

[14] Baldrico de Dol, *Vita Beati Roberti de Arbisello*, *Patrologia Latina* 162, cols. 1050-1.

[15] Hugo de Flavigny, *Chronicon*, *MGH*, *SS*, 8, pp. 474-5.

[16] Bull, *Knightly Piety*, pp. 250-81.

[17] Sobre as instruções de Urbano, Baldrico de Dol, I, p. 15.

[18] S. d'Elbenne e L-J. Dennis (org.), *Cartulaire du chapitre royal de Saint-Pierre de la Cour du Mans* (Paris, 1903-7), n° 11, p. 15.

[19] J. Richard, "Le Cartulaire de Marcigny-sur-Loire 1045-1144. Essai de reconstitution d'un manuscript disparu", *Analecta burgundica* (1957), 119, p. 87.

[20] B. de Broussillon, *Cartulaire de Saint-Aubin d'Angers* (1903), 1, n° 354, p. 407.

[21] Hagenmeyer, *Epistulae*, p. 136.

[22] Ibid., pp. 137-8.

[23] *Chronica Monasterii Casinensis*, IV.11, p. 475. Sobre as recompensas espirituais oferecidas, Riley-Smith, *First Crusade*, pp. 13-30.

[24] Kehr, *Papsturkunden in Spanien*, p. 287.

[25] H. Cowdrey, "Martyrdom and the First Crusade", em Edbury, *Crusade and Settlement*, pp. 45-56; J. Flori, "L'example de la Première Croisade", *Cahiers de civilisation médiévale* 34 (1991), pp. 121-39; C. Morris, "Martyrs of the field of battle before and during the First Crusade", *Studies in Church History* 30 (1993), pp. 93-104.

[26] Guérard, *Cartulaire de l'abbaye de Saint-Victor de Marseilles*, 1, pp. 167-8.

[27] C. Métais, *Cartulaire de l'abbaye de la Sainte Trinité de Vendôme*, 4 vols. (Paris, 1893--1900), 2, p. 39; V. Thuillier (org.), *Ouvrages posthumes de D. Jean Mabillon et D. Thierri Ruinart*, 3 vols. (Paris, 1724), 3, pp. 387-90; P. Jaffé (org.), *Regesta Pontificum Romanorum*, 2 vols. (Leipzig, 1885-88), 1, n. 5656, 5649; 5647.

[28] *Gesta Francorum*, I, p. 2; Hagenmeyer, *Epistulae*, p. 137.

[29] H. Klein, "Eastern Objects and Western Desires: Relics and Reliquaries between Byzantium and the West", *Dumbarton Oaks Papers* 58 (2004), pp. 283-314.

[30] Halphen e Poupardin, *Chronique des comtes d'Anjou*, pp. 237-8.

[31] A. Gieysztor, "The Genesis of the Crusades: The Encyclical of Sergius IV", *Medievalia et Humanistica* 5 (1949), pp. 2-23 e 6 (1950), pp. 3-34. Contudo, ver também H. Schaller, "Zur Kreuzzugsenzyklika Papst Sergius IV", em H. Mordek (org.), *Papsttum, Kirche und Recht im Mittelalter. Festschrift für Horst Fuhrmann* (Tübingen, 1991), pp. 135-54.

[32] *Recueil des chartes de Cluny*, 5, n° 3703.

[33] Ibid., n°ˢ 3737, 3755.

[34] Ibid., n° 3712.

[35] R. Juënin, *Nouvelle histoire de l'abbaie royale et collégiale de Saint Filibert*, 2 vols. (Dijon, 1733), 2, p. 135.

[36] Roberto, o Monge, I.2, p. 82; Fulquério de Chârtres, I.4.iv, p. 68; Gilberto de Nogent, II.5, p. 117; *Gesta Francorum*, I, p. 7.

[37] C. Chevalier, "Cartulaire de l'abbaye de St. Chaffre du Monastier", em *Collection de cartulaires dauphinois* (Paris, 1869-1912), 8, pp. 139-41. Para este e muitos outros exemplos, Riley-Smith, *First Crusade*, pp. 31ff.

[38] E. Poncelet (org.), *Cartulaire de l'Eglise St Lambert de Liège*, 5 vols. (Brussels, 1869), 1, p. 47.

[39] Orderico Vital, IX.3, 5, pp. 26, 32; Hugo de Flavigny, II, pp. 474-5.

[40] Gilberto de Nogent, II, 17, pp. 133-4.

[41] Sobre a excomunhão de Filipe, Somerville, *Councils of Urban II*, pp. 87, 97, 98. Sobre o fato de ninguém ter uma palavra gentil para dizer sobre Bertrada de Montforte, *Chronica de gestis consulum Andegavorum*, em Halphen e Poupardin, *Chronique des comtes d'Anjou*, p. 67; sobre o fato de Filipe ter abandonado a esposa, Berta de Holanda, por ser muito gorda, Guilherme de Malmesbury, 3.257, p. 474.

[42] Gilberto de Nogent, II.17, pp. 133-4; Mansi, *Sacrorum Concilium Amplissima Collectio* 20, col. 937; J. Verdon (org.), *Chronique de Saint-Maixent* (Paris, 1979), p. 154; Somerville, *Councils of Urban II*, p. 90.

[43] *Gesta Francorum*, I, p. 7.

[44] Roberto, o Monge, II.3, pp. 91-2.

[45] *Codice Diplomatico Barese*, 5, p. 41.

[46] Ana Comnena, XIII.11, pp. 383-4.

[47] Ana Comnena, V.6, p. 144.

[48] De acordo com um autor árabe, Rogério se recusou a ter qualquer coisa a ver com a Cruzada e "levantou a perna para soltar um sonoro peido" quando ouviu os planos iniciais — que, Ibn al-Athir afirma, envolviam o Norte da África, em vez de Jerusalém. Esta história pitoresca dá uma ideia da relutância de Rogério em contrariar os comerciantes muçulmanos que desempenharam um papel vital para tornar a Sicília extremamente rica. AH 491/dez. 1097-dez. 1098, p. 13.

[49] Jaffe, *Regesta pontificum Romanorum*, n° 5608; Hagenmeyer, *Epistulae*, p. 136.

[50] Guérard, *Cartulaire de Saint-Victor*, p. 802.

[51] Ana Comnena, X.7, pp. 279-80.

[52] Alberto de Aquisgrão, I.23, p. 96; Gilberto de Nogent, VII.31, p. 328.

[53] Barber e Bate, *Letters*, p. 22.

[54] *Patrologia Latina*, 157, col. 162B.

[55] Roberto, o Monge, I.2, pp. 81-2.
[56] *Recueil des chartes de l'abbaye de Cluny*, 5, p. 51.
[57] Wiederhold, "Papsturkunden", pp. 313-4.
[58] Hagenmeyer, *Epistulae*, p. 137.
[59] Devic e Vaissete, *Histoire générale de Languedoc*, 5, pp. 757-8.
[60] Bernoldo de Constança, p. 520.
[61] Por exemplo, Fulquério de Chârtres, I.4, p. 68; Baldrico de Dol, I, pp. 15-6.
[62] Roberto, o Monge, II.2, p. 82.
[63] Por exemplo, em Marmoutier e Tours na primavera de 1096. Halphen e Poupardin, *Chronique des comtes d'Anjou*, pp. 237-8; O. Guillot, *Le Comte d'Anjou et son entourage au XIe siècle* (Paris, 1972), p. 242.
[64] Ver, por exemplo, W. Purkiss, *Crusading Spirituality in the Holy Land and Iberia, c. 1095-c. 1187* (Woodbridge, 2008), esp. pp. 120-38.
[65] Ana Comnena, XI.1, p. 297. Também *Gesta Francorum*, II, p. 16; Alberto de Aquisgrão, I.15, pp. 283-4.
[66] Sobre a data da fundação do mosteiro, ver J. Gay, "L'abbaye de Cluny et Byzance au début du XII siècle", *Echos d'Orient* 30 (1931), pp. 84-90, mas também J. Shepard, "The 'muddy road' of Odo of Arpin from Bourges to La Charité sur Loire", em P. Edbury e J. Phillips (org.), *The Experience of Crusading: Defining the Crusader Kingdom* (Cambridge, 2003), p. 23.
[67] Ana Comnena, X.5, p. 276.
[68] Alberto de Aquisgrão, II.7, p. 70.
[69] Alberto de Aquisgrão, II.17, p. 86.
[70] Alberto de Aquisgrão, II.7, pp. 70-2.
[71] Roberto, o Monge, II.11, p. 95.
[72] Raimundo de Aguilers, I, pp. 16-7.
[73] Raimundo de Aguilers, I, p. 17.
[74] Raimundo de Aguilers, I, p. 17.
[75] Para estimativas dos números de participantes, France, *Victory in the East*, pp. 122-42; B. Bachrach, "The siege of Antioch: A study in military demography", *War in History* 6 (1999), pp. 127-46; J. Riley-Smith, "Casualties and the number of knights on the First Crusade", *Crusades* 1 (2002), pp. 13-28.
[76] Fulquério de Chârtres, I.6.ix, p. 73.
[77] Fulquério de Chârtres, I.13.iv, p. 88.
[78] Ana Comnena, X.5, p. 274.
[79] Ana Comnena, X.5.vi, p. 275.

8. Rumo à cidade imperial

[1] Roberto, o Monge, I.5, p. 83.

[2] Alberto de Aquisgrão, I.2, pp. 2-4; Gilberto de Nogent, II, p. 121.

[3] Guilherme de Tiro, I.3, 1, p. 108; Alberto de Aquisgrão, I.2-3, p. 4; Ana Comnena, X.5, p. 275. Sobre Pedro, o Eremita, ver J. Flori, *Pierre l'Eremite et la Première Croisade* (Paris, 1999).

[4] Alberto de Aquisgrão, I.3, pp. 4-6; Gilberto de Nogent, II.8, p. 142.

[5] Por exemplo, J. Flori, "Faut-il réhabiliter Pierre l'Eremite", *Cahiers de civilisation médiévale* 38 (1995), pp. 35-54.

[6] Alberto de Aquisgrão, I.26-8, pp. 50-2. Ver B. Kedar, "Crusade Historians and the Massacres of 1096", *Jewish History* 12 (1998), pp. 11-31; R. Chazan, *God, Humanity and History: The Hebrew First Crusade Narratives* (Berkeley, 2000) e também id., "'Let Not a Remnant or a Residue Escape': Millenarian Enthusiasm in the First Crusade", *Speculum* 84 (2009), pp. 289-313. A esse respeito, ver também M. Gabriele, "Against the Enemies of Christ: The Role of Count Emicho in the Anti-Jewish Violence of the First Crusade", em M. Frassetto (org.), *Christian Attitudes towards the Jews in the Middle Ages: A Casebook* (Abingdon, 2007), pp. 61-82.

[7] Alberto de Aquisgrão, I.26-7, pp. 50-2. Também *Chronicle of Solomon bar Simson*, trad. S. Eidelberg, *The Jews and the Crusaders* (Madison, 1977), pp. 28ff.

[8] *Solomon bar Simson*, pp. 24-5.

[9] Por exemplo, Sigeberto de Gembloux, em *MGH*, *SS*, 6, p. 367; Ricardo de Poitiers, *Cruce signato*, em M. Bouquet et al. (org.), *Recueil des Historiens des Gaules et de la France*, 24 vols. (Paris, 1737-1904), 12, p. 411.

[10] Hugo de Flavigny, *Chronicon Virdunensi*, em *Recueil des Historiens des Gaules et de la France*, 13, p. 623. Para muitos outros exemplos, N. Golb, *The Jews in Medieval Normandy* (Cambridge, 1998), pp. 119-27.

[11] Gilberto de Nogent, II.9, p. 123.

[12] Ana Comnena, X.5, p. 274.

[13] Alberto de Aquisgrão, I.29, p. 54.

[14] Alberto de Aquisgrão, I.6, pp. 10-2, e Orderico Vital, IX.4, 5, p. 30.

[15] Alberto de Aquisgrão, I.9, p. 18.

[16] Ana Comnena, X.5, pp. 275-6; João Zonaras, XVIII.23, 3, p. 742.

[17] *Gesta Francorum*, I, p. 3.

[18] Ana Comnena, X.6, p. 277.

[19] *Gesta Francorum*, I, p. 3; Roberto, o Monge, I.7, p. 85.

[20] *Gesta Francorum*, I, pp. 3-4.

[21] Alberto de Aquisgrão, I.21, p. 42.
[22] *Gesta Francorum*, I, p. 4.
[23] Roberto, o Monge, I.9, p. 86.
[24] *Gesta Francorum*, I, pp. 4-5; Roberto, o Monge, I.12, p. 87.
[25] *Gesta Francorum*, I, p. 4; Ana Comnena, X.6, p. 278.
[26] Ana Comnena, X.6, p. 279.
[27] Gilberto de Nogent, II.10, p. 124.
[28] *Gesta Francorum*, I, p. 5. Sobre a importância dos primeiros relatos da Cruzada, e especificamente da *Gesta Francorum*, na Europa do início do século XII, ver J. France, "The Anonymous *Gesta Francorum* and the *Historia Francorum qui ceperunt Iherusalem* of Raymond of Aguilers and the *Historia de Hierosolymitano itinere* of Peter Tudebode: An analysis of the textual relationship between primary sources for the First Crusade", em J. France e W. Zajac (org.), *The Crusades and their Sources. Essays presented to Bernard Hamilton* (Aldershot, 1998), pp. 39-69, e também Rubenstein, "What is the *Gesta Francorum*?", pp. 179-204.
[29] Ana Comnena, X.7, p. 279.
[30] Ibid., p. 280.
[31] Idem.
[32] Ana Comnena, X.8, p. 281.
[33] Fulquério de Chârtres, I.6, p. 72; Ana Comnena, X.7, pp. 279-80.
[34] Alberto de Aquisgrão, II.7, pp. 70-2.
[35] Hagenmeyer, *Epistulae*, p. 143; C. de Coussemaker, "Documents relatifs à la Flandre maritime. Extraits du cartulaire de l'abbaye de Watten", *Annales du comité flamand de France*, 10 vols. (Paris, 1860), 5, p. 359.
[36] Fulquério de Chârtres, I.8.i-ix, pp. 76-8.
[37] *Gesta Francorum*, II, p. 11; Alberto de Aquisgrão, II.18, p. 88; *Historia Belli Sacri*, RHC, *Occ.*, 3, p. 177.
[39] Ana Comnena, X.8, pp. 281-4.
[39] Raimundo de Aguilers, II, p. 21.
[40] *Gesta Francorum*, II, p. 10.
[41] *Gesta Francorum*, I, p. 8.
[42] Nesbitt, "Rate of march", pp. 167-82.
[43] *Gesta Francorum*, II, p. 10.
[44] Raimundo de Aguilers, I, p. 18; J. Shepard, "'Father' or 'Scorpion'? Style and substance in Alexios' diplomacy", em M. Mullett e D. Smythe (org.), *Alexios I Komnenos — Papers* (Belfast, 1996), pp. 80-2.

⁴⁵ Ana Comnena, X.9, p. 285.
⁴⁶ Ibid.
⁴⁷ Ana Comnena, X.7, p. 280; X.11, p. 292; *Gesta Francorum*, I, pp. 5-6; II, p. 11.
⁴⁸ Raimundo de Aguilers, II, p. 22.
⁴⁹ Barber e Bate, *Letters*, p. 16.
⁵⁰ Ibid., pp. 15-6.
⁵¹ Fulquério de Chârtres, I.9.iii, p. 80.
⁵² Rudolfo de Caen, 18, p. 42.
⁵³ *De Cerimoniis*, ii.15, 2, p. 597.
⁵⁴ P. Chiesa (org.), *Liudprandi Cremonensis. Antapodosis; Homelia paschalis; Historia Ottonis; Relatio de Legatione Constantinopolitana* (Turnhout, 1997), Relatio, I.1, pp. 238-9.
⁵⁵ Ibid., *Antapodosis*, VI.5, pp. 197-8.
⁵⁶ Ana Comnena, X.10, pp. 291-2. Sobre os métodos de Aleixo, Shepard, "'Father' or Scorpion'?", pp. 60-132.
⁵⁷ Ana Comnena, XIII.10, pp. 383-4.
⁵⁸ Ana Comnena, X.11, p. 292.
⁵⁹ Ibid., pp. 292-3.
⁶⁰ Ibid., p. 293.
⁶¹ Ibid., pp. 293-4.
⁶² Barber e Bate, *Letters*, pp. 15-6.
⁶³ Alberto de Aquisgrão, II.17, p. 86.
⁶⁴ Ana Comnena, XIV.4, p. 411.
⁶⁵ Ana Comnena, X.9, pp. 285-6.
⁶⁶ Roberto, o Monge, II.9, p. 94; Alberto de Aquisgrão, II.12-14, pp. 78-82; Ana Comnena, X.9, pp. 286-8.
⁶⁷ Alberto de Aquisgrão, I.12, p. 78.
⁶⁸ Alberto de Aquisgrão, II.12, p. 78.
⁶⁹ Alberto de Aquisgrão, II.16, p. 84.
⁷⁰ Idem.
⁷¹ Ibid., pp. 84-6.
⁷² Fulquério de Chârtres, I.9.iii, p. 80.
⁷³ *Gesta Francorum*, II, p. 12.
⁷⁴ Fulquério de Chârtres, I.8.ix, p. 78.
⁷⁵ Ana Comnena, X.9, p. 285.
⁷⁶ Miguel, o Sírio, XV.6, 3, p. 179.
⁷⁷ Ana Comnena, X.9, pp. 285-6.

[78] Alberto de Aquisgrão, II.10, p. 74.
[79] Ana Comnena, X.9, p. 285.
[80] Eceardo de Aura, pp. 166-7.
[81] Alberto de Aquisgrão, II.16, pp. 84-6. Ver, também, E. Patlagean, "Christianisation et parentés rituelles: le domaine de Byzance", *Annales ESC* 33 (1978), pp. 625-36; R. Macrides, "Kinship by arrangement: The case of adoption", *Dumbarton Oaks Papers* 44 (1990), pp. 109-18.
[82] S. Reynolds, *Fiefs and Vassals: The Medieval Evidence Reinterpreted* (Oxford, 1994).
[83] Ana Comnena, XIII.12, p. 386. Sobre os juramentos, ver J. Pryor, "The oath of the leaders of the Crusade to the emperor Alexius Comnenus: Fealty, homage", *Parergon New Series* 2 (1984), pp. 111-41.
[84] *Gesta Francorum*, II, pp. 11-2.
[85] Fulquério de Chârtres, I.9.iii, p. 80.
[86] *Gesta Francorum*, II, p. 12.
[87] Ana Comnena, X.11, pp. 294-5.
[88] J. Shepard, "When Greek meets Greek: Alexius Comnenus and Bohemund in 1097-8", *Byzantine and Modern Greek Studies* 12 (1988), pp. 185-277.
[89] Ana Comnena, X.9, p. 289.
[90] Raimundo de Aguilers, II, p. 23.
[91] Ibid., p. 24. Também *Gesta Francorum*, II, p. 13.
[92] *Gesta Francorum*, II, p. 12.
[93] Raimundo de Aguilers, II, p. 24.
[94] Ana Comnena, X.9, p. 289.
[95] Ibn a-Qalanisi, AH 490/dez. 1096-dez. 1097, p. 43.
[96] Ibn al-Athir, AH 491/dez. 1096-dez. 1097, p. 14.
[97] *Gesta Francorum*, II, p. 11.
[98] Ana Comnena, XI.2, p. 300.

9. Primeiros confrontos com o inimigo

[1] Barber e Bate, *Letters*, p. 16.
[2] Por exemplo, *Gesta Francorum*, II, p. 14; Alberto de Aquisgrão, II.29, p. 110.
[3] Alberto de Aquisgrão, I.15, p. 30.
[4] Alberto de Aquisgrão, II.28, p. 110.
[5] Raimundo de Aguilers, III, p. 26; Constable, *Letters of Peter the Venerable*, 2, p. 209; P. Magdalino, *The Empire of Manuel I Komnenos, 1143-80* (Cambridge, 1993), p. 44.

Ver também J. Shepard, "Crosspurposes: Alexius Comnenus and the First Crusade", em Phillips (org.), *The First Crusade*, p. 120, e n. 65.

[6] Ana Comnena, XI.2, p. 300.

[7] *Gesta Francorum*, II, p. 15.

[8] Raimundo de Aguilers, III, p. 25. Sobre as fortificações de Niceia, A. Schneider e W. Karnapp, *Die Stadtmauer von Iznik-Nicea* (Berlim, 1938); C. Foss e D. Winfield, *Byzantine Fortifications* (Pretória, 1986), pp. 79-121; R. Rogers, *Latin Siege Warfare in the 12th Century* (Oxford, 1992), pp. 17-25.

[9] *Gesta Francorum*, II, p. 15.

[10] Alberto de Aquisgrão, II.29, p. 110-2; II.22, p. 96.

[11] Alberto de Aquisgrão, II.33, pp. 116-8.

[12] Mateus de Edessa, II.108, p. 163; Ana Comnena, VI.12, p. 179.

[13] Alberto de Aquisgrão, II.34, pp. 118-20; Fulquério de Chârtres, I.10.vii, p. 82.

[14] Ana Comnena, XI.1, p. 298.

[15] Ibid., p. 299.

[16] Ibid.

[17] Ibid., pp. 297-8.

[18] Alberto de Aquisgrão, II.25-6, pp. 102-4.

[19] Ana Comnena, XI.2, p. 300.

[20] Ibid., p. 301.

[21] Ana Comnena, XI.2.vi, p. 327.

[22] Ibn al-Qalanisi, AH 490/dez. 1096-dez. 1097, p. 41.

[23] C. Foss, "Byzantine responses to Turkish Attacks: Some sites of Asia Minor", em I. Sevcenko e I. Hutter, *Aetos: Studies in Honour of Cyril Mango* (Stuttgart, 1998), pp. 155-8.

[24] Barber e Bate, *Letters*, p. 19.

[25] Ana Comnena, XI.2, pp. 303-4.

[26] Ana Comnena, XI.3, p. 304; Fulquério de Chârtres, I.10.x, p. 83.

[27] Barber e Bate, *Letters*, p. 19. Escritores posteriores também se concentram no destino de Niceia como um ponto de inflexão nas atitudes em relação a Aleixo, por exemplo. Orderico Vital, IX.8, 5, p. 56.

[28] Ana Comnena, XI.3, p. 304.

[29] Rudolfo de Caen, 10, pp. 31-2.

[30] Ana Comnena, XI.3, pp. 304-5; Rudolfo de Caen, 18, p. 42.

[31] Gilberto de Nogent, IV.10, p. 81.

[32] Ana Comnena, XI.3, p. 304.

³³ Raimundo de Aguilers, II, p. 23.
³⁴ Ana Comnena, X.2, p. 264.
³⁵ Fulquério de Chârtres, I.11.i, p. 83.
³⁶ Ana Comnena, XI.5, pp. 309-12.
³⁷ Fulquério de Chârtres, I.13.i, p. 87; Shephard, "'Father' or 'Scorpion'", p. 88.
³⁸ Ana Comnena, XI.2, p. 301; XI.5, pp. 309-10.
³⁹ Ana Comnena, XI.5, pp. 309-12.
⁴⁰ Ana Comnena situa esse episódio no lugar errado — a morte de Tzacas evidentemente ocorreu após a recuperação bizantina de Esmirna, e não antes. Ana Comnena, IX.3, pp. 243-4.
⁴¹ Ibid., p. 244.
⁴² Fulquério de Chârtres, I.11.vi, p. 85.
⁴³ *Gesta Francorum*, III, p. 18; Rudolfo de Caen, 40, p. 65; Fulquério de Chârtres, I.11.ix, pp. 85-6.
⁴⁴ Fulquério de Chârtres, I.11.viii, p. 85.
⁴⁵ *Gesta Francorum*, III, pp. 19-20.
⁴⁶ Fulquério de Chârtres, I.12.iv-v, p. 87.
⁴⁷ *Gesta Francorum*, III, p. 21.
⁴⁸ Alberto de Aquisgrão, II.22, p. 94. Alberto também se refere a Quilije Arslã como "magnífico", I.16, p. 32; o mesmo elogio é feito a outro turco mais a leste, Danismende, a quem Alberto também diz ser "digno de louvores", IX.33, p. 680.
⁴⁹ Ana Comnena, X.10, pp. 291-2.
⁵⁰ *Gesta Francorum*, IV, p. 24.
⁵¹ Ibn al-Qalanisi, AH 490/dez. 1096-dez. 1097, p. 42.
⁵² *Gesta Francorum*, IV, p. 26.
⁵³ Ibid., p. 25.
⁵⁴ Alberto de Aquisgrão, III.10, pp. 152-4.
⁵⁵ Alberto de Aquisgrão, III.3, p. 140; Rudolfo de Caen, 23, p. 47.
⁵⁶ Alberto de Aquisgrão, III.3-18, pp. 140-66.
⁵⁷ Ana Comnena, X.10, p. 291.
⁵⁸ Raimundo de Aguilers, IV, p. 37.
⁵⁹ Mateus de Edessa, II.104-8, pp. 161-4; II.117-18, pp. 168-70; Fulquério de Chârtres, I.14.i-xv, pp. 88-92; Alberto de Aquisgrão, II.19-24, pp. 169-77.
⁶⁰ Fulquério de Chârtres, I.14.xi, p. 91.
⁶¹ W. Saunders, "The Greek inscription on the Harran gate at Edessa: Some further evidence", *Byzantinische Forschungen* 21 (1995), pp. 301-4.

[62] Alberto de Aquisgrão, III.19, p. 168.
[63] Gilberto de Nogent, VII.39, pp. 338-9.
[64] Por exemplo, Alberto de Aquisgrão, IV.9, p. 262; VII.31, p. 528; Gilberto de Nogent, VII.39, p. 338; Orderico Vital, IX.11, 5, pp. 118-20.
[65] Neste caso, Gilberto de Nogent, VII.37, p. 335.
[66] Alberto de Aquisgrão, III.31, p. 361.
[67] Rogers, *Latin Siege Warfare*, pp. 25-39.
[68] Fulquério de Chârtres, I.15.ii, p. 92.
[69] *Gesta Francorum*, V, p. 28.
[70] Raimundo de Aguilers, VI, p. 49.
[71] Ana Comnena, XI.7, p. 317. Sobre a nomeação de Eumácio Filocala no Chipre, IX.2, p. 242.
[72] Ibn al-Qalanisi, AH 490/dez. 1096-dez. 1097, p. 242.
[73] Fulquério de Chârtres, I.16.ii, p. 96.
[74] Alberto de Aquisgrão, III.46, pp. 208-10.
[75] Alberto de Aquisgrão, V.1, p. 338.
[76] Mateus de Edessa, II.114, pp. 167-8.
[77] Fulquério de Chârtres, I.16.iii, p. 96.
[78] *Gesta Francorum*, V, pp. 30-1.
[79] Raimundo de Aguilers, VI, p. 39.
[80] *Gesta Francorum*, V, pp. 36-7.
[81] Ibid., p. 37.
[82] Ibid.

10. A batalha pela alma da Cruzada

[1] Raimundo de Aguilers, IV, p. 36.
[2] Gilberto de Nogent, V.6, p. 206.
[3] *Gesta Francorum*, VI, p. 33.
[4] Gilberto de Nogent, V.14, p. 217.
[5] Alberto de Aquisgrão, IV.39, pp. 308-10; *Gesta Francorum*, IX, p. 59.
[6] Raimundo de Aguilers, IV, p. 35; *Gesta Francorum*, V, p. 30.
[7] *Gesta Francorum*, IX, p. 63; Rudolfo de Caen, 58, p. 84; Alberto de Aquisgrão, IV.13, pp. 266-8.
[8] Rudolfo de Caen, 58, p. 84.
[9] Gilberto de Nogent, II.16, pp. 132-3.

[10] Kemal ad-Din, "La Chronique d'Alep", *RHC*, *Or.*, p. 578; *Anonymi Florinensis brevis narratio Belli sacri*, *RHC*, *Occ.*, 5, p. 371; Rudolfo de Caen, 58, p. 84.

[11] Caffaro, *De liberatione civitatum orientis*, em *RHC*, *Occ.*, 5, p. 66. Sobre os suprimentos de Chipre, ver também Baldrico de Dol, p. 65; Raimundo de Aguilers, VII, p. 54; Rudolfo de Caen, 58, p. 84.

[12] Hagenmeyer, *Epistulae*, p. 166.

[13] *Gesta Francorum*, VI, pp. 34-5; Raimundo de Aguilers, IV, p. 37.

[14] Alberto de Aquisgrão, IV.40, pp. 310-2.

[15] Raimundo de Aguilers, IV, p. 37. J. France, "The departure of Tatikios from the Crusader army", *Bulletin of the Institute of Historical Research*, 44 (1971), pp. 137-47.

[16] *Gesta Francorum*, VI, pp. 34-5.

[17] Hagenmeyer, *Epistulae*, pp. 165-6; Rudolfo de Caen, 58, p. 84.

[18] Isso encontrou ecos em relatos posteriores da Cruzada. Orderico Vital, por exemplo, afirma que as primeiras sementes do ódio a Aleixo foram lançadas em Niceia, onde a captura da cidade empalideceu em comparação com os custos incorridos, as provisões usadas e o derramamento de sangue infligido pelos cruzados. IX.8, 5, p. 56.

[19] Shepard, "When Greek meets Greek", pp. 188-277.

[20] *Gesta Francorum*, VIII, pp. 44-5; Alberto de Aquisgrão, IV.15, p. 270; Rudolfo de Caen, 64-5, pp. 89-90; Guilherme de Tiro, IV.24, pp. 267-8; cf. Ana Comnena, XI.4, pp. 307-8.

[21] *Gesta Francorum*, V, p. 45; Fulquério de Chârtres, I.19.i, p. 101; Ana Comnena, XI.6, p. 312. Também Barber e Bate, *Letters*, p. 28; Mateus de Edessa, II.119, p. 170.

[22] *Gesta Francorum*, VI, p. 44; Fulquério de Chârtres, I.17, p. 98; Mateus de Edessa, II.120, p. 170; Ibn al-Qalanisi, AH 491/dez. 1097-dez. 1098, p. 45. Firuz é identificado como turco, Raimundo de Aguilers, VI, p. 47; Alberto de Aquisgrão, III.61, p. 234. Ibn al-Athir fala do papel desempenhado por Firuz (Rudbah) e a oferta feita a ele, AH 491/dez. 1097-dez. 1098, pp. 14-5; Kemal ad-Din, p. 580.

[23] Ana Comnena, V.6, p. 144.

[24] Raimundo de Aguilers, IV, p. 37.

[25] *Gesta Francorum*, VIII, p. 45; Alberto de Aquisgrão, IV.14-15, pp. 270-2; Rudolfo de Caen, 65, p. 654.

[26] *Gesta Francorum*, VIII, p. 46.

[27] Raimundo de Aguilers, VI, p. 47.

[28] Alberto de Aquisgrão, IV.20, p. 278.
[29] Raimundo de Aguilers, VI, p. 47; Alberto de Aquisgrão, IV.21, p. 280.
[30] *Gesta Francorum*, VII, p. 47.
[31] *Gesta Francorum*, VIII, p. 48.
[32] Alberto de Aquisgrão, IV.26, p. 286.
[33] *Gesta Francorum*, IX, p. 62.
[34] Alberto de Aquisgrão, IV.34, pp. 298-300; Raimundo de Aguilers, VIII, p. 59; Ibn al-Athir, AH 491/dez. 1097-dez. 1098, p. 16.
[35] Fulquério de Chârtres, I.19.iii, p. 101.
[36] Sobre a descoberta da Lança Sagrada e suas consequências na Cruzada, ver T. Asbridge, "The Holy Lance of Antioch: Power, devotion and memory on the First Crusade", *Reading Medieval Studies* 33 (2007), pp. 3-36.
[37] Alberto de Aquisgrão, IV.46, p. 320.
[38] Fulquério de Chârtres, I.22.ii, p. 104; *Gesta Francorum*, IX, pp. 67-8.
[39] Fulquério de Chârtres, I.22.v, p. 105.
[40] Raimundo de Aguilers, VIII, p. 61.
[41] Fulquério de Chârtres, I.23.iv-v, p. 106.
[42] Raimundo de Aguilers, VIII, pp. 63-4.
[43] *Gesta Francorum*, IX, pp. 69-70.
[44] Alberto de Aquisgrão, IV.53, pp. 330-2.
[45] Ibn al-Athir, AH 491/dez. 1097-dez. 1098, pp. 16-7.
[46] Raimundo de Aguilers, IX, p. 65.
[47] Roberto, o Monge, II.2, p. 90.
[48] Alberto de Aquisgrão, V.15, p. 396.
[49] Alberto de Aquisgrão, IV.9, pp. 260-2; Raimundo de Aguilers, X, pp. 73-4.
[50] Alberto de Aquisgrão, V.15, p. 357; *Gesta Francorum*, X, pp. 73-4.
[51] Raimundo de Aguilers, X, p. 75.
[52] *Gesta Francorum*, IX, p. 63.
[53] Ana Comnena, XI.6, p. 313.
[54] Raimundo de Aguilers, IV, p. 37.
[55] *Gesta Francorum*, X, p. 72; Fulquério de Chârtres, I.23.viii, p. 107.
[56] Alberto de Aquisgrão, V.3, pp. 340-2.
[57] Raimundo de Aguilers, IX, pp. 67-8.
[58] Rudolfo de Caen, 51, p. 77.
[59] S. Duparc-Quioc (org.), *La Chanson d'Antioche*, 2 vols. (Paris, 1976), 1, laisse 175.
[60] Raimundo de Aguilers, IV, p. 34.

[61] Raimundo de Aguilers, IX, p. 84.
[62] Barber e Bate, *Letters*, pp. 32-3.
[63] Ibid., p. 33; também Fulquério de Chârtres, I.24.xiii-xiv, pp. 111-2.
[64] Ibid. Fulquério não inclui esse último parágrafo, abaixo, p. 203.
[65] Raimundo de Aguilers, X, pp. 74-5; *Gesta Francorum*, X, pp. 75-6, 80-1.
[66] *Gesta Francorum*, X, pp. 75-6.
[67] Raimundo de Aguilers, X, p. 80.
[68] *Gesta Francorum*, X, p. 80; Fulquério de Chârtres, I.25.ii, p. 112.
[69] *Gesta Francorum*, X, pp. 82, 86; Raimundo de Aguilers, XI, pp. 87, 91.
[70] Raimundo de Aguilers, XIII, p. 105.

11. A Cruzada em frangalhos

[1] Alberto de Aquisgrão, V.45, p. 402.
[2] Rudolfo de Caen, 120, pp. 136-7; Baldrico de Dol, IV.12, p. 100; Alberto de Aquisgrão, VI.2, p. 406.
[3] Raimundo de Aguilers, XIV, p. 119.
[4] *Gesta Francorum*, X, pp. 88-9; Alberto de Aquisgrão, VI.5, p. 410; Raimundo de Aguilers, XIV, pp. 119-20.
[5] France, *Victory in the East*, pp. 122-42.
[6] Fulquério de Chârtres, I.27.iv, p. 119.
[7] Alberto de Aquisgrão, VI.6, pp. 410-2. Também *Gesta Francorum*, X, p. 89; Raimundo de Aguilers, XIV, p. 118.
[8] Fulquério de Chârtres, I.26.i, p. 116.
[9] *Gesta Francorum*, X, p. 89.
[10] Raimundo de Aguilers, XIII, p. 114.
[11] Alberto de Aquisgrão, VI.8, pp. 412-4.
[12] *Gesta Francorum*, X, p. 90; Raimundo de Aguilers, XIV, p. 124.
[13] Raimundo de Aguilers, XIV, pp. 124-5; Rudolfo de Caen, 125, pp. 140-2; *Gesta Francorum*, X, p. 90.
[14] Alberto de Aquisgrão, VI.10, p. 416; Rudolfo de Caen, 124, pp. 139-40.
[15] *Gesta Francorum*, X, pp. 91-2; Ibn al-Athir, AH 492/dez. 1098-dez. 1099, p. 21.
[16] *Gesta Francorum*, X, pp. 79-80.
[17] Raimundo de Aguilers, XIV, p. 127.
[18] *Gesta Francorum*, X, p. 92.
[19] Fulquério de Chârtres, I.27.xiii, p. 122.

[20] B. Kedar, "The Jerusalem Massacre of July 1099 in the Western Historiography of the First Crusade", *Crusades* 3 (2004), pp. 15-75.

[21] Ibn al-Athir, AH 492/dez. 1098-dez. 1099, p. 21.

[22] S. Goitein, "Contemporary letters on the capture of Jerusalem", *Journal of Jewish Studies* 3 (1952), pp. 162-77.

[23] Fulquério de Chârtres, I.28.i, p. 122.

[24] Fulquério de Chârtres, I.29.i, p. 123.

[25] S. Goitein, "Tyre–Tripoli–'Arqa: Geniza documents from the beginning of the Crusade period", *Jewish Quarterly Review* 66 (1975), pp. 69-88.

[26] Raimundo de Aguilers, XIV, p. 128, citando Isaías 65:17, Salmos 118:24.

[27] Naser-e Khusraw's Book of Travels (Safarnama), trad. W. Thackston (Nova York, 1986), p. 21. Nesse período, muitos guias de peregrinos foram escritos para os visitantes muçulmanos de Jerusalém; um bom exemplo é o de Ibn al-Murajja, datado da primeira parte do século XI. E. Amikam, *Medieval Jerusalem and Islamic Worship* (Leiden, 1995), pp. 68-78.

[28] M. Gil, *A History of Palestine, 634-1099* (Cambridge, 1997), p. 191, n° 67.

[29] M-L. Favreau-Lilie, *Die Italiener im Heiligen Land vom ersten Kreuzzug bis zum Tode Heinrichs von Champagne (1098-1197)* (Amsterdã, 1988).

[30] Barber e Bate, *Letters*, p. 24; Guilherme de Tiro, IV.24, 1, pp. 267-8. Ver também *Gesta Francorum*, VI, pp. 37-8; Raimundo de Aguilers, V, pp. 40-1.

[31] Fulquério de Chârtres, I.31.i-xii, pp. 125-8; P. Tudebode, pp. 146-7; Alberto de Aquisgrão, VI.45-50, pp. 464-70.

[32] Barber e Bate, *Letters*, pp. 37-8.

[33] Sobre a expedição de 1101, Riley-Smith, *First Crusade*, pp. 120-34.

[34] Alberto de Aquisgrão, VII.20, p. 512; Fulquério de Chârtres, I.36.i, p. 136; Mateus de Edessa, II.132, p. 176.

[35] A captura de Boemundo, Fulquério de Chârtres, i.35.iii, p. 135; Alberto de Aquisgrão, VII.29, p. 526; Mateus de Edessa, II.134, p. 177.

[36] Ver A. Murray, "Daimbert of Pisa, the Domus Godefridi and the Accession of Baldwin I of Jerusalem", em *From Clermont to Jerusalem*, pp. 81-102.

[37] Alberto de Aquisgrão, X.30, p. 528.

[38] Guilherme de Tiro, VI.23, I, p. 340. Sobre a fuga de João, ibid.; Orderico Vital, X.24, 5, p. 356.

[39] Fulquério de Chârtres, II.3.xiii, p. 143.

[40] Alberto de Aquisgrão, VII.43, p. 550. Sobre o enterro de Godofredo, VII.21, p. 516.

[41] Alberto de Aquisgrão, VII.46-51, pp. 554-60.

⁴² Alberto de Aquisgrão, VII.57, p. 566; sobre seus serviços ao imperador, IX.6, p. 644. A esse respeito, ver também Shepard, "The 'muddy road' of Odo Arpin", pp. 11-28.

⁴³ Alberto de Aquisgrão, IX.1-6, pp. 638-44; Fulquério de Chârtres, II.15.i-vi, pp. 163-4; Ana Comnena, XI.7, p. 316.

⁴⁴ O patriarca foi exonerado em decorrência de acusações de peculato. Alberto de Aquisgrão, VII.62-3, p. 574. É significativo que essas acusações tenham sido feitas por emissários de Rogério da Sicília, outrora defensor do papado, por ocasião de sua reconciliação com Constantinopla na década de 1090. Isso sugere que o eixo Roma-Sicília-Constantinopla estava trabalhando em conjunto mais uma vez.

⁴⁵ Alberto de Aquisgrão, VIII.45, p. 634.

⁴⁶ Alberto de Aquisgrão, VIII.45-48, pp. 634-6.

⁴⁷ Ana Comnena, XI.7, p. 318; Rudolfo de Caen, 143-4, pp. 158-60. Sobre a cronologia, ver R-J. Lilie, *Byzantium and the Crusader States 1096-1204*, trad. J. Morris e J. Ridings (Oxford. 1993), pp. 259-76 e Ia. Liubarskii, "Zamechaniya k khronologii xi knigi 'Aleksiada' Anny Komninoi", *Vizantiiskii Vremennik*, 24 (1964), pp. 47-56.

⁴⁸ Ana Comnena, XI.7, p. 318; Rudolfo de Caen, 145, p. 160.

⁴⁹ Rudolfo de Caen, 147, pp. 163-4.

⁵⁰ Kemal ad-Din, p. 591.

⁵¹ Ana Comnena, XI.9, pp. 320-1.

⁵² Fulquério de Chârtres, II.27.vii-viii, pp. 178-9.

⁵³ Ibn al-Athir, AH 497/dez. 1103-dez. 1104, pp. 79-80; Ibn al-Qalanisi, p. 60. Ver também Fulquério de Chârtres, II.27.i-viii, pp. 177-9; Mateus de Edessa, III.18, pp. 192-3; Alberto de Aquisgrão, IX.39; Rudolfo de Caen, 148, pp. 164-5.

⁵⁴ Ibn al-Qalanisi, p. 61.

⁵⁵ Sobre Tancredo tomando posse de Edessa, Alberto de Aquisgrão, IX.42, p. 694; Fulquério de Chârtres, II.27.5, p. 178; II.28, p. 180; Rudolfo de Caen, 151, p. 167; Mateus de Edessa, III.20, p. 194. Sobre as conquistas bizantinas de 1104, Ana Comnena, XI.9-11, pp. 321-9.

⁵⁶ Alberto de Aquisgrão, IX.46, p. 700-2.

⁵⁷ Rudolfo de Caen, 152, pp. 168-9.

⁵⁸ Ana Comnena, XI.12, pp. 329-31.

12. As consequências da Primeira Cruzada

[1] Sobre as canções entoadas na França, Orderico Vital, X.21, 5, p. 342. Sobre os ciclos de canções, ver S. Edgington e C. Sweetenham (org.), *The Chanson d'Antioche: An Old-French Account of the First Crusade* (Aldershot, 2011).

[2] E. de Marneffe (org.), *Cartulaire de l'abbaye d'Afflighem* (Louvain, 1894), pp. 19-21.

[3] Para muitos exemplos, ver Riley-Smith, *The First Crusaders*, p. 150.

[4] Por exemplo, *De genere comitum Flandrensium notae Parisienses*, *MGH*, *SS*, 13, p. 259.

[5] Suger de Saint-Denis, p. 38; ver também Riley-Smith, *First Crusade*, pp. 122-3.

[6] Guido de Trousseau desertou em Antioquia, de acordo com a *Gesta Francorum*, IX, pp. 55-6. Seu relacionamento via casamento com o rei provavelmente explica comentários simpáticos sobre ele em uma fonte próxima à casa real da França.

[7] Gilberto de Nogent, VI.11, p. 243.

[8] Sobre a morte de Estêvão, Alberto de Aquisgrão, IX.6, p. 644. Para um exemplo de seu tratamento nos ciclos de canções, *Chanson d'Antioche*, pp. 285-6.

[9] France, *Victory in the East*, pp. 141-2.

[10] Gilberto de Mons, 27, p. 30. Ver Guilherme de Tiro, I, p. 298; Alberto de Aquisgrão, IX.52, p. 716.

[11] Orderico Vital, X.24, 5, pp. 358-76.

[12] Ibid., p. 354.

[13] France, "The Anonymous *Gesta Francorum*", pp. 39-69 e, sobretudo, Rubenstein, "What is the *Gesta Francorum* and who was Peter Tudebode?", pp. 179-204.

[14] Fulquério de Chârtres, I.33. v-xxi, pp. 129-32; Alberto de Aquisgrão, VII.6, p. 494.

[15] R. Hiestand (org.), *Papsturkunden für Kirchen im Heiligen Lande* (Göttingen, 1985), p. 102; para vários outros exemplos, *Codice Diplomatico Barese*, 5, pp. 83-102.

[16] Suger de Saint-Denis, p. 44.

[17] Romualdo de Salerno, p. 203; Eceardo de Aura, p. 293; Guilherme de Tiro, XI.1, 1, p. 460.

[18] Bartulfo de Nangis, *Gesta Francorum expugnantium Iherusalem*, 65, p. 538; *Chronica Monasterii Casinensis*, IV, p. 493; Suger of Saint-Denis, p. 48; Hiestand, *Papsturkunden für Kirchen*, p. 7, n. 2; *Codice Diplomatico Barese*, 5, pp. 79-80.

[19] Alberto de Aquisgrão, VIII.48, p. 636.

[20] Ver, por exemplo, W. Whalen, "God's Will or Not? Bohemond's campaign against the Byzantine Empire (1105-1108)", em T. Madden, J. Naus e V. Ryan (org.) *Crusades – Worlds in conflict* (Farnham, 2010), pp. 115-23.

[21] Sobre o itinerário de Boemundo, ver L. Russo, "Il viaggio di Boemundo d'Altavilla in Francia", *Archivio storico italiano* 603 (2005), pp. 3-42.

²² Orderico Vital, XI.12, 6, pp. 70-2.

²³ Ibid., p. 70.

²⁴ Ver, por exemplo, W. Holtzmann, "Zur Geschichte des Investiturstreites", *Neues Archiv der Gesellschaft für ältere deutsche Geschichtskunde* 50 (1935), pp. 280-2.

²⁵ Orderico Vital, XI.12, 6, p. 68; Guilherme de Malmesbury, IV.407, p. 736.

²⁶ J. Stevenson (org.), *Chronicon Monasterii de Abingdon*, 2 vols. (Londres, 1858), 2, p. 46. Não há indicação de data ou da motivação da ida da embaixada à Inglaterra.

²⁷ Por exemplo, Shepard, "The 'muddy road' of Odo Arpin", pp. 11-28.

²⁸ Ana Comnena, XIII.12, p. 385.

²⁹ Ibid., p. 386.

³⁰ Ibid., pp. 392-4.

³¹ Ibid., p. 387; p. 389.

³² Ibid., p. 392.

³³ Idem.

³⁴ Orderico Vital, X.24, 5, p. 356; Guilherme de Tiro, VI.23, I, p. 340.

³⁵ Ana Comnena, XIV.1, p. 397.

³⁶ Ana Comnena, XIII.12, p. 395.

³⁷ Ibid., p. 394.

³⁸ Fulquério de Chârtres, I.32, p. 128; Orderico Vital, X.12, 5, p. 276.

³⁹ Ana Comnena, XI.7, p. 316; XII.1, pp. 332-3; Orderico Vital, X.23, 5, p. 350; X.24, p. 354.

⁴⁰ *Gesta Francorum*, I, p. 5.

⁴¹ Ibid., p. 6; II, p. 10.

⁴² *Gesta Francorum*, II, p. 11.

⁴³ Ibid., p. 17.

⁴⁴ Raimundo de Aguilers, I, pp. 18-9; II, p. 22.

⁴⁵ Raimundo de Aguilers, II, pp. 26-7.

⁴⁶ Ibid., p. 23

⁴⁷ *Gesta Francorum*, II, p. 12.

⁴⁸ Roberto, o Monge, VII.20, p. 176.

⁴⁹ Barber e Bate, *Letters*, p. 20.

⁵⁰ Ibid., pp. 22-5.

⁵¹ Mateus de Edessa, II.114, p. 167. Sobre a Montanha Negra, ver "Regulations of Nikon of the Black Mountain", em J. Thomas e A. Constantinides Hero (org.), *Byzantine Monastic Foundation Documents*, 5 vols. (Washington, DC, 2000), pp. 377-424. Ver também "Typikon of Nikon of the Black Mountain for the

Monastery and Hospice of the Mother of God tou Roidiou" em ibid., pp. 425-39.

[52] Rudolfo de Caen, 54, p. 80.

[53] Raimundo de Aguilers, XI, p. 88.

[54] Hagenmeyer, *Epistulae*, p. 153.

[55] Barber e Bate, *Letters*, p. 21.

[56] *Gesta Francorum*, X, p. 72; Fulquério de Chârtres, I.23.viii, p. 107; cf. Alberto de Aquisgrão, V.3, pp. 340-2.

[57] Barber e Bate, *Letters*, pp. 30-3.

[58] Ibid., p. 33.

[59] Fulquério de Chârtres, I.24.i-xiv, pp. 107-12.

[60] Raimundo de Aguilers, II, p. 23.

[61] Ibid., pp. 22-3.

[62] *Gesta Francorum*, X, p. 75.

[63] Raimundo de Aguilers, X, pp. 74-5.

[64] Roberto, o Monge, VII.20, p. 176; Guilherme de Tiro, IX.13, 1, p. 437.

[65] Roberto, o Monge, VI.16, p. 160.

[66] Gilberto de Nogent, I.5, p. 104.

[67] Guilherme de Malmesbury, *History of the English Kings*, org. R. Thomson, R. Mynors e M. Winterbottom (Oxford, 1999), III.262, pp. 482-4.

[68] Rogério de Hoveden, *Rerum Anglicarum Scriptores post Bedam* (reimpr. Farnborough, 1970), p. 710.

[69] Guilherme de Malmesbury, II.225, p. 412.

[70] Guilherme de Tiro, X.12, 1, p. 467.

[71] Edward Gibbon, *Decline and Fall of the Roman Empire*, org. J. Bury, 7 vols. (Londres, 1909-14) 6, p. 335 [ed. bras.: *Declínio e queda do Império Romano*. Trad. José Paulo Paes. São Paulo, Companhia das Letras, 2005].

[72] Ana Comnena, XIV.2, p. 401.

[73] Alberto de Aquisgrão, IX.43, p. 696.

[74] A. Wharton Epstein, "The date and significance of the Cathedral of Canosa in Apulia, Southern Italy", *Dumbarton Oaks Papers* 37 (1983), pp. 85-6.

[75] M. Ogle e D. Schullian (org.) *Rodulfi Tortarii Carmina* (Roma, 1933), pp. 298-316.

[76] Ver N. Paul, "A warlord's wisdom: Literacy and propaganda at the time of the First Crusade", *Speculum*, 85 (2010), pp. 534-66. Outra fonte desse período também relata que Boemundo levou a melhor sobre o imperador, e não o contrário. *Narratio Floriacensis*, pp. 356-62.

[77] Barber e Bate, *Letters*, pp. 30-3.
[78] *Gesta Francorum*, I, pp. 1-2.
[79] Erdmann, *Die Briefe Heinrichs IV*, pp. 38-9.
[80] Eceardo de Aura, pp. 182-4; *Annales Hildesheimensis, MGH, SS*, 3, pp. 50-1.
[81] Erdmann, *Die Briefe Heinrichs IV*, pp. 39-40.
[82] *Patrologia Latina*, 163, cols. 108a-c.
[83] Erdmann, *Die Briefe Heinrichs IV*, pp. 39-40.
[84] Sobre o tratado, Ana Comnena, IX.3, p. 244, e acima, p. 146. Acerca das relações estáveis e aparentemente positivas entre Aleixo e Quilije Arslã, ver, por exemplo, Alberto de Aquisgrão, IX.34, pp. 680-2.
[85] Sobre a atitude branda de Fulquério em relação a Bizâncio, ver L. Ní Chléirigh, "The impact of the First Crusade on Western opinion towards the Byzantine Empire: The *Dei Gesta per Francos* of Guibert of Nogent and the *Historia Hierosolymitana* of Fulcher of Chârtres", em C. Kostick (org.), *The Crusades and the Near East: Cultural Histories* (Abingdon, 2011), pp. 161-88.
[86] Ver M. Carrier, "L'image d'Alexis Ier Comnène selon le chroniqleur Albert d'Aix", *Byzantion* 78 (2008), pp. 34-65, que chega a conclusões bem diferentes.
[87] Ana Comnena, XI.8, p. 320.
[88] Ana Comnena, XIV.2, pp. 402-3; Alberto de Aquisgrão, XI.4, p. 776.
[89] P. Maas, "Die Musen des Kaisers Alexios I", *Byzantinische Zeitschrift 22* (1913), ll. 312-51.
[90] H. Hoffmann (org.), *Die Chronik von Montecassino* (Hanover, 1980), IV.46, p. 514.
[91] Lilie, *Byzantium and the Crusader States*, p. 162.
[92] Ana Comnena, XIV.4, p. 411.
[93] Ana Comnena, X.2, p. 262.

ÍNDICE REMISSIVO

A

Abelardo de Luxemburgo, 193
Abidos, 103, 183-184
Abingdon, 233
Abu Alcacim, 75, 78-79, 81, 85, 86, 91-92, 95-97, 128, 251
Acre, 217
Açude de Siloé, 216
Adana, 187-189
Adela (esposa de Estêvão de Blois), 145, 162
Ademar de Monteil, bispo de Le Puys, 136
Adrianópolis, 117
Aicardo de Montmerle, 141-142, 251
al-Afdal, vizir do Cairo, 217, 223
Albânia, 233-234
Alberto de Aquisgrão, 21, 31, 76, 243
Aleixo I Comneno, imperador, 17, 30, 33-34, 36, 75, 102, 108, 139, 180, 251, 257
    a Cruzada é um sucesso para, 247
    adoção de líderes ocidentais, 168
    Ana Comnena procura registrar realizações de, 249-250
    aparência física, 65-66
    assume o risco ao desencadear a Cruzada, 152-153
    Boemundo propõe que Antioquia não seja entregue a, 183
    carta a Roberto de Flandres, 88-89
    coloca o efetivo bizantino sob o comando de João Ducas e Constantino Dalasseno, 182-183
    como anfitrião dos cruzados em Constantinopla, 162-163
    concorda com os termos de Quilije Arslã, 183-184
    consolida sua posição nomeando aliados para cargos-chave, 60
    conspiração de Diógenes, 111-112
    conspirações de João Comneno, 110
    continua a cultivar relacionamentos na Europa Ocidental, 233
    coroação, 60
    delegação liderada por Estêvão de Blois, 209
    dificuldades que o impediam de comandar a expedição, 182
    dúvidas sobre a chegada dos cruzados, 159-160
    e a Cruzada Popular, 153, 157-158
    e a derrota de Boemundo, 233
    e a rota percorrida por Raimundo de Toulouse, 151
    e a tomada de Niceia, 181-182, 220
    e arranjos feitos para os cruzados, 145-147
    e eventos na Ásia Menor, 18, 27, 29, 49, 81, 85, 101, 110
    e o apelo ao Ocidente, 28-29, 31-32, 120-121, 124-125, 132-133
    e o fracasso de Urbano II em tratar da questão da liderança, 145
    e o Tratado de Diábolis (ou Devol), 234
    e papel de Balduíno de Boulogne, 187-188
    e questões religiosas, 43, 63-64
    em uma posição difícil com relação à liderança da expedição, 182
    encontro reservado com Estêvão de Blois, 209
    enfrenta crescente hostilidade, 210
    erro de cálculo ao não enviar Tatício de volta a Antioquia, 200
    escolhe novas autoridades de primeiro escalão, 115-116
    escolhe Tatício para liderar o exército ocidental rumo ao Leste, 181-182
    estabelece Laodiceia como principal base de abastecimento para Antioquia, 198
    estilo de governo, 62-64

excomunhão, 37
fica sabendo da mudança de atitude dos cruzados e envia embaixadores a Antioquia, 209-210
Hugo de Vermandois envia mensagem a, 159-160
juramentos feitos pelos líderes da Cruzada a, 170-171, 181, 236-237, 240
melhoria nas relações entre cruzados e, 213
não responde aos apelos para assumir o controle da expedição, 209
passado, 57
pede que as forças imperiais retornem a Constantinopla, 209
poder precário, 116-117
relações com Urbano II, 41-42
reputação, 236
restaura a autoridade imperial na Cilícia e Laodiceia, 226
rumores de tramas contra, 168
se beneficia da astúcia no uso do exército cruzado, 184
sem papel de destaque nos livros de história ocidental, 31
sob pressão, 85-93
tensões com Godofredo de Boulogne, 165
toma medidas quando os cruzados se aproximam de Constantinopla, 167
toma o poder, 75
vitórias militares, 60-61
Alemanha, 35, 47, 126, 130
Aleppo, 78, 81, 123, 194-195, 204, 234
Alexandre, o Grande, 26, 77
Alexandria, 39
Alexíada (relato de Ana Comnena)
  ver Ana Comnena
Alifa, Pedro, 103, 116, 128, 187, 209-210
Almulque, Nizã, 92
Alparslano, sultão, 54, 79
Amalfi, 52-53, 107, 143-144
Amasia, 68
Amiens, 153
Ana Comnena
  noivo escolhido para, 115-116
  relato do reinado de Aleixo (*Alexíada*), 152
  sobre a aparência física de Aleixo, 65-66
  sobre a Primeira Cruzada, 65, 67, 152-155, 169, 177, 228
  sobre eventos anteriores à Primeira Cruzada, 33-34, 45, 57, 61-62, 65, 68-69, 74, 80-81, 91, 95, 98-99, 113-114
Anatólia, 29-30, 34, 68, 74, 81, 93, 115, 182-183, 185, 187, 226, 247, 262
Anazarbo, 93
Angers, 127, 138, 147

Anselmo, abade de Bec, mais tarde arcebispo da Cantuária, 119
Anselmo de Ribemont, 237-238
Antália, 70
Antarados, 74
Antioquia, 203
  apoio restrito às propostas de Boemundo sobre, 200
  as ambições de Boemundo em, 200-201
  batalha entre os cruzados e as forças de Querboga, 205
  Boemundo retorna para, 226, 228
  Boemundo se dirige a sua comitiva antes de partir de, 227-228
  como prioridade de Aleixo, 145-146
  descoberta da Lança Sagrada em, 204-205
  dificuldade em chegar a, 93-94
  e a captura de Tarso, 189
  e cidades-Estados italianas, 107-108, 222
  e o Tratado de Diábolis (ou Devol), 235, 243
  e os juramentos feitos pelos cruzados a Aleixo, 172, 200, 212
  e Tancredo, 224-226, 243, 247
  Isaque Comneno torna-se governador de, 57
  ocupada por Sulaiman em nome de Aleixo, 77
  os cruzados assumem o controle de, 205
  se rende a Malique Xá, 79
  sitiada pelas forças de Querboga, 201
  sitiada por cruzados, 197, 203
  situação após a captura de, 206-207, 230, 240, 245
  sob o controle de Filareto Bracâmio, 76
  sucumbe aos cruzados, 201
  tensões e conversões forçadas em, 123
  Tutuch assume o controle de, 78
Antioquia da Pisídia, 55, 183
Antivari, arcebispo de, 39
Apocapa, Basílio, 69
Apolônia, 81
Apúlia, 30, 35, 40, 44-45, 53, 122, 144, 150, 160, 178
Aquitânia, 139, 223
Armênia, 121
Arqa, 213-214
Ascalão, 223
Ásia Menor, 27, 116, 117, 120, 132, 137, 148, 151, 171, 172, 220, 224, 225, 227, 232, 237, 238, 240, 247, 249
  chegam ao Ocidente relatos sobre a situação na, 122
  Cruzada Popular na, 157-158
  difícil posição de Aleixo em relação à liderança da expedição, 173
  e juramentos feitos a Aleixo, 170
  eventos anteriores à Primeira Cruzada, 31, 33, 41, 49, 54-58, 67, 68-69, 71, 130

os cruzados na (mapa), 175-195
ver também nomes de lugares
Assassinos, 92
Atenas, 107
Atos, monte, 106
Áustria, 223
Auvergne, 133
Avlona, 149

B

Bagdá, 33, 53-54, 79, 81, 92, 172
Bailleul, Roussel, 68
Bálcãs, 18, 29-30, 46, 52-53, 56, 58, 62, 71-72, 101, 111, 117, 149-150, 175, 233
Baldrico de Dol, 241, 245
Balduíno de Boulogne, 27, 187, 210, 231, 248
Balduíno de Bourcq, 225-228
Balduíno de Calderón, 177, 251
Balduíno de Gante, 177
Balduíno de Hainault, 230
Bari, Concílio de, 152, 246
Barquiaruque, sultão de Bagdá, 95, 97, 201
Basilácio, Nicéforo, 57
Basílica de Santa Sofia (Hagia Sophia), Constantinopla, 40, 50, 60, 182
Basílica de São Marcos, Veneza, 107
Basílica de São Pedro, Antioquia, 212, 228, 240
Basílica de São Pedro, Roma, 38
Basílio da Calábria, 44
Beatriz, condessa da Toscana, 131
Bec, abade de, 119
Belgrado, 156
Belisário, 26
Benevento, 53
Bernardo (cavaleiro de Mézenc), 142
Bernoldo de Constança, 7
Bertranda de Montforte, 143
Bertrando de Toulouse, 248
Besalú, conde de, 140
Bitínia, 71, 73, 78
Bodino, Constantino, 151
Boemundo, 203, 236
  ações após sua libertação, 226-227
  acordo de paz com Aleixo, 124
  Aleixo mostra generosidade para com, 165
  ataque a Bizâncio, 144
  atividades na Europa, 233, 241-242
  capturado pelos turcos, 224
  casa-se com Constança de França, 232
  chegada a Constantinopla, 160
  cogitado para papel de liderança por Aleixo, 188
  divergências com Raimundo de Toulouse, 201, 211-212, 241
  durante o cerco de Antioquia, 193-196, 200
  e a captura de Antioquia, 201-202
  e embaixada enviada de Antioquia para Aleixo, 210, 239
  e juramento a Aleixo, 169-170
  e Maarrat an-Numan, 212-213
  e Tratado de Diábolis (ou Devol), 233, 244
  em Antioquia, 208, 211-212, 240
  emboscado por turcos, 185
  fama e reputação, 27-28, 31-32, 230-231, 244
  fracasso do ataque a Bizâncio, 233
  jornada para Constantinopla, 149-150, 159-160
  junta-se à Cruzada, 144
  morte, 243
  procura se posicionar como líder, 169-170
  propostas sobre o destino de Antioquia, 200-201
  retorna à Europa, 227, 230-231
  Tatício coloca cidades sob controle de, 189
  temperamento, 144, 165
Boilas, Eustácio, 53
Bolli Bollason, 51
Bolonha, 139, 146
Bordeaux, 138
Borgonha, 141, 223
Bósforo, 29, 56, 86, 166-167
Botaneiates, Nicéforo III, 41, 57-58, 104, 111-112
Bracâmio, Filareto, 69, 76
Braço de São Jorge, 90, 121-124
Briênio, Nicéforo, 57, 62, 75, 116, 166
Brixen, Concílio de, 137
Brochardo, Hugo, 141
Bruges, 229
Bruno de Lucca, 199
Buldagi, 97
Bursuque, 95, 97, 251
Butumita, Manuel, 115, 160, 178-179, 209
Buzan, 92

C

Cairo, 217-218, 221
Calábria, 30, 35, 40, 44-45, 53, 178
Calcedônia, bispo de, 105
Cambrai, bispo de, 137
Camizte, Eustáquio, 183
Campânia, 46, 129-130
Cantuária, arcebispo de, 39, 119
Capadócia, 53-54, 70, 86, 120-121
Carique, Niceta, 116
Caspax, 183
Cassandra, península de, 102
Castrísio, Teodoro, 91
Catedral de Canosa: inscrições, 244
Cáucaso, 29, 34, 58, 81, 189, 234
Cavaleiros flamengos, 85-86
Cecaumeno, Catacalo, 114

Cecaumeno, Miguel, 183
Cerdana, 140
César, Júlio, 26
Cesareia, 54-55, 69, 86, 187
Chanson d'Antioche, 210, 229
Chanson de Jerusalem, 229
Chârtres, 27, 232
Chifre de Ouro, 49, 63, 87
Chipre, 106, 109, 116, 189, 192, 198, 226, 237
Cilícia, 69, 73, 93, 188, 226-227, 234-235, 238, 247
Cízico, 56, 70, 81
Clemente III, papa, 38-39, 41, 44, 246
Clementina de Flandres, 129
Clermont, 23-26, 29, 34, 38, 41, 46, 48, 122, 133, 136-138, 143, 147-148, 245
Cluny, 126, 137, 141
Colônia, 155
Comnena, Ana (filha de Aleixo I), 32
   ver Ana Comnena
Comnena, Maria (irmã de Aleixo I), 112
Comneno, Adriano (irmão de Aleixo I), 102, 169
Comneno, Aleixo, 59, 72, 145, 169, 248
   ver Aleixo I Comneno, imperador
Comneno, Isaque (filho de Aleixo I), 102
Comneno, Isaque (irmão de Aleixo I), 102
Comneno, Isaque (tio de Aleixo I), 57
   ver Isaque I Comneno, imperador
Comneno, João (filho de Aleixo I), 234
Comneno, João (sobrinho de Aleixo I), 110
Comneno, Manuel (irmão de Aleixo I), 58
Comneno, Manuel (neto de Aleixo I),
   ver Manuel I Comneno, imperador
Comneno, Nicéforo (irmão de Aleixo I), 102
Complexo do mosteiro de São Jorge em Mangana, Constantinopla, 53
Concordata de Worms, 247
Confederação tribal oguz, 33
Conrado (filho de Henrique IV do Sacro Império Romano-Germânico), 47-48
Constança de França, 231
Constantino I, o Grande, imperador, 140
Constantino IX, imperador, 53
Constantino VIII, imperador, 62
Constantinopla, 17-18, 29, 34, 41, 49-50, 56, 60, 70-71, 74, 78, 81, 87-88, 90, 94, 101, 131, 151, 171, 181, 188, 226, 228, 232
   abastecimento de, 51
   Aleixo assume o poder, 57-58, 68, 72-73
   Aleixo estabelece regime mais modesto e básico em, 64
   Aleixo expurga a classe dominante em, 115
   Aleixo não está sob grave pressão em, 106
   Aleixo reúne forças em, 67
   alvos dos cruzados a serem estabelecidos por Aleixo em, 146
   arranjos para cruzados feitos em, 146, 148
   chegada dos cruzados a, 158, 160-161, 173
   conversões de turcos bem-vindas em, 82
   Creta e Chipre declaram independência efetiva de, 106
   críticas de Aleixo feitas em, 101-102
   descrição de, 51
   dúvidas quando da aproximação dos cruzados, 156, 167
   e ambições de Boemundo, 228, 233-234
   e carta enviada ao conde de Flandres, 88-89
   embaixada traz mensagem para Urbano II de, 30, 48, 57, 122
   especulações sobre as ambições dos irmãos Comneno em, 58
   estrangeiros em, 51, 89, 123, 124-125, 128
   interrupção de carregamentos para, 85
   Isaque Comneno responsável por reprimir a dissidência em, 102
   jornada dos cruzados em direção a, 148-149, 153-155, 160
   juramentos feitos por líderes ocidentais em, 168-169, 237
   líderes ocidentais tratados com generosidade em, 162-164
   mapa de, 13
   medidas práticas tomadas para minimizar a ameaça, 166-167
   necessidade de homem de ação em, 57
   negociações diplomáticas com Bagdá, 92
   o papa Gregório é levado com ideia de defender, 36, 130
   o Patriarca de Grado viaja para, 107
   parte do cais reservada para uso dos comerciantes venezianos, 106
   passagem dos cruzados por, 235-236
   pedidos de assistência chegam à Europa, 120
   preocupações sobre a possibilidade de ações hostis contra Aleixo, 190-191
   preocupações sobre a possibilidade de ataque a, 86
   prosperidade, 53
   recepção de missões diplomáticas e de visitantes de alto escalão, 96
   refugiados sobrecarregam os recursos de, 55
   relações entre Roma e, 39-40
   relíquias em, 124-127, 140-141
   sínodo da igreja em, 93
   situação tensa após a chegada de Godofredo de Boulogne, 165
   suplicantes e requerentes em, 103
   viajantes trazem relatórios de, 122
   visita de Abu Alcacim a, 96-97
Corinto, 107
Cós, 91

Coxom, 94
Credo, 40, 43
Cremona, 47
Creta, 106, 109
Cretons, Raimboldo, 27
Crisóstomo, São João, 233
Crispim, Roberto, 120
Cristo, 127
Croácia, 56, 107
Cruzada popular, 153-159, 242
Cumanos, 94, 116-117, 182, 247

D

Dagoberto de Pisa (mais tarde, patriarca de Jerusalém), 211, 223, 225-226
Dalassena, Ana, 58, 63, 91, 102
Dalasseno, Constantino, 98, 102, 116, 183
Dalmácia, 27, 106-107, 151
Damalis, 79
Damasco, 172, 180, 195, 227
Danismende, 86
Danismendidas, 231
Danúbio, 46, 53, 61, 94, 108, 116-117, 155-156
Diábolis (ou Devol), Tratado de, 235, 244, 247
Diógenes, conspiração de, 115, 132, 156, 168, 182-183
Diógenes, Leão, 116
Diógenes, Nicéforo, 111, 114, 117, 251
Dirráquio, 60, 75, 98, 105, 107-108, 110, 149, 160, 232
Dóclea, 56
Dorileu, 185, 187
Drakon, rio, 73
Ducaque, 193-195, 213, 230
Ducas, Constantino, 110, 113, 116
Ducas, João, 98, 102, 116, 183
Ducas, Miguel VII
    ver Miguel VII Ducas, imperador

E

Eceardo de Aura, 76, 120
Edessa, 69, 77, 81, 189-190, 193, 208, 224-227, 248
Éfeso, 34, 183, 262
Eméria de Alteia, 146
Empurias, conde de, 140
Épiro, 56, 59-60, 70, 71, 150, 160, 233, 243-244
Escandinávia, 35, 51
Esclavônia, 150
Escutariota, Teodoro, 126
Esmirna, 86, 91, 98, 183
Espanha, 35, 39, 148
Estêvão de Blois, 143, 145, 150, 160, 162, 165, 169, 175-176, 194, 198, 209, 224, 230, 237, 239

Eubeia, 91
Eucaristia, 40, 43, 205
Eudo I da Borgonha, 136
Europa
    apelos por ajuda enviados pela liderança da Cruzada para, 222-223
    chamado do Oriente para a, 119-133
    dúvidas sobre Bizâncio e seus imperadores na, 249
    em crise, 35-48
    horizontes expandidos pela Primeira Cruzada, 251
    os cruzados retornam para, 229-231
    relatos da Primeira Cruzada na s/n
        ver fontes latinas; nomes de fontes
        ver também nomes de países
    resposta da, 23-25, 135-152, 244
    rotas seguidas pelos cruzados (mapa), 150-151
Eutímio, patriarca de Jerusalém, 124
Evremar, patriarca de Jerusalém, 226

F

Família Ducas, 71
    ver também nomes de indivíduos
Fatímidas, 123, 223
Filadélfia, 183
Filipe I, rei da França, 36, 143, 229, 231
Filipe, conde de Mantes, 230
Filocala, Eumácio, 198
Filomélio, 209
Firuz, 201-202
Flammengus, Guilherme, 144
Flandres, 129, 138-139
Fócio, patriarca de Constantinopla, 39
Fontes árabes, 77, 123
Fontes latinas, 31, 157, 172, 181-182, 190, 201, 219
França, 23, 26, 30, 48, 88, 121, 124, 127, 138, 155, 244
    ver também nomes de lugares
Frangopoulos, Hervé, 120
Frígia, 74
Fulquério de Chârtres, 31, 47, 152, 163, 192, 202, 204, 206, 216, 219
Fulquério V de Anjou, 229

G

Gabras, Teodoro, 68
Gabriel, 77
Galácia, 74
Gênova/genoveses, 107, 215, 222, 224
Geórgia, 104
Germânicos, 45, 152

Gesta Francorum, 31, 143, 157, 159, 231, 236-237, 241, 242, 245
Gibbon, Edward, 242
Gilberto de Mons, 126
Gilberto de Nogent, 127, 129, 155, 159, 242, 245
Godevere (esposa de Balduíno de Bulhões), 27, 191
Godofredo de Boulogne, duque de Lorena, 131, 140, 186
  alcança renome, 27-28, 251
  antissemitismo de, 155
  caminho percorrido por, 149-150
  captura fortes e cidades locais, 208
  chega a Constantinopla, 160, 164-165
  concorda em se deslocar para Jerusalém, 212
  e a carta para Urbano II, 211
  e a embaixada enviada de Antioquia para Aleixo, 210, 239
  em Antioquia, 202
  juramento a Aleixo, 169-171
  morte, 224
  prepara-se para a Cruzada, 26, 142
  recebe licença para adquirir provisões, 149
  sepultado na entrada do Santo Sepulcro, 225
  tensões entre Aleixo e, 165-166
  torna-se governante de Jerusalém, 222
Godofredo de Signes, 140
Goiberto, 128
Grado, Patriarca de, 107
Grande Cisma, 41, 44
Grande Palácio de Blaquerna, 65
Gregório VII, papa, 36, 41, 44, 130, 132, 136
Gualtério de Verva, 27
Guarda Varangiana, 51, 113
Guido de Possesse, 177
Guido de Rochefort, 230
Guido de Signes, 140
Guido de Trousseau, 230
Guilherme (cavaleiro normando), 119
Guilherme da Apúlia, 122
Guilherme de Borgonha, 130
Guilherme de Malmesbury, 242
Guilherme de Poitou, duque da Aquitânia, 131
Guilherme de Tiro, 242
Guilherme de Toulouse, 136
Guilherme I, o Conquistador, rei da Inglaterra, 143
Guilherme II, o Ruivo, rei da Inglaterra, 143
Guiscardo, Roberto, 41, 56, 103, 128, 130-131, 233

H

Hará, 227
Harald Sigurdsson (rei da Noruega), 51
Haroldo, rei da Inglaterra, 36, 61
Hastings, Batalha de, 52
Heimskringla, 51

Helesponto, 157, 159
Henrique I, rei da Inglaterra, 233
Henrique IV do Sacro Império Romano-Germânico, 36, 105, 249
Henrique V do Sacro Império Romano-Germânico, 249
Heracleia, 187
Hialeas, 183
Homs, emir de, 213
Hugo, abade de Cluny, 246
Hugo, arcebispo de Lyon, 136
Hugo de Troyes, conde de Champanhe, 231
Hugo de Vermandois, 150, 159-160, 162, 169, 184, 186, 210, 224, 230, 239
Humberto de Silva Cândida, cardeal, 40
Humbertopoulos, Constantino, 82, 103
Húngaros, 52, 182

I

Iagui Siã, 123, 191, 203
Ida (esposa de Balduíno de Hainault), 230
Iftikhar ad-Dawla, 218
Igreja
  ver Igreja Católica / Igreja Romana / Igreja Ocidental
Igreja Católica / Igreja Romana / Igreja Ocidental
  divisões na, 36
  relações com a Igreja Ortodoxa Oriental, 47, 130, 233
  ver também nomes de papas
Igreja de Teótoco de Blaquerna, Constantinopla, 50
Igreja Ocidental
  ver Igreja Católica / Igreja Romana / Igreja Ocidental
Igreja Oriental / Igreja Ortodoxa, 228, 232-233, 238
  e Antioquia, 234
  relações com a Igreja Católica / Ocidental, 39, 43, 129-130, 245
Igreja Ortodoxa
  ver Igreja Oriental / Igreja Ortodoxa
Ilhas Britânicas, 51
  ver também Inglaterra
Ilíria, 79
Império Bizantino
  a Cruzada é lançada para ajudar o, 135-149
  a Cruzada traz benefícios ao, 234
  antes da Primeira Cruzada, 29-31, 33-34
  mapa do, 11-16
  o apelo ao Ocidente, 33, 48, 119-133
  os ataques de Boemundo no, 234, 244
  os cruzados chegam a Constantinopla, 15
  os cruzados em, 13, 149, 162-212
  Tratado de Diábolis (ou Devol), 244
  ver também Aleixo I Comneno, imperador

Inglaterra, 27, 35, 39, 233
Invasores russos, 87
Irene Ducena, imperatriz, 71
Isaque I Comneno, imperador, 102
Islândia, 51
Itália, 17, 27, 29-30, 36-38, 40, 44-45, 47, 52-56,
  106, 122, 125, 128, 130, 141, 144, 160, 171, 178,
  201, 208, 230-232, 244
  ver também nomes de lugares
Iviron, mosteiro de, 106
Ivo de Chârtres, 125

J

Jabal as-Summaq, planalto de, 209
Jabala, emir de, 213
Jafa, 215, 225
Jarento, abade de Saint-Bénigne de Dijon, 138
Jerusalém, 30, 44, 46, 85, 121, 146, 153-154, 167, 169,
  173-174, 180, 199-200, 232, 236, 240, 251
  Aleixo não lidera expedição para, 181-182
  Aleixo tira proveito das preocupações crescentes
    sobre, 124
  atraso no avanço para, 165-166
  Balduíno de Boulogne torna-se rei de, 225
  Boemundo chega a, 228
  capturada pelos cruzados, 26-28, 215-218
  chegada dos cruzados a, 214
  e a convocação de Urbano II para a Cruzada, 23,
    135-136, 244
  fornece motivação para cruzados, 141, 148-149
  Godofredo de Boulogne torna-se governante
    em, 222
  muitos cruzados não conseguem chegar a, 227
  objetivos pouco claros com relação a, 145
  os cruzados se instalam em, 220, 224
  preparativos dos cruzados para partir rumo a, 212
  reconstrução das relações com Bizâncio, 225
  retorno de alguns cruzados desde, 226
  tensões em, 123
  viagem para, 213
João, metropolita de Kiev, 45
João, o Oxita, patriarca de Antioquia, 87, 93-94,
  101, 193, 235
João Batista, 127
João II Comneno, imperador (filho de Aleixo I),
  75, 110
Judeus, 52, 123, 155, 219, 222
Jumièges, abadia de, 124

K

Kent, 127
Khoma, 183
Kibotos, 148, 158, 166, 168, 173, 175, 177, 237

Kiev, metropolita de, 45
Kosmoteira, mosteiro da Mãe de Deus, 102

L

Lago Ascaniano
Lampe, 183
Lança Sagrada, 205-206, 210, 229
Landolfo, 116
Lanfranco, arcebispo da Cantuária, 39
Laodiceia, 107, 183, 198-199, 226-228, 234, 237
Lárissa, 73, 103, 144
Le Chaffre, mosteiro de, 142
Le Mans, 138, 147
Le Mende, bispo de, 142
Le Puy, bispo de, 138, 142
Leão IX, papa, 40
Lebounion, Batalha de, 86
Leros, 85, 91
Levante, 31, 123, 222
Lícia, 74
Liège, bispo de, 142
Limoges, 138, 147
Limousin, 138
Lipsi, 91
Loire, vale do, 138
Lombardia, 223
Londres, 119
Luís VI, rei da França, 230
Lyon, arcebispo de, 136

M

Maarrat an-Numan, 209, 211-213, 219
Macedônia, 60, 150, 161
Maiander, vale, 183
Mainz, 155
Malique Xá, sultão de Bagdá, 79-82, 92-93, 95, 122
Mamistra, 107, 188-189
Manassés II, arcebispo de Reims, 181, 238
Mandales, 68
Manuel I Comneno, imperador, 250
Manziquerta, Batalha de, 31, 54-55, 68, 71
Mar Adriático, 160
Mar de Mármara, 49
Mar Egeu, 51, 91
Marach, 27, 69, 226
Marcigny, 139
Maria, imperatriz, 58, 112-113
Marmoutier, 128, 140
Maurocatacalão, Mariano, 160
Mediterrâneo, 19, 29, 34, 40, 52, 81, 106-107, 120,
  122, 133, 223
  ver também nomes de lugares
Melfi, Concílio de, 44

Melisseno, Nicéforo, 57-58, 60, 102, 113, 116
Melitene, 54
Mersivan, 224
Mesopotâmia, 69
Mesquita al-Aqsa, Jerusalém, 219
Mézenc, 142
Miguel, o Sírio, 93, 167
Miguel VII Ducas, imperador, 69, 110, 130
Mitilene, 87
Mixobarbaroi, 103
Moissac, 140
Monastras, 103
Monte Atos, 106
Montecassino, 128, 249
Montfaucon-en-Argonne, 142
Montpellier, 138
Mopsuéstia, 93
Mosay, 142
Mosteiro da Montanha Negra, 238
Mosteiro de San Filippo di Fragalà, 45-46
Mosteiro de São João, Patmos, 91
Muçulmanos, 141, 144, 203, 213, 219, 220, 222, 224, 227, 236, 247
    ver também turcos

N

Naísso, 149
Nápoles, 53
Nicéforo III Botaneiates, imperador, 41, 57-58, 104, 111-113
Niceia, 85, 92, 94-99, 109, 112, 117, 146, 148, 151, 157-158, 174, 180-184, 195, 209-210, 220, 232, 235-236, 240, 247
    Aleixo levanta a questão dos juramentos em, 179
    captura de, 175-176
    cerco de, 171-179
    eventos anteriores à Primeira Cruzada, 74-76, 78-79, 81, 83
Nicolau I, papa, 39
Nicolau III Gramático, patriarca de Constantinopla, 42, 55, 64
Nicomédia, 21, 85-86, 90, 91, 98, 121, 128, 224
    golfo de, 90, 121, 179
Nîmes, 136, 138, 147
Niquerita, Leão, 156
Nivelles, convento de, 147
Normandia, 35, 52, 72, 119, 138, 233
Normandos, 30, 44-45, 53-55, 60-61, 63, 65, 68, 70-71, 73, 79, 105-106, 110, 126, 130, 150, 152, 178, 212
Noruega, 51

O

O livro das cerimônias, 96
Odo Arpin de Bourges, 225
Odo de Estigando, 52
Olga, princesa, 163
Opos, Constantino, 103
Orderico Vital, 232
Ouzas, 103

P

Pacuriano, Gregório, 103
Palácio Sessoriano, Roma, 140
Paleólogo, Jorge
Palestina, 121, 123, 207, 222
    ver também Terra Santa
Pascoal II, papa, 231, 249
Patmos, 85, 91
Pechenegues, 17, 46, 53-56, 61-62, 65, 68, 71, 73, 79-80, 82, 85-87, 90, 92, 94, 105-106, 108, 120, 129
Pedro (cavaleiro de Mézenc), 142
Pedro, o Eremita, 124, 153, 156, 159, 197, 236
Pedro, o Venerável, 126
Pedro Bartolomeu, 204, 210
Pelekanos, 178
Petzea, 183
Pibo de Toul, bispo, 126
Pilet, Raimundo, 209
Piratas árabes, 52
Pisa, 107, 211, 223
Placência (Piacenza), 30, 47-48, 57
Plastência, 94, 187, 190
Pons (cavaleiro de Mézenc), 142
Porta de Carísio, Constantinopla, 59
Primeiro Concílio de Latrão, 247
Protoespatário, Lupo, 125
Provença, 27, 136

Q

Quéfalas, Leão, 103
Querboga, 201-202, 204-209, 213, 230
Quilije Arslã, 97, 177, 184, 186, 195, 209, 224, 230, 247
Quimineiano, Eustácio, 113, 116
Quios, 87

R

Raduano, 194-195, 197, 213, 230
Raimundo de Aguilers, 31, 199, 206-207, 221, 236, 240-241, 245

Raimundo IV de Toulouse (Raimundo de
    Saint-Gilles), 136, 160, 182, 184, 186, 191-192
  a caminho de Jerusalém, 213
  alcança renome, 31, 251
  concorda em participar da Cruzada, 26, 137
  divergências com Boemundo, 201, 211
  e captura de Jerusalém, 217, 221-222
  e delegação enviada de Antioquia a Aleixo, 210
  e juramento a Aleixo, 154, 168-169, 170-171,
    212-213
  e liderança da expedição, 145
  em Antioquia, 195, 197-200,
  em Niceia, 177
  em Trípoli, 248
  fracassa na tentativa de libertar Laodiceia, 226
  morte, 243
  prepara-se para partir para Jerusalém, 212
Raimundo de Aguilers viaja como parte do
    contingente de, 193, 245
  recusa título real em Jerusalém, 220-221
  reluta em se encontrar a sós com Aleixo, 162
  retorna a Constantinopla, 224
  Urbano II faz contato com, 136
  viagem para Bizâncio, 149-150, 247
Rainaud, Pedro, 27
Rainaud, Pôncio, 27
Rainoldo de Château-Gontier, 229
Ramla, 225
Ratisbona (Regensburg), 155
Reims, arcebispo de, 137, 181, 238
Reinaldo (um dos líderes da Cruzada popular),
    158
Renânia, 153-155
Ricardo do Principado, 160
Richier, bispo de Verdun, 142
Roberto, o Monge, 241, 245
Roberto d'Arbrissel, 138
Roberto da Normandia, 160, 169, 176-177, 184, 198,
    211-212, 236, 239
Roberto de Estigando, 52
Roberto de Reims, 7
Roberto I de Flandres, 121-122, 124, 239
Roberto II de Flandres, 129, 143
Rogério Borsa, duque da Apúlia, 144
Rogério da Sicília, 43, 46, 48, 144
Rogério de Foix, 124
Rogério de Hoveden, 242
Roma, 17, 27, 29, 37-41, 43-45, 48-49, 56-57, 64,
    130, 150, 152, 234, 246, 249
Romano IV Diógenes, imperador, 54, 58, 69, 116
Rossano, 44
Roussillon, conde de, 140
Rússia, 51

S

Saint-Bénigne de Dijon, abade de, 138
Saint-Gilles, 136
Salerno, 38, 53
Salvador Pantepoptes, igreja e mosteiro de, 102
Santa Bárbara, 52
Santa Cruz, 126-127, 140, 186
Santa Severina, 44
Santo André, 52, 127, 204, 210, 229
Santo Sepulcro, 25, 121, 126, 137, 172, 187, 194, 200,
    219, 225
São Basílio, 54
São Cristodoulos, 91
São João Evangelista, 34
São Pedro, 199-200
São Simeão, 192, 199
Sárdis, 183
Sebasteia, 86
Segunda Cruzada, 249
Sérvios, 39, 94, 98, 101, 115, 247
Sicília, 29, 35, 51, 54, 178
Sickelgaita, 242
Sidon, 27
Simeão, 187, 197, 199
Sinope, 80, 102
Síria, 29, 58, 80-81, 120, 121, 189, 207, 226, 232, 234,
    238, 244
Stenay, 142
Straboromanos, Manuel, 103
Sulaiman, 72- 75, 77-79, 122

T

T'oros (Teodoro), 77
Tancredo, 27, 181, 184, 187-189, 210, 212, 215,
    224-227, 233-235, 243, 247
Taronita, Miguel, 112
Tarso, 74, 93, 107, 146, 188-190, 192, 198, 234
Tatício, 95, 116, 182-183, 187, 189, 194, 199, 200, 238
Tebas, 107
Teodósio, imperador, 49
Teofilato de Ocrida (Teofilato Hefesto), arcebispo
    da Bulgária, 43, 82, 87, 110
Terra Santa (mapa), 18, 26, 30, 122-123, 125,
    135-136, 154, 187, 212, 222, 224, 227, 229-230,
    232, 245
  ver também Jerusalém
Terracina, 38, 246
Tessália, 60, 102, 107
Tessalônica (Salônica), 60, 102, 107
Tiro, 223, 242
Togortaque, 116, 251
Torre de Gonatas, Niceia, 178
Torre Quadrangular, Jerusalém, 217

Toulouse, 138
  bispo de, 146
Tournus, 141
Tours, 147
Trácia, 46, 59, 61, 85, 115, 117
Trebizonda, 54, 68
Trípoli, 31, 248
Tughril Beg, 34, 54
Turbessel [Tell Bāshir], 208
Turcos, 3, 120-121, 123-124, 128-130, 132-136, 146, 151-152, 173-174, 223, 228, 230-231, 236, 247
  a luta para tomar o controle de Antioquia, 77, 226, 238
  acordo entre Quilije Arslã e Aleixo, 97
  avanços descritos pela embaixada bizantina a Urbano II, 34
  Boemundo capturado pelos, 224
  campanha bizantina contra os, 183
  captura de Niceia dos, 181
  cruzados impressionados com as habilidades militares dos, 186
  e a Cruzada Popular, 157-159
  e eventos anteriores à Primeira Cruzada, 24-25, 30-33
  Jerusalém capturada dos, 215-219
  lutando em Dorileu, 185, 187
  mais cidades capturadas dos, 186-187
  novos cruzados atacados em Mersivan por, 224
  Urbano II descreve atrocidades cometidas pelos
  ver também nomes de líderes
Tutuch, 78-79
Tzacas, 86-87, 91-92, 98-99, 183, 251

U

Ulfrico, 233
Urbano II, papa
  assume riscos ao desencadear a Cruzada, 152
  consagra igrejas e distribui relíquias, 141
  contraste com Pedro, o Eremita, 154
  discurso em Clermont, 23
  e o apelo ao rei Zvonimiro, 46
  e rota seguida por Raimundo de Toulouse, 151
  encontra-se com figuras influentes, 135, 138, 148, 245
  envia cartas pedindo apoio para a Cruzada, 129-130, 140
  fixa a data de partida da Cruzada, 148
  imprecisão dos planos, 145
  insiste na necessidade dos juramentos, 147
  morte, 245-246
  nomeado papa, 38-39
  os cruzados escrevem para, 211, 239
  papel e reputação, 244
  permanece na França em busca de apoio, 138, 140
  posição fraca de, 41
  posição reforçada por eventos na Alemanha, 47
  procura excluir apoiadores inadequados, 146
  recebe delegação de Aleixo na Campânia, 129
  recebe enviados de Aleixo em Placência, 30, 57, 132
  relações com Constantinopla e a Igreja Oriental, 41, 43-45
  resposta ao apelo de, 140, 244
  reuniões com Conrado, 47
  vai para a França, 133-134

V

Valence, 136
Vallambrosa, mosteiro de, 146
Vendôme: Igreja da Trindade, 140
Veneza/venezianos, 106-107, 222, 224, 248
  ver também Terra Santa, 70, 224
Verdun, 142
  bispo de, 142
Via Egnácia, 150
Vikings, 87
Virgem Maria, manto da, 108
Vítor III, papa, 38

W

Walter, o Carpinteiro, 197
Welf da Borgonha, 210
William de Grantmesnil, 197-198
Worms, Concordata de, 247

X

Xaizar, emir de, 213
Xerigordo, 158-159, 236

Z

Zeta, 151
Zvonimiro, rei da Croácia, 46, 124

Leia também:

PETER FRANKOPAN

O CORAÇÃO DO MUNDO

UMA NOVA HISTÓRIA UNIVERSAL A PARTIR DA
ROTA DA SEDA:
O ENCONTRO DO ORIENTE COM O OCIDENTE

BEST-SELLER NOS ESTADOS UNIDOS E NA INGLATERRA

CRÍTICA

**Acreditamos
nos livros**

Este livro foi composto em Adobe Garamond
Pro e Bliss Pro e impresso pela Geográfica para a
Editora Planeta do Brasil em setembro de 2022.